Geld und Kredit

Einführung in die Geldtheorie und Geldpolitik

Von

Professor Dr. Manfred Borchert

7., überarbeitete und erweiterte Auflage

R. Oldenbourg Verlag München Wien

Die Deutsche Bibliothek - CIP-Einheitsaufnahme

Borchert, Manfred:
Geld und Kredit : Einführung in die Geldtheorie und Geldpolitik / von
Manfred Borchert. – 7., überarb. und erw. Aufl.. – München ; Wien :
Oldenbourg, 2001
  ISBN 3-486-25708-0

© 2001 Oldenbourg Wissenschaftsverlag GmbH
Rosenheimer Straße 145, D-81671 München
Telefon: (089) 45051-0
www.oldenbourg-verlag.de

Gedruckt auf säure- und chlorfreiem Papier
Druck: R. Oldenbourg Graphische Betriebe Druckerei GmbH

ISBN 3-486-25708-0

Vorwort zur 7. Auflage

Dieses Buch wurde vollständig auf die Geldpolitik in der *Europäischen Währungsunion EWU* ausgerichtet; die Geldpolitik der *Deutschen Bundesbank* erscheint nur noch dort, wo auf Erfahrungen oder längerfristige Entwicklungen verwiesen wird, für die es in der *EWU* noch keine ausreichende Referenz gibt.

Alle empirischen Belege wurden auf den neuesten Stand gebracht und soweit als möglich durch europäische Daten unterlegt. Insbesondere ist wieder Wert auf das Verhalten und den Einfluß des europäischen Bankensystems auf die Effektivität der Geldpolitik gelegt worden.

Meine Mitarbeiterin, Frau *Diplom-Volkswirtin Annette Fröhling* hat sich mit akribischem Aufwand für manche Umstellung und für die Einbeziehung zahlreicher Querverweise verdient gemacht; sie hat auch das neu aufgenommene Symbolverzeichnis, das Stichwort- und Namensverzeichnis angefertigt.

Herr Kollege *Priv.-Doz. Dr. Martin Leschke*, meine Mitarbeiter Herr *Dr. Dirk Sauerland* und Herr *Dipl.-Volksw. Niels Oelgart* haben mich und Frau *Dipl.-Volksw.in Fröhling* an vielen Stellen des Buchs unterstützt. Meine studentischen Hilfskräfte – Herr *cand. rer. pol. Frank Oskamp*, Herr *stud. rer. pol. André Hütte*, Frau *cand. rer. pol. Susanne Friemel* und last but not least Herr *stud. rer. pol. Ansgar Wübker* – haben einige Graphiken vorbereitet, Tabellen, das Namens- sowie Literaturverzeichnis angefertigt.

Meine Sekretärin, Frau *Britta Bültel*, hat wieder sehr engagiert und umsichtig die Herstellung des Manuskripts erledigt.

Münster   Manfred Borchert

Vorwort zur 6. Auflage

EWU (European Monetary Union EMU) verantwortlich; das ESZB besteht aus der *Europäischen Zentralbank EZB* (European Central Bank ECB) sowie den nationalen Zentralbanken der Mitgliedsländer der EWU. Ein Lehrbuch zur Geldpolitik muß daher auf diese zentralen Institutionen ausgerichtet sein; dies ist in dieser neuen Auflage geschehen.

Soweit auf Erfahrungen der Geldpolitik in der Vergangenheit zurückgegriffen wird, können allerdings nur die bisherigen Institutionen herangezogen werden. Die *Deutsche Bundesbank* spielt deshalb auch in dieser Auflage noch eine erhebliche Rolle. Dies gilt auch, wenn auf empirische Zusammenhänge zwischen einer Zentralbankbilanz und den Bilanzen der nationalen Bankensysteme abgestellt wird. Eigentlich werden solche empirische Daten nur aus systematischen Gründen vorgestellt und stehen beispielhaft für einen Ausschnitt des ESZB, dem die *Deutschen Bundesbank* als dessen nationale Vertretung angehört.

Die europäische Geldpolitik bezieht sich allerdings nicht allein auf die zentralen Institutionen und deren Instrumente, die sich gegenüber denen der *Deutschen Bundesbank* geändert haben; auch das europäische Bankensystem ist gegenüber den bisherigen nationalen Bankensystemen differenzierter zu behandeln. *Einerseits* hat sich der Kreis der privaten Institutionen erweitert: *Monetäre Finanzinstitute MFI* (monetary financial institutions) bestehen nicht mehr nur aus Banken, sondern umfassen auch Geldmarktfonds und andere Gesellschaften. *Andererseits* ist die Struktur des Bankensystems innerhalb Europas recht unterschiedlich, ebenso wie das Refinanzierungsverhalten von Banken in den Mitgliedsländern der Europäischen Union.

Beide Aspekte, der Einfluß des erweiterten Kreises der MFIs sowie der des unterschiedlichen Refinanzierungsverhaltens nationaler Banken ist in dieser Auflage neu aufgenommen worden. Dazu gehören auch die Aktivitäten der europäischen Großbanken als Vorbereitung auf den künftigen Bankenmarkt in Europa, wie z.B. die aktuelle Welle von *Mergers & Acquisitions*.

Alle bisherigen empirischen Darstellungen sind auf den aktuellen Stand gebracht. Einige theoretische Konzepte zur Geldpolitik, wie z.B. der *Credit view*, erscheinen nun als eigenständige Abschnitte der geldpolitischen Konzeptionen.

Obgleich sich die Konzeption dieses Buches verändert hat, ist dessen Aufbau gleichgeblieben. Die meisten theoretischen Darstellungen sind unabhängig von der tatsächlichen Ausgestaltung einer Zentralbank. Manche theoretische Darstellungen allerdings wurden ergänzt, wenn durch die neue geldpolitische Konzeption offenbar wird, daß bis dato vernachlässigte Faktoren die Beurteilung der geldpolitischen Effizienz beeinflussen: Mit der neuen Mindesreservekonzeption der EZB wird der Kassenbestand von Banken auch theoretisch wieder bedeutsam.

Fast alle Änderungen dieser neuen Auflage beanspruchen jedoch nicht so viel Raum, daß sie das Gesicht dieses Buches total veränderten. Viele Aspekte benötigen auch noch einige Jahre, bis sie sich in empirischen Belegen niederschlagen. Doch solange zuwarten konnte und wollte ich nicht.

Mein Mitarbeiter, Herr *Dr. Dirk Sauerland*, hat sich insbesondere bei der Durchforstung und Integration der geldpolitischen Neuerungen durch die Europäische Währungsunion verdient gemacht. Sein akribischer Aufwand und gewissenhaftes Engagement war wesentlich für die Umarbeitung dieser Auflage. Dabei waren auch Herr *Priv.-Doz. Dr. Martin Leschke,* Frau *Diplom-Volkswirtin Annette Fröhling* und Herr *Diplom-Volkswirt Eckehard Schulz..* Meine studentischen Hilfskräfte – Frau *stud. rer. pol. Susanne Friemel,* Herr *stud. rer. pol André Hütte,* Frau *cand. rer. pol. Maren Melzer* und Herr *stud. rer. pol. Frank Oskamp* – haben das Autoren- und Sachregister angefertigt.

Meine neue Sekretärin, Frau *Britta Bültel,* hat sehr engagiert und umsichtig die Herstellung des Manuskripts erledigt.

Münster   Manfred Borchert

Glücklicherweise gibt es inzwischen die Möglichkeit, auf aktuelle Entwicklungen hinweisen zu können, ohne direkt eine Neuauflage des Buches starten zu müssen. Ich habe mich daher entschlossen, eine entsprechende Internetseite zu diesem Buch einzurichten. Sie ist erreichbar unter der Adresse

http://www.wiwi.uni-muenster.de/~07/buecher.htm.

Vorwort zur 1. Auflage

Dieses Buch soll in die Geldtheorie und daraus abgeleitete Konsequenzen für die Geldpolitik einführen; theoretische, politische sowie institutionelle Aspekte werden dabei
verknüpft.

Nach einem knappen Überblick über die historische Entwicklung des Geldwesens sowie
die Funktionen des Geldes und des Kredites wird auf das Angebot von Geld und Kredit,
die Geldnachfrage und schließlich in einer gesamtwirtschaftlichen Analyse auf das Zusammenwirken von Geldangebot und Geldnachfrage eingegangen. Es werden auch fiskalpolitische und außenwirtschaftliche Aspekte berücksichtigt. Das Schwergewicht liegt
dabei auf dem Vergleich zwischen der postkeynesianischen und monetaristischen Position, den beiden Hauptrichtungen in der Entwicklung der monetären Theorie und Politik.

Im Anschluß daran werden darauf aufbauend Ansätze für die Geldpolitik, deren Träger
und Institutionen sowie die geldpolitischen Instrumente vorgestellt.

Für die Hilfe bei der Fertigstellung dieses Buches habe ich insbesondere meinem lieben
Kollegen, Herrn *Prof. Dr. Rainer Thoss* zu danken, der das Manuskript durcharbeitete
und mich auf eine Reihe von Ungenauigkeiten aufmerksam machte. An den Vorarbeiten
waren in Besprechungen meine ehemaligen Mitarbeiter Herr *Dr. Helmut Ross* und Herr
Dr. Heino Schulz sowie von meinen gegenwärtigen Mitarbeitern Herr *Dr. Hugo Godschalk* beteiligt, der auch zusammen mit meinen anderen jetzigen Mitarbeitern Herrn
Dipl.-Volksw. *Roman Hadjio*, Herrn Dipl.-Volksw. *Franz Kruthaup* und Herrn Dipl.-
Volksw. *Joachim Vonalt* die Korrekturen gelesen sowie das Namens- und Stichwortver-
zeichnis angefertigt hat.

Ihnen allen habe ich für ihre Hilfe zu danken, insbesondere auch Frau *Angelika van
Dillen* für die sorgfältige Übertragung des Manuskriptes.

Kritische Anmerkungen zu diesem Buch werde ich jederzeit gern entgegennehmen.

Manfred Borchert

Inhaltsverzeichnis

I. Die Entwicklung des Geldwesens

1. Vorbemerkungen

In grauer Vorzeit hatten verschiedene Güter die Funktion des Geldes innegehabt; eine besondere Rolle spielte dabei auch einmal das Vieh (pecunia, lat. *pecus* = Rindvieh; später: Pfennig; Rupie, ind. *rupa* = Viehherde). Im Laufe der Zeit übernahmen dann schließlich Edelmetalle diese Aufgabe. Dafür gibt es neben irrationalen auch rationale Erklärungen, wie

- Fungibilität (homogene Qualität jeder einzelnen Geldeinheit),
- beliebige Teilbarkeit,
- Haltbarkeit und
- Seltenheit

des Metallgeldes. Schon *Herodot* berichtete, daß die Lydier Münzen im 7. oder 8. Jahrhundert v. Chr. geprägt hätten. Ursprünglich wurden Münzen von Kaufleuten oder Banken ausgegeben, viel später erst setzte sich die staatliche Autorität als zentraler Emittent von Geld durch.

Schließlich kam es dann zu einer Entmetallisierung des Geldes. Private Wirtschaftssubjekte wie Goldschmiede und Banken gaben Empfangsbescheinigungen für die Hinterlegung von Edelmetallen aus. Diese zunächst verzinslichen, später unverzinslichen Schuldscheine wurden oft zu Zahlungszwecken weitergegeben. Bereits im Jahre 1609 betrieb die *Amsterdamer Girobank* und 10 Jahre später die *Hamburger Bank* einen hochentwickelten bargeldlosen Zahlungsverkehr. Die *Hamburger Bank* schuf eine eigene Verrechnungseinheit, den *marco banco*.

2. Formen der Geldverfassung

2.1 Überblick

Unter einer Währung im engeren Sinne versteht man traditionell die Geldverfassung, also die konkrete Ausgestaltung der nationalen Geldeinheit. Sie ist zum einen der juristisch kodifizierte Aspekt der nationalen Geldordnung und zum anderen, im internationalen Bereich, der zwischen den Ländern vertraglich vereinbarte Teil der internationalen Währungsordnung. Es hat sich deshalb eingebürgert, national von Geldeinheit, international von Währungseinheit zu sprechen. Dennoch gilt auch national eine grundlegende Änderung in der Deklaration eines offiziellen Zahlungsmittels als Währungs- und nicht als Geldreform.

Bei den Währungsarten wird allgemein unterschieden zwischen einer an ein bestimmtes Medium gebundenen und einer freien (manipulierbaren) Währung, der heute üblichen Papierwährung (Banknoten). Gebundene Währungen können durch eine bestimmte

Menge eines Währungsmetalls oder aber auch eines bestimmten Waren- oder Währungskorbs definiert werden. Es existieren folgende Erscheinungsformen:

(1) Metallistische Währungen

   (a) monometallistische Währung

- Goldwährungen (Goldstandard)
  - Goldumlaufswährung, mit umlaufenden Goldmünzen (Kurantmünzen); im Deutschen Reich nach1871.
  - Goldkernwährung (Goldbarrenwährung), mit durch einen Goldschatz bei der Zentralbank gedeckten Banknoten, die jederzeit in Gold einlösbar sind; in Deutschland nach 1924.
  - Metallwährung mit gesperrter Prägung, bei der eine freie Ausprägung von Währungsmetallmünzen durch den Staat verboten ist. Regelmäßig ist hierbei der offizielle Geldwert höher als der Wert des Währungsmetalls.
  - Golddevisenwährung, mit durch Gold einer ausländischen Zentralbank gedeckten Devisen im Besitz der inländischen Zentralbank (Gold-Devisen-Standard).
- Silberwährung; in Deutschland überwiegend bis 1871.

   (b) bimetallistische Währungen

- Doppelwährung, mit zwei verschiedenen Währungseinheiten in einem fest vorgegebenen Wertverhältnis, z.B. Gold und Silber im Verhältnis von 15,5:1.
- Parallelwährung, wie die Doppelwährung, aber ohne festes Wertverhältnis der verwendeten Währungsmetalle.

(2) Currency Boards

Mit einem Currency Board verpflichtet sich ein Land sich selbst und dem Ausland gegenüber,

   (a) den Wechselkurs der nationalen Währung zu einer selbst gewählten internationalen Ankerwährung zu fixieren und

   (b) eine Deckung seines Basisgelds (Zentralbankgeld) durch den Besitz von Ankerwährung im Verhältnis von 100 % zu gewährleisten. Insofern entspricht dieses Währungssystem den Spielregeln einer Gelddevisenwährung.

(3) Korbwährungen

   (a) Warenreservewährung,
      mit der Festlegung des Wertes einer Währungseinheit durch einen Warenkorb. Dieser enthält eine bestimmte, mengenmäßige Zusammensetzung von Gütern, die bestimmten Erfordernissen genügen müssen. Sie sollen unverderblich sein, allgemeine Verwendung finden und keinen Modeschwankungen unterliegen.

   (b) Währungskorb-Währung,
      wie die Warenreservewährung, jedoch findet statt eines Warenkorbes ein Währungskorb Verwendung. Er ist durch eine bestimmte, mengenmäßige Zusammensetzung von Währungseinheiten unterschiedlicher Länder definiert. Solche

Währungsvereinbarungen werden regelmäßig nur international getroffen (in Europa bis 1998, z.B. die *European Currency Unit ECU*).

Für *gebundene Währungen* gilt allgemein, daß eine Instanz für die Aufrechterhaltung des Währungswerts verantwortlich ist. Diese Instanz, regelmäßig die Zentralbank, hat durch Käufe und Verkäufe des Währungsmediums (Metall, Warenkorb, Devisen) am Markt dafür zu sorgen, daß der nationale Währungswert konstant bleibt. Damit ist ein Güterpreis (Metall oder Güter des Warenkorbs, aber auch Devisen) in der Volkswirtschaft vorgeben, so daß bei gegebener Preisstruktur aller Güter (Portfoliotheorie, vgl. Abschnitt V.2) auch das Güterpreisniveau rein theoretisch vorgegeben und unveränderlich ist. Die Geldpolitik hat sich in diesem Falle darauf zu beschränken, jeweils die Geldmenge in einem solchen Ausmaß zu variieren, daß der Wert des durch das Geld ausgedrückten Mediums erhalten bleibt. Dies kann zu einer unzureichenden Geldmengenentwicklung führen, beispielsweise wenn bei einer Goldwährung die Goldproduktion nur zu steigenden Grenzkosten möglich ist (*„goldene Bremse der Kreditmaschine"*). Bei einer gebundenen Währung richtet sich das Augenmerk somit auf den Preis eines repräsentativen Gutes (oder Warenkorbes), der – bei gegebener Preisstruktur sämtlicher anderer Güter – das allgemeine Preisniveau bestimmt.

In einer *ungebundenen Währung* hingegen ist Geld nicht an ein bestimmtes Medium gebunden. Hier wird i.d.R. die Geldmenge in einem solchen Ausmaß zur Verfügung gestellt bzw. zu stellen beabsichtigt, daß die Preise der damit umgesetzten Güter im Durchschnitt stabil bleiben. Umlaufende Münzen in einer ungebundenen Währung sind *Scheidemünzen*, die regelmäßig nur bis zu einem bestimmten Höchstbetrag annahmepflichtig sind. Bei ungebundenen Währungen richtet sich also das Augenmerk der Geldpolitik auf das Preisniveau sämtlicher Güter, die mit dem zur Verfügung gestellten Geld umgesetzt werden. Bei solchen freien (Papier-)Währungen ist die Herstellung des Geldes relativ billig, auch wird die Geldschöpfung nicht exogen behindert, z.B. durch Verknappung des Währungsstoffes. Dies aber ist auch ein Nachteil, da die Wertbeständigkeit des Geldes nicht mehr garantiert ist.

Die ungebundene Papierwährung steht im Vordergrund der Betrachtung in den folgenden Kapiteln und soll deshalb in diesem Abschnitt nicht mehr gesondert vorgestellt werden.

2.2 Metallistische Währungen

2.2.1 Monometallistische Währungen: Gold-, Goldkern- und Golddevisenwährung

Monometallistische Währungen gab es als Silberwährung in Deutschland bis 1871 – am längsten in China bis 1935 – und als Goldwährung, wobei ein bestimmtes Verhältnis zwischen Währungsmetall und Geld, d.h. der Währungseinheit, festgelegt war. Goldwährungen unterscheidet man in eine reine Goldwährung (*Goldumlaufswährung*), bei der Goldmünzen mit dem Goldgehalt des auf der Münze aufgedruckten Wertes umlaufen (*Kurantmünzen*), und in eine *Goldkernwährung*.

Ursprünglich bestanden überwiegend Silberwährungen. Als erstes Land ging England 1774 von der Silber- zur reinen Goldwährung über; es folgten das

	Deutsche Reich	1871,
	Skandinavien	1872-1876,
	Niederlande	1875,
	Frankreich	1878,
	Österreich	1879,
	Japan	1897,
	Rußland	1899
und die	USA	1900.

Die reine Goldwährung bestand allerdings nur bis zum 1. Weltkrieg. Bei der Goldkern-(Goldbarren-)Währung gilt Gold zwar noch Zahlungsmittel, befindet sich jedoch nicht mehr im Umlauf. Gold wird in diesem Fall als Goldschatz (Goldkern) bei der Zentralbank gehalten. Für umlaufende Noten und Münzen besteht hierbei jedoch eine Goldeinlösepflicht zur vereinbarten Parität. Ein solches System der Metallkernwährung geht auf *David Ricardo* zurück, der allerdings an eine Silberkernwährung dachte.

Die Goldkernwährung wurde

von den Philippinen	1903,
von Britisch-Indien	1906,
von Österreich	1922,

sowie auf Empfehlung der Weltwirtschaftskonferenz Genua

von Deutschland	1924,
und von England	1925

eingeführt. Ab 1929 bestand in 80 von den damals 84 selbständigen Staaten der Welt eine Goldkern- oder Golddevisenwährung.

Die *Golddevisenwährung* ist eine Abart der Goldkernwährung. Bei ihr wird die eigene Währung durch Golddevisen gedeckt, d.h. durch Forderungen auf ausländische Zahlungsmittel, die in Gold einlösbar sind. Ein Vorteil dieser Währung ist, daß Währungsreserven in Golddevisen zinstragend bei Banken im emittierenden Land angelegt werden können. Nachteilig ist jedoch, daß die eigene Währung bei dieser Deckung immer abhängig von Wertbewegungen der ausländischen Währung ist.

Die Goldwährung brach endgültig in der großen Wirtschaftskrise 1929 bis 1933 zusammen, obgleich durch die Gründung der *Bank für Internationalen Zahlungsausgleich BIZ* im Jahre 1930 in Basel ein letzter Rettungsversuch dieses Systems unternommen wurde.

Die Goldbindung nationaler Währungen führte international zu festen Wechselkursen. Gold war der *numéraire* in diesem System. Die Wirkung des Goldmechanismus sei an einem Beispiel verdeutlicht: Garantieren die jeweiligen Zentralbanken den Kurs für eine Mark gleich 0,5 g Gold und für ein britisches Pfund Sterling gleich 2 g Gold, so beträgt der Wechselkurs zwischen Mark und Pfund 4:1; sowohl 4 Mark als auch 1 Pfund entsprechen 2 g Gold. Weicht dieser Wechselkurs von der Goldparität ab, beispielsweise durch eine einseitige Geldmengenausdehnung im Deutschen Reich, so wertet das Pfund gegenüber der Mark auf. Ein Pfund wird jetzt z.B. mit 5 Mark bezahlt. Diese Konstellation eröffnet die Möglichkeit zur Arbitrage, also zur Ausnutzung von Preisdifferenzen für ein möglichst homogenes Gut – hier das Gold – auf räumlich getrennten Märkten. Es ist vorteilhaft, in Deutschland bei der *Deutschen Reichsbank* 4 Mark gegen 2 g Gold zu tauschen, es nach England zu transportieren und es dort bei der *Bank of England* gegen 1 Pfund zu wechseln. Der anschließende Rücktausch Pfund in Mark am Markt führt zu einem Gewinn für den Arbitrageur in Höhe von 1 Mark, abzüglich der Kosten, die mit dem Transport des Goldes von Berlin nach London verbunden waren.

Übersteigen die Transportkosten den Arbitragegewinn, so wird der Arbitrageur in Untätigkeit verharren. Wechselkursschwankungen sind somit nur innerhalb der durch die Transportkosten vorgegebenen Schwankungsbreite möglich. Entsprechen sich Gewinn und Kosten, so erreicht der Wechselkurs $w \left[\dfrac{\text{inländische}}{\text{ausländische}} \text{Währung} \right]$ - wie in Abbildung 1 dargestellt – seinen *oberen bzw. unteren Goldpunkt*. Jenseits dieser Punkte wird die Devisennachfrage D^N bzw. das Devisenangebot D^A unendlich elastisch (Annahme: Devisen $\stackrel{\wedge}{=}$ Pfund.)

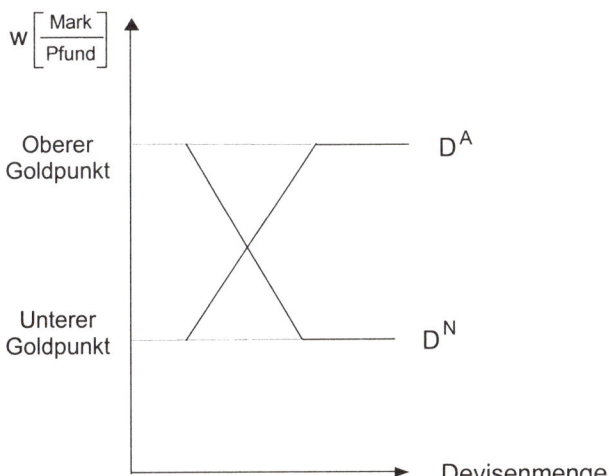

Abbildung 1

Die einsetzende Arbitrage führt den Wechselkurs nicht nur auf seine ursprüngliche Goldparität zurück, sondern korrigiert auch die der Wechselkurs-Änderung zu Grunde liegende Geldmengenausweitung in Deutschland. Durch den Tausch von Mark in Gold bci der *Deutschen Reichsbank* reduziert sich die in Deutschland umlaufende Geldmen-

ge; durch den Tausch von Gold in Pfund erhöht sich die umlaufende englische Geldmenge. Geldmengenveränderungen im Ausland haben also Rückwirkungen auf die
Geldmenge im Inland et vice versa. Im Beispiel importiert England inflationäre Tendenzen aus Deutschland. Parallel dazu reduzieren bzw. erhöhen sich die jeweiligen Goldbe-
stände der betroffenen Zentralbanken.

Die Voraussetzung für die Wirkung des Goldwährungsmechanismus ist eine strikte Ein-
haltung seiner Spielregeln: Ankaufs- und Verkaufspflicht bei Bedarf, die Golddek-
kungspflicht sowie die Beweglichkeit sämtlicher Preise nach oben und unten, Freihandel
und eine unveränderliche Goldparität.

Als *Vorteile* des Goldwährungsmechanismus werden häufig

* Stabilität der Wechselkurse,
* freie Konvertibilität,
* Möglichkeit zu multilateralem Güterhandel,
* goldene Bremse der Kreditmaschine,
* Schutz vor Inflation sowie
* unkomplizierte Handhabung der Geldmengenregulierung

angeführt.

Diesen möglichen Vorteilen stehen allerdings auch *Nachteile* gegenüber, wie:

* magische Vielecke der Wirtschaftspolitik (wie Vollbeschäftigung, angemessenes
  Wirtschaftswachstum, Preisniveaustabilität und außenwirtschaftliches Gleichgewicht) können durch geldpolitische Maßnahmen nicht gleichzeitig verwirklicht werden[1],
* die Auslandsabhängigkeit der binnenländischen Konjunktur,
* die Tendenz zur Deflation,
* die hohen Kosten der Geldbeschaffung und
* die Abhängigkeit der Geldmenge von der Goldproduktion, wodurch eine Geldmengensteuerung nach volkswirtschaftlichen Kriterien erschwert wird.

Gold dient auf Grund seiner spezifischen Eigenschaften als Rohstoff in der gewerblichen Produktion und auf Grund seiner Knappheit sowie beliebigen Haltbarkeit als monetäres Medium. International dient es seit Jahrhunderten als *Währungsmetall* und auch
heute noch als Währungsreserve.

Der *Goldpreis* wird auf dem *Goldmarkt* ermittelt, und zwar regelmäßig als Dollarpreis
pro Feinunze (31,1 g) Gold, der Feingehalt des Währungsgoldes liegt bei 999 ⁰/₀₀. In der
Zeit des Währungssystems von Bretton Woods war der Preis des Währungsgoldes mit
35 US-$ pro Feinunze Gold fixiert. Bei dem laufend steigenden allgemeinen Preisniveau
bedeutete das, daß bei ebenfalls steigenden Produktionskosten die Goldförderung nicht
sehr stark ausgedehnt werden konnte. Um den Goldpreis überhaupt so lange auf dem
Niveau von 35 US-$ pro Feinunze halten zu können, mußte der sog. *Goldpool* – dem die
Zentralbanken Belgiens, Deutschlands, Großbritanniens, Italiens, der Niederlande, der

---

[1] Vgl. zum Problem von Zielkonflikten auch Abschnitt VII.2.1.

Schweiz, der USA und Frankreichs angehörten – laufend Gold verkaufen. Zwischen den Zentralbanken spielten *Goldswaps* eine gewisse Rolle, bei denen Gold gegen Devisen mit der Auflage verkauft wurde, es per Termin wieder zurückkaufen zu können.

Die Anbindung einer Währung an ein bestimmtes Gut (Gold als n-tes Gut) schien früher das Preisniveau der anderen (n - 1) Güter zu stabilisieren, obgleich sich die Preisstruktur durchaus änderte. Zugleich waren die Wechselkurse – abgesehen von der Goldpreiser-höhung in den 30er Jahren durch die USA – relativ konstant (vgl. Abbildung 2).

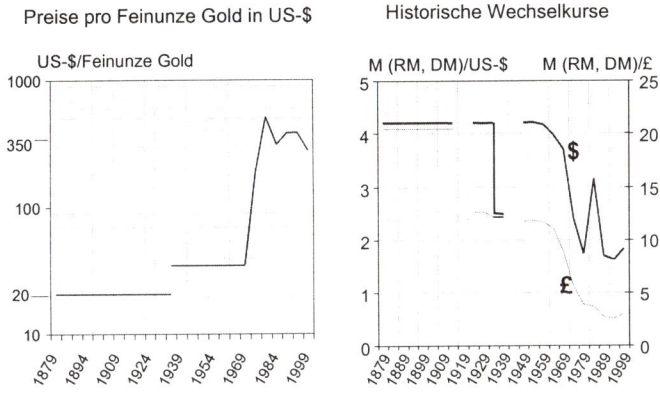

Quelle: *International Financial Statistics*; *O. Veit*, Deutschland in Statistiken 1928-1944; 1948.

Abbildung 2

Erst mit der Freigabe der Wechselkurse im Jahr 1971 konnte auch die Preisfestsetzung des Goldes (in US-$) aufgehoben werden. Allerdings beruhte die Preisstabilität während des Goldstandards auf einer ganz anderen Qualität: Bei einer Goldwährung kann die Regierung eines Landes nur dann Kredite bei ihrer Zentralbank erhalten, wenn sie zuvor für einen dafür ausreichenden Goldbestand gesorgt hatte.

Mit der Freigabe der Preisbindung des Goldes stieg dessen Preis rapide an. Das Goldan-gebot stammt hauptsächlich aus der Goldförderung in der ehemaligen UdSSR und in Südafrika (75% der Weltproduktion), aus der Mobilisierung von Goldbeständen der Zentralbanken sowie aus privaten Horten. Die wesentlichen Goldmärkte in Europa sind Zürich, London und Paris, in Amerika ist es Mexiko City, und in Asien sind es Bombay und Beirut. Insbesondere die privaten Goldgroßhändler in London und Zürich führen den Goldmarkt, auf dem zwei Mal täglich der Goldpreis festgelegt wird (*Fixing*).

Neben diesen von Privaten organisierten Goldmärkten hatten auch das amerikanische Schatzamt 1975 und der Internationale Währungsfond ab 1976 verschiedene Goldauk-tionen gestartet.

2.2.2 Bimetallistische Währungen: Doppel- und Parallelwährung

Als bimetallistische Währungen sind die Doppelwährung, die Parallelwährung und die Metallwährung mit gesperrter Prägung bekannt.

Bei der *Doppelwährung* laufen zwei verschiedene Währungseinheiten gleichzeitig um. Historisch funktionierte die Doppelwährung mit Gold und Silber im Wertverhältnis 15,5:1 bis ins 19. Jahrhundert, solange das festgelegte Wertverhältnis beider Währungsmetalle auch ihre Marktpreise bzw. ihre Marktpreisrelation widerspiegelte.

Das *Greshamsches* Gesetz (*Sir Thomas Gresham*, 1519-1579) besagt, daß das „schlechte" Geld das „gute" Geld verdrängt: Zur Erläuterung sei eine bimetallische Währung mit einem offiziellen Wertverhältnis der unterschiedlichen Geldarten von 15,5:1 – (also z.B. 1 g Gold = 15,5 g Silber) betrachtet, deren freie Marktpreise aber durchaus voneinander abweichen können. Steigt nun der freie Goldpreis, so wird Gold gehortet und als Zahlungsmittel vom „schlechteren" Silbergeld verdrängt, so daß nur noch das geringer bewertete Metall umläuft.

Im Gegensatz zur Doppelwährung besteht bei einer *Parallelwährung* kein festes Wertverhältnis mehr zwischen den verschiedenen, gleichzeitig umlaufenden Währungen. Solche Währungen waren bis zu Beginn des 19. Jh. international verbreitet. Da kein offiziell festgelegtes Wertverhältnis zwischen parallel zueinander umlaufenden Währungen besteht, ist auch eine dem Greshamsche Gesetz genau entgegengesetzte Wirkung möglich. Dies besagt das *Anti-Greshamsche* Gesetz von *Friedrich A. von Hayek*.

Bei der *Metallwährung mit gesperrter Prägung* – z.B. einer Metall-(Silber-)Währung, bei der Silber gesetzliches Zahlungsmittel ist – wird die freie Ausprägung durch Private vom Staat verboten. Hier ist regelmäßig der offizielle Geldwert höher als der Wert des Währungsmetalls. Hierbei handelt es sich zwar nicht um eine bimetallistische Währung, aber um eine Metallwährung mit zwei Wertnotierungen. Durch ein solches System ist bereits der Übergang zur völlig ungebundenen Währung vollzogen.

2.3. Currency Boards

Mit einem *Currency Board* wird der Wechselkurs einer Währung zu einer Ankerwährung fixiert und zugleich der Umfang des inländischen Zentralbankgelds zu 100 % an den Besitz von Ankerwährung im selben Umfang festlegt. Nur das Parlament kann den Wechselkurs sowie den Wechsel einer Ankerwährung neu festsetzen. Im März 2000 gab es in Europa solche Currency Boards in Bosnien-Herzegowina, Bulgarien (DM), Estland (Währungskorb) und Litauen (US-$).

Ziel eines Currency Board ist die eigene, nationale Bindung, das inländische Preisniveau zu stabilisieren und dessen Entwicklung an das der Ankerwährung zu koppeln. Dies glaubt man am ehesten durch eine Delegation des Inflationsziels an das Ankerwährungs-Land zu erreichen und damit zugleich dessen Reputation zu adoptieren.

Ein Currency Board ersetzt allerdings keine inländische Zentralbank, sondern ist nur eine Abteilung derselben. Mit der Bindung nur der inländischen Zentralbankgeldmenge an den Besitz der Ankerwährung bleibt die Aufgabe einer Steuerung der inländischen

Geldmenge erhalten. Diese allerdings ist so zu beeinflussen, daß das inländische Preisniveau sich nicht von dem der Ankerwährung entfernt, weil sonst die Parität zur Ankerwährung unter Druck gerät.

Da in die Berechnung des Wechselkurses allerdings nur handelbare Güter eingehen, besteht die Möglichkeit, daß sich zumindest die Preise der nichthandelbaren Güter vom eigentlichen Inflationsziel entfernen. Die Wahl einer geeigneten Ankerwährung und damit die Glaubwürdigkeit hängt damit vor allem davon ab, daß die angestrebte Wirtschaftsstruktur dem des Ankerwährungs-Landes nahekommt.

Eine extreme Spielart solcher Currency Boards ist die totale Aufgabe jeglicher Geldschöpfung durch eine Mindestreserveverpflichtung von 100 %. In diesem Fall ist auch die umlaufende Zahlungsmittelmenge zu 100 % durch den Besitz an Ankerwährung gedeckt. Wenn in diesem Fall das Parlament auf die Option zur Wahl einer anderen Ankerwährung verzichtet, könnte man auch gleich vom System eines Currency Boards abgehen und die Ankerwährung als gesetzliches Zahlungsmittel (legal tender) umlaufen lassen. Dies gilt ab 13. November 2000 in Montenegro, wo die DM offiziell als alleiniges Zahlungsmittel deklariert wurde. Die dauerhafte Glaubwürdigkeit einer solchen Politik ist allerdings abhängig vom Umfang der Auslandsverschuldung und der Flexibilität von Preisen und Löhnen auch nach unten. Bei möglichen Defiziten in der Zahlungsbilanz muß dann nämlich eine inländische Preisdämpfung für deren Aktivierung sorgen.

2.4 Korbwährungen: Warenreserve- und Währungskorb-Währungen

Bei einer *Warenreservewährung* wird der Wert einer Geldeinheit durch ein bestimmtes Produkt oder Güterbündel ausgedrückt, wobei feste Güterpreise vereinbart werden. Da die Marktpreise von Gütern in der Realität aber teilweise beträchtlich schwanken, kann ein Festpreis für das Währungsgut oder Währungswarenbündel nur gesichert werden, wenn eine zentrale Agentur durch Offenmarktoperationen die zum vereinbarten Festpreis entstehenden Nachfrage- oder Angebotsüberhänge ausgleicht. Die zentrale Agentur muß also bei einer Preisreduktion der Währungswaren zusätzlich Güter am Markt nachfragen, um den Festpreis zu halten; sie wird dabei allerdings nicht konkrete Güter erwerben, sondern Warenhauszertifikate dieser Produkte.

Die zentrale Agentur eines solchen Warenreservewährungssystems könnte die Zentralbank sein – dann jedoch müßte den Geschäftsbanken wie bei einer Metallwährung die Geldschöpfungsmöglichkeit genommen werden, z.B. durch eine Mindestreserveverpflichtung von 100 % –, aber auch eine parallel dazu existierende Institution wie z.B. die Deutsche Rentenbank in den 20er Jahren, die jedoch eine andere Funktion ausübte. Der *Hart-Kaldor-Tinbergen*-Plan sah sogar ein solches System auf internationaler Ebene vor, bei dem der *Internationale Währungsfonds IWF* in eine Weltzentralbank umgewandelt werden könnte, deren Verbindlichkeiten in Lagerzertifikaten der Reservewaren bestehen.

Für ein Warenreservesystem ist das Spektrum geeigneter Reservewaren natürlich sehr gering; die betreffenden Produkte dürfen nicht verderblich sein, keinen Modeschwankungen unterliegen oder technisch schnell überholt sein. Sie müssen zugleich aber auch

repräsentativ für die volkswirtschaftliche Produktion sein, damit der Festpreis der Reservewaren auch das allgemeine Preisniveau stabilisiert. Im übrigen erforderte dieses
System relativ hohe Kosten.

Währungskorb-Währungen sind als allgemein akzeptiertes internationales Zahlungsmittel konzipiert. Beispiele hierfür sind die *Sonderziehungsrechte (SZR)* des IWF oder
früher die ECU. Innerhalb des *Europäischen Währungssystems EWS* war die ECU ursprünglich als künftige Parallel- oder Doppelwährung konzipiert, die neben den nationalen Währungen zunächst gleichberechtigt umlaufen sollte. Später hatte man sich auf
die Einführung der Einheitswährung Euro geeinigt.

Eine Währungskorb-Währung kann unterschiedlich ausgestaltet werden. Der *standard
basket* legt den Wert einer Währungskorb-Währung als Summe verschiedener, in ihm
enthaltener Währungen fest. Die einzelnen Währungen gehen mit festen, unabänderli-
chen Gewichten in die Kunstwährung ein. Ihr Wert, ausgedrückt in einer nationalen
Währung, ergibt sich über die Kursrelationen der Teilnehmerwährungen untereinander.
Das Kursverhältnis ist jedoch nicht absolut fix; Auf- und Abwertungen sind – wenn
auch selten – möglich. Bei Wechselkursveränderungen variiert also der Wert der Korbwährung, gemessen in nationalen Währungseinheiten. Auf- und Abwertungen einer einzelnen Währung werden durch den standard basket allerdings die Korbwährung nur abgeschwächt beeinflussen.

Der *adjustable basket* läßt nicht, wie der standard basket, die Menge der Währungseinheiten bei Wechselkursänderungen im Währungskorb konstant. Vielmehr variiert er mit
der Auf- oder Abwertung einer Währung deren Gewichtung im Korb derart, daß sein
Wert konstant bleibt. Eine Abart des adjustable basket ist der *asymetrical basket*, der in
gleicher Weise wie der adjustable basket bei Abwertungen, überhaupt nicht aber bei
Aufwertungen reagiert; bei Aufwertungen gilt für den asymetrical basket folglich die
gleiche Wirkung wie beim standard basket.

3. Deutsche Währungsgeschichte

3.1 Die Entwicklung bis zur ersten Währungsreform

3.1.1 Die Entwicklung bis zum 1. Weltkrieg

In Deutschland gab es bis 1871 keine einheitliche Währung, erst mit dem Münzgesetz
vom 14.12.1871 wurde neben den zu jener Zeit umlaufenden Kurantmünzen die *Mark*
als gesetzliches Zahlungsmittel (*legal tender*) mit dem Wert von 1/1393 eines Pfundes
Feingold geschaffen; dies entsprach dem Wertverhältnis von 1 gr. Gold = 3 Mark. Damit war sie für jedermann annahmepflichtig.

Die wichtigsten Währungen vor 1871 waren:

- Taler (Nord- und Mitteldeutschland),
- Gulden (Süd- und Mitteldeutschland),
- Franken (Elsaß-Lothringen),
- Goldtaler (Bremen),
- Taler-Mark (Hamburg und Lübeck) und
- Banko (Hamburger Großhandel).

Ab dem 9.7.1873 war die Mark alleiniges gesetzliches Zahlungsmittel, und zwar nicht mehr parallel zu den anderen deutschen Zahlungsmitteln. Ab 30.4.1874 lösten schließlich Reichskassenscheine im Umfang von 120 Mio. Mark das von 21 deutschen Staatsbanken ausgegebene Papiergeld ab. Für diese Reichskassenscheine bestand jedoch kein Annahmezwang für Private.

Im gleichen Jahr 1874 erfolgte die Gründung der *Deutschen Reichsbank* als Zentralbank, hervorgegangen aus der *Preußischen Bank*. Ab dem 20.2.1906 hatte allein die *Deutsche Reichsbank* das Recht zur Ausgabe von Banknoten als gesetzlichem Zahlungsmittel.

Die gesamte Geldmenge des Deutschen Reiches im Jahre 1914 setzte sich zusammen aus

4000 Mio. Mark	Goldmünzen,
1396 Mio. Mark	Scheidemünzen,
2909 Mio. Mark	Reichsbanknoten,
1258 Mio. Mark	Giroverbindlichkeiten der Reichsbank,
69 Mio. Mark	Privatbanknoten und
240 Mio. Mark	Reichskassenscheinen

mit einer Gesamtsumme von knapp 9,9 Mrd. Mark. Bis zu diesem Zeitpunkt war sie vollständig durch Gold gedeckt.

3.1.2 Die inflationäre Entwicklung von 1914 bis 1923

Mit Beginn des 1. Weltkrieges blieb die Mark offizielles Zahlungsmittel, doch wurde die Goldeinlösepflicht am 4.8.1914 rückwirkend zum 31.7.1914 aufgehoben, da das Deutsche Reich nur einen relativ geringen Goldbestand aufwies. Reichskassenscheine wurden gesetzliches Zahlungsmittel. Außerdem wurden Darlehnskassenscheine von der neu gegründeten Darlehnskasse, in enger Anlehnung an die *Deutsche Reichsbank*, eingeführt, um die kriegsbedingten Haushaltsdefizite zu finanzieren.

Während der vier Kriegsjahre stieg der Zahlungsmittelumlauf von 9,9 Mrd. Mark auf 28,4 Mrd. Mark, also auf das Dreifache, und bis 1921 wegen der hohen Demobilisierungskosten noch einmal auf das Zwölffache gegenüber der Geldmenge von 1914.

Der Versuch zur Erfüllung der Reparationsleistungen des Deutschen Reiches ließ die Geldmenge und mit ihr das Preisniveau stark ansteigen. So stieg der Umlauf an Stückgeld von 28 Mrd. Mark im November 1918 auf 108 Mrd. Mark im November 1921, danach bis auf 400 Trillionen Mark im November 1923. Außerdem erhöhte sich die

Umlaufgeschwindigkeit exorbitant, weil Gehaltszahlungen schließlich täglich erfolgten und das verdiente Einkommen wegen der galoppierenden Preisniveausteigerungen jeweils noch am gleichen Tage ausgegeben werden mußte. Papierfabriken und Druckereien konnten den Bedarf der *Deutschen Reichsbank* an Banknoten nicht mehr erfüllen. Die Reichsregierung konnte nur noch 1 % ihrer Ausgaben durch Steuereinnahmen dekken, der Rest mußte durch die Schaffung neuen Geldes finanziert werden.

Der Dollarkurs war am 20.11.1923 auf 4,2 Billionen Papiermark geklettert. Es kam in dieser Zeit zu *Repudiationen* (Zurückweisung von Geld) bei der Begleichung von Schulden bzw. Güterkäufen. Als Zahlungsmittel fungierten jetzt andere Medien, wie ausländische Währungen oder auch bestimmte Waren (z.B. Zigaretten). Da die Güterproduktion und der Handel nicht mehr kalkulierbar waren, brach auch der Außenhandel zusammen, und die Arbeitslosigkeit stieg stark an.

3.1.3 Die erste Währungsreform 1923

Am 20.11.1923 kam es zur *ersten Währungsreform* in Deutschland. Eine Währungsreform ist die grundlegende Neugestaltung einer Währung in einem Land. Diese erfolgt immer dann, wenn das Geld einer Volkswirtschaft seine Geldfunktionen (Recheneinheit, allgemeines Zahlungsmittel, Wertaufbewahrungsmittel) nicht mehr erfüllt, d.h. von den Wirtschaftssubjekten nicht mehr akzeptiert wird. Im Rahmen der ersten deutschen Währungsreform 1923 wurde die *Rentenmark* eingeführt, der eine Idee von *Helfferich* für ein „wertbeständiges" Zahlungsmittel zu Grunde lag. Die Mark wurde von der Rentenmark abgelöst, die formal durch Grundschulden gedeckt war. Die Ausgabe der Rentenmark wurde durch Verordnung vom 15.10.1923 der neugegründeten *Deutschen Rentenbank* übertragen.

Das Kapital der *Deutschen Rentenbank* bestand in land- und forstwirtschaftlich sowie gärtnerisch genutzten Grundstücken, in industriellen, gewerblichen und Handels-Betrieben, die mit 6 % verzinslichen Grundschulden bzw. Schuldverschreibungen belastet wurden. Auf Grund dieser Belastung erfolgte die Ausgabe von Rentenpfandbriefen im gleichen Betrag. Dieses neue „*Roggengeld*" war zwar kein gesetzliches Zahlungsmittel, mußte aber zumindest von allen öffentlichen Kassen angenommen werden.

Die Rentenmark wurde ab dem 20.11.1923 zu einem Kurs von 1 Bio. Mark = 1 Rentenmark umgetauscht. Sie wurde sehr schnell zu einem allgemein akzeptierten Zahlungsmittel. Entscheidend für den Erfolg der neuen Rentenmark war aber nicht ihre „Deckung", sondern die restriktive Geldpolitik der *Deutschen Reichsbank*, die keine weiteren Diskontierungen von Reichsschatzanweisungen mehr vornahm.

3.2 Die Entwicklung bis zur zweiten Währungsreform

3.2.1 Die Entwicklung von 1924 bis 1948: Rentenmark und Reichsmark

Auf Grund einer Empfehlung des internationalen *Dawes*-Komitees wurde am 30.8.1924 ein neues Bankgesetz erlassen, mit dem dann zusätzlich die *Reichsmark* eingeführt wurde. Die neue Währung war eine Golddevisenwährung. Es bestanden jetzt zunächst zwei Währungen – Reichsmark und Rentenmark – sowie zwei Notenbanken: *Deutsche Reichsbank* und *Deutsche Rentenbank*. Die Rentenmark blieb zwar weiterhin im Umlauf, ihre Bedeutung sank jedoch immer stärker.

Die Rentenmark war eine reine Binnenwährung gewesen. Die neue Reichsmark RM wurde rasch auch wieder zu einer Außenwährung, die frei konvertibel war. Es bestand ein Austauschverhältnis von 4,2 Reichsmark = 1 US-Dollar. Erst mit der Weltwirtschaftskrise 1929 bis 1933, insbesondere ab 1931, kam es wegen umfangreicher Kapitalabflüsse aus Deutschland wieder zu einer Devisenbewirtschaftung. Ab 15.6.1939 wurde die Golddevisenwährung schließlich auch formal aufgehoben.

Der Banknotenumlauf in jener Zeit stieg wieder rapide an. Er verdoppelte sich von Ende 1933 bis Juli 1939 von 4,2 Mrd. RM auf 9 Mrd. RM. In der Zeit des Zweiten Weltkrieges stieg der Geldumlauf dann von Ende 1939 bis Anfang 1945 von 11,8 Mrd. RM auf 73 Mrd. RM an. Dennoch kam es in dieser Zeit zu keiner gravierenden offenen Inflation, da ein Preis-, Miet- und Lohnstopp eingeführt worden war.

Nach dem 2. Weltkrieg entlud sich nun die zuvor zurückgestaute Inflation. Der Kaufkraftüberhang im April 1945 betrug immerhin 250 Mrd. RM.

Die Produktion ging durch die Kriegszerstörungen stark zurück. Da seit 1936 ein Lohn- und Preisstopp bestand, erfolgten Zuteilungen über „Marken". Damit verlor das Geld seine Funktion als Tauschmittel, es kam wieder zur *Repudiation*. Es war die Zeit der Zigarettenwährung, die allgemein als Zahlungsmittel akzeptiert wurde.

3.2.2 Die zweite Währungsreform 1948

Im Jahre 1948 wurden zwei Währungsreformen in Deutschland durchgeführt. Diese *zweite Währungsreform* in Deutschland erfolgte am 21.6.1948. Die zweite Währungsreform in Deutschland wurde für das alte Gebiet der Bundesrepublik Deutschland (Währungsreform West) und zwei Tage später für das Währungsgebiet der ehemaligen DDR (Währungsreform Ost) durchgeführt. Mit der Währungsreform West wurde als neues Zahlungsmittel die *Deutsche Mark (DM)* emittiert, mit der Währungsreform Ost zunächst ebenfalls eine Währungseinheit DM, die später als Mark der Deutschen Notenbank MDN und schließlich als *Mark* umlief.

3.2.2.1 Währungsreform in der Bundesrepublik Deutschland

Neben der Einführung einer neuen Währungseinheit wurde mit der Währungsreform West die vorhandene Geldmenge reduziert und die vorhandenen Vermögen neu bewertet. Nach einem Plan von *Cohn* und *Goldsmith* im Auftrag der amerikanischen Militärregierung wurde der Geldüberhang im Umfang von 1:10 im westlichen Teil Deutschlands gekürzt. An die Stelle der *Deutschen Reichsbank* trat die *Bank deutscher Länder* BdL mit Sitz in Frankfurt, deren Grundkapital 100 Mio. Deutsche Mark betrug.

Die Umstellung von der RM zur DM erfolgte nach dem *1. Gesetz zur Neuordnung des Geldwesens* vom 20.6.1948 (*Währungsgesetz*) und dem *2. Gesetz zur Neuordnung des*

Geldwesens vom 20.6.1948 (*Emissionsgesetz*) im Verhältnis von 1:10 für Bestandsgrößen; bei Löhnen, Gehältern, Mieten und anderen laufenden Leistungen (Stromgrößen) erfolgte sie im Verhältnis von 1:1.

Alle natürlichen Personen erhielten als Erstausstattung ein Kopfgeld von 40 DM im Umtausch gegen 40 RM, ein weiterer Betrag von 20 DM wurde im August 1948 ausgezahlt. Wirtschaftsunternehmen erhielten als Erstausstattung auf ihren Konten 60 DM pro Arbeitnehmer gutgeschrieben. Die Umstellung alter Forderungen wurde nach dem *3. Gesetz zur Neuordnung des Geldwesens* (*Umstellungsgesetz*) vom 20.6.1948 im Verhältnis von 1:10 vorgenommen, wobei allerdings nur die Hälfte ausgezahlt und die andere Hälfte einem Festkonto gutgeschrieben wurde; mit dem *4. Gesetz zur Neuordnung des Geldwesens* vom 4.10.1948 wurden davon 70 % gestrichen, so daß die endgültige Abwertung für Altforderungen im Verhältnis von 100:6,5 erfolgte.

Altguthaben der öffentlichen Hand wurden vollständig gestrichen. Diese zweite Währungsreform nahm bewußt Verteilungsänderungen im Vermögensbesitz in Kauf, indem unterschiedliche Abwertungsraten fixiert wurden. Gleichzeitig ging man von der Zentralplan-Wirtschaft während der Kriegszeit zur Marktwirtschaft über. Das Geld konnte nun wieder seine Funktion als allgemeines Zahlungsmittel erfüllen, so daß auch die Güterverteilung über Zuteilungsmarken entfiel.

Eine wichtige Etappe in der Entwicklung des Geldsystems der Bundesrepublik Deutschland war die Umwandlung des zweistufigen Zentralbanksystems (BdL und Landeszentralbanken) in eine „Einheitszentralbank", die *Deutsche Bundesbank*. Sie wurde durch das Gesetz vom 26.7.1957 geschaffen, mit der die Landeszentralbanken als neue Zweigstellen der *Deutschen Bundesbank* in diese übergeführt wurden.

Aus Anlaß der Neuordnung des Geldwesens vom 11.8.1958 wurden den Geschäftsbanken durch Rechtsverordnung *Ausgleichsforderungen* gegen Bund und Länder zugeteilt, um eine Neufestsetzung des Nennkapitals von Banken in der Rechtsform von Kapitalgesellschaften durchführen zu können. Die Geschäftsbanken hatten nach dieser Verordnung eine Umstellungsrechnung aufzustellen, praktisch also eine DM-Eröffnungsbilanz, bei der die Ausgleichsforderungen die Wertänderungen in der Geschäftsbankenbilanz ausglichen.

3.2.2.2 Währungsreform in der ehemaligen DDR

Nach der Besetzung von 1945 wurden im östlichen Teil Deutschlands alle Banken geschlossen und die bei ihnen unterhaltenen Guthaben gesperrt. Mit *Befehl der sowjetischen Militär-Verwaltung Nr. 111* vom 23.6.1948 wurden im Umlauf befindliche RM für ungültig erklärt und bis zu 70 RM im Verhältnis von 1:1 gegen DM-Ost umgetauscht. Für darüber hinausgehende Beträge galt ein Umrechnungssatz von 10:1. Sparguthaben bis 100 RM wurden im Verhältnis 1:1, solche bis 1000 RM im Verhältnis 5:1 und bis 5000 RM im Verhältnis 10:1 umgetauscht. Bei Guthaben darüber hinaus erfolgte eine Prüfung der Rechtmäßigkeit des Erwerbs. Die Ausgabe der neuen Währung erfolgte durch die *Deutsche Notenbank*. Die Währungseinheit lautete zunächst DM, dann MDN (Mark der Deutschen Notenbank), später allein M (Mark).

Die zentrale Planung der Güterproduktion blieb wie in der Kriegswirtschaft auch in der Sozialisierung der Wirtschaft erhalten. Damit war die Währungseinheit kein allgemeines Tauschmittel, so daß die Güterverteilung weiterhin über Zuteilungsmarken erfolgen mußte.

3.3 Die deutsche Währungsunion von 1990

Die friedliche Revolution vom 9.11.1989 in der ehemaligen DDR enthielt mehr als lediglich *Gorbatschows Perestrojka* – die Umgestaltung des Sozialismus. Zur Jahreswende 1989/90 brach die Mauer in Berlin. Damit rückte die deutsche Wiedervereinigung, die ein halbes Jahr vorher noch als absurder Traum erschien, in greifbare Nähe. Politisch verwirklichte sich die deutsche Einheit durch die Beitrittserklärung der Volkskammer der DDR zum Geltungsbereich des Grundgesetzes am 3.10.1990.

Ihr voraus ging am 1. Juli 1990 die ökonomische Vereinigung Deutschlands. Zu diesem Stichtag trat die *Währungs-, Wirtschafts- und Sozialunion* in Kraft.

Unter einer Währungsunion versteht man den Zusammenschluß souveräner Staaten mit vorher unterschiedlichen Währungen zu einem einheitlichen Währungsgebiet. In dem neugeschaffenen Währungsraum läuft nur eine einzige Währung um; sie ist das gesetzliche Zahlungsmittel.

Aus Sicht des Beitrittsgebietes, also der ehemaligen DDR, bedeutete die Währungsunion eine Währungsreform; für die alte Bundesrepublik war diese Währungsunion allein eine Ausdehnung des Währungsgebietes. In der ehemaligen DDR wurden Sparkonten und Bargeld (Bestandsgrößen) durchschnittlich bis zu einem Betrag von 4000 Mark im Verhältnis von 1:1 umgestellt. Im einzelnen erfolgte eine Staffelung nach dem Alter der DDR-Bürger. DDR-Bürgern bis zum 14. Lebensjahr wurde ein Umstellungsrahmen von 2000 Mark, vom 15. bis 59. Lebensjahr ein solcher von 4000 Mark und älteren einer von 6000 Mark eingeräumt. Für Beträge darüber hinaus galt ein Umtauschverhältnis von 2:1, für Bürger und Firmen mit Wohnsitz außerhalb der neuen Länder war ein Umstellungskurs von Mark in DM im Verhältnis 3:1 vorgesehen.

Insgesamt wurden auf diese Weise gut 120 Mrd. DM an Kaufkraft aus Spareinlagen und ungefähr 20 Mrd. DM aus Bargeld neu geschaffen. Damit betrug die Erstausstattung ca. 8500 DM je Neu-Bürger.

Die 4000-DM-Komponente bei der Umstellung der Sparguthaben bedeutete eine gleichmäßige Verteilung der Erstausstattung, so wie es bei einer normalen Währungsreform üblich ist. Die Währungsreform 1990 stattete die DDR mit DM-Kaufkraft aus, die der Hälfte des dortigen Bruttosozialproduktes entsprach. Verbindlichkeiten der Betriebe wurden allgemein im Verhältnis 2:1 abgewertet. Stromgrößen, wie Mieten und Löhne, wurden dagegen generell im Verhältnis 1:1 umgestellt.

4. Geschichte der Europäischen Währungsunion EWU

4.1 Vollzogene und geplante Entwicklung der montären Integration in Europa nach dem 2. Weltkrieg

Nach dem 2. Weltkrieg wurde immer wieder auch die Schaffung eines einheitlichen europäischen Währungsraumes, zumindest aber die Einführung eines Systems fester Wechselkurse diskutiert. Entwürfe zur Gründung einer Währungsunion, wie etwa der 1972 vorgestellte *Werner-Plan,* scheiterten; erste Versuche, feste Wechselkurse zwischen den Teilnehmerländern der *Europäischen Gemeinschaft* (EG) einzuführen, hatten – wie die Entwicklung der sogenannten Währungsschlangen zwischen 1972 und 1978 zeigt – keinen dauerhaften Bestand. Erst 1979 gab es mit der Einführung des *Europäischen Währungssystems* (EWS), das feste Wechselkurse mit Bandbreiten und deren Bindung an eine künstliche Korbwährung – die ECU – vorsah, einen neuen Schub in Richtung einer monetären Integration in Europa. Nachdem in diesem System seit 1987 keine umfangreicheren Anpassungen *(Realignments)* stattfanden, wurde im Dezember 1991 der *Vertrag von Maastricht* über die Bildung einer *Europäischen Wirtschafts- und Währungsunion* geschlossen. Seither entwickelte sich in Europa eine neue Integrationsdynamik, wie Tabelle 1 zeigt.

Tabelle 1: Entwicklung der Europäischen Integration seit 1992

7. Februar 1992	Unterzeichnung des Maastrichter Vertrags über die Europäische Union
2. Mai 1992	Unterzeichnung des Abkommens von Porto über den Europäischen Wirtschaftsraum
1. Januar 1993	Verwirklichung des einheitlichen Europäischen Binnenmarkts (Freizügigkeit von Gütern, Arbeit und Kapital innerhalb der EU)
1. November 1993	Entstehung der Europäischen Union (EU) durch Inkrafttreten des Maastrichter Vertrags
1. Januar 1994	Schaffung des Europäischen Wirtschaftsraums (EWR)
24. Juni 1994	Unterzeichnung der Verträge über den Beitritt Österreichs, Finnlands, Norwegens und Schwedens zur Europäischen Union
1. Januar 1995	EU-15: Österreich, Finnland und Schweden werden Mitglieder der Europäischen Union
3. Mai 1998	Maastricht II - Konferenz zur weiteren Entwicklung der Europäischen Währungsunion (EWU), Festlegung der Teilnehmerländer und der bilateralen Wechselkurse
Ende 1998	Festlegung der geldpolitischen Konzeption der Europäischen Zentralbank (EZB) sowie erste Leitzinsankündigung
1. Januar 1999	Eintritt in die Stufe 3 der Europäischen Währungsunion
1. Januar 2002	Emission des Euro in Form von Noten und Münzen

Diese neue Dynamik verursachte aber nicht nur positive Effekte: Nach der Ankündigung, eine Währungsunion zu schaffen, in der die Kurse der einzelnen Währungen endgültig und unwiderruflich zueinander fixiert würden, traten die seit 1987 aufgestauten Unterschiede in den gesamtwirtschaftlichen Rahmendaten der EU-Länder wieder stärker in den Vordergrund. In Erwartung einer Wechselkursanpassung im EWS traten 1992 und 1993 massive Spekulationswellen gegen die potentiellen Abwertungsländer auf, die zunächst zu einem Ausscheiden von Großbritannien und Italien aus dem Wechselkursverbund des EWS führten. Letztlich konnte 1993 der Fortbestand des EWS nur durch eine Ausweitung der Bandbreiten von ± 2,25 auf ± 15% gesichert werden.

4.2 Der Vertrag von Maastricht: 3 Stufen auf dem Weg zur EWU

Der *Vertrag von Maastricht* umfaßt die drei Säulen der *Europäischen Union*: Neben der *Europäischen Gemeinschaft* gehört dazu eine *Gemeinsame Außen- und Sicherheitspolitik* (GASP) der Unionsmitglieder ebenso wie eine verstärkte Zusammenarbeit auf dem Gebiet der Justiz- und Innenpolitik.

Der Vertragsteil, der sich mit der *Europäischen Währungsunion* beschäftigt, gehört zu den Ausführungen zur *Europäischen Union* und basiert im wesentlichen auf dem sogenannten *Delors-Plan*, einem *Drei-Stufen-Plan* auf dem Weg zu einer Währungsunion. Auch der *Vertrag von Maastricht* sah drei Stufen der monetären Integration vor, an deren Ende die *Europäische Währungsunion* in Form eines gemeinsamen Währungsraums mit einer einheitlichen europäischen Währung steht.

Die 3 Entwicklungsstufen zur Schaffung einer *Europäische Währungsunion* sind in Tabelle 2 dargestellt:

Tabelle 2: Der Vertrag von Maastricht: 3 Stufen auf dem Weg zur Währungsunion

Stufe 1 Beginn 1. Juli 1990	• Liberalisierung des Kapitalverkehrs • Schaffung des Binnenmarkts • Inkrafttreten des Maastricht-Vertrags • Fixierung der Zusammensetzung der ECU • Beginn der Wirtschafts- und Währungskonvergenz
Stufe 2 Beginn 1. Januar 1994	• Gründung des Europäischen Währungsinstituts (EWI) • Unabhängigkeit der nationalen Zentralbanken • Stärkere Koordination der Geld- und Währungspolitik • Stärkung der Konvergenz • Einrichtung eines Kohäsionsfonds
Stufe 3 Beginn 1. Januar 1999	• Gründung der Europäischen Zentralbank (EZB) • Unwiderrufliche Fixierung der Wechselkurse • Einführung der einheitlichen Europäischen Währung *Euro*

In der zweiten Stufe wurden wichtige Grundsatzentscheidungen getroffen. So wurde beispielsweise beschlossen, den Sitz des *Europäischen Währungsinstituts* (EWI) – und damit auch der *Europäischen Zentralbank* (EZB) als Folgeinstitution – nach Frankfurt am Main zu vergeben. Auch der Name der zukünftigen europäischen Währung wurde festgelegt: *Euro*. Der Name der kleineren Währungseinheit ist *cent*.

Am 3. Mai 1998 beschlossen die Regierungschefs der EU-Mitgliedsländer auf der Grundlage von Vorschlägen des *Europäischen Währungsinstituts* EWI und der nationalen Zentralbanken, die Europäische Währungsunion am 1.1.1999 mit 11 der 15 Mitglieder der EU zu beginnen. Griechenland erfüllte anfangs die geforderten Konvergenzkriterien nicht (trat erst am 1.1.2001 der EWU bei), während Großbritannien, Dänemark und Schweden dafür votierten, zunächst nicht an der Währungsunion teilzunehmen. Norwegen war zuvor schon aus der EU ausgetreten.

4.3 Der Beginn der Europäischen Währungsunion am 1.1.1999

Die Einführung des Euro als Recheneinheit und als Buchgeld zum 1.1.1999 sowie die im Jahr 2002 folgende Notenemission stellt eine verteilungsneutrale Währungsreform dar. Alle Forderungen und Verbindlichkeiten (Bestandsgrößen sowie auch die Stromgrößen) wurden in einem am 31.12.1998 bestimmten Tauschverhältnis von den nationalen Währungen der Teilnehmerländer auf den Euro umgestellt.

Eine Besonderheit der Europäischen Währungsunion ist die „geteilte" Einführung des Euro: Während zum 1.1.1999 die neue Währung allein als Buchgeld eingeführt wurde und somit alle nationalen Währungen der Teilnehmerländer an den internationalen Devisenbörsen ersetzte, blieben die nationalen Währungen als Bargeld und alleiniges gesetzliches Zahlungsmittel bis zum Jahr 2002 erhalten. Bis dahin bestanden Euro und nationale Währungen als Parallelwährung mit den in Tabelle 3 genannten festen Austauschverhältnissen. Seit 1. Januar 2001 ist auch Griechenland Mitglied der EWU.

Tabelle 3: Umrechnungskurse zum Euro

Währung	Währungseinheiten für 1 Euro (€)
Belgischer Franc	40,3399
Deutsche Mark	1,95583
Spanische Peseta	166,386
Französischer Franc	6,55957
Irisches Pfund	0,787564
Italienische Lira	1963,27
Luxemburgischer Franc	40,3399
Niederländischer Gulden	2,20371
Österreichischer Schilling	13,7603
Portugiesischer Escudo	200,482
Finnmark	5,94573
Griechische Drachme (ab 1.1.2001)	340,750

Trotz großer Fortschritte im Bereich der Konvergenz derjenigen makroökonomischen Daten, die im Vertrag von Maastricht als Aufnahmekriterien für die Währungsunion vereinbart wurden, ist Europa auch heute noch kein homogenes Staatengebilde. Im europäischen Wirtschaftsraum ist der Wohlstand in den Mitgliedsländern seit Ende des 2. Weltkriegs ständig gestiegen. Dies bedeutet allerdings nicht, daß sich die Pro-Kopf-Einkommen angeglichen hätten. Aus Abbildung 3 ist ersichtlich, daß sich die Position Großbritanniens innerhalb der westeuropäischen Länder seit den 60er Jahren stark verschlechterte; das ehemals nach Luxemburg (und der Schweiz) reichste Land Europas nimmt gegenwärtig nur einen Mittelplatz beim Vergleich der Pro-Kopf-Einkommen (umgerechnet über den Wechselkurs zum US-$) ein. Dagegen haben vor allem Irland, Österreich, aber auch Spanien ihre relativen Positionen verbessert.

Konvergenz in der Europäischen Union?

nationales Pro-Kopf-Einkommen gegenüber dem Durchschnitt
aller Mitgliedsländer in dem jeweiligen Jahr (= 100)

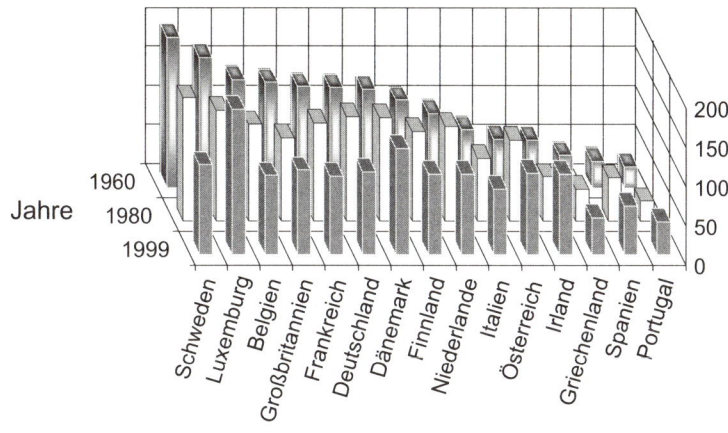

Quelle: Eigene Berechnungen nach Daten der *International Financial Statistics*, lfd. Hefte.

Abbildung 3

Auch in Zukunft ist keine Gleichheit der Einkommen in Westeuropa zu erwarten. Die Struktur der Einkommensunterschiede wird aber international finanzwirtschaftliche Aktivitäten anregen, um stärkere Disparitäten zu vermeiden. In jedem Fall verspricht der interregionale Wettbewerb in Europa neben einer Niveausteigerung auch eine gewisse Angleichung des Wohlstandes.

Literatur zum I. Kapitel

Borchardt, Knut: Währung und Wirtschaft, in: *Deutsche Bundesbank* (Hrsg.), Währung und Wirtschaft in Deutschland 1876-1975, Frankfurt a.M. 1976, S. 3-55.

Borchert, Manfred: On the German Monetary, Economic, and Social Union, Paris 1991.

Born, Karl Erich: Geld und Banken im 19. und 20. Jahrhundert, Stuttgart 1977.

Fuhrmann, Wilfried: Zur Theorie des Currency Boards, in: Zeitschrift für Wirtschaftspolitik, 48. Jg. (1999), Heft 1, S. 85-104.

Irmler, Heinrich: Die Bankenkrise und Vollbeschäftigung, in: *Deutsche Bundesbank* (Hrsg.), Währung und Wirtschaft in Deutschland 1876-1975, Frankfurt a.M. 1976, S. 283-329.

Köllner, Lutz: Chronik der deutschen Währungspolitik 1871-1991, Taschenbücher für Geld, Bank und Börse, Bd. 61, 2. Aufl., Frankfurt a.M. 1991.

Möller, Hans: Währung, in: *E. v. Beckerath,* (Hrsg.), Handwörterbuch der Sozialwissenschaften, 11. Bd., Stuttgart 1965, S. 430ff.

Möller, Hans: Zur Vorgeschichte der Deutschen Mark, Die Währungsreformpläne 1945-1948, Tübingen 1961.

Pfeiderer, Otto: Die Reichsbank in der großen Zeit der Inflation, die Stabilisierung der Mark und die Aufwertung der Kapitalforderungen, in: *Deutsche Bundesbank* (Hrsg.), Währung und Wirtschaft in Deutschland 1876-1975, Frankfurt a.M. 1976, S. 157-201.

Schultz, Bruno: Kleine deutsche Geldgeschichte des 19. und 20. Jahrhunderts, Berlin 1976.

Starbatty, Joachim: Zur Umkehrung des Greshamschen Gesetzes bei der Entnationalisierung des Geldes, in: Kredit und Kapital, 15. Jg. (1982), S. 387ff.

Stucken, Rudolf: Deutsche Geld- und Kreditpolitik 1914-1963, 3. Aufl., Tübingen 1964.

Stucken, Rudolf: Schaffung der Reichsmark, Reparationsregelungen und Auslandsanleihen, Konjunkturen, in: *Deutsche Bundesbank* (Hrsg.), Währung und Wirtschaft in Deutschland 1876-1975, Frankfurt a.M. 1976, S. 249-281.

Spindler, Joachim von [u.a.]: Die Deutsche Bundesbank – Grundzüge des Notenbankwesens und Kommentar zum Gesetz über die Deutsche Bundesbank, 4. Aufl., Stuttgart 1973.

Veit, Otto: Grundriss der Währungspolitik, 3. Aufl., Frankfurt a.M. 1969.

II. Wesen und Bedeutung von Geld und Kredit

Die Geldtheorie beschäftigt sich mit den Einflußfaktoren verschiedener Wirtschaftssubjekte auf die Geldschaffung (*Geldangebot*) und die Geldverwendung (*Geldnachfrage*). Die Theorie der Geldpolitik dagegen untersucht – ausgehend von gesetzten Zielen der Zentralbank – wie geldpolitische Instrumente auf die Geldschaffung des monetären Bereichs und von dort auf die Geldverwendung im realwirtschaftlichen Bereich einer Volkswirtschaft (Produktionsniveau und über das Preisniveau auf die Wirtschaftsstruktur) einwirken.[1] Die (Theorie der) Geldpolitik verwendet also bei ihren Überlegungen über den bewußten Einsatz von Impulsen zur Erreichung angestrebter Ziele die von der Geldtheorie ganz allgemein ermittelten Wirkungszusammenhänge.

Diese Beziehung zwischen Theorie und Politik in der Geldlehre gilt wie bei jedem anderen Teilgebiet der Volkswirtschaftslehre. Im Gegensatz zu diesen ist jedoch in der Geldlehre die Frage nach dem, was Geld eigentlich ist – also die Essenz des Geldes, nicht dessen unleugbare Existenz – ein wesentliches Problem, das in Abschnitt 1 aufgegriffen werden soll. Die Analyse dieses Problems führt unmittelbar zu den Geldarten, wie Bargeld (Teil des Zentralbankgeldes) und Geschäftsbankengeld sowie den Geldsubstituten (Liquiditätstheorie, vgl. Abschnitt III.3.2). Mit Geld werden Käufe durchgeführt oder Schulden bezahlt. Allerdings sind diese Eigenschaften nicht hinreichend für eine Definition von Geld. Denn wenn es nur darauf ankäme, daß Geld ein Medium ist, mit dem solche Transaktionen (auf der Basis von Kauf-, Kredit- oder Schenkungsverträgen) durchgeführt werden können, müßten auch andere Aktiva im Besitz der Wirtschaftssubjekte „Geld" darstellen, die zur Durchführung von Transaktionen geeignet sind. Dies könnten Wertpapiere, Realkapital, Grund und Boden oder etwa Zigaretten sein, im Prinzip also jedes handelbare Gut in einer Volkswirtschaft.

Geld wäre dann alles, was als Zahlungsmittel akzeptiert wird. Mit dieser Definition wird auf die Geldfunktionen abgestellt, die in Abschnitt 2 beschrieben werden. Mit der Menge der Aktiva, die als Geld akzeptiert werden, ist die Liquidität der Wirtschaftssubjekte bestimmt.

Nicht überall und nicht zu allen Zeiten wird Geld in der engen Abgrenzung von Bargeld und/oder Geschäftsbankengeld von jedermann als Zahlungsmittel akzeptiert. So ist z.B. die Akzeptanz von inländischem Geld in sozialistischen Volkswirtschaften eingeschränkt, weil die Güterverteilung über den Markt nicht durch freie Preisbildung erfolgt, sondern durch Warteschlangen (Lieferfristen) oder Zuteilungen ergänzt werden muß; Devisen marktwirtschaftlich organisierter Volkswirtschaften mit freier Konvertibilität dagegen werden dort jederzeit als allgemeines Zahlungsmittel akzeptiert. Aber auch in Marktwirtschaften wird das Geld einer Geschäftsbank dann nicht mehr als Zahlungsmittel akzeptiert, wenn die betreffende Bank in Zahlungsschwierigkeiten gerät und deshalb ihre Schalter schließen muß. Selbst offizielles Bargeld wird zu bestimmten Zeiten repudiert, wenn – wie bereits oben erwähnt – in einer Inflation der Geldwert rapide sinkt

---

[1] Dieser Übertragungsweg wird als Transmissionsmechanismus bezeichnet, vgl. Abschnitt V und VII.2.3.1.

(vgl. Abschnitt 2.1). Daß Geld aber auch in Zeiten der Inflation verwendet wird hängt mit seiner Produktivität zusammen, die in Abschnitt 3 erläutert wird.

Der Preis für die kurz- oder langfristige Überlassung von Geld, z.B. in Form eines Kredits ist der Zinssatz. Dieser wird auf den Kapitalmarkt durch Kreditangebot und –nachfrage bestimmt. Die Fristigkeit und die Art der Kreditsicherung führen zu unterschiedlichen Zinssätzen, die in der Theorie des Zinsniveaus und der Zinsstruktur untersucht werden (vgl. Abschnitt 4).

1. Grundlagen der Geldtheorie

Die Grundlagen der Geldtheorie lassen sich in zwei Problemkreise einordnen: ein *qualitativ-statisches Geldproblem,* das den Charakter des Geldes (Wesen) untersucht, und ein *quantitativ-dynamisches Geldproblem*, das seine Wertänderungen und dessen Folgewirkungen untersucht.

1.1 Qualitativ-statische Geldtheorien

Im Rahmen der Geldtheorie werden die Eigenschaften des Geldes mit dessen Geldfunktionen beschrieben. Diese an das Geld gestellten Aufgaben lassen jedoch seine konkrete Ausgestaltung offen. Mit dem Wesen des Geldes beschäftigen sich zwei grundlegende Theorien: Die *metallistische* und die *nominalistische Geldtheorie.*

1.1.1 Metallistische Geldtheorien

Nach metallistischer Auffassung hat Geld nur dann einen Wert, wenn sein Stoffwert (z.B. Gold) dem aufgedruckten Wert entspricht. Der Wert des Geldes resultiert nach metallistischer Auffassung aus seinem Stoffwert. Diese These wurde bereits von den Merkantilisten vertreten. Die merkantilistische Wirtschaftspolitik war daher auch auf eine Aktivierung der Zahlungsbilanz gerichtet. Je mehr Gold und Silber als „Geldstoff" ein Land besaß, desto reicher erschien es; Zahlungsbilanzüberschüsse, die zu einem Goldzustrom als internationales Zahlungsmittel führten, sollten den Reichtum eines Landes erhöhen. Dies führte durch Anhäufung von Beständen an Gold und Silber zu Inflationen im 16. Jh. in Spanien und im 17. Jh. im übrigen Europa. Theoretisch fundiert wurden metallistische Vorstellungen durch den Physiokraten *Anne Robert Turgot* und den englischen Klassiker *Nassau William Senior*, aber auch schon durch *Adam Smith* und *David Ricardo. Karl Marx* war übrigens ebenso Metallist wie die meisten Vertreter der Historischen Schule (*Knies, Hildebrand, Roscher*).

Alle Theorien, die das Wesen des Geldes in seinem Stoffwert sehen, betonen seine *Wertaufbewahrungsfunktion*.[2] So war für Metallisten der Besitz von Edelmetallen als Vermögensbestand sogar Selbstzweck. Man glaubte, der Wert von Edelmetallen sei absolut; man übersah dabei aber, daß die Edelmetalle natürlich erst durch ihre Verwen-

---

[2] Vgl. zu den Geldfunktionen Abschnitt 2.

dung als Geld und die dadurch verursachte Nachfrage einen ökonomischen Wert erhielten und folglich hohe Preise brachten.

Die metallistische Auffassung schreibt dem Geld also Warencharakter zu, es hat danach einen Wert durch sich selbst. Dies gilt sowohl in einer monometallistischen Währungsverfassung wie der Gold- und Silberwährung als auch einer bimetallistischen Geldverfassung. Im System einer Metallwährung wird also ein knappes Gut – aus dem gesamten Spektrum an in einer Volkswirtschaft vorhandenen Produkten – als Bezugseinheit für die Tauschrelationen zwischen den einzelnen Gütern ausgewählt.[3]

Da es jedoch unpraktisch ist und auch gefährlich sein kann, stets eine bestimmte Menge an Metallgeld mit sich herumzutragen, wurden von Banken schon sehr frühzeitig (17. Jh.) Schuldscheine für das Hinterlegen einer bestimmten Goldmenge emittiert, die als Zahlungsmittel dienten. Diese Bezugseinheit muß nicht unbedingt Gold sein, es kann auch jedes andere Aktivum – z.B. Wertpapiere, Kreditverträge oder, bei einer Warenreservewährung, ein repräsentativer Warenkorb – dafür gewählt werden.

Die Verwendung von Geld in Form von (anonymen) Schuldscheinen kann in einer sich ständig entwickelnden Volkswirtschaft immer noch lästig und auch zeitraubend sein. Dies führt dann zu einer reinen Umbuchung von Schuldversprechen auf den Konten der Geldemittenten; das Medium Geld erscheint dabei in Form eines Buchungsbeleges oder in einer bargeldlosen Computergesellschaft als elektronischer Impuls auf einer Geldkarte (*chip*) und braucht nicht mehr anonym zu sein. Der Übergang von anonymem zu nicht-anonymem Geld hat allerdings gravierende Folgen soziologischer Art: *Schattenwirtschaft* (z.B. Schwarzarbeit) und illegale Transaktionen (z. B. Drogenhandel) werden erschwert.[4]

Für die Geldemittenten gilt also, daß das ursprüngliche, vollwertige Geld als ein von allen akzeptiertes Basisgut (z.B. Gold) durch Forderungsrechte auf irgendein Aktivum abgelöst wird. Dieses abstrakte Geld ist deshalb nicht unterwertig, denn in dem Umfang, wie ein jeder Geldemittent Geld (in Form von Schuldscheinen oder allgemein: einer Verbindlichkeit) in den Umlauf bringt, stehen ihm zugleich Aktiva gegenüber. Dieser Begriff entspricht dem heute gebräuchlichen Ausdruck Geldvermögen als Summe aller finanziellen Forderungen; der Saldo aus Forderungen und Verbindlichkeiten ist das *Nettogeldvermögen*. Für jeden Geldemittenten gilt daher das folgende Bilanzschema:

Bilanzschema für Geldemittenten

Geldemittent	
Gold	Geld
Kredite	
Wertpapiere	
sonstige Aktiva	sonstige Passiva

---

[3] Vgl. zu Metallistischen Währungen auch Abschnitt I.2.2.

[4] Vgl. zur Diskussion um Innovationen im Zahlungsverkehr auch Abschnitt X.1.2.

Eine Geldvermehrung kann demnach nur bei vermehrter Produktion von Gold oder durch die Emission von Forderungsrechten erfolgen. Die sog. *Banking-Theorie*, nach der sich die Wirtschaftssubjekte selbst das von ihnen benötigte Geld schaffen, unterstellt somit, daß Geld im Umfang der Produktionssteigerung durch Gold oder Kredite bzw. Wertpapiere geschaffen wird; die sog. *Currency-Theorie* bezieht sich dagegen eher auf die unabhängig von der Produktion und dem Vermögensbestand zusätzlich geschaffenen Aktiva (z.B. staatliche Wertpapiere)[5].

Es ist jedoch Konvention, den Geldwert mit dem Preisniveau der gehandelten Güter und Dienste in Beziehung zu setzen. Dies bedeutet, daß konventionell nur diejenigen Passiva Geld darstellen können, mit denen Käufe von Gütern und Diensten abgewickelt werden. Damit bestehen je nach Emittent folgende Medien, die die Funktionen des Geldes übernehmen:

- Zentralbankgeld,
- Geschäftsbankengeld,
- Geldsubstitute (u.a. in der *Liquiditätstheorie*, vgl. Abschnitt III.3.2).

1.1.2 Nominalistische Geldtheorien

Nominalistische Geldtheorien beschreiben das Wesen des Geldes durch andere Kriterien als den Metallwert. Nach nominalistischer Auffassung verdient ein Zahlungsmittel dann die Bezeichnung Geld, wenn es als solches (z.B. durch Konvention oder staatliche Proklamation) allgemein von den Wirtschaftssubjekten akzeptiert wird; sein Wert muß dabei nicht seinem Stoffgehalt entsprechen. In diesem Falle ist aber nach Motiven zu suchen, um die Akzeptanz eines solchen Zahlungsmittels als Geld erklären zu können.

Nach der *Konventionstheorie* beruht das Wesen des Geldes auf einer stillschweigenden oder formal vereinbarten Übereinkunft der Menschen, um den Gütertausch zu erleichtern. Der Staat hat bei formaler Übereinkunft das Recht, den Geldwert vollständig und willkürlich festzusetzen. Bei den ursprünglich als Geld verwendeten Metallmünzen bedeutete dies, daß der Stoffwert nicht mehr unbedingt dem nominellen (aufgedruckten) Wert entsprechen mußte. So kam es dazu, daß die Landesherren häufig den Geldwert verschlechterten, um den dadurch entstehenden Münzgewinn für sich zu behalten. Da aber auch eine stillschweigende Konvention bestand, nur vollwertiges Geld (Goldgleich Geldwert) zu akzeptieren, kam es zu einer Diskrepanz zwischen der stillschweigenden, gewachsenen Konvention und dem geldwertverschlechternden Vorgehen der *Kipper und Wipper*. Geld wurde schließlich nicht mehr allgemein als Zahlungsmittel akzeptiert.

Der *Münzgewinn (seigniorage)* resultiert begrifflich aus einer Zeit, als Geld in Form von Metallmünzen verwendet wurde. Für diesen Fall ist er als Differenz zwischen dem Emissionswert, also dem der Münze aufgedruckten Wert, und den Produktionskosten definiert. Der Münzgewinn kann dabei als eine Art Steuer für den Souverän aufgefaßt werden, der den Wirtschaftssubjekten das Zahlungsmittel Münzgeld zur Verfügung stellt. Der Münzgewinn ist also kein Bankgewinn, wie er in einer Bankbilanz ausgewie-

---

[5] Vgl. zur Sichtweise der Currency- bzw. Banking-Theorie auch Abschnitt III.2.1.1.

sen werden könnte, sondern eine Monopolrente kraft staatlicher Konzession. Mit dem Münzgewinn entstehen zugleich soziale Verluste für alle Geldverwender, da der Geldwert nicht dem Stoffwert der Münze entspricht; volkswirtschaftliche Gewinne entstehen bei der Verwendung von Geld immer dadurch, daß der Gütertausch erleichtert wird. Ohne Geld ist nur ein bilateraler Gütertausch möglich, mit der Einführung von Geld wird ein *multilateraler Tausch* möglich, bei dem ein Gut verkauft wird, um nicht vom Käufer, sondern von einem ganz anderen Wirtschaftssubjekt eine naturale Gegenleistung zu erhalten.[6]

Die *Anweisungs- oder Zeichentheorie* erklärt das Wesen des Geldes aus seiner Funktion als *Tauschmittel* und *Recheneinheit*. Geld stellt danach eine Anweisung auf Güter und Dienstleistungen dar. Ungeklärt bleibt allerdings, weshalb Geld auch von den Wirtschaftssubjekten als solches akzeptiert wird.

Nach der *staatlichen Theorie des Geldes* (*Georg Friedrich Knapp*) kommt dem Geld wieder ein Warencharakter zu, wonach Zahlungsmittel nur als vollwertiges Geld im Tausch akzeptiert werden. Geld entsteht aber erst dann, wenn ein Zahlungsmittel durch staatliche Proklamation zu Geld erklärt wird, womit allerdings nicht sein Wert, sondern nur seine Gültigkeit durchgesetzt wird.

Schließlich liegt nach neueren Ansichten das Wesen des Geldes in seinen Funktionen begründet (*Funktionswerttheorien*), z.B. in seinem Gebrauch als Tauschmittel. Diese Tauschmittelfunktion kann auch ein Geld ohne Warenwert leisten. Motive für das Akzeptieren von Geld sind also seine produktiven Dienste, die durch Leistungen wie die *Tauschmittel-, Recheneinheits-* und *Wertaufbewahrungsfunktion* sichtbar werden (vgl. Abschnitt 2).

1.2 Quantitativ-dynamische Geldtheorien

Veränderungen des Geldwertes können den Binnen- oder aber den Außenwert des Geldes betreffen; den Außenwert des Geldes nennt man regelmäßig auch Währungswert, obgleich der Begriff Währung im engeren Sinn eigentlich auf die formale Geldverfassung abstellt (vgl. Abschnitt I.2.1).

1.2.1 Binnenwert des Geldes

Der Geldwert gibt an, welche Menge an Gütern und Dienstleistungen oder des Volkseinkommens mit einer Geldeinheit erworben werden kann.

Der Binnenwert des Geldes ist gleichzusetzen mit der *Kaufkraft des Geldes*. Sie ist als reziproker Ausdruck des Preisniveaus P, also durch 1/P definiert. Ein steigendes Preisniveau bedeutet somit, daß mit einer Geldeinheit quantitativ immer weniger Güter und Dienstleistungen gekauft werden können; die Kaufkraft des Geldes sinkt dann.

Der Binnenwert des Geldes kann durch die Produktionskostentheorie und die Quantitätstheorie erklärt werden. Nach der *Produktionskostentheorie* wird der Wert von Me-

---

[6] Zur Funktion des Geldes als Tauschmittel vgl. Abschnitt 2.1.

tallgeld durch dessen Produktionskosten bestimmt. Eine steigende Goldproduktion, z.B. zur Erhöhung der Goldgeldmenge, führt zu höheren Stückkosten und damit zu einer Verteuerung des Metallgelds. Die Geldmengenproduktion wird somit bei steigenden Produktionskosten durch den Goldwert begrenzt (*Goldene Bremse* der Geldproduktion).

Die *Quantitätstheorie des Geldes* stellt demgegenüber nicht auf seine Produktionskosten ab, sondern auf die mit ihm umgesetzte Gütermenge X. Eine bestimmte Geldmenge M hat damit den gleichen Wert wie die mit ihr zu den jeweiligen Preisen P gehandelten bzw. umgesetzten Güter, also $M = X \cdot P$.

Allgemein wird als Begründer dieser Quantitätstheorie *J. Bodin* angesehen, der die Preissteigerungen im 16. Jh. auf die Geldmengen-Vermehrung zurückführte. *D. Hume* hob später hervor, daß nur das umlaufende Geld (also keine Geldhorte) sowie die tatsächlich auf den Markt gelangten Waren (also keine Läger) zueinander in Beziehung gesetzt werden dürften. *J. Locke* wies schließlich darauf hin, daß sich die Anpassung von Warenpreisen und Geldmenge nur allmählich vollziehe. Da eine solche, zeitlich verzögerte Anpassung von Geldmenge und Güterumsätzen nur möglich ist, wenn eine bestimmte Geldmenge häufiger oder seltener Kaufakte finanziert, war damit implicite der Begriff der Umlaufgeschwindigkeit u in die Diskussion eingeführt worden.

R. Cantillon endlich bezog auch die Banknoten in die Diskussion mit ein und unterstrich die dadurch hervorgerufene Beschleunigung des Geldumlaufs. Die *Quantitätsgleichung* in ihrer klassischen Ausprägung $M \cdot u = X \cdot P$ war damit zwar nicht bereits formuliert, aber doch im wesentlichen beschrieben. Alle wichtigen Elemente (Preisniveau P, Handelsvolumen X, Geldmenge M und Umlaufgeschwindigkeit u) sind mithin schon von den Vorläufern der klassischen Ökonomie entwickelt worden.[7]

Inwieweit der Geldwert durch die Aktivitäten aller Wirtschaftssubjekte bestimmt wird oder durch die Geldpolitik mit ihrem Einsatz geldpolitischer Instrumente, ist ein Streitpunkt, der seit jeher die geldtheoretische Diskussion beherrscht. Nach der sog. *Banking-Theorie* wird das allgemeine Preisniveau einer Volkswirtschaft auf den Märkten bestimmt, und die Wirtschaftssubjekte beschaffen sich die für Umsätze benötigten Zahlungsmittel selbst; nach der sog. *Currency-Theorie* bestimmt die von der Zentralbank beeinflußte Zentralbankgeldmenge, insb. die *monetäre Basis* (die Zentralbankgeldmenge im Besitz von Banken), die in einer Volkswirtschaft verwendete Geldmenge und erst damit das allgemeine Preisniveau. Im Kern besteht die Kontroverse zwischen der Banking- und der Currency-Theorie des 19. Jh. bis heute in Form der Kontroverse zwischen Monetarismus und Fiskalismus fort.[8]

1.2.2 Außenwert des Geldes

Der Außenwert des Geldes beschreibt das Wertverhältnis verschiedener Währungen zueinander und kann folgendermaßen ausgedrückt werden:

---

[7] Vgl. zur Quantitätstheorie auch Abschnitt IV.1

[8] Vgl. zur Sichtweise der Currency- bzw. Banking-Theorie auch Abschnitt III.2.1.1.

$$\textit{Devisenkurs} \text{ (Preisnotierung der ausländischen Währung)} = \frac{\text{inländische Währungseinheit}}{\text{ausländische Währungseinheit}},$$

$$\textit{Wechselkurs} \text{ (Mengennotierung der ausländischen Währung)} = \frac{\text{ausländische Währungseinheit}}{\text{inländische Währungseinheit}} \text{ und,}$$

$$\textit{intervalutarischer Geldwert} = \frac{\text{ausländische Währungseinheit x}}{\text{ausländische Währungseinheit y}}.$$

Zur Erklärung von Veränderungen des Währungswertes wurden verschiedene Theorien aufgestellt, deren Notwendigkeit sich allerdings erst nach Loslösung der meisten Währungen von ihrer metallistischen Grundlage ergab. Sollte nämlich einmal der Wechselkurs zwischen zwei Währungen vom Verhältnis ihres Goldgehalts abweichen, käme es sofort zu internationalen Goldkäufen in dem Land, dessen Währung abgewertet wurde. Da der Goldtransfer aber Kosten verursacht, lohnt sich eine solche Arbitrage nur dann, wenn der Umtauschgewinn größer als die Transportkosten sind. In diesem Fall aber wird die Nachfrage nach der abgewerteten Währung verstärkt und in dem betreffenden Emissionsland die Gold- und damit Geldmenge reduziert. Es kommt wieder zu einer Aufwertungstendenz. Der Wechselkurs kann in einem solchen Falle also nur innerhalb der von den Transportkosten eines möglichen Goldtransfers begrenzten Marge schwanken, dem *Oberen* und *Unteren Goldpunkt*. Bei Papierwährungen dagegen gilt dies nicht; hier ist der Wechselkurs nur über eine Wechselkurstheorie ableitbar.

Nach der Zahlungsbilanztheorie bestimmen Angebot an und Nachfrage nach Devisen den Wechselkurs. Langfristig wird nach der *Kaufkraftparitätentheorie* dieser Wechselkurs durch das Verhältnis der in- und ausländischen Preise gleicher Güter determiniert. *G. Cassel* beschreibt, daß sich der Wechselkurs nur äußerlich nach den Schwankungen der Zahlungsbilanz richtet, daß aber letztlich für die Gestaltung der Wechselkurse der Binnenwert des Geldes maßgeblich ist, international also die Kaufkraftparität

$$KP = \frac{P}{P_a}$$

Gültigkeit hat, mit KP = Kaufkraftparität und P = Güterpreise; der Index a steht für das Ausland. Allerdings werden nicht alle Waren und Dienstleistungen eines Landes international gehandelt, weshalb diese Theorie noch zu modifizieren wäre; außerdem werden in der genannten „Rohform" keine Handelshemmnisse berücksichtigt.

2. Funktionen des Geldes

Es war in Abschnitt 1.1.2 bereits auf die Funktionen des Geldes als allgemeines Tauschmittel, als Recheneinheit und als Wertaufbewahrungsmittel hingewiesen worden, um zu zeigen, warum Geld als Zahlungsmittel akzeptiert wird. Unter den Geldfunktionen versteht man diejenigen Anforderungen, bei deren Wirksamkeit man einem Zahlungsmittel den Charakter von Geld zuschreibt. Die heute üblicherweise geforderten

Geldfunktionen sind die

- des allgemeinen Tauschmittels,
- der Recheneinheit *(numéraire),*
- des Wertaufbewahrungsmittels.

Wird eine bestimmte Geldeinheit als gesetzliches Zahlungsmittel *(legal tender)* vom Staat proklamiert, so gilt dies im Prinzip nur für das vom Staat bzw. von der staatlichen Zentralbank (Notenbank) emittierte Geld. Das von Geschäftsbanken geschaffene Geschäftsbankengeld muß von diesen so ausgestaltet werden, daß seine Funktionen dem des Zentralbankgeldes entsprechen.

2.1 Tauschmittelfunktion

Die Funktion des Geldes als allgemeines Tauschmittel setzt eine sachliche Tauschfreiheit voraus. Diese besteht nur in einer marktwirtschaftlich organisierten Volkswirtschaft mit völlig freier Preisbildung, d.h. völliger Beweglichkeit der Preise. Liegt diese sachliche Tauschfreiheit nicht vor, wird ein Ausgleich von angebotenen und nachgefragten Warenmengen und damit auch ein Tausch von Geld und Waren et vice versa verhindert. Es entstehen Nachfrageüberhänge, Lieferfristen, Warteschlangen usw., und es werden zusätzliche Zuteilungskriterien neben dem Preis für die Verteilung von Gütern und Diensten zu Grunde gelegt. Geld verliert in diesem Falle zumindest z.T. seine Funktion als Medium des Tausches, obgleich es weiterhin gesetzliches Zahlungsmittel ist. Kommt es schließlich zur Bildung von Schwarzmärkten, können andere Medien die Funktion des allgemeinen Tauschmittels übernehmen („Zigarettenwährung"), die kein gesetzliches Zahlungsmittel darstellen.

Als wirklich allgemeines Tauschmittel funktioniert Geld also nur in einer Marktwirtschaft. Dagegen sinkt das Geld in einer total zentralgeleiteten Volkswirtschaft zur Bedeutungslosigkeit herab. In sozialistischen Wirtschaften mit freier Konsumwahl und freier Wahl des Arbeitsplatzes ist die Tauschmittelfunktion des Geldes auf Konsumgüter und Arbeitsleistungen beschränkt, ohne daß damit auch eine Aussage über „richtige" Preise gemacht wäre.

2.2 Funktion der Recheneinheit

Tauschrelationen sind realwirtschaftlich Mengenverhältnisse, in denen Waren gegeneinander getauscht werden. Preise sind damit Tauschrelationen, die auf eine Recheneinheit bezogen werden. Zur Verdeutlichung betrachte man z.B. 4 Güter, x_1, x_2, x_3, x_4 mit folgenden 6 Tauschrelationen (oder allgemein $(n^2 - n)/2$ Tauschrelationen, wobei n = Anzahl der Güter):

$x_1 : x_2 = 1 : 2$, $x_2 : x_3 = 2 : 3$,

$x_1 : x_3 = 1 : 3$, $x_2 : x_4 = 2 : 4$ und

$x_1 : x_4 = 1 : 4$, $x_3 : x_4 = 3 : 4$.

Wählt man nun x_1 als Bezugseinheit bzw. Recheneinheit, so ergeben sich folgende (n-1) Preisverhältnisse:

$$x_2 = 2x_1,$$

$$x_3 = \frac{3}{2}x_2 = 3x_1 \text{ und}$$

$$x_4 = \frac{4}{3}x_3 = 4x_1.$$

Mit der Einführung einer allgemeinen Bezugseinheit (*numéraire*) sinkt also die Zahl der Tauschrelationen von $(n^2-n)/2$ auf $(n-1)$; damit werden erhebliche Ressourcen frei, die ansonsten zur Informationsbeschaffung aufgewendet werden müßten.

Das Gut x_1 hat in diesem Falle den Charakter, den man dem Geld als allgemeiner Bezugseinheit zuschreibt. Unterstellt man eine andere Ware als Recheneinheit, so ändert sich zwar die absolute Höhe, nicht aber auch die Struktur der Preise.

2.3 Funktion des Wertaufbewahrungsmittels

Die Funktion des Geldes als *Wertaufbewahrungsmittel* bewirkt, daß es auch über einen gewissen Zeitraum hinweg als Träger von Kaufkraft gehalten werden kann. Geld erleichtert damit die Anhäufung und Aufbewahrung von Werten. Wichtige Voraussetzung für diese Funktion ist die „zeitliche Tauschfreiheit", d.h. die freie Wahl der Umsatz- und Zahlungstermine für einen *intertemporalen Tausch*.

Dies ist allerdings nur bei ausreichender Stabilität des Geldwertes möglich, wenn die Umsatz- und Zahlungstermine ohne Risiko einer zwischenzeitlichen Wertungleichheit gewählt werden können. Ist dies nicht der Fall, so resultieren daraus ganz bestimmte Konsequenzen. Bei erwarteter Geldentwertung (Inflation, vgl. Kapitel VI) werden Kauftermine vorverlegt. Es kommt zu Vorratskäufen und Lageraufstockungen („Flucht in die Sachwerte"). Geld wird nicht gehalten, sondern sogleich mit seinem Eingang wieder ausgegeben. Die Kassenhaltung wird verringert. Geld wird nun häufiger wieder ausgegeben, d.h. seine *Umlaufgeschwindigkeit* steigt.

Gleichzeitig sinkt die Neigung, Kredite zu gewähren. Die Wertminderung aller auf Geld lautenden Forderungen benachteiligt ja die Gläubiger, deren Risiko durch einen Zinsertrag allein nicht ausgeglichen wird. Es werden Wertsicherungsklauseln (*Indexierungen*, vgl. Abschnitt VI.1.1) gefordert, die allerdings in der Bundesrepublik Deutschland grundsätzlich nicht gestattet sind. Teilweise verwendet man dann Recheneinheiten, die man für wertstabiler hält als die offizielle Währungseinheit. Hierzu gehören ausländische Währungseinheiten, „Warenkörbe" mit Preisindices oder sogar bestimmte Mengen anderer Güter. In diesem Fall liegt eine „Funktionsspaltung" des Geldes vor, d.h. es wird zwar weiterhin als Tauschmittel verwendet, aber bei Kreditgeschäften wird eine andere Recheneinheit zugrunde gelegt.[9]

---

[9] Vgl. zu den Kosten der Inflation auch Abschnitt VI.1.

3. Produktivität des Geldes

Die grundlegende Frage, warum Individuen in einer Volkswirtschaft Geld verwenden, wurde zunächst durch bestimmte Funktionen beantwortet. Von *Keynes* wurden außerdem als Motive für die Geldverwendung in einer arbeitsteiligen Wirtschaft der Bedarf an Transaktionskasse, Vorsichts- und Spekulationskasse angeführt (vgl. Abschnitt IV.2). Argumente für diesen Geldbedarf sind danach Unsicherheit und eine mangelnde Synchronisation zwischen Einnahmen und Ausgaben sowie Transaktionskosten und nichtpekuniäre Erträge.

Alle bisher angeführten Argumente erklären nicht hinlänglich, warum Geld selbst in einer Inflation noch verwendet wird. Geld muß in einem solchen Fall an sich produktiv sein, wenn es Dienste erfüllt, die zu nichtpekuniären Erträgen führen. Dafür gibt es auch einen einfachen Grund: Die Existenz von Geld senkt die Informationskosten bei der Ermittlung von Marktpreisen über die in den Begehrskreis der Haushalte fallenden Güter.

Um beim Kauf von Gütern möglichst viele Ressourcen sparen und gleichzeitig einen großen Nutzen erzielen zu können, braucht der Haushalt Informationen. Dieser Aspekt konnte in älteren Theorien nicht berücksichtigt werden, weil in diesen Modellen vollständige Information vorausgesetzt wurde. Tatsächlich ist jedoch die Spannweite der Preise und die Qualität der angebotenen Produkte dafür zu umfangreich. Hierauf ist auch die große Streuung der Preise bei an sich gleichen Produkten zurückzuführen; bei vollständiger Information gäbe es für ein Gut ja nur einen einzigen Marktpreis. Die aufzuwendenden Informationskosten variieren natürlich mit der Häufigkeit und damit der Vertrautheit bei bestimmten Transaktionen.

Die Produktivität des Geldes, ausgedrückt als Kostenreduktion durch zusätzliche Informationen, läßt sich an zwei Teilaspekten zeigen: An seiner Funktion als Recheneinheit und an seiner Funktion als Tauschmittel.

3.1 Produktivität des Geldes als Recheneinheit

Eine allgemeine *Recheneinheit* bewirkt, daß alle Tauschrelationen in einer Volkswirtschaft auf ein und dasselbe Medium bezogen werden. Ohne eine solche Recheneinheit müßte jedes Wirtschaftssubjekt bei Güterkäufen sämtliche Tauschrelationen der in seinen Begehrskreis fallenden Produkte kennen. Oben wurde gezeigt, daß Geld in seiner Funktion als Recheneinheit Ressourcen sparen kann, indem durch seine Verwendung die Verarbeitung einer großen Zahl an Tauschrelationen reduziert wird (vgl. Abschnitt 2.2). Gibt es auf den Märkten einer Volkswirtschaft n Güter, so muß das einzelne Wirtschaftssubjekt in einer Naturaltauschwirtschaft $(n^2-n)/2$ unabhängige Tauschrelationen kennen (das sind bei n = 100 Gütern immerhin 4.950 Tauschraten), während es in einer Geldwirtschaft lediglich n Tauschraten kennen muß (also im genannten Beispiel nur 100), d.h. wenn eines dieser n Güter als Geld fungiert, bestehen nur (n-1) Tauschraten.

Es müssen also bei einer Verwendung von Geld als Recheneinheit weniger Ressourcen für die Informationsbeschaffung aufgewendet werden, die nun für andere Verwendungen eingesetzt werden können. Um sich über die verschiedenen Preisrelationen zu informieren, müssen Zeit und Kosten aufgewendet werden. Diese Informationskosten reduzieren sich beträchtlich, wenn man von einer Tauschwirtschaft zu einer Geldwirtschaft mit der allgemeinen Recheneinheit Geld übergeht; bei nur 100 Gütern verringert sich die Anzahl der Preisrelation von 4.950 auf 99 (das Gut „Geld" ist die Bezugseinheit), über die man sich informieren muß. Damit werden Informationskosten eingespart, die anderweitig zum Einkommenserwerb und zur Beschaffung von Gütern und Diensten eingesetzt werden können. Da diese (Real-) Einkommenssteigerung auf die Einführung des Geldes zurückzuführen ist, stellt sie zugleich den produktiven Beitrag des Geldes dar. Geld an sich, nicht seine Menge, ist also meßbar produktiv.

3.2 Produktivität des Geldes als Tauschmittel

In seiner Funktion als intertemporales Tauschmittel kann Geld ebenfalls den Nutzen seiner Verwender erhöhen. Um dies zu zeigen, sei an Hand eines Beispiels von *Karl Brunner* unterstellt, daß einem Wirtschaftssubjekt in der Periode t_0 ein Anfangsbudget Y_0 zur Verfügung stehe. Dieses Wirtschaftssubjekt hat nun die Möglichkeit, seine Ausstattung zu gegenwärtigem Verbrauch C_0, zur Sicherstellung künftiger Produktion bzw. künftigen Einkommens Y_1 oder zur Informationsbeschaffung Inf aufzuteilen. Da die Höhe des künftigen Einkommens gegenwärtig noch nicht bekannt ist und mit den aufgewendeten Investitionen in Informationen über günstige Kaufmöglichkeiten variiert, kennt man nur den Erwartungswert des künftigen Einkommens $E(Y_1)$. Die Budgetrestriktion des Wirtschaftssubjekts lautet dann:

$$Y_0 = C_0 + E(Y_1) + Inf_0.$$

Dieses System kann anhand der Darstellung in Abbildung 4 verdeutlicht werden:

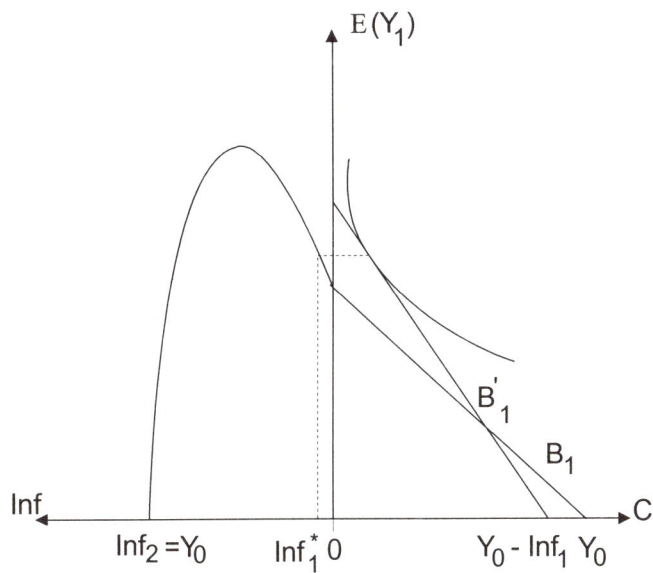

Abbildung 4

Im linken Quadranten wird auf der Ordinate der Informationswert der eingesetzten Informationskosten als erwartetes, künftiges Einkommen dargestellt; in der Ausgangssituation wird ein gegebener Informationsstand unterstellt. Je höher der Umfang an aufgewendeten Informationskosten ist, desto höher ist das künftig zu erwartende Einkommen. Wird aber die gesamte Anfangsausstattung Y_0 zur Informationsgewinnung aufgewendet, muß logisch $C_0 = 0$ und $E(Y_1) = 0$ sein; in diesem Fall entspricht Y_0 den Informationsaufwendungen Inf_2. Die Kurve für den Informationswert erreicht also irgendwann ein Maximum und fällt dann wieder bis auf Null.

Wenn das Wirtschaftssubjekt einen Teil Inf_1 von Y_0 zur Informationsbeschaffung aufwendet, sinkt zwar der Teil, der für den gegenwärtigen Konsum ausgegeben werden kann auf $Y_0 - Inf_1$, gleichzeitig steigt aber auch die Möglichkeit, günstig Güter zu erwerben und damit auch das künftige Realeinkommen $E(Y_1)$ zu steigern. Die Budgetgerade verschiebt sich nach links und nimmt einen steileren Verlauf an. Wenn nun eine solche Budgetgerade aus der Vielzahl möglicher Budgetlinien zur Tangente an eine Indifferenzkurve des Nutzens aus gegenwärtigem und künftigen Einkommen wird, ist der optimale Nutzen bezüglich der Informationsinvestition erreicht; ihre optimale Höhe ist mit Inf^* ermittelt.

Diese *transaktionskostentheoretische* Darstellung zeigt den fundamentalen Nutzen jeder Informationsbeschaffung: Durch die Verwendung eines die Informationskosten reduzierenden Mediums erhöht sich bei gleicher Investition der Erwartungswert $E(Y_1)$; hinzu kommt, daß mit der Gewöhnung an ein bestimmtes Tauschmedium die Routine in seiner Verwendung wächst.

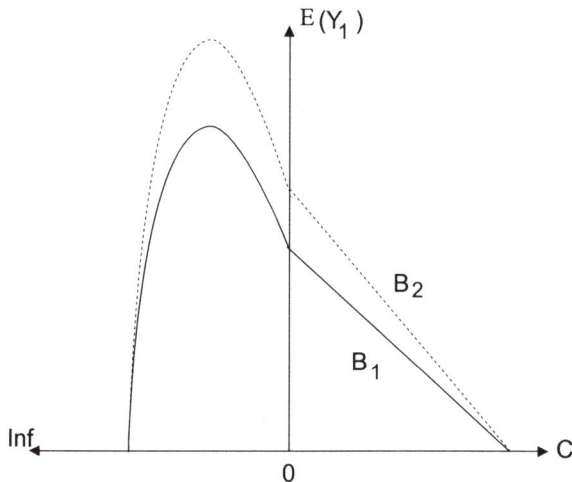

Abbildung 5

Die Einführung von Geld – als Informationskosten reduzierendes Medium – hat somit zur Konsequenz, daß sich die Budgetgerade in Abbildung 5 – bei gegebenen Investitionen in Informationen – von B_1 auf B_2 verlagert; gleichzeitig wird der Informationswert von Informationsinvestitionen gesteigert. Bei unvollkommener Markttransparenz erhöht also die Verwendung von Geld den Umfang an Ressourcen, die zur Produktion und zum Konsum verwendet werden können. Wieder zeigt sich: Geld ist produktiv!

3.3 Gesamtwirtschaftliche Produktivität des Geldes als Informationsmittel

Da Geld ressourcensparend wirkt – und das auf zwei Arten: nämlich als Recheneinheit und als Tauschmittel – können die freiwerdenden Ressourcen anderweitig verwendet werden, und damit kann die volkswirtschaftliche Produktion expandieren. Durch diese Argumentation wird auch der Umfang der Produktivität des Geldes darstellbar. In Abbildung 5 (Abschnitt 3.2) ist es die absolute Steigung der Budgetgeraden. Für diese Produktivitätssteigerung bei der Einführung des Geldes wird kein Preis bezahlt.

Je unsicherer nun die wirtschaftliche Lage ist, desto produktiver wirkt Geld, weil es die Wirtschaftssubjekte beweglicher und anpassungsfähiger macht. Eine Inflation muß schon ziemlich hohe Preisniveausteigerungsraten erreichen, bevor die Kosten der Geldentwertung die Erträge der Existenz des Geldes überkompensieren, also bevor Wirtschaftssubjekte auf andere Medien ausweichen, die dann als „Geld" fungieren.

4. Die Überlassung von Geld: Kredit und Zins

4.1 Eigenschaften des Kredites und Arten des Tausches

Ein Kredit ist die leihweise Überlassung von Gegenwartsgütern oder *Geld* gegen Zukunftsgüter. Er ist als reines *Kreditgeschäft*, aber auch im Zusammenhang mit einem Gütertausch oder Kauf möglich. Die wesentliche Eigenschaft eines Kredits ist es, Zeit bei Kauf- bzw. Tauschakten zu überbrücken. Ein Kredit kann daher ohne die Existenz von Geld bestehen.

Während bei einem *reinen Tausch* zu einem bestimmten Zeitpunkt t ein Gut x_t gegen ein Gut y_t getauscht wird, besteht ein *Tausch auf Kredit* dann, wenn das Gut x_t gegen ein zu einem späteren Zeitpunkt t + 1 zu lieferndes Gut y_{t+1} getauscht wird. Erhält man dagegen für das Gut x_t zum späteren Zeitpunkt das gleiche Gut x_{t+1}, so besteht ein reiner *Naturalkredit*. Auf diese Weise kann ein Gütertausch durch Zwischenschalten des Mediums Geld als indirekter Tausch erfolgen, aber auch als reiner Naturaltausch (direkter Tausch) vollzogen werden. Der Vorteil eines Dazwischenschaltens von Geld besteht in der Möglichkeit des multilateralen Tausches (vgl. Abschnitt 1.1.2).

Ein Gütertausch kann also in zeitlicher Staffelung – jeweils wieder als direkter oder indirekter Tausch – erfolgen, so daß ein Kredit entsteht. Verzichtet nämlich der Verkäufer eines Gutes auf sofortige Gegenleistung in Geld oder Ware, so gewährt er dem Käufer einen Kredit; dies ist der typische *Lieferantenkredit*.

Bei einem *Kauf* wird zu einem bestimmten Zeitpunkt t ein Gut x_t gegen das Gut Geld M_t getauscht. Um einen *Kauf auf Kredit (Lieferantenkredit)* handelt es sich dann, wenn das Gut x_t gegen das zu einem späteren Zeitpunkt zu „liefernde" Gut Geld M_{t+1} überlassen wird. Die häufigste und bedeutendste Form eines Kredites ist der *Geldkredit*, bei dem gegenwärtig Geld M_t gegen später zurückzuzahlendes Geld M_{t+1} getauscht wird. Die gleiche Situation besteht, wenn der Verkäufer eines Gutes dem Käufer kein Zahlungsziel gewährt, dafür aber eine Geschäftsbank dem Käufer einen bestimmten Geldbetrag ausleiht, damit die Zahlung des Güterkaufs erfolgen kann. In diesem Fall erwirbt die Bank eine (Rück-)Forderung an den Käufer als Kreditnehmer. Zweck dieses Kredites ist also die unmittelbare Abwicklung eines Kaufs, dessen Gegenleistung erst später erfolgen soll.

Sowohl der Kreditgeber als Gläubiger wie auch der Kreditnehmer als Schuldner haben ein Interesse an der Abwicklung eines Kreditgeschäfts. Da der gegenwärtige Besitz von Gütern und Geld regelmäßig höher eingeschätzt wird als der künftige, muß dem Kreditgeber als Ausgleich für diese Nutzeneinbuße ein *Zins* für die leihweise Überlassung von Gütern oder Geld gezahlt werden. Der Kreditnehmer kann zeitiger als ohne Kredit die von ihm benötigten Güter kaufen und so als Haushalt seinen Nutzen steigern – gegenwärtiger Konsum wird höher bewertet als künftiger (*Agio-Theorie*) – oder als Unternehmung über Investitionen die Produktivität steigern (*Produktivitäts-Theorie*).

Der Kreditgeber vertraut (*lat.: credere = glauben*) darauf, daß der Kreditnehmer den aufgenommenen Kredit tilgen wird. Selbst wenn das Risiko eines Kredits durch Kreditsicherheiten (Hypotheken etc.) eingeschränkt wird, so bleibt stets noch ein Restrisiko. Der Kreditgeber muß, wenn er auf die eigene Verwendung von Mitteln vorübergehend verzichtet, einen Nutzenentgang oder Produktionsverzicht in Kauf nehmen; er wird also eigene Mittel nur dann zur Verfügung stellen, wenn er einen höheren Ertrag vom Kreditnehmer als Vergütung für den Kredit erhält als er selbst bei eigener Verwendung erzielen könnte; dies ist der Zins. Kredite sind deshalb nur bei ungleichen Nutzenvorstellungen und/oder ungleichen Produktivitätsentwicklungen unter den einzelnen Wirtschaftssubjekten vorstellbar.

4.2 Der Kreditmarkt

4.2.1 Funktionen, Formen und Teilnehmer der Kreditmärkte

Der *Kreditmarkt* ist die gedankliche Zusammenfassung aller Teilmärkte des Angebotes und der Nachfrage von Krediten. Ein Kredit (credit) wird immer dann nachgefragt bzw. aufgenommen (genauer: Leihe (loan), eine Verbindlichkeit in Form eines Kredits eingegangen), wenn Geld benötigt wird, um zu investieren oder zu konsumieren. Ganz allgemein wird durch einen Kredit die zeitliche Vorwegnahme von Zahlungen in Geld bzw. eine Verwendung von Leistungen ermöglicht, die ohne ihn erst durch Sparen in der Zukunft abgewickelt werden könnten. Ein Kredit wird immer dann angeboten bzw. gewährt (genauer: eine Forderung in Form eines Kreditvertrages erworben), wenn man vorhandenes Geld nicht selbst besser verwenden möchte. Der Kredit (als Aktivum) stellt somit das Pendant zum Geld (als Passivum des Emittenten) dar, enthält jedoch außerdem naturale Kreditbeziehungen wie etwa den Lieferantenkredit. Diese Beschreibung für Kredite gilt allgemein, also für verschiedene Wirtschaftssubjekte, für verschiedene Kredittypen (Fristigkeit, Art der Sicherung) und für unterschiedliche Marktorganisationen.

Neben dem interpersonalen Ausgleich an Spar- und Investitionsmitteln, der auf zeitlicher Verschiebung von Kapitaldispositionen (Fristentransformation durch das Bankensystem) beruht, ermöglicht der Kreditmarkt eine Transformation kleinerer, angebotener Sparbeträge in umfangreichere, nachgefragte Kredite; diese Kreditgrößentransformation erfolgt in der Regel durch Geschäftsbanken bzw. durch das Bankensystem. Dem Zinssatz kommt dabei die Aufgabe zu, das angesammelte Sparkapital in seine produktivste Verwendung zu lenken.

Jedes Kreditangebot setzt Sparen voraus, also den Verzicht auf sofortige Ausgaben von Einkommen zu Investitions- oder Konsumzwecken. Geld kann entweder im eigenen Bestand *gehortet* werden – in diesem Fall besteht ein subjektives Bedürfnis an Besitz – oder aber anderen Wirtschaftssubjekten vorübergehend zur Verfügung gestellt werden; nur in diesem Falle spricht man von *sparen*. Will man jemanden dazu veranlassen, (vermehrt) zu sparen und weniger zu horten oder zu konsumieren, so muß dafür ein Preis – der Zins – als Ausgleich für den Verzicht auf

- Horten (Besitzerstolz),
- Liquidität (Sicherheit, Terminrisiko),
- gegenwärtigen Konsum (gegenwärtiger Nutzenentgang),
- Risikoaversion (Ausfall-, Währungsrisiko)

gezahlt werden.

Außer durch privates Sparen kann das Kreditangebot aber auch durch die Geldpolitik beeinflußt werden, die damit immer auch das Vermögen in einer Volkswirtschaft - also den Wert des historischen Sparens (nicht-verbrauchtes Einkommen der Vergangenheit) - manipuliert.

Die Kreditnachfrage beruht vor allem auf Erwartungen über die Produktivität von Investitionsvorhaben (Grenzproduktivitätstheorie), aber auch auf vorübergehenden Engpässen in der gegenwärtigen Liquidität oder der Vorwegnahme eigentlich erst künftig durch Sparen möglichen Konsums (Konsumentenkredit).

Mit der Kreditnachfrage und dem Kreditangebot wird auf dem Kreditmarkt das Zinsniveau bestimmt (vgl. Abschnitt 4.2.2). Anbieter oder Nachfrager von Krediten am *Kreditmarkt*, also Kreditgeber oder Kreditnehmer, kann im Prinzip jedes Wirtschaftssubjekt sein. Hauptsächlich nehmen aber in einer Volkswirtschaft die *Geschäftsbanken* und *Kreditvermittler* die Funktion des *Kreditgebers* wahr, daneben noch die *Zentralbank* als Kreditgeber der Banken. Die vom Kreditbetrag her bedeutendsten *Kreditnehmer* sind die öffentliche Hand und die Unternehmen. Geschäftsbanken haben nun die Aufgabe, „freie" Tauschmittel zu sammeln und über eine Kreditvergabe an andere Wirtschaftssubjekte auszuleihen.

Die Rolle des Mittlers zwischen Kapitalgebern und Kapitalnehmern wird vom gesamten Finanzsektor übernommen, also den *Monetären Finanzinstituten MFIs*. Zu ihnen gehören die Geschäftsbanken, Bausparkassen, Versicherungen sowie Kapitalgesellschaften, aber auch die Zentralbank, die jedoch nicht auf den Kreditmärkten als Marktteilnehmer auftritt.

Kreditgebende Geschäftsbanken erfüllen eine wesentliche, volkswirtschaftliche Funktion. Sie sind der Vermittler zwischen den – bei Banken einlegenden – Sparern und den Kreditnehmern, vor allem den Investoren. Dabei transformieren sie kurzfristige Einlagen in langfristige Ausleihungen und vice versa (*Transformationsfunktion*). Je nach Ausgestaltung des Kreditvertrags bieten die Banken ihren Kreditnehmern Kontokorrent-, Raten-, Hypotheken- und Kommunalkredite an; auf dem Kreditwege refinanzieren sie sich durch Einlagen und *Schuldverschreibungen* (z.B. Obligationen) oder bei der *Zentralbank*. Die unterschiedliche Laufzeit und Ausgestaltung der Kreditverträge determiniert die Zinsstruktur in einer Volkswirtschaft[10].

Auf Grund institutioneller Gegebenheiten sind Geschäftsbanken sogar in der Lage, selbst Geld zu schaffen und deshalb zusätzliche Kredite – also über die reine Kreditvermittlung hinaus – vergeben zu können. Geschäftsbanken können Kredite schöpfen, indem sie selbstgeschaffenes Buchgeld (*Geldschöpfung*, vgl. Abschnitt III.2.2) gegen einen Kreditvertrag (regelmäßig mit Sicherheiten) verleihen. In der Bilanz der Geld verleihenden Bank erscheint dann der Kreditvertrag als Forderung (Aktivum) gegen den Kreditnehmer und der verliehene Buchgeld-Betrag in gleicher Höhe als Verbindlichkeit (Passivum) dieser Bank. Die Kreditschöpfungsmöglichkeit einer Bank wird begrenzt durch institutionelle und unternehmenspolitische Vorgaben.

Die Tätigkeit des Finanzsektors wird nach unterschiedlichen Merkmalen den verschiedenen Märkten mit üblichen Verläufen von Angebots- und Nachfragekurven zugeordnet, und zwar dem:

- *Kapitalmarkt*
  als Markt für langfristige Forderungen (langfristige Kredite), die in der Regel als Effekten verbrieft sind (Industrieobligationen, Staatsanleihen); die Laufzeit dieser Wertpapiere beträgt mindestes 4 Jahre. Anbieter und Nachfrager auf dem Kapitalmarkt sind alle Wirtschaftssubjekte mit Ausnahme der Zentralbank. Die Kapitalmarktsätze entsprechen der Rendite von Wertpapieren (Anleihen) i_b.

- *Kreditmarkt*
  als Markt für Bankkredite in Form von Kontokorrentkrediten und Darlehen mit kurz-, mittel- und langfristiger Laufzeit. Als *Marktpartner* treten Banken als Kreditanbieter und Nichtbanken sowie alle anderen Wirtschaftssubjekte als Kreditnachfrager auf. Als Kreditmarktsätze gelten die Sollzinsen i_S.

- *Bankeinlagenmarkt*
  als Markt für von Banken bei allen übrigen Sektoren nachgefragte Finanzmittel wie Sicht-, Termin- und Spareinlagen. Hierzu gehören mittelbar auch die Teilmärkte für Bankschuldverschreibungen sowie Forderungen an Bausparkassen und Versicherungen. Die Zinssätze der Banken (Publikumssätze) sind die Habenzinsen (Zinssatz für Sicht-, Termin- und Sparguthaben) i_H.

- *Markt der Kreditvermittler* (finanzielle Intermediäre, sekundäre Finanzierungsinstitute, financial intermediaries)
  Marktpartner sind Versicherungsgesellschaften, Hypothekenbanken, Kapitalanlagegesellschaften (Investmentfonds) etc. als Kreditanbieter und Banken sowie Nichtbanken als Kreditnachfrager. Die Zinsfindung erfolgt in Anlehnung an die Kapitalmarkt- und Bankkreditzinsen.

- *Geldmarkt*
  als Markt für kurzfristige Interbankenkredite. Handelsobjekt ist ausschließlich Zentralbankgeld. Innerhalb des Bankensystems dient der Geldmarkt dem kurzfristigen,

---

[10] Vgl. zur Zinsstruktur Abschnitt 4.2.2.3.

horizontalen und vertikalen Liquiditätsausgleich. Marktpartner sind – sowohl als Anbieter als auch als Nachfrager – die Geschäftsbanken und die Zentralbank.

Relevante Geldmarktsätze sind die Zinssätze für Kredite der Zentralbank an Monetäre Finanzinstitute (MFIs), d.h. u.a.

- der Spitzenrefinanzierungssatz,

- der Satz der Offenmarktoperationen (z.B. Hauptrefinanzierungsinstrument) i_{om},

die Zinssätze für Kredite der Monetären Finanzinstitute (MFIs) untereinander, d.h. u.a.

- der Tagesgeldsatz i_{TG}

sowie der Zinssatz für Einlagen der Monetäre Finanzinstituten (MFIs) bei der Zentralbank.

4.2.2 Kreditmarktgleichgewicht

4.2.2.1 Der gleichgewichtige Zins

Wie auf jedem anderen Markt gilt auch für den Kreditmarkt ein typischer Verlauf der Kreditangebotskurve K^A der Kreditgeber und ein solcher der Kreditnachfragekurve K^N der Kreditnehmer. Für Unternehmen als Kreditgeber z.B. gilt, daß bei steigendem Kreditzins vermehrt auf eigene Verwendung von Geld verzichtet wird, weil eigene Investitionen nicht so ertragreich zu werden versprechen wie der zugesagte Kreditzins; die *Opportunitätskosten* (relativer Verzicht bei eigener Verwendung) sinken. Für Unternehmen als Kreditnehmer gilt, daß bei steigendem Kreditzins die Kosten des Kredits mögliche Erträge aus Investitionen aufzehren, was immer mehr Investitionen unrentabel erscheinen läßt und deshalb den Umfang der Kreditnachfrage reduziert.

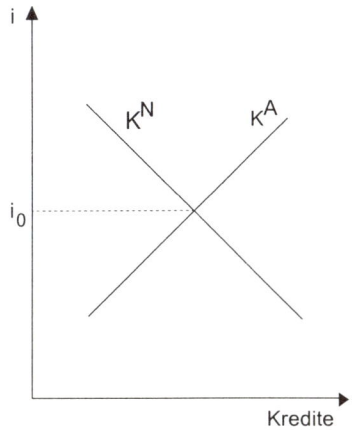

Abbildung 6

Aus dem Schnittpunkt von Kreditangebots- und der Kreditnachfragekurve resultiert dann – wie in Abbildung 6 dargestellt – ein gleichgewichtiger Zinssatz i_0.

Die Kreditmarktbetrachtung führte in der *Loanable-funds-Theorie* (vgl. Abschnitt 4.2.2.2) zur Einbeziehung der Geldschöpfung in die Angebotskurve für Kredite, der die Kreditnachfrage der Investoren und auch das Horten als Eigenkreditnachfrage der Einkommensbeziehrer gegenübersteht. Der Marktzinssatz ergibt sich nach dieser *Theorie ausleihbarer Fonds* wie auf jedem anderen Markt durch ein Gleichgewicht von Kreditangebot und Kreditnachfrage.

Die Existenzberechtigung des Zinses folgt sich aus der Knappheit von Krediten am Kreditmarkt. Auf ihm ergibt sich – wie gezeigt – der Zins durch Kreditangebot und Kreditnachfrage als Preis für Kredite. Der Zins ist das Einkommen des Produktionsfaktors Kapital, so wie der Lohn das Einkommen des Faktors Arbeit und die Grundrente das Einkommen des Produktionsfaktors Natur darstellen (*Grenzproduktivitätstheorie*). Allein aus diesem Grund ist der alte Satz von *Aristoteles*, Geld hecke keine Jungen, falsch, mit dem lange Zeit ein Zinsverbot begründet wurde.

Es war bereits darauf hingewiesen worden, daß ein Zinssatz als Preis für die zeitweilige Überlassung von Zahlungsmitteln oder auch für den zeitweiligen Verzicht auf naturale Gegenleistung vereinbart wird. Eine Investition des Kreditnehmers lohnt sich nur, wenn er mit den ihm auf Grund eines Natural- oder Geldkredites zufließenden Ressourcen einen höheren, künftigen Ertrag (Produktion, Einkommen) erzielt als es den Kreditgebern gegenwärtig möglich ist; im anderen Fall würde der Kreditgeber einen höheren Zins für die Überlassung von gesparten Ressourcen erwarten als der Kreditnehmer zu zahlen in der Lage ist.

4.2.2.2 Determinanten des Zinsniveaus

Die *Zinstheorie* erklärt das Niveau des Zinses auf dem Kreditmarkt: Kreditanbieter (Sparer) und Kreditnachfrager (in erster Linie Investoren, aber auch der Staat und Konsumenten) verhandeln dort über die Zinshöhe. Nach der *Grenznutzentheorie* wird ein Zinssatz deshalb gezahlt, weil Kreditanbieter für ihren zeitweiligen Konsumverzicht (Nutzenentgang) entlohnt werden müssen; diese *Agio-Theorie* geht auf *Eugen von Böhm-Bawerk* zurück. Wenn die Kreditanbieter relativ zinsunelastisch, d.h. zinsunempfindlich sind, ist der Umfang des gesamten Kreditangebots auf dem Kreditmarkt bei gegebenem Volkseinkommen, gegebener Liquidität, gegebenen Erwartungen und Risiken bekannt.

Wird gegenwärtig auf den Konsum eines Teils des vorhandenen Einkommens Y_0 verzichtet, um investieren zu können, so muß der künftig erwartete Ertrag $E(Y_1)$ größer als der gegenwärtige Konsumverzicht sein. Diese Transformation von gegenwärtigem Konsumverzicht in zusätzliches künftiges Einkommen wird in Abbildung 7 der Einfachheit halber linear dargestellt. In der Regel wird dieser Zusammenhang jedoch zu einer konvex zum Ursprung verlaufenden Budgetkurve führen, da mit zunehmendem Investitionsvolumen der erwartete künftige Ertrag wahrscheinlich abnehmen wird. Dies ist der Ansatz der Grenzproduktivitätstheorie.

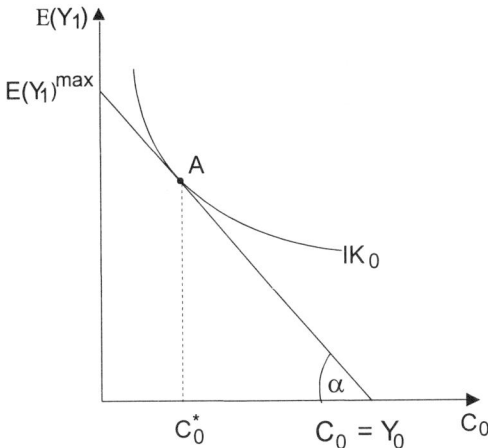

Abbildung 7

In Abbildung 7 muß folglich die Budgetgerade eine Steigung in Höhe von tg $\alpha > 1$ aufweisen, damit der erwartete Zuwachs an künftiger Produktion $\Delta E(Y_1)$ größer als der teilweise Verzicht auf gegenwärtigen Konsum ΔC_0 ist. Mit der Annahme der linearen Budgetgeraden ist auch der Zinssatz eindeutig bestimmt; es gilt

$$\text{tg}\,\alpha = \frac{E(Y_1)^{\text{max}}}{Y_0} = \frac{Y_0 + \Delta E(Y_1)}{Y_0} = 1 + \frac{\Delta E(Y_1)}{Y_0} = \text{const.},$$

mit dem Zinssatz $i = \dfrac{\Delta E(Y_1)}{Y_0}$.

Wäre eine gekrümmte Budgetgerade unterstellt worden, ergäbe sich natürlich die gleiche Definition für den Zinssatz, allerdings wäre sein Wert nicht mehr eindeutig bestimmt, da in diesem Falle der Tangens von α nicht konstant wäre.

Aber auch dann, wenn der Zinssatz bereits als bekannt unterstellt werden kann, ist das Investitionsvolumen und damit das Kreditvolumen – von einer Selbstfinanzierung sei der Einfachheit halber abgesehen – noch nicht eindeutig determiniert. Dazu bedarf es einer weiteren Annahme, und zwar der nutzentheoretischen Überlegung der *Agio-Theorie*. Es muß eine Annahme über die Bewertung der Wirtschaftssubjekte hinsichtlich der Dringlichkeit gegenwärtigen Konsums gegenüber eines künftig höheren Verbrauchs gemacht werden. Dies führt zum Instrument der Indifferenzkurve IK. Mit ihr kann dann in Abbildung 7 eine Aussage über den optimalen Gegenwartskonsum C_0^* und die optimale Investition bzw. das optimale Kreditvolumen $Y_0 - C_0^*$ gemacht werden.

Bei gekrümmter Budgetlinie wäre bei einer Vielzahl an sich möglicher Zinssätze außerdem der optimale Zinssatz mit der Steigung der Indifferenzkurve IK im Punkt A bestimmt. Bei unterschiedlichen Kreditlaufzeiten käme auch noch der Risikoaspekt hinzu, der für längere Perioden einen höheren Zinssatz (höheres Risiko) als für kürzere Periodenlängen bedingt und zu einer gleichgewichtigen Zinsstruktur führt.

Hieraus werden auch die unterschiedlichen Wirkungen der Produktivität von Geld und Kredit deutlich. Die Produktivität des Geldes bei seiner Einführung ist an der Verlagerung der Budgetlinie (vgl. Abbildung 5 aus Abschnitt 3.3), die Produktivität des Kredites dagegen ist entlang einer gegebenen Budgetlinie (vgl. die im Prinzip gleiche Abbildung 7) ablesbar. Es sollte beachtet werden, daß es hierbei um die Produktivität des *Geldes an sich* (seine Existenz) geht. Eine erhöhte Geldmenge steigert daher nicht auch diese Produktivität; im Gegenteil, die produktiven Dienste des Geldes können durch seine Vermehrung zu einer Inflation führen und dann sogar abnehmen. Die Produktivität des Kredites dagegen bezieht sich im Prinzip auf eine Produktionssteigerung der durch ihn möglichen Investition bzw. auf eine Nutzensteigerung des mit ihm möglichen höheren Konsums; eine vergrößerte Kreditmenge steigert mithin regelmäßig die Produktivität.

Da jedoch die Verantwortlichen für die Bereitstellung von Geld, also typischerweise die Zentralbank, keinen Preis für die Inanspruchnahme des umlaufenden Geldes verlangen, wird auch kein Zins dafür bezahlt. Dies aber wäre durchaus möglich, da ja der Ertrag des Geldes in ersparten Informationsausgaben bzw. Opportunitätskosten besteht; in der *Schwundgeld-Theorie* von *Silvio Gesell* wird dieser Aspekt durch eine sukzessive Nominalwert-Reduktion durchaus berücksichtigt – allerdings mit einer anderen Zielsetzung. Für die Bereitstellung von Krediten dagegen wird i.d.R. ein Zins erhoben, da Kreditverträge zwischen den Akteuren frei aushandelbar sind.

Die Kreditnachfrage zu Investitionszwecken ist bei gleichen Randbedingungen wie beim Kreditangebot durch das Grenzprodukt der Investition bzw. den marginalen Kapitalkoeffizienten bei alternativem Investitionsvolumen bestimmt. Damit ist der *reale Zinssatz* (*natürlicher Zins*) determiniert. Seine Mindesthöhe entspricht der *Grenzleistungsfähigkeit des Kapitals* und kann als *interner Zinsfuß* ermittelt werden. Der interne Zinsfuß eines Investitionsvorhabens ist derjenige Diskontierungsfaktor, bei dem alle auf den gegenwärtigen Zeitpunkt abdiskontierten zukünftig erwarteten Erträge als Summe genau den Anschaffungskosten entsprechen.

Die Entwicklung des realen Zinssatzes (als Funktion der Investitionstätigkeit) ist durch Maßnahmen der Geldpolitik nicht beeinflußbar, es sei denn, es gelänge, die Erwartungen der Investoren über die künftige Ertragsentwicklung zu beeinflussen. In gewissem Umfang ist jedoch das Sparvolumen (durch Veränderungen des realen Volkseinkommens) und das Geldangebot manipulierbar, so daß die Höhe des realen Zinssatzes variiert werden kann. So kann bei zunächst gegebenem Preisniveau durch Senkung des Darlehnszinses auf dem Geldmarkt unter das Niveau des realen Zinssatzes (sog. *natürlicher Zins* nach *Knut Wicksell*) die Investitionstätigkeit solange angeregt werden, bis der natürliche Zins dem Marktzins entspricht; dies ist der sog. *Wicksellsche Prozeß*. Wird die Senkung des Marktzinses allerdings durch eine Geldmengenausdehnung bewirkt, kann es zu allgemeinen Preisniveausteigerungen $\hat{p}$ kommen, die den Marktzins inflatorisch aufblähen (bei Freiheit von *Geldillusion*[11]), ohne den realen Zinssatz i^r zu verändern; der Marktzins entspricht dann dem nominellen Zinssatz i mit $i = i^r + \hat{p}$. Dies ist auch der Grund dafür, daß bei erwarteten Preissteigerungen der nominelle Zinssatz

---

[11] Geldillusion beschreibt die Orientierung an nominalen Größen.

steigt (*Fisher-Effekt*). Dies erklärt auch das sog. *Gibson-Paradoxon*, das in einer durch Geldexpansion ausgelösten inflatorischen Entwicklung eine Erhöhung des (nominellen) Zinssatzes feststellte und nicht – wie theoretisch erwartet – eine Senkung (vgl. Abschnitt VII.3.2.3).

Neben der zinsabhängigen Kreditnachfrage der Investoren (*klassische Theorie*) wird durch die keynesianische *Liquiditätstheorie* (vgl. Abschnitt IV.2.2) auch ein zinsabhängiger Geldbedarf postuliert. Danach fragen Wirtschaftssubjekte in Abhängigkeit vom Zinssatz bzw. von der Rendite alternativer Anlagen (z.B. festverzinslicher Wertpapiere) Geld nach bzw. bieten Wertpapiere an. Wird das Geldangebot erhöht, so muß der Zinssatz sinken, weil uno actu die Wertpapier-Kurse steigen; dies ist der *Liquiditätseffekt*. Steigen daraufhin die Investitionen, so wird damit das Volkseinkommen erhöht; dies ist der *Einkommenseffekt*.

Die Zinsabhängigkeit der Geldnachfrage ist auch Bestandteil der *Portfoliotheorie* (vgl. Abschnitt IV.3.2). Danach ist jede Geldnachfrage zinsabhängig, da ihre Opportunitätskosten (entgangene Zinserträge bei einer möglichen rentablen Anlage) stets von den Wirtschaftssubjekten berücksichtigt werden.

Die *klassische Theorie* stellt bei der Bestimmung der Zinshöhe im Prinzip auf die Stromgröße Investition ab und vernachlässigt in ihrer Argumentation die Bestandsgröße Vermögen (reale Anlagen, Wertpapiere etc.); die *Liquiditätstheorie* stellt demgegenüber die Kassenhaltung in den Vordergrund. Nach der *loanable-funds-Theorie* schließlich wird der Zinssatz auf dem Markt für ausleihbare Fonds bestimmt: Das Kreditangebot auf diesem Markt wird durch Kredite aus Ersparnissen und zusätzlicher Geldschöpfung, die Nachfrage durch das Investitionsvolumen und Horten bestimmt. Im Prinzip enthält die *Kreditmarkttheorie* sämtliche der genannten Einflüsse, um das Zinsniveau aus Kreditangebot und Kreditnachfrage zu ermitteln.

4.2.2.3 Determinanten der Zinsstruktur

Alle im Abschnitt 4.2.1 vorgestellten Kreditmärkte sind über die auf ihnen ausgehandelten Zinsen miteinander verbunden. Damit bildet sich eine ganz bestimmte Zinsstruktur heraus.

Die Zentralbank, d. h. früher die *Deutsche Bundesbank* und heute die *Europäische Zentralbank* (EZB), hat allein auf dem Geldmarkt geldpolitischen Einfluß. Mit ihrem Angebot an Liquidität in Form von Zentralbankgeld beeinflußt die Zentralbank die Rendite für das Halten von Offenmarktpapieren i_{OM} (z.B. für Schatzwechsel). Geschäftsbanken können nun freie Liquidität in Offenmarktpapieren anlegen oder aber an andere Geschäftsbanken zum Tagesgeldsatz i_{TG} ausleihen; dies werden sie aber nur dann tun, wenn

$$i_{TG} \geq i_{OM} ;$$

andere Geschäftsbanken dagegen benötigen Liquidität und können diese auf dem Kreditweg entweder bei der Zentralbank oder aber von anderen Geschäftsbanken erhalten. Sie werden das billigere Angebot wählen.

Mit dem von der Europäischen Zentralbank festgelegten Zinsatz für die Spitzenrefinan-zierungsfazilität (in Deutschland früher Lombardkredit), mit der die *Europäische Zentralbank* Übernachtliquidität gegen Hinterlegung von Sicherheit zur Verfügung stellt, wird die Obergrenze des „Zinsniveaus" am Geldmarkt (Tagesgeldsätze) bestimmt. Für diese Obergrenze gilt, daß sich beim Handel der Banken am Geldmarkt mit zunehmender Knappheit des Zentralbankgeldes der dafür zu zahlende Tagesgeldsatz, der *Eonia* (Euro Overnight Index Average), dem Spitzenrefinanzierungssatz annähert. Der Tagesgeldsatz bleibt aber unter dem Spitzenrefinanzierungssatz, da sonst auf die Spitzenrefinanzierungsfazilität bei der Zentralbank zurückgegriffen würde. Die Untergrenze der Tagesgeldsätze wird durch die Habenzinssätze, zu denen die Geschäftsbanken überschüssige Liquidität im Rahmen der ständigen Einlagenfazilität bei der *Europäischen Zentralbank* anlegen können, festgesetzt. Tagesgeldsätze, die die Kreditinstitute im Geldhandel verabreden, werden diesen Habenzinssatz nicht unterschreiten. Sinken also die Tagesgeldsätze infolge den Banken und dem Publikum zuströmenden Zentralbankgeldes, dann kommen sie bei den Sätzen der Einlagenfazitität zum Stillstand. Denn sollte der Tagesgeldsatz unter dieses Niveau zu sinken tendieren, wird keine Bank mehr bereit sein, Zentralbankgeld auf dem Geldmarkt auszuleihen; sie würde stattdessen die ertragreichere Einlage bei der Zentralbank wählen.

Offenmarktpapiere und Tagesgeld sind zwar nahe, doch keine vollständigen Substitute. Es lohnt sich für Banken mit Überschußreserve nur, Schatzwechsel zu kaufen, wenn sie sie zwei bis drei Tage behalten können; u.U. ist es aber besser, Tagesgeld zu verleihen, obwohl Schatzwechsel höher verzinst sind. Am geringsten ist die Differenz zwischen beiden Sätzen, wenn die Schatzwechsel nur noch eine geringe Laufzeit haben.

Geschäftsbanken fragen Liquidität auch beim Publikum nach, indem sie Sparkonten (mit Kündigungsfristen), Sparbriefe, Terminkonten (mit vereinbarter Laufzeit) oder Inhaberschuldverschreibungen anbieten. Dafür offerieren sie ihren Kunden einen Habenzinssatz i_H. Dies werden sie jedoch nur dann tun, wenn

$$i_H < i_{OM};$$

im anderen Falle könnten sie sich die benötigte Liquidität günstiger durch Rückgabe von Offenmarktpapieren an die Zentralbank besorgen.

Geldanbietende Banken können entweder die Einlagenfazilität der EZB nutzen, Offenmarktpapiere zum Renditesatz i_{OM} oder aber Wertpapiere am Kapitalmarkt zum Renditesatz i_b erwerben; dort fragen sie Wertpapiere (Aktien, festverzinsliche Wertpapiere) nur nach, wenn $i_b > i_{OM}$. Statt Wertpapiere zu kaufen, werden Banken aber auch Kredite zur einem Sollzinssatz i_S anbieten, wenn $i_S > i_b$.

Daraus läßt sich dann eine institutionelle Zinsstruktur ableiten,

$$i_S > i_b > i_{TG} > i_{OM} > i_H,$$

die sich auch aus Abbildung 8 für die Bundesrepublik Deutschland ablesen läßt.

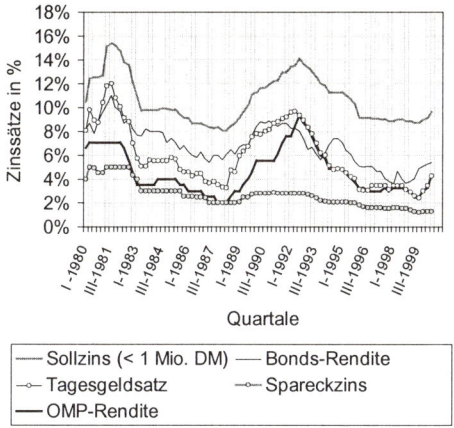

Zinsstruktur in Deutschland
Bundesrepublik Deutschland

Quelle: Eigene Berechnungen nach Daten in den Monatsberichten der *Deutschen Bundesbank*, lfd. Hefte.

Abbildung 8

Sollte der Zinssatz auf einem der Kreditmärkte steigen, werden Kreditnachfrager versuchen, sich auf einem anderen Markt Kredite zu besorgen. Gleichzeitig werden Kreditanbieter verstärkt auf den Märkten mit höherem Zinsniveau Kredite anbieten. Sinkende Nachfrage und steigendes Angebot bedingen nun eine Annäherung der Zinsniveaus (die Zinssätze passen sich wieder ihrer alten Struktur an) auf allen Märkten, die sich dann nur noch wegen verschiedener Fristigkeit und unterschiedlichem Risiko (Terminrisiko, Zinsänderungsrisiko und Ausfallrisiko) von dem anderer Kreditmärkte unterscheiden. Die dabei zu berücksichtigende Fristigkeit drückt sich im erhöhten Zinsniveau bei längerfristigen Anlagen aus.

Die Zinspolitik am Geldmarkt beeinflußt aber auch das Zinsniveau am Kapitalmarkt, dem Markt für langfristige Anlagen; denn ein erhöhter Zins am Geldmarkt führt zu einem verstärkten Liquiditätszustrom in diesen Markt, was zugleich einen Liquiditätsabzug vom Kapitalmarkt bedingt, wodurch sich auch dort wegen der nun gestiegenen Knappheit das Zinsniveau erhöht. Der Kapitalmarktzins kann somit nur innerhalb gewisser Grenzen vom Geldmarktzins abweichen. Entscheidend hierbei ist, daß nicht so sehr die absolute Zinshöhe, sondern wie seine Veränderung das Verhalten der Banken und des Publikums beeinflußt.

Dennoch aber kann es zu einer *Anomalie der Zinsstruktur* kommen, wenn man sich bei einer erwarteten Senkung des allgemeinen Zinsniveaus nur vorübergehend verschulden will, um später einen um so geringeren, langfristig fixierten Zinssatz in Anspruch nehmen zu können; während einer solchen „Spekulationsphase" kann daher der kurzfristige vorübergehend über dem längerfristigen Zinssatz zu liegen kommen. Die sich ergebende (inverse) Zinsstruktur wird damit durch Überlegungen der Portfoliotheorie erklärt.

Wie sich die Zinssätze unterschiedlicher Kreditmärkte zueinander verhalten und wodurch dieses Verhältnis bestimmt ist zeigt die *Zinsstrukturtheorie*:

Nach der *Erwartungstheorie* von *Irving Fisher* entspricht der langfristige Zins dem Durchschnitt der erwarteten kurzfristigen Zinssätze, da es einem Kreditgeber gleichgültig sein kann, ob er einen langfristig zur Verfügung gestellten Geldbetrag von vornherein für die beabsichtigte Anlagedauer ausleiht oder aber sukzessive eine kurzfristige Festlegung erneuert. Da gewöhnlich der langfristige Zinssatz über dem kurzfristigen liegt, müßte die Erwartungstheorie praktisch postulieren, daß die Wirtschaftssubjekte langfristig eine laufende Erhöhung der kurzfristigen Zinssätze erwarten.

Die *Liquiditätsprämientheorie* von *John R. Hicks* geht von der Vorstellung von *John Maynard Keynes* über die Liquiditätspräferenz aus, nach der für die vorübergehende Aufgabe von Liquidität als Ausgleich eine Prämie in Form des Zinses zu leisten ist. Anlagen mit einer kurzen Restlaufzeit weisen eine große Liquiditätsnähe, Anlagen mit langer Restlaufzeit eine geringe Liquiditätsnähe auf. Je länger also die Bindungsdauer von Liquidität ist, desto höher muß die Prämie für die zeitweilige Aufgabe von Liquidität sein.

Die *Marktsegmentationstheorie* von *John M. Culbertson* geht schließlich davon aus, daß alle Teilmärkte des Kreditmarktes isoliert sind und deren Zinssätze nur begrenzt durch Arbitrage, also durch Ausnutzen von Ertragsmöglichkeiten wie der Fristentransformation der Geschäftsbanken, ausgeglichen werden können. Die Unvollkommenheit der Substitution von Krediten verschiedener Teilkreditmärkte erklärt die zeitliche Verzögerung bei der Anpassung von Zinsstrukturänderungen.

Eine Erklärung der Anomalie der Zinsstruktur zwischen kurz- und langfristigen Zinssätzen läßt die Marktsegmentationstheorie allerdings nicht zu. Eine solche Anomalie ist nur durch die Erwartung von Kreditnachfragern und Kreditanbietern plausibel, die eine Reduktion der langfristigen Zinssätze annehmen und sich bis zu einer langfristigen Bindung kurzfristig vorfinanzieren; dies kann ja den kurzfristigen Zinssatz vorübergehend über den langfristigen ansteigen lassen.

Bei Anlagemöglichkeiten in unterschiedlichen Ländern kann der Zinssatz selbst bei qualitativ völlig gleichartigen (homogenen) Wertpapieren international voneinander abweichen, wenn ein *Wechselkursrisiko* besteht. Dieses Risiko wird durch den *Swapsatz* (Swappolitik) ausgeglichen, der damit die Kurssicherungskosten darstellt.[12]

Da empirisch die Zinselastizität des Sparens sehr gering ist, also das Sparvolumen zinsunempfindlich reagiert, spielt das Verhältnis zwischen den Zinsniveaus auf den einzelnen Kreditmärkten eine wesentliche Rolle für die Verteilung des Sparvolumens auf diese Teilmärkte. Diese Teilkreditmärkte und damit die dort ausgehandelten Zinssätze unterscheiden sich nach den teilnehmenden Institutionen sowie nach der Fristigkeit und Sicherung der gehandelten Kredite.

Zinsstruktur und Zinsniveau spielen sowohl für die Kreditnachfrage von Investoren wie für das Kreditangebot der Banken (und Kreditvermittler) eine Rolle. Das Zinsniveau wird durch die *Kreditmarkttheorie* des Geldangebotes von *Karl Brunner* und *Allan H.*

---

[12] Vgl. zum Swapsatz Kapitel IX.2.6.1.

Meltzer erläutert, die in Kapitel III.3.5 noch genauer dargestellt wird. Nach dieser Kreditmarkttheorie wird das Kreditangebot durch die *bereinigte Geldbasis* (Zentralbankgeld) beeinflußt, das zugleich das Geldangebot darstellt. Die Kreditangebotsfunktion wird durch Liquiditätsanlagen der Kreditanbieter und damit durch alternative Anlagemöglichkeiten (Opportunitätskosten) erklärt; mit steigendem Kreditzins steigt damit das Kreditangebot. Auf dem Kreditmarkt wird durch das Kreditangebot und die Kreditnachfrage der Investoren der Marktzinssatz bestimmt. Steigt nun auf Grund optimistischer Erwartungen über die künftige Ertragsentwicklung die Kreditnachfrage, kommt es bei gegebener Kreditangebotsfunktion zu einem steigenden Zinssatz; gleichzeitig folgt daraus ein steigendes Geldangebot bei steigendem Zinsniveau. Kann das Kreditangebot ohne Erhöhung der Refinanzierungskosten der Kreditgeber gesteigert werden, so kann das Kredit- und Geldangebot ohne Zinssatzänderung vermehrt werden; Kredit- und Geldangebot sind dann vollkommen *zinselastisch*. Bei völlig zinsunelastischem Kredit- und Geldangebot dagegen führt eine gesteigerte Kreditnachfrage ausschließlich zu Zinssatzsteigerungen.

Literatur zum II. Kapitel

1. Abschnitt

Andrea, Wilhelm: Geld und Geldschöpfung, Wien u.a.O. 1953.
Fuhrmann, Wilfried: Geld und Kredit – Prinzipien monetärer Markoökonomik, 2. Aufl., München u.a.O. 1994.
Issing, Otmar: Einführung in die Geldtheorie, 11. Aufl., München 1998.
Jarchow, Hans-Joachim: Theorie und Politik des Geldes 1, 10. Aufl., Göttingen 1998.
Laum, Bernhard: Die Funktionen des Geldes aus historischer Sicht, in: *C.-A. Andreae* (Hrsg.), Geldtheorie und Geldpolitik, Berlin 1968.
Schmölders, Günter: Geldpolitik, 2. Aufl., Tübingen u.a.O. 1968.
Stavenhagen, Gerhard: Geschichte der Wirtschaftstheorie, 4. Aufl., Göttingen 1969.
Zottmann, Anton: Allgemeine Volkswirtschaftslehre IV (Geld und Kredit), Stuttgart u.a.O. 1969.

2. Abschnitt

Deppe, Hans-Dieter: Betriebswirtschaftliche Grundlagen der Geldwirtschaft, Bd. 1: Einführung und Zahlungsverkehr, Stuttgart 1973.
Köhler, Claus: Geldwirtschaft, Bd. 1: Geldversorgung und Kreditpolitik, 2. Aufl., Berlin 1977.
Schilcher, Rudolf: Geldfunktionen und Buchgeldschöpfung – ein Beitrag zur Geldtheorie, 2. Aufl., Berlin 1973.
Stobbe, Alfred: Gesamtwirtschaftliche Theorie des Geldes, Tübingen 1966.
Veit, Otto: Reale Theorie des Geldes, Tübingen 1966.

3. Abschnitt

Brunner, Karl/Meltzer, Allan H.: Die Verwendung von Geld – Geld in der Theorie einer Tauschwirtschaft, in: *K. Brunner* [u.a.] (Hrsg.), Geldtheorie, Köln 1974, S. 50-73.

Goodhard, Charles A.E.: The Role, Functions and Definition of Money, in: *G.C. Harcourt* (Hrsg.), The Microeconomic Foundations of Macroeconomics, London 1977.

Niehans, Jürg: Geld und Tausch im allgemeinen Gleichgewicht mit Transaktionskosten, in: *J. Badura* [u.a.] (Hrsg.), Geldtheorie, Stuttgart u.a.O. 1979, S. 49-62.

Richter, Rudolf: Geldtheorie: Vorlesung auf der Grundlage der allgemeinen Gleichgewichtstheorie und der Institutionenökonomik, 2. Aufl., Berlin u.a.O. 1990.

Siebke, Jürgen/Willms, Manfred: Theorie der Geldpolitik, Berlin u.a.O. 1974.

4. Abschnitt

Bruns, Georg/Häuser, Karl (Hrsg.): Institutionen des deutschen Kapitalmarktes, Frankfurt a.M. 1982.

Büschgen, Hans E.: Der deutsche Geldmarkt, Wien 1969.

Deppe, Hans-Dieter: Betriebswirtschaftliche Grundlagen der Geldwirtschaft, Bd. 1: Einführung und Zahlungsverkehr, Stuttgart 1973.

Duwendag, Dieter [u.a.]: Geldtheorie und Geldpolitik in Europa – eine problemorientierte Einführung mit einem Kompendium monetärer Fachbegriffe, 5. Aufl., Berlin u.a.O. 1999.

Eilenberger, Guido: Die Geldpolitik der Kreditinstitute – inländische und internationale Geldmärkte – Optimal- und Realbedingungen der Gelddisposition, 2. Aufl., Frankfurt a.M. 1984.

Faßbender, Heino: Zur Theorie und Empirie der Fristigkeitsstruktur der Zinssätze, Berlin 1973.

Gebauer, Wolfgang: Realzins, Inflation und Kapitalzins, Berlin u.a.O. 1982.

Grunwald, Jörg-Günther: Die Ergiebigkeit des Kapitalmarktes unter besonderer Berücksichtigung des wechselnden Anlegerverhaltens im Konjunkturverlauf, Stuttgart 1985.

Halm, George N.: Geld, Außenhandel und Beschäftigung, 4. Aufl., Berlin 1966.

Hartmann-Wendels, Thomas/Pfingsten, Andreas/Weber, Martin: Bankbetriebslehre, 2. Aufl., Berlin u.a.O. 2000.

Herrmann, Armin: Die Geldmarktgeschäfte, 3. Aufl., Frankfurt a.M. 1986.

Hübl, Lothar: Bestimmungsgründe der nominalen Zinsentwicklung in der Bundesrepublik Deutschland 1959 - 1969, Berlin 1973.

Issing, Otmar: Einführung in die Geldtheorie, 11. Aufl., München 1998.

Kath, Dietmar: Die verschiedenen Ansätze der Zinsstrukturtheorie, in: Kredit und Kapital, 5. Jg. (1972), S. 28ff.

Lutz, Friedrich A.: Zinstheorie, 2. Aufl., Zürich u.a.O. 1967.

Mülhaupt, Ludwig: Einführung in die Betriebswirtschaftslehre der Banken – Struktur und Grundprobleme des Bankwesens in der Bundesrepublik Deutschland, 2. Aufl., Wiesbaden 1980.

Rösler-Schubäus, Ingeborg: Gesamtwirtschaftliche Bestimmungsgründe der Zinsentwicklung, Stuttgart 1979.

Weiß, Volker: Kapitalmarkt, Bankenliquidität und Geldmenge, Frankfurt a.M. 1978.

Wieners, Klaus: Kredit, in: Evangelisches Soziallexikon, 7. Aufl., Stuttgart u.a.O. 1980.

Woll, Artur: Allgemeine Volkswirtschaftslehre, 13. Aufl., München 2000.

Zottmann, Anton: Allgemeine Volkswirtschaftslehre, IV: Geld und Kredit, Stuttgart u.a.O. 1972.

III. Das Angebot an Geld und Kredit

Das Geldangebot wird durch die Geldemittenten (Notenbank und Geschäftsbanken) zur Verfügung gestellt. Die Geldtheorie interessiert bei der Untersuchung des Geldangebotes, wer in welchem Umfang Geld zur Verfügung stellt und wer diesen Umfang letztlich beeinflussen kann. Geht man von dem traditionell in der Praxis verwendeten Geldbegriff aus, so gelten nur das Zentralbankgeld und Sichteinlagen bei Geschäftsbanken als Geld in Form von Zahlungsmitteln, womit auch die Geldanbieter bestimmt sind. Das Bargeld als ein Teil des Zentralbankgeldes, ist als gesetzliches Zahlungsmittel (*legal tender*) höherrangig gegenüber dem Giralgeld der Geschäftsbanken, weil diese erst durch den Besitz von Zentralbankgeld (*Geldbasis*) eigenes Geld schaffen können. Das gesamte Geldangebot in modernen, marktwirtschaftlich organisierten Volkswirtschaften ist daher in einem *einstufigen Mischgeldsystem* organisiert, mit dem gegenüber dem Geschäftsbankengeld höherrangigen Zentralbankgeld.

Die Theorie des Geldangebots untersucht die geldpolitisch wichtige Beziehung zwischen der Geldbasis B, also der Zentralbankgeldmenge im Besitz der Geschäftsbanken, und dem gesamten Geldangebot M, also $B \cdot m = M$, mit m = Geldschöpfungsmultiplikator.

Die Geldangebotstheorie geht traditionell von einer prinzipiellen Steuerungsmöglichkeit des Geldangebotes aus, da die Zentralbank weitgehend den Umfang an monetärer Basis bestimmen kann. Faßt man jedoch den Begriff „*Geld*" wie die *Banking-Theorie* sehr weit, so stellt im Prinzip jedes Wirtschaftssubjekt, das eine schriftlich fixierte und von anderen akzeptierte Verbindlichkeit eingeht, Zahlungsmittel und damit Geld zur Verfügung; nach der *Currency-Theorie* in der sehr engen Fassung muß Geld in Gold gedeckt sein, so daß der Kreis der Geldanbieter und der Umfang des Geldangebotes sehr begrenzt ist. Es hängt offensichtlich von der Definition der Geldmenge ab, wie sich das Angebotsvolumen und zugleich deren Emittenten bestimmen lassen (vgl. Abschnitt 2).

Darüber hinaus sind vor allem die Einflüsse aller Wirtschaftssubjekte auf den Geldschöpfungsmultiplikator m für die Steuerungsmöglichkeit des Geldangebotes M über die Geldbasis B für die Zentralbank als geldpolitischer Instanz von wesentlicher Bedeutung. Das Geldangebot der Geschäftsbanken M - B als der umfangreichere Teil des gesamten Geldangebotes M wird durch ihre Liquidität und durch die Geldpolitik bestimmt (vgl. Abschnitt 3).

Die Geldangebotsfunktion wird durch die Refinanzierungsmöglichkeiten der Geschäftsbanken bei der Zentralbank bestimmt und ist von den Refinanzierungskosten abhängig. Das Geldangebot kann somit zugleich mit dem Kreditangebot durch die Kreditmarkttheorie erklärt werden. Dadurch ist es möglich, das Geldangebot unabhängig von der Geldnachfrage der Nichtbanken darzustellen. Da mit steigendem Geld- und Kreditangebot die Refinanzierungskosten steigen – es müssen immer mehr rentable Anlagen liquidisiert werden –, steigt das Geldangebot regelmäßig mit zunehmendem Zinsniveau (vgl. Abschnitt 3.6).

Neben den Geschäftsbanken, die Geld durch Kreditschöpfung schaffen können, werden aber Kredite ohne Geldschöpfung auch von *reinen Kreditvermittlern*, die nicht zu den Geschäftsbanken zählen, angeboten. Dies ist für das gesamte Geldangebot einer Volkswirtschaft – das ja von der Zentralbank durch geldpolitische Maßnahmen kontrolliert werden soll – von großer Bedeutung. Zu diesen reinen Kreditvermittlern (Kapitalsammelstellen, Finanzintermediäre, auch financial intermediares genannt) zählen Realkreditinstitute, Kreditinstitute mit Sonderaufgaben und Teilzahlungskreditinstitute, die nicht oder nur in unbedeutendem Maße verpflichtet sind, Mindestreserven zu unterhalten; außerdem gelten Individual- und Sozialversicherungen sowie Kapitalanlagegesellschaften (Investmentfonds) als solche reine Kreditvermittler (vgl. Abschnitt 3.1 und Kapitel X).

1. Geldarten

1.1 Das Zentralbankgeld

Zentralbankgeld gilt in jeder Volkswirtschaft als Geld höchster Ordnung, das von der Notenbank emittiert wird. Es stellt eine Verbindlichkeit der Zentralbank dar, die durch Aktiva, z.B. Gold, Devisen, Forderungen etc., gedeckt ist.

1.1.1 Zentralbankgeldausgabe und Münzgewinn

Banknoten und Münzen werden von jedermann als Geld akzeptiert. Sie werden typischerweise von der Zentralbank emittiert. In der Stufe 3 der EWU hat die *Europäische Zentralbank EZB* das ausschließliche Recht, die Ausgabe von Banknoten innerhalb der Europäischen Gemeinschaft zu genehmigen. Unter diesem Vorbehalt galten die Bestimmungen des § 14 BBankG über das ausschließliche Recht der *Deutschen Bundesbank* zur Ausgabe von DM-Noten zunächst noch bis zum Ende des Jahres 2001. Ein möglicher Bilanzgewinn aus der Ausgabe von Noten der *Deutschen Bundesbank* wurde an die Bundesregierung abgeführt. Die Bundesregierung hatte hingegen das Recht, die Münzen – *Kurantmünzen* oder Scheidemünzen, die nur bis zu einem bestimmten Betrag als Zahlungsmittel akzeptiert werden mußten – auszugeben. Die Bundesregierung beauftragte mit der Ausgabe wiederum die *Deutsche Bundesbank*.

Der Bilanzgewinn der Zentralbank wird häufig auch als *Münzgewinn (seigniorage)* bezeichnet. Ein Münzgewinn entsteht auch bei der Schaffung von Banknoten, Giralgeld oder auch von internationalen Zahlungsmitteln wie den *Sonderziehungsrechten* oder auch der Europäischen Währungseinheit *(Euro).* Häufig wird dabei der Münzgewinn als Differenz zwischen dem Nominalwert der entsprechenden Geldart und den Druck-, Verwaltungs- und evtl. entstehenden Opportunitätskosten (Verzicht auf Zinserträge bei alternativer Verwendung) aufgefaßt. Diese Sehweise würde jedoch zu einem unangemessen hohen Münzgewinn verleiten: Beispielsweise würde der Münzgewinn der Zentralbank dann dem gesamten Banknotenumlauf entsprechen, da die Produktionskosten der Noten vernachlässigbar gering sind; der Münzgewinn der Geschäftsbanken entspräche fast der gesamten Giralgeldmenge, da Zins- und Verwaltungsausgaben nur einen Bruchteil des Giralgeldvolumens ausmachen. Der Münzgewinn würde bei weitem höher ausgewiesen als etwa der unternehmerische Bankgewinn.

Ermittelt man dagegen den Münzgewinn (als Gewinn aus der Geldschöpfung) bilanz-
mäßig in der gleichen Art wie ursprünglich bei Metallmünzen, so gilt für ihn die Differenz zwischen dem Wert der Geldmenge (Passivseite der Bilanz) und dem diesem Wert
gegenüberstehenden Wert an Aktiva (Aktivseite der Bilanz) beim Geldemittenten. Dennoch aber ist der Münzgewinn nicht einfach mit diesem unternehmerischen Bankgewinn
gleichzusetzen. Ein Münzgewinn bei umlaufenden Metallmünzen entsteht ja erst dadurch, daß der Souverän Exklusivrechte zum Prägen unterwertiger Münzen vergibt. Der
Münzgewinn ist damit also nichts anderes als der – gegenüber der Konkurrenzsituation
zwischen Geldemittenten – entstehende zusätzliche Gewinn (das gleiche gilt auch für
den Wert des *good will*, d.h. für den Firmenwert einer Bank); er ist genauso hoch wie
ein durch hoheitliche Konzession entstehender Monopolgewinn.

Damit stellt sich die Frage, wem dieser Münzgewinn eigentlich zusteht. Nach *Milton
Friedman* und *Harry G. Johnson* sollte der Münzgewinn durch eine Verzinsung der
Kassenhaltung auf die Geldverwender verteilt werden, denen ja durch die staatliche
Konzession bei der Geldschaffung der Münzgewinn eigentlich zusteht. Dies gilt auch
für den Münzgewinn, der bei der Schaffung von internationalen Zahlungsmitteln wie
Sonderziehungsrechten anfällt. Da hier jedoch die Geldverwender, d.h. insbesondere die
Industriestaaten, zugleich Handelsprotektionismus betreiben, wird auch gefordert, den
Münzgewinn internationaler Zahlungsmittel den vom Protektionismus diskriminierten
(Entwicklungs-)Ländern zuzugestehen. Dies jedoch würde eine nur geringe Verzinsung
der Sonderziehungsrechte zulassen, womit ihre Attraktivität als internationales Zah-
lungsmittel beeinträchtigt würde.

Eine Verteilung des Münzgewinns wird deshalb angestrebt, weil er eine optimale Geldversorgung verhindere. Diese optimale Geldversorgung besteht nämlich dann, wenn der
zusätzliche Nutzen einer vermehrten Geldmenge Null ergibt. Um diese optimale Geldversorgung anzustreben, für die kein Zinsertrag anfällt, schlägt *Milton Friedman* vor,
die Geldmenge so zu steuern, daß das Preisniveau in einem Umfang fällt, bei dem der
nominelle Zinssatz Null ergibt. Eine Rendite der Geldverwendung ergibt sich dabei
durch eine sich steigernde Realkasse.

In der Ausgestaltung entgegengesetzt ist das von *Silvio Gesell* vorgeschlagene *Schwundgeld*, bei dem der den Banknoten aufgedruckte Wert periodisch reduziert wird; dieses
Schwundgeld würde zu einer starken Steigerung der Umlaufgeschwindigkeit des Geldes
führen.

Banknoten waren ursprünglich ein Schuldversprechen der ausgebenden Bank, die Bank-
note zum Nennwert jederzeit auch in Gold bzw. Silber einzulösen. Dies ist heute natürlich nicht mehr der Fall. Dennoch aber stellen Banknoten auch heute noch eine Verbindlichkeit der Zentralbank dar. Daraus ergibt sich, daß auch andere Verbindlichkeiten
der Zentralbank Zahlungsmittelfunktion ausüben, denn auch bei bargeldlosem Zahlungsverkehr kommt es ja nur darauf an, was als Zahlungsäquivalent akzeptiert wird. So
kann es einem Wirtschaftssubjekt gleichgültig sein, ob ein Zahlungsmedium in einem
umlaufenden Zahlungsversprechen oder aber in einer verbuchten Forderung bei der
Zentralbank besteht.

1.1.2 Das Zentralbankgeld von seiner Verwendungsseite

Der Umfang und die Zusammensetzung des Zentralbankgelds in der Europäischen Währungsunion lassen sich aus dem Konsolidierten Ausweis des Eurosystems[14] ablesen. Dieser umfaßt den Ausweis der *Europäischen Zentralbank (EZB)* und die Ausweise der nationalen Zentralbanken der EU-Mitgliedstaaten des Euro-Währungsgebiets. Die Ausweispositionen für Devisen, Wertpapiere, Gold und Finanzinstrumente werden am Quartalsende zu Marktkursen und -preisen bewertet. Der Konsolidierte Ausweis des Eurosystems ist in Tabelle 4 dargestellt[15]:

Tabelle 4

Konsolidierter Ausweis des Eurosystems, Juli 2000
in Mrd. Euro

Aktiva				Passiva			
1.	Währungsreserven	R	401,2	5.	Banknotenumlauf	K_{NO}	358,8
2.	Forderungen an MFIs	Kr_{MFI}	218,6	6.	Einlagen der MFIs davon: Mindestreserven: 113,3	MR	114,2
3.	Forderungen an öffentliche Haushalte	Kr_{St}	59,0	7.	Einlagen von Nichtbanken	EL_{Nbk}	54,1
4.	sonstige Aktiva (incl. Wertpapiere)	SA	114,2	8.	Einlagen des Auslands	EL_A	18,8
				9.	Inhaberschuldverschreibungen		6,3
				10.	Kapital und Rücklagen		55,1
				11.	sonstige Passiva (incl. Ausgleichsposten)	SP	185,7
Summe:			**793,0**	**Summe:**			**793,0**

Quelle: Monatsbericht der *Europäischen Zentralbank*, Oktober 2000, S. 6*f. und S. 10*f.

Als Zentralbankgeld i.w.S. müßten alle Positionen auf der Passivseite der Bilanz – mit Ausnahme des Postens „*Sonstiges*" SP (Positionen 9. bis 11.) – gelten, also

$$ZBG = K_{No} + MR + EL_{Nbk} + EL_A,$$

denn über diese Positionen kann jederzeit zu Zahlungszwecken verfügt werden. Dies ist jedoch eine unüblich weite Definition der Zentralbankgeldmenge. Tatsächlich werden Einlagen der öffentlichen Hand, der Ausländer sowie der inländischen Nichtbanken nicht zum Zentralbankgeld gezählt. Üblicher Weise wird eine engere, modifizierte Definition für die Zentralbankgeldmenge zu Grunde gelegt, um geldpolitische Aktivitäten der Zentralbank adäquater erfassen zu können: Die *monetäre Basis* ist durch die *Geldbasis B* (*monetäre Basis, monetary base, high powered money*)

$$B = K_{No} + MR$$

---

[14] Das Eurosystem setzt sich aus den 11 nationalen Zentralbanken (NZB) des Euroraumes und der *Europäischen Zentralbank (EZB)* zusammen. Vgl. zum institutionellen Aufbau des *ESZB* auch Abschnitt VIII.2.2.

[15] In Abschnitt VII.5.2 werden die einzelnen Positionen der Bilanz weiter aufgeschlüsselt.

bestimmt. Dies ist das *Zentralbankgeld von der Verwendungsseite* her definiert. Neben den Banknoten laufen als Bargeld noch Scheidemünzen bzw. Münzgeld (K_{SM}) um[16]. Das Recht zur Münzausgabe, das *Münzregal*, lag in Deutschland noch bis zum Ende des Jahres 2001 bei der Bundesregierung. Der gesamte Bargeldbestand bzw. *Bargeldumlauf* K erreichte im Juli 2000 in der EWU einen Umfang von

$$K = K_{No} + K_{SM} = 377{,}3 \text{ Mrd. Euro.}$$

Im Juli 2000 betrug in der EWU die Menge an *Basisgeld B* = 473,0 Mrd. Euro. Sie ist die entscheidende Größe für die Geldschöpfung der Banken in Form von Geschäftsbankengeld.

Da die Banken noch die Möglichkeit haben, durch Auflösen inländischer Geldmarktpapiere GM_i ihre Liquidität an Zentralbankgeld zu erhöhen, wählt man zur Beurteilung der Geldschöpfungsmöglichkeit durch Banken häufig eine um solche Einflußmöglichkeiten *korrigierte Geldbasis B_k*.

In Deutschland wurde früher die Geldbasis daher manchmal um von Banken bereits bei der *Deutschen Bundesbank* in Anspruch genommene Kredite (rediskontierte Wechsel RW und Lombardverbindlichkeiten LV[17]) reduziert. Diese *korrigierte Geldbasis[18]* hatte in Deutschland vor 1999 folgende Definition:

$$B_k = B + GM_i - RW - LV;$$

sie entsprach in ihrer Zusammensetzung der sogenannten *Zentralbankgeldmengenbereitstellung*. Von der *Deutschen Bundesbank* wurde die Zentralbankgeldmenge als wichtiges Aggregat angesehen.

1.1.3 Das Zentralbankgeld von seiner Entstehungsseite

Die bisher angeführte weite Definition für die Zentralbankgeldmenge wie die engere Definition für die monetäre Basis erfolgte von ihrer Verwendungsseite her. Da jede Bilanz ausgeglichen ist, kann die gleiche Zentralbankgeldmenge auch durch alle anderen Positionen, jetzt von der Entstehungsseite her, definiert werden. Beschreibt man das *Zentralbankgeld von seiner Entstehungsseite* her, so werden die Positionen der Aktivseite in Tabelle 4 gezählt, von denen die nicht Zentralbankgeld darstellenden Passivposten abgezogen werden, also

$$ZBG = R + Kr_{MFI} + Kr_{St} + \text{Sonst. und}$$

$$B = ZBG - EL_{Nbk} - EL_A,$$

wobei in Sonst. = SA - SP sämtliche sonstigen Aktiv- und Passivposten enthalten sind.

---

[16] Im Jahre 1997 hatten die in Deutschland umlaufenden Scheidemünzen einen Wert von 15,6 Mrd. DM bei einen Banknotenumlauf von 260,7 Mrd. DM.

[17] Vgl. zum geldpolitischen Instrumentarium Abschnitt VII.4.

[18] Die Geldbasis in dieser Definition wird auch als bereinigte monetäre Basis bezeichnet, wenn sie zu konstanten Mindestreservesätzen definiert ist. Vgl. zu unterschiedlichen Geldbasiskonzepten Abschnitt VII.1.4.2 (Fußnote).

Sie zeigt, über welche Positionen die Zentralbankgeldmenge durch Maßnahmen der Geldpolitik variiert werden kann[19].

Die Zentralbankgeldmenge von ihrer Entstehungsseite gibt zugleich auch einen wesentlichen Anhaltspunkt über geldpolitische Komponenten ihrer Beeinflußbarkeit an. Die binnenwirtschaftlichen Komponenten der Zentralbankgeldmenge bestehen in Krediten an Banken wie Spitzenrefinanzierungskredite sowie Offenmarkttitel und in Krediten an öffentliche Haushalte. Kredite an Banken werden als Buchkredite gewährt, die mit Wertpapieren gesichert werden[20].

1.1.4 Die außenwirtschaftliche Komponente des Zentralbankgeldes

Die Währungsreserven der Zentralbank sind die außenwirtschaftliche Komponente der Zentralbankgeldmenge. Auf ihren Bestand hat die Zentralbank bei festen Wechselkursen keinen Einfluß, da in diesem Falle Devisen im Umfang der Zahlungsbilanzdefizite oder -überschüsse durch die Zentralbank finanziert bzw. übernommen werden müssen, um den Wechselkurs auf seinem fixierten Niveau halten zu können. Bei frei beweglichen Wechselkursen ist eine Zentralbank nicht verpflichtet, Devisen aufzunehmen oder abzugeben.[21]

Die wesentlichen Positionen der Zahlungsbilanz des Euro-Währungsgebietes ergeben sich aus den Salden der Unterbilanzen in Tabelle 5:

Tabelle 5

Zahlungsbilanz des Euro-Währungsgebiets
Juni 2000, in Mrd. Euro

Teilbilanzen der Zahlungsbilanz	Einnahmen	Ausgaben	Saldo	Saldo
1. **Leistungsbilanz**				*-0,1*
1.1 Warenhandel	82,5	75,6	6,9	
1.2. Dienstleistungen	22,8	23,2	-0,4	
1.3. Erwerbs- & Vermögenseinkommen	21,8	24,1	-2,3	
1.4. laufende Übertragungen	4,0	8,3	-4,3	
2. **Vermögensübertragungen**	0,4	0,9		*0,4*
3. **Kapitalbilanz** *(Kapitalexport: -)*				*-19,3*
3.1. Direktinvestitionen			-2,5	
3.2. Wertpapieranlagen			43,3	
3.3. Finanzderivate			1,5	
3.4. übriger Kapitalverkehr			-61,6	
4. **Restposten**				*15,6*
5. **Devisenbilanz** *(Zunahme: -, Abnahme: +)*			3,4	*3,4*

Quelle: Monatsberichte der *Europäischen Zentralbank*, September 2000, S. 47*f.

Die Auslandsposition einer Zentralbank ist die bilanzmäßige Aufstellung ihrer außenwirtschaftlichen Aktiva. Die Devisenbilanz dagegen enthält den Liquiditätssaldo aller

---

[19] Die *Deutsche Bundesbank* verwendete eine andere Definition für die Zentralbankgeldmenge, um sie als Indikator verwenden zu können. Vgl. zur Zentralbankgeldmenge in der Definition der Deutschen Bundesbank Abschnitt VII.1.4.2.

[20] Vgl. zu den Ansatzpunkten und den Instrumenten der Geldpolitik in Europa die Abschnitte VII.3 und VII.4.

[21] Zur Bedeutung des Wechselkurssystems für die Änderung der Währungsreserven vgl. Abschnitt V.1.6.2.

außenwirtschaftlichen Transaktionen; sie erfaßt im Gegensatz zur Leistungs- und Kapitalbilanz, in der Stromgrößen festgehalten werden, die Veränderung von Beständen der Auslandsposition (Gold, Devisen, Auslandsforderungen und -verbindlichkeiten) bei der Zentralbank. Die Devisenbilanz enthält somit die Veränderung der Netto-Auslandsposition zwischen zwei Jahren. Die Auslandsposition des Eurosystems ist in Tabelle 6 dargestellt:

Tabelle 6

Auslandsposition des Eurosystems, August 2000

in Mrd. Euro

Währungsreserven			Auslandsverbindlichkeiten		
1.	Monetäre Goldreserven	124,3	5.	Auslandsverbindlichkeiten	0
2.	Reserveposition im IWF	20,9	6.	Netto-Auslandsposition	402,7
3.	Sonderziehungsrechte	4,8			
4.	Devisenreserven	251,9			
5.	sonstige Reserven	0,8			
	Summe:	402,7		Summe:	402,7

Quelle: Monatsbericht der *Europäischen Zentralbank*, Oktober 2000, S. 55*.

Aus Tabelle 6 geht bereits die internationale Interdependenz der geld- und währungspolitischen Aktivität einer Zentralbank hervor. Der Begriff der Devisenbilanz in Tabelle 5 ist dabei etwas eng, denn der eigentliche, außenwirtschaftliche Liquiditätssaldo der Zentralbank enthält wesentlich mehr als nur Devisen (ausländisches Geschäftsbankengeld) und Sorten (ausländische Zentralbanknoten). Neben dem Gold zählen dazu beispielsweise auch Kreditfazilitäten beim *Internationalen Währungsfonds IMF* und dessen *Sonderziehungsrechte SZR.*

1.2 Das Geschäftsbankengeld

1.2.1 Die Aggregierte Geschäftsbanken-Bilanz

Das Geschäftsbankengeld ist die umfangreichste Geldart in einer Volkswirtschaft. Die meisten Zahlungen werden heute in der Regel über Konten bei Geschäftsbanken abgewickelt. Offensichtlich gilt auch für Geschäftsbanken, daß deren Verbindlichkeiten – Einlagen von Wirtschaftssubjekten bei einer solchen Bank – als Zahlungen akzeptiert werden.

Weil Geld als Verbindlichkeit eines Geldemittenten definiert ist, stellen im Prinzip sämtliche auf fremde Namen lautende Positionen der Passivseite einer Bankbilanz (die sich nicht auf andere Geldemittenten beziehen) Geld dar. Im Euro-Währungsgebiet zählen zu den Monetären Finanzinstituten (MFIs) Banken (einschließlich Bausparkassen), Geldmarktfonds sowie die *Europäische Zentralbank* und die nationalen Zentralbanken (Eurosystem). In vereinfachter Form besteht die zusammengefaßte Bilanz der europäischen MFIs ohne Eurosystem aus den Positionen in Tabelle 7:

Tabelle 7

Aggregierte Bilanz der MFIs im Euro-Währungsgebiet (ohne Eurosystem)
in Mrd. Euro, Juli 2000

	AKTIVA				PASSIVA		
1.	Kasse*		34,5	10.	Einlagen von EU-Kunden		8.753,9
2.	Giroeinlagen im Eurosystem		114,2	*10a.*	*MFIs*	*3.541,6*	
3.	Kredite		10.067,9	*10b.*	*Zentralstaaten*	*88,0*	
3a.	*MFIs*	*3.410,5*		*10c.*	*sonstige, davon:*	*5.124,4*	
3b.	*öffentliche Haushalte*	*810,3*		*10.cI*	*Sichteinlagen*	*1.587,5*	
3c.	*sonstige EU-Kunden*	*5.847,2*		*10.cII*	*Termineinlagen*	*2.084,5*	
4.	Wertpapiere (ohne Aktien)		2.217,1	*10.cIII*	*Spareinlagen*	*1.278,8*	
4a.	*MFIs*	*917,7*		*10c.IV*	*Repo-Geschäfte*	*173,6*	
4b.	*öffentliche Haushalte*	*1.047,5*		11.	Geldmarktfonds		412,1
4c.	*sonstige EU-Kunden*	*251,9*		12.	Inhaberschuldverschreibungen		2.499,8
5.	Geldmarktpapiere		153,6	13.	Geldmarktpapiere		273,4
6.	Aktien		587,5	14.	Eigenkapital		903,0
6a.	*MFIs*	*150,2*		15.	Passiva *(Nicht-EU-Kunden)*		1.996,4
6b.	*sonstige EU-Kunden*	*437,2*		16.	sonstige Passiva		1.436,6
7.	Aktiva *(Nicht-EU-Kunden)*		1.898,1				
8.	Sachanlagen		275,7				
9.	sonstige Aktiva		927,2				
	Summe		16.275,8		Summe		16.275,8

* Bargeldumlauf (aggregierte Bilanz des Eurosystems) *minus* Bargeldumlauf (konsolidierte Bilanz der MFIs im Euro-Währungsgebiet); entspricht dem gesamten Bargeldumlauf abzüglich der Bargeldmenge (in den Händen des Publikums) in der Geldmenge M1.

Quelle: Monatsbericht der *Europäischen Zentralbank*, September 2000, S. 11*ff.

Die wichtigsten Passivposten der Aggregierten Bilanz der MFIs in Tabelle 7 sind die Einlagen der MFIs untereinander (10a.) sowie die Einlagen der Nichtbanken (10c.); diese Position (10c.) besteht in Geld darstellenden Verbindlichkeiten der Banken, die jedoch nicht alle auch als Zahlungsmittel gelten. Als Zahlungsmittel der Banken werden ausschließlich Sichteinlagen angesehen. Im Umlauf befindliche Schuldverschreibungen der Banken (12.) sind Wertpapiere, die sie für die ihnen überlassene Liquidität aus dem Nichtbankensektor emittiert haben. Die Guthaben der MFIs beim Eurosystem (2.) in der Bilanz der MFIs in Tabelle 7 sind in ihrer Höhe identisch mit den Einlagen der MFIs (6.) im Konsolidierten Ausweis des Eurosystems in Tabelle 4.

Das Geschäftsbankengeld mit dem höchsten Liquiditätsgrad sind die Sichteinlagen (Sichtguthaben des Publikums = Sichtverbindlichkeiten der Bank). Über diese Giroeinlagen werden durch Abhebungen oder Überweisungen Zahlungen vorgenommen. Die Zahlungen erfolgen dabei durch Eintragungen auf Konten in Büchern (heute auf elektronischen Magnetbändern) einer Geschäftsbank. Über dieses Buchgeld (Giralgeld) kann vom Publikum jederzeit in unbeschränktem Umfang verfügt werden. Da die Bank deshalb über die Sichteinlagen nur begrenzt für andere Zwecke disponieren kann, zahlt sie dafür auch nur einen vernachlässigbar geringen oder gar keinen Zinssatz an ihre Kunden.

Wenn Geschäftsbanken von ihnen selbst geschaffenes Geld zur Verfügung stellen, so benötigen sie dafür einen gewissen Umfang an Zentralbankgeld; i.d.R. erfolgt eine Geldschöpfung durch Kreditgewährung an das Publikum (private und öffentliche Nichtbanken). Dabei müssen die Banken Vorschriften über das Halten von *Mindestreserven*[22] an Zentralbankgeld beachten.

Die Aggregierte Bilanz der MFIs (ohne Eurosystem) in Tabelle 7 zeigt auch, daß mit dem Zentralbankgeld im Besitz der Banken (Positionen 1. und 2. auf der Aktivseite) diese eine weitaus größere Geschäftsbankgeldmenge (Position 10c. auf der Passivseite) der Volkswirtschaft zur Verfügung stellen, indem sie gleichzeitig Kredite (Position 3. auf der Aktivseite) schaffen. Dieser Vorgang muß noch genauer betrachtet werden (vgl. Abschnitt 2.2).

1.2.2 Nostroforderungen bzw. –verbindlichkeiten und Clearing

Die Einlage einer Bank bei einer anderen Geschäftsbank entsteht i.d.R. durch den Überweisungsverkehr zwischen Wirtschaftssubjekten, die bei unterschiedlichen Kreditinstituten ein Konto unterhalten. Diese Bankeinlage ist als Aktivposten eine sog. *Nostroforderung* und als Passivposten eine sog. *Nostroverbindlichkeit*.

Im *Zahlungsverkehr* zwischen den einzelnen Banken werden regelmäßig die Forderungen gegeneinander aufgerechnet (*clearing*). Der Zahlungsverkehr besteht in Übertragungen von Zahlungsmitteln, d.h. in Gegenleistungen für offene Forderungen bzw. in Ausgleichsleistungen für offene Verbindlichkeiten zwischen den Wirtschaftssubjekten. Diese Zahlungen erfolgen gewöhnlich in Bargeld und Giralgeld oder Geldsubstituten, könnten im Prinzip aber auch in jeder anderen, von den Geschäftspartnern akzeptierten Form durchgeführt werden. National wie international wird der Zahlungsverkehr ganz überwiegend in Giralgeld und Geldsubstituten abgewickelt[23].

Dabei entsteht der Geschäftsbank durch den *float*, d.h. durch die ersparten Zinskosten bei einem zeitlichen Auseinanderfallen zwischen der Belastung auf dem Konto eines Geld überweisenden Kunden und der Gutschrift dieser Überweisung auf dem Konto eines anderen Kunden (früher: Postlaufzeit), ein zusätzlicher Ertrag. Da Nostroforderungen und -verbindlichkeiten im *clearing* bei Zweigstellen der Zentralbank verbucht und deren Saldo in Zentralbankgeld ausgeglichen werden, kommen Geschäftsbanken durch den *float*[24] auch in den zeitweiligen Besitz von Zentralbankgeld.

Damit Zahlungen zwischen Wirtschaftssubjekten, die jeweils ihre Konten bei den verschiedensten Geschäftsbanken haben, abgewickelt werden können, müssen die den Zahlungsverkehr tragenden Banken institutionell miteinander verbunden sein. Diese Verknüpfung der Zahlungskanäle erfolgt durch überregionale Verrechnungsstellen der unterschiedlichen Banken.

---

[22] Vgl. zur Mindestreservepolitik des Europäischen Systems der Zentralbanken Abschnitt VII.4.3.

[23] Unter *clearing* versteht man die Verrechnung (Saldierung) von gegenseitigen Forderungen und Verbindlichkeiten der Clearing-Teilnehmer. Nur Spitzenbeträge werden durch Zahlung oder Kreditierung ausgeglichen. Vgl. zum Clearing auch Abschnitt 2.2.2.3.1.

[24] Der *float* beschreibt schwebende Überweisungen. Er entsteht durch die Zeitdifferenz zwischen der wertstellungsmäßigen Gutschrift auf dem Konto des Zahlungsempfängers und der wertstellungsmäßigen Belastung auf dem Konto des Zahlungsauftraggebers.

In der Bundesrepublik Deutschland gibt es fünf solcher Verrechnungsnetze mit *zentralen Clearingstellen*. Im einzelnen sind dies das Netz der

- *Deutschen Bundesbank*, mit ihren Landeszentralbanken und deren Filialen,
- Sparkassen mit ihrer *Deutschen Girozentrale/Deutsche Kommunalbank* in Frankfurt a.M. und den Girozentralen (in jedem Bundesland),
- Kreditgenossenschaften mit ihrer *Deutschen Genossenschaftsbank* in Frankfurt a.M. und ihren genossenschaftlichen Zentralbanken (regional),
- *Deutsche Post AG* und der
- Kreditbanken, die – insbesondere bei den *Großbanken* – unternehmensinterne Verrechnungsnetze aufgebaut haben.

Nur die nach dem internen Clearing verbleibenden Salden werden in Zentralbankgeld beglichen; in der EWU geschieht dies bei den nationalen Zentralbanken und deren Zweigstellen (in Deutschland: den Landeszentralbanken sowie deren Filialen). Für den grenzüberschreitenden Zahlungsverkehr hat die *Europäische Zentralbank* das Verrechnungssystem *TARGET* (Trans-European Automated Real-Time Gross Settlement Express Transfer System) zur Verfügung gestellt, das die Clearingnezte der nationalen Zentralbanken miteinander verbindet.

1.3 Quasigeld

Geldsurrogate sind Tauschmittel, die von Nichtbanken geschaffen werden und weniger umlauffähig sind als offizielle Zahlungsmittel. So ist z.B. der Handelswechsel dann ein Geldsurrogat, wenn er durch Erfüllen bestimmter qualitativer Anforderungen (Bonität der Schuldner, Anzahl der Unterschriften und Laufzeit) von Zahlungsempfängern als Zahlungsersatz anerkannt wird.

Ähnliches gilt für Aktiva, die von Nichtbanken leicht – vielleicht mit einer gewissen zeitlichen Verzögerung – bei Banken in Zahlungsmittel konvertiert werden können (*near money*).

Wird einer Bank Liquidität für einen bestimmten Zeitraum (Termineinlage) zur Verfügung gestellt, so kann sie damit Kredite gewähren. Nach Ablauf des vereinbarten Termins gehen die Termineinlagen wieder in Sichteinlagen über und können dann vom Einleger zu Zahlungen verwendet werden. Termineinlagen mit einer Laufzeit von bis zu zwei Jahren gelten deshalb als *Quasigeld* (near money); ebenso *Spareinlagen mit 3-monatiger Kündigungsfrist*.

Die anderen Positionen auf der Passivseite einer Geschäftsbankbilanz, i.e.

- Termineinlagen mit über zweijähriger Laufzeit,
- Spareinlagen mit über 3-monatiger Kündigungsfrist,
- Sparbriefe,
- Inhaberschuldverschreibungen im Umlauf (nach Abzug der Bankschuldverschreibungen einschl. der Bankschuldverschreibungen in ausländischem Besitz) sowie
- Eigenkapital und Rücklagen,

stellen *Geldkapital* dar.

2. Schöpfung und Vernichtung von Geld und Kredit durch Geschäftsbanken: Die mechanistische Sicht

2.1 Die volkswirtschaftliche Geldmenge

Der Begriff der Geldmenge wird unterschiedlich definiert. Schon im 19. Jh. diskutierte man darüber, ob die wirksame Geldmenge in einer Volkswirtschaft allein aus Münzen und Noten (*Currency-Theorie*) oder aus Münzen, Noten, Sichtguthaben bei Geschäftsbanken und Wechseln (*Banking-Theorie*) bestünde. Dies ist ein wesentlicher Aspekt, denn nach der Currency-Theorie wird die Geldmenge exogen vorgegeben, während umgekehrt nach der Banking-Theorie die private Wirtschaft sich selbst die erforderliche Geldmenge endogen beschafft.

2.1.1 Bedeutung der Geldmenge aus Sicht der Currency- und der Banking-Theorie

Die *Currency-Theorie* fordert die volle Deckung einer genau abgegrenzten Geldmenge. Für die Frage nach den Wirkungen des Geldes ist nämlich dessen genaue Definition wesentlich. Nach der alten Quantitätstheorie haben sowohl die Geldmenge als auch deren Umlaufgeschwindigkeit einen Einfluß auf das Preisniveau. Nach *David Ricardo* (1772-1823) entspricht die vorhandene Geldmenge (Geldangebot) eines Landes seinem Bedarf (Geldnachfrage). Denn würde sich die Geldmenge gegenüber dem Geldbedarf erhöhen, so bewirkte dies eine Erhöhung der Güterpreise, was zu Handelsbilanzdefiziten und damit zu einem Abfluß an Geld führen müßte. Jedes Land besitzt daher auf Dauer diejenige Geldmenge, die es gerade braucht.

Diese Überlegungen gehen von einer Goldwährung (*Goldstandard*, vgl. Abschnitt I.2.2.1) aus, bei der die einzelne Geldeinheit zu 100 % in Gold gedeckt ist. Eine Zunahme der Geldmenge ist in diesem Falle nur dann möglich, wenn in entsprechendem Umfange auch die Goldproduktion gesteigert wird. Bei steigenden Produktionskosten in der Goldförderung wird dies nur bei Produktivitätssteigerungen (Kostensenkungen) der volkswirtschaftlichen Produktion erfolgen können. Entfällt dagegen ein Teil des Geldumlaufs auf Banknoten – die zwar jederzeit in Gold einlösbar, deren gesamter Umlauf jedoch nicht zu 100 % in Gold gedeckt ist –, so wird der Umfang umlaufender Banknoten von der Notenbank geregelt.

Anhänger der Currency-Theorie sind deshalb der Auffassung, daß mit einer willkürlichen Regelung des Banknotenumlaufes der Geldwert regelmäßig verringert wird. Sie fordern deshalb eine volle metallische Deckung emittierter Banknoten. Die Currency-Theorie beruht also auf einer engen Warenwert-Definition des Geldes. Diese Vorstellung führte 1844 zum Erlaß der *Peelschen Bankakte* in England, nach der alle Banknoten der *Bank of England* voll durch Gold gedeckt sein sollten; allein ein zu dieser Zeit ungedecktes Geldkontingent (*fiduziäres Geld*) war von dieser Regel ausgenommen.

Die volle Golddeckung von emittierten Banknoten muß sich konsequenter Weise auch auf Geschäftsbankengeld erstrecken, da sonst weiterhin die Geldmenge willkürlich beeinflußbar bliebe. Erstreckt man jedoch die Golddeckung auch auf das Geschäftsbankengeld, können die Banken keine zusätzlichen Kredite mehr schöpfen. Im Prinzip entspricht dies dem ehemaligen Plan von *Milton Friedman* – einem führenden Vertreter des Monetarismus –, der für ein optimales geldpolitisches Konzept u.a. einen Mindestreservesatz von 100 % vorsieht (*100 %-Plan*).

Gegen die Ansicht der Currency-Theorie wandten die Vertreter der *Banking-Theorie* ein, daß Wirtschaftssubjekte nur dann mehr Geld nachfragen, wenn Umsätze und Preise bereits gestiegen sind. Das, was in der einen Theorie als Ursache gilt, ist für die andere Theorie die Folge et vice versa.

Die Banking-Theorie besagt im Gegensatz zur Currency-Theorie, nach der Geld vollständig durch Gold gedeckt sein sollte, daß eine Geldmengenausweitung nicht Ursache, sondern Folge von Umsatz- bzw. Preissteigerungen ist. Wird nämlich die Geldmenge z.B. durch Diskontierung von Handelswechseln ausgedehnt, so wird diese bei Fälligkeit der Wechsel wieder eingeschränkt (*Fullartonsches Rückströmungsprinzip*), so daß die Geldmengenausdehnung nur von kurzer Dauer ist. Eine Kreditvergabe zur Finanzierung von Investitionen steigert die Produktion im gleichen Umfang, so daß auch dies nicht zu inflatorischen Wirkungen führen könne.

Hervorragende Vertreter der Banking-Theorie waren *Thomas Tooke* (1844), *John Fullarton* (1844), aber auch *Adolph Wagner* (1835-1917). Der Grundgedanke der Banking-Theorie ist später in die Liquiditätstheorie des Geldes eingegangen, die auf dem sog. *Radcliffe-Report* (1959) beruht.

Die Geldmenge wird im Gegensatz zur Currency-Theorie, nach der nur Zentralbanknoten und Münzen Geld darstellen, von der Banking-Theorie wesentlich weiter gefaßt; sie umfaßt neben Privatbanknoten und Geschäftsbankengeld auch Handelswechsel. Da die Geldmenge in dem Umfang steigt, wie sie zur Abwicklung von Umsätzen (Kaufverträgen) notwendig ist, kann es nur dann zu Preissteigerungen kommen, wenn ein steigender Geldbedarf der Wirtschaftssubjekte durch eine noch größere Geldmenge befriedigt wird. Dies ist dann der Fall, wenn die erwarteten Umsätze nicht der mit Krediten vorfinanzierten Produktion entsprechen. In einem solchen Fall ist bei gegebenem Preisniveau die Geldnachfrage geringer als das Geldangebot, was zu einer Senkung des Zinssatzes führen muß. Allerdings macht die Banking-Theorie keine Aussage über die Höhe des Zinssatzes, der zu einer preisniveauneutralen Befriedigung des Geldbedarfs notwendig ist.

2.1.2 Geldmengendefinition

2.1.2.1 Überblick über unterschiedliche Geldmengendefinitionen

Die Geldmenge umfaßt theoretisch sämtliche als Geld in einer Volkswirtschaft möglicher Weise verwendbaren Aktiva, einschl. der Geldsubstitute. In der Praxis wird dagegen zur Geldmenge ausschließlich das von der Zentralbank und den Geschäftsbanken emittierte Geld gerechnet, allerdings einschließlich des Quasigelds (vgl. Abschnitt 1.3). Heute ist es üblich, einerseits bei der Bestimmung der endogen geschaffenen Geldmenge die Bestände der Banken an Bargeld (Noten, Münzen) und Zentralbank-Giroguthaben (Mindestreserveeinlage) als *monetäre Basis B* und andererseits die Geldbestände der inländischen Nichtbanken als „*Geldmenge*" M zu definieren. Dies ermöglicht eine Unterscheidung zwischen der „*Geldnachfrage*" der Nichtbanken als Geld-Verwender und dem „*Geldangebot*" der Banken, das allerdings durch Zentralbankgeld erst geschaffen werden kann.

Der *Geldschöpfungssektor* umfaßt somit die Monetären Finanzinstitute (MFIs) in der Definition der Europäischen Zentralbank. Diese setzen sich zusammen aus den Zentralbanken, den Kreditinstituten im Sinne des Gemeinschaftsrechts und den sonstigen gebietsansässigen Finanzinstituten, zu denen hauptsächlich Geldmarktfonds gehören. Die beiden letzten Gruppen sind dadurch gekennzeichnet, daß sie Einlagen oder Einlagensubstitute von Nicht-MFIs entgegennehmen und Kredite vergeben oder in Wertpapiere investieren. Da Geldmarkpapiere typischerweise auch von Geldmarktfonds gehalten werden, werden diese Postition bereinigt und die Geldmarkpapiere nur netto ausgewiesen.

Der „*Geldhaltungsektor*" (Geldverwendung) besteht aus den im Euro-Währungsgebiet ansässigen Nicht-MFIs. Das sind z.B. private Haushalte und Unternehmen, aber auch Länder, Gemeinden und Sozialversicherungsträger. Auch Verbindlichkeiten von Zentralregierungen, die einen monetären Charakter aufweisen, wie etwa Konten von Postämtern, staatliche Sparkonten oder Konten von Schatzämtern werden zum Geldhaltungssektor gezählt. Die meisten Konten der Zentralregierungen werden mithin – wie international üblich – nicht in die Geldmengendefinition einbezogen.

Die Zentralbankeinlagen der öffentlichen Haushalte werden aus der Berechnung der Geldmengenaggregate typischerweise ausgeklammert. Der Grund dafür ist die exklusive Betrachtung der Beziehung zwischen Zentralbank und privaten Wirtschaftssubjekten. Bei der öffentlichen Hand geht man davon aus, daß sie die Politik der Zentralbank unterstützt und somit in das geldpolitische Kalkül nicht einbezogen zu werden braucht.

Dennoch aber kann man Sichteinlagen der öffentlichen Hand bei der Zentralbank nicht schlechthin als Horte auffassen. Dies gilt besonders dann, wenn die öffentliche Hand aus konjunkturpolitischen Gründen Geld auf Sonderkonten bei der Zentralbank stillegt (*thesauriert*) oder abzieht und damit das volkswirtschaftliche Geldangebot auch im privaten Sektor beeinflußt.

Es hat sich international eingebürgert, zwischen den Geldmengenarten M1, M2 und M3 zu unterscheiden. Allerdings sind die Inhalte dieser Geldmengenarten von Land zu Land verschieden! Sie können deshalb auch nicht ohne weiteres miteinander verglichen werden. Am ehesten ist dies noch bei der Geldmenge M1 möglich, die überall Zahlungsmittel umfaßt, wenn auch mit teilweise unterschiedlicher Zusammensetzung. Dies jedoch macht internationale Vergleiche bei M1 nicht sinnlos, im Gegenteil: Es sollen ja sämtliche Zahlungsmittel eines individuellen Landes in die Geldmenge M1 eingehen.

In der *Europäischen Währungsunion* werden folgende Geldmengendefinitionen verwendet:

M1 = Bargeld + täglich fällige Einlagen (Sichteinlagen)

M2 = M1 + Einlagen mit vereinbarter Laufzeit von bis zu 2 Jahren (Termineinlagen) + Einlagen mit vereinbarter Kündigungsfrist von bis zu 3 Monaten
(Spareinlagen)

M3 = M2 + Repogeschäfte + Geldmarktfondsanteile und Geldmarktpapiere + Schuldverschreibungen bis zu 2 Jahren

Die in den Geldmengendefinitionen enthaltenen Posten umfassen die Verbindlichkeiten des Geldschöpfungssektors sowie die der Zentralregierung mit monetärem Charakter gegenüber dem „Geldhaltungssektor".

Die Entwicklung der Geldmengen in der EWU ist in Abbildung 9 dargestellt. Da die EWU erst seit 1.1.1999 besteht, hat die *Europäische Zentralbank* die Geldmengen in den Mitgliedsländern „zurückgerechnet"; deren Entwicklung bis 1998 ist also eher national beeinflußt.

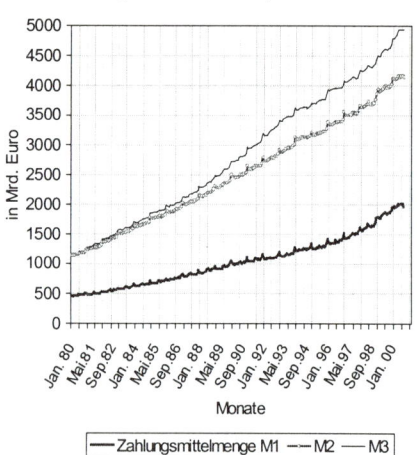

Geldmengen-Entwicklung
Geldmenge M1, M2 und M3
Europäische Währungsunion

bis 1998: zurückgerecnet von der *Europäischen Zentralbank*

Quelle: Monatsberichte der *Europäischen Zentralbank*, lfd. Hefte.

Abbildung 9

Diese globale Entwicklung gibt einen groben Anhaltspunkt über die Größenordnung der verschiedenen Geldmengenarten an. Aus ihr läßt sich jedoch noch nicht ihre Struktur ablesen, d.h. wie sich die einzelnen Geldmengenarten zueinander verhalten; allenfalls läßt sich aus Abbildung 9 ablesen, daß bei steigendem Niveau der Geldbestände trend-mäßig alle Geld-Komponenten zunehmen: Wenn man „reicher" wird, dann werden eben auch alle Komponenten dieses „Reichtums" – mehr oder weniger stark – zunehmen.

Auch der Geldpolitik der *Deutschen Bundesbank* lag vor dem 1.1.1999 ein breit definiertes Geldmengenaggregat zugrunde. Die Geldmengen in Deutschland waren wie folgt definiert:

M1	=	Bargeld und Sichteinlagen der Nichtbanken bei Geschäftsbanken (*cash* und *current accounts*),
M2	=	M1 + Termineinlagen bis zu einer Laufzeit von 4 Jahren (*deposit accounts*),
M3	=	M2 + Spareinlagen mit 3-monatiger Kündigungsfrist (*saving deposits*) und
M3-erweitert	=	M3 + kurzfristige Geldanlagen von Inländern im Ausland + Bankschuldverschreibungen bis 2 Jahre Ursprungslaufzeit.

In *Japan* werden folgende Geldmengenaggregate ausgewiesen[25]:

M1	=	Bargeld im Umlauf + Sichteinlagen
M2	=	M1 + Quasigeld (Termin- und Spareinlagen)
M2 + CDs	=	M2 + certificates of deposit
breit definierte Liquidität	=	M2 + CDs + Postsparen + andere Depositen landwirtschaftliche sowie Kredit-Genossenschaften) + Inhaberschuldverschreibungen + Staatsanleihen + Bonds mit Rückkaufvereinbarung etc.

In den *USA* haben Geschäftsbanken seit den 70er Jahren dem Publikum eine Einlageart angeboten, die als Termineinlage relativ hoch verzinst wird, über die jedoch wie bei einer Sichteinlage jederzeit verfügt werden kann; es sind die sog. *NOW-Accounts* (*Negotiable Orders of Withdrawal*) und *ATS-Accounts* (*Automatic Transfer Services*). Für diese Einlagen wurden den Geschäftsbanken von der Zentralbank zwar Mindestreservesätze für Termineinlagen berechnet, sie wurden jedoch vom Publikum zumindest z.T. wie Sichteinlagen verwendet. Das amerikanische Zentralbanksystem (*Federal Reserve System*) hatte daher vor einiger Zeit auch eine Geldmenge M1A (identisch mit M1) sowie eine Geldmenge M1B (M1A + NOW- sowie ATS-Accounts) ausgewiesen. Seit 1982 gab das Federal Reserve System nur die Geldmenge „new M1" in der Definition von M1B bekannt.

---

[25] *Bank of Japan*, Money Stock, Tokyo 2000.

Gegenwärtig bestehen in den USA folgende Geldmengendefinitionen:

M1 = Bargeld (*currency*)	+		Sichteinlagen (*checkable deposits*, incl. NOW-accounts und ATS-accounts)
M2 =	M1	+	ganz kurzfristige Anlagen (Übernacht-Rückkaufverein-barungen → RPs: *repurchasing agreements*; Übernacht-Eurodollars)
		+	sehr liquide Anlagen: (1) Geldmarktfonds auf Gegenseitigkeit → *MMMF*: money market mutual fund (Einlagenzertifikate CDs → *certificates of deposits* und kurzfristige Schatzwechsel, auf die Schecks über mehr als 500 US-$ gezogen werden können); (2) Geldmarkt-anlagekonten → *MMDAs*: money market deposit accounts (auf die Schecks gezogen werden können)
		+	alle Spareinlagen
		+	„kleine" Termineinlagen (< 100 000 US-$)
M3 =	M2	+	„große" Termineinlagen (> 100 000 US-$)
		+	Termin-Rückkaufvereinbarungen (RPs mit längerer Laufzeit als eine Nacht; sie werden von Banken - insbesondere Sparkassen - gehalten)
L =	M3	+	Eurodollar (> 1 Nacht)
		+	Staatsobligationen
		+	Bankakzepte
		+	Handelswechsel
		+	Schatzwechsel.

Wie in Europa enthält die Geldmenge M1 in den USA Zahlungsmittel; auch Reiseschecks sind in den USA ein typisches Zahlungsmittel.

Die Geldmenge M2 enthält in den USA mit den ganz kurzfristigen Anlagen gleich am folgenden Tag verfügbare und mit den sehr liquiden Anlagen sofort verfügbare Zahlungsmittel. Diese beiden Anlagen haben praktisch die gleichen Eigenschaften wie M1. Die anderen Komponenten der Geldmenge M2 in den USA stellen auf „kleine" Einlagenbeträge ab, die selbst keine Zahlungsmittel darstellen.

Die Geldmenge M3 stellt auf „größere" Einlagenbeträge und – wie insbesondere die Geldmenge L – sogar auf Bankaktiva ab.

Die Geldmengen M2 und M3 unterscheiden sich daher in den USA und Europa erheblich. In Europa wird auf die künftige, mittelfristige Umwandlungsmöglichkeit der Termin- und Spareinlagen in Sichteinlagen abgestellt, in den USA dagegen – abgesehen von den ganz kurzfristigen und sehr liquiden Anlagen, die im Prinzip stets Zahlungsmittelfunktion haben – auf den Umfang der Einlagen. Die Geldmenge L in den USA hat kein Pendant in Europa.

2.1.2.2 Einordnung der Geldmengendefinitionen

Die Geldmengendefinitionen der EWU stellen mit ihrem Bezug auf die Laufzeit bzw. Kündigungsfrist von Bankeinlagen auf die Bedeutung des Geldes für die *Geldnachfrage* ab. Definitionen des *Federal Reserve Systems* und spezifische Bedeutung der Geldmengenkomponenten in den USA dagegen deuten eher auf deren Rolle für das *Geldangebot* hin.

Bei der Darstellung dessen, was als Geld M1 angesehen werden sollte, wird auch auf die in der Realität meistens bestehende Unverzinslichkeit des Geldes als Zahlungsmittel verwiesen. Darauf aber kommt es gar nicht an! Es ist die jederzeitige Verfügbarkeit, also die fehlende Festlegungsdauer n = 0, die einen Vermögenstitel zu Geld in Form von Zahlungsmitteln macht.

So wird z.B. der Wert V_K unendlich lange produzierenden Realkapitals bzw. dauerhaft angelegter Wertpapiere (*Konsols*), mit n = ∞, durch

$$V_K = \frac{E}{i}$$

ermittelt, mit E = Erwartungswert der jährlichen Erträge (bzw. Zinszahlung) und i = Marktzinssatz. Der Wert V_b eines endlich lange in *Bonds* angelegten Sparbetrags S, also mit 0 < n < ∞, wird durch

$$V_b = S\delta^{-n} + E\frac{\delta^n - 1}{\delta^n(\delta - 1)}$$

ermittelt, wobei δ = 1 + i. Für den Wert eines Vermögenstitels ohne Festlegungsdauer, also bei n = 0, gilt dann

$$V_G = S\delta^0 + E\frac{\delta^0 - 1}{\delta^0(\delta - 1)} = S.$$

Es mag für einen solchen Vermögenstitel ein Zinssatz i = 0 wie regelmäßig bei Sichteinlagen, i > 0 wie bei NOW-accounts oder sogar i < 0 wie beim Schwundgeld von *Silvio Gesell* vorgegeben sein, es ist immer Geld in Form von Zahlungsmitteln, wenn n = 0, also bei fehlender Festlegungsdauer. Da bei n = 0 keine Opportunitätskosten für Geldnachfrager bestehen, also keine Rendite für (nicht verwendetes) Bargeld anfällt, liegt es an den Geschäftsbanken als Geldanbieter, ob sie durch Zinszahlungen zusätzliche Sichteinlagen attrahieren wollen. Ein Verbot der Verzinsung von nicht verwendeten Sichteinlagen (Bodensatz) bedeutet daher ihre *zwanghafte Einordnung in eine geldnachfragetheoretische Sichtweise*.

2.1.2.3 Zinsgewichtete Geldmengenaggregate – Divisia-M3

Als die Geldmenge M3 (in der Definition der *Deutschen Bundesbank* vor 1999) während der Zeit der Deutschen Wiedervereinigung (1992 und 1993) die Liquiditätssituation überzeichnete, verstärkte sich die Diskussion um die Frage, ob zinsgewichtete Geldmengenaggregate nicht adäquatere Orientierungsgrößen für die Geldpolitik darstellten. Bei einer zinsgewichteten Geldmenge werden nicht einfach verschiedene Einlagenarten addiert, sondern die Einzelkomponenten werden mit ihren Opportunitätskosten gewichtet. Hält man vorübergehend Bargeld und Sichteinlagen, so verzichtet man auf eine sichere Rendite, wie sie z.B. ein Wertpapier abwirft. Ein Geldmengenkonstrukt, das diese Opportunitätskosten berücksichtigt, ist z.B. *Divisia-M3*.[26] Die Formel für den Divisia-Index lautet:

$$DivM3_t = DivM3_{t-1} \cdot \prod_{i=1}^{n} \left(\frac{M_{i,t}}{M_{i,t-1}} \right)^{\rho_{i,t}} ,$$

mit $DivM3_t$ als *Divisia-M3*, t der Zeit, n der Anzahl der Geldkomponenten M_i und ρ der Gewichtungsvariablen. ρ ist definiert als $(\rho'_{i,t} + \rho'_{i,t-1})/2$, wobei gilt:

$$\rho'_{i,t} = \frac{\psi_{i,t} \cdot M_{i,t}}{\sum_{i=1}^{L} \psi_{i,t} \cdot M_{i,t}} , \quad \text{mit} \quad \psi_{i,t} = \frac{i_t^{max} - i_{i,t}}{1 + i_t^{max}} .$$

i_t^{max} ist hierbei die maximale Rendite einer monetären Anlage, also z.B. die 10-Jahres-Umlaufsrendite. $i_{i,t}$ stellt die Verzinsung der M3-Komponente $M_{i,t}$ dar. Die unverzinsten M3-Komponenten Bargeld und Sichteinlagen erhalten so ein stärkeres Gewicht, die relativ hoch verzinsten Termineinlagen verlieren an Einfluß. Im Extremfall einer sehr flachen oder inversen Zinskurve werden die Termineinlagen sogar mit dem Faktor Null gewichtet und werden dann vollständig aus Divisia-M3 herausgenommen.[27]

Divisia-M3 konnte in der Bundesrepublik Deutschland die ungewichtete Geldmenge M3 allerdings nicht als Indikator verdrängen. Der Grund liegt darin, daß in Divisia-M3 nur Zinsen als Opportunitätskosten verarbeitet werden, nicht jedoch Transaktionskosten und Risiken verschiedener monetärer Aktiva. Ebensowenig werden Zinserwartungen berücksichtigt. Erreicht der Termineinlagenzins den Referenzzins (den maximalen Wertpapierzins), so fallen Termineinlagen aus dem Divisia-Aggregat heraus. Eine solche Gewichtung wäre vernünftig, wenn bei flacher oder inverser Zinsstruktur nahezu alle Geldanleger in Termineinlagen sparen würden. Dies ist jedoch eine falsche Unterstellung! Eine inverse Zinsstruktur tritt regelmäßig im Boom auf, d.h. das Zinsniveau erreicht ein relatives Maximum. Eine Geldanlage in Termineinlagen zu Lasten eines Wertpapierkaufs würde dazu führen, das Zinshoch am langen Ende zu verpassen. Die Erwartung fallender Zinsen läßt den Wertpapierkauf rational erscheinen, auch wenn der Termineinlagenzins einen halben Prozentpunkt über dem Wertpapierzins liegen sollte. Eine inverse Zinsstruktur stellt also i.d.R. kein geldpolitisches Problem dar.[28]

Ist die Zinskurve auf der anderen Seite sehr steil, so müßte ein Teil der Transaktionskasse in Wertpapieren gehalten werden. Solchen Umschichtungen von Sicht-, Termin-

---

[26] Benannt nach dem französischen Statistiker *Francois Divisia*.

[27] Übersteigt der Termineinlagenzins die Umlaufsrendite, bleibt es bei der Gewichtung von Null. Negative Gewichtungen sind ausgeschlossen.

[28] Daß die Termineinlagen in den Jahren 1992 und 1993 so stark expandierten, hing mit Sonderfaktoren zusammen: (1) der Zusammenbruch des EWS und (2) hohe Transferzahlungen von West- nach Ostdeutschland, die auf Grund von Investitionshemmnissen auf Terminkonten geparkt wurden. Vgl. auch *Westerheide* (1995), S. 115.

und Spareinlagen in Wertpapiere bei steiler werdender Zinsstruktur stehen jedoch Kursrisiken und Transaktionskosten der Wertpapierhaltung entgegen. Insbesondere Kleinanleger werden auf diese Weise vom Wertpapierkauf abgeschreckt. Auf Grund dieser Mängel bei der praktischen Verwendung von Divisia-M3 ist ein ungewichtetes Geldaggregat einem zinsgewichteten vorzuziehen.

2.2 Der Vorgang der Geldschöpfung

2.2.1 Ansatzpunkte der Geldschaffung

Durch Geldschöpfung erweitert sich ein bestehendes Geldangebot der Zentralbank sowie das der Geschäftsbanken. Eine Zentralbank schafft neues Geld, indem die Menge umlaufender Banknoten oder die Einlagen bei der Zentralbank erhöht werden; Komponenten für die Entstehung von Zentralbankgeld ergeben sich aus der oben angeführten Definition von Zentralbankgeld.

Die Vermehrung der Geldmenge durch die Zentralbank unterliegt heute volkswirtschaftlichen Zielen der Geldpolitik und ist insofern autonom (Ausnahme bei festem Wechselkurs), die Vermehrung der Geldmenge durch die Geschäftsbanken erfolgt dagegen nach betriebswirtschaftlichen Zielen der Rentabilität. Geschäftsbanken kreieren immer dann Geld, wenn sich das Geschäftsbanken-Geldvolumen in der Hand der Nichtbanken erhöht. Beim umgekehrten Vorgang spricht man von einer Geschäftsbanken-Geldvernichtung.

2.2.1.1 Passive Entstehung von Geschäftsbankengeld

Auch bei passivem Verhalten einer Geschäftsbank kann Geschäftsbankengeld geschöpft werden, wenn durch Aktivitäten von Nichtbanken Zentralbankgeld in Geschäftsbankengeld umgewandelt wird. Eine Geschäftsbank nimmt Zentralbankgeld entgegen und schreibt dem Einleger den betreffenden Betrag in Geschäftsbankengeld auf einer Sichtdeposite gut. Dies verändert das gesamte Geldvolumen der Nichtbanken jedoch nicht; die gesamte Geldmenge bleibt unverändert.

Passiv entsteht Geschäftsbankengeld also durch

(1) Einzahlung von Bargeld auf das Geschäftsbank-Girokonto einer Nichtbank

oder

(2) Überweisung von einem Zentralbank-Girokonto einer Nichtbank auf ihr Geschäftsbank-Girokonto.

In beiden Fällen wird gleichzeitig Zentralbankgeld dem Geldumlauf entzogen.

2.2.1.2 Aktive Entstehung von Geschäftsbankengeld

Geschäftsbanken schaffen Geld, indem sie von Nichtbanken im Rahmen des Aktivgeschäftes primäre Aktiva (Gold, Devisen, Anlagen), die nicht selbst inländische Zahlungsmittel darstellen, sowie sekundäre Aktiva (Forderungsrechte wie Wechsel, Kredite, oder Wertpapiere) erwerben und der Nichtbank den Gegenwert als Sichteinlage gutschreiben.

Aktiv entsteht neues Geschäftsbankengeld, wenn durch die Initiative einer Bank Aktiva, die nicht selbst Geld darstellen, *„monetisiert"* werden; dies geschieht, wenn eine Bank

• Sachgüter aller Art, wie z.b. Grundstücke, Gebäude und Mobiliar, oder
• Forderungen, und zwar
  – *zentralbankfähige Forderungen*, das sind „liquide Anlagen" als potentielles Zentralbankgeld sowie Wechsel
  und
  – *nicht zentralbankfähige Forderungen* – wie z.b. bei der Einräumung von Direktkrediten an Nichtbanken, aber auch Kapitalmarktpapiere privater und öffentlicher Emittenten – durch Gutschrift auf einem Konto bei dieser Bank

kauft. Beim Erwerb zentralbankfähiger Forderungen findet im Bankensystem allein eine Umschichtung zwischen aktuellem und potentiellem Zentralbankgeld statt; alle anderen Vorgänge bedeuten eine Geldschöpfung der Banken über den bisherigen Bestand an Geld hinaus. Im Rahmen des Passivgeschäfts wird Quasigeld oder Geldkapital in Sichteinlagen umgewandelt.

2.2.2 Geld und Kreditschöpfung unter alternativen institutionellen Rahmenbedingungen

Der Vorgang der Geldschöpfung einer Geschäftsbank soll nun etwas ausführlicher dargestellt werden, um später auch besondere Möglichkeiten und Grenzen einer Geldschöpfung durch Geschäftsbanken zeigen zu können.

2.2.2.1 Geld- und Kreditschöpfung im Einbanksystem

Der Einfachheit halber soll zunächst davon ausgegangen werden, daß es in einer Volkswirtschaft nur eine einzige Bank gäbe; sämtliche Zahlungen sollen bargeldlos erfolgen, also ausschließlich über Sichtguthaben bei dieser einzigen Bank. Zahlungen erfolgen damit durch Buchungen bei der Universalbank, der sog. *Wicksellschen Idealbank*. Es kommt hier zu einer Geldschöpfung, indem diese Bank Aktiva (z.B. Anlagen) von Nichtbanken (z.B. einer Unternehmung) kauft, die nicht Zahlungsmittel der heimischen Wirtschaft sind, und mit Zahlungsmittel darstellenden Forderungen zahlt. Wenn der Kauf von Aktiva einen Umfang von 1.000 Währungseinheiten aufweist, ergeben sich in der Bilanz der beiden angesprochenen Wirtschaftssubjekte folgende Positionsänderungen:

Bank Gbk			
Anlagen	+ 1000	Sichtguthaben Nbk	+ 1000

Nichtbank Nbk		
Anlagen	-1000	
Sichtguthaben bei Gbk	+ 1000	

In der Bilanz der Nichtbank (z.B. eines Unternehmens) kommt es zu einer Umschichtung von Aktiva, in der Bilanz der Bank mit der Einräumung eines Guthabens (Sichtguthaben) an die Unternehmung zur Neuschaffung von Geld.

Statt des Handels mit Anlagen könnten natürlich auch andere Geschäfte zu Grunde gelegt werden, wie z.B.

(1) ein Devisenkauf durch die Bank oder
(2) die Diskontierung eines Wechsels von einer Nichtbank durch die Bank, der von einem dritten Wirtschaftssubjekt ausgestellt wurde.

Bei einer weiteren Möglichkeit erfolgt Geldschöpfung durch Kreditgewährung. Dabei werden auch in der Bilanz der Unternehmung beide Bilanzseiten, sowohl die Aktiv- wie auch die Passivseite, betroffen; die Unternehmung geht mit der Aufnahme eines Kredits eine Verbindlichkeit ein.

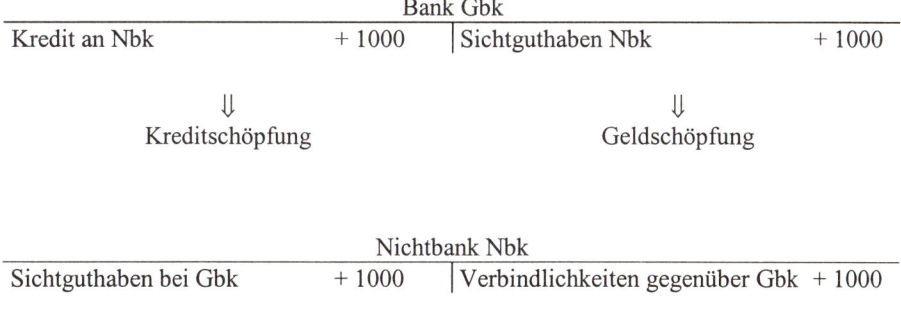

Bank Gbk			
Kredit an Nbk	+ 1000	Sichtguthaben Nbk	+ 1000

⇓   ⇓
Kreditschöpfung   Geldschöpfung

Nichtbank Nbk		
Sichtguthaben bei Gbk	+ 1000	Verbindlichkeiten gegenüber Gbk + 1000

Die Bank schafft bei diesem Vorgang Kredite (Aktivseite ihrer Bilanz), und in gleichem Umfang schöpft sie dabei Geld (Passivseite).

Die Bank ist in diesem Falle immer liquide, denn sie besitzt

(a) die Fähigkeit, Verbindlichkeiten jederzeit durch eigenes Geld zu erfüllen und
(b) die Fähigkeit, stets neue Zahlungsverpflichtungen zu übernehmen.

Es besteht in diesem Fall somit keine Grenze der Geldschöpfung. Ein solches Einbankensystem – allerdings auch mit Bargeld – besteht in sozialistischen Volkswirtschaften. Der entscheidende Nachteil eines solchen Banksystems ist jedoch nicht die beliebige Geldschöpfungsmöglichkeit, sondern vor allem der nicht bestehende Zwang, Kreditnachfrager auf ihre Bonität prüfen zu müssen. Eine solche Monopolbank könnte nach Gutdünken bzw. staatlicher Vorgabe Kredite gewähren.

2.2.2.2 Geld- und Kreditschöpfung im Mehrbankensystem

Es soll nunmehr angenommen werden, daß nicht mehr eine, sondern mehrere Banken, z.B. zwei Banken existieren; alle Zahlungen sollen weiterhin bargeldlos erfolgen. In diesem Fall wird der Geldschöpfungsspielraum begrenzt.

Um die Zahlungsvorgänge in einem solchen Fall deutlich zu machen, sei angenommen, daß eine Nichtbank Nbk_1 Zahlungen an die Nichtbank Nbk_2 im Umfange von 600 und an die Nichtbank Nbk_3 im Umfange von 400 Euro zu leisten hat. Die Nichtbanken Nbk_1 und Nbk_2 unterhalten jeweils ein Konto bei der Bank Gbk_1, die Nichtbank Nbk_3 dagegen bei der Bank Gbk_2.

Wenn das Wirtschaftssubjekt Nbk_1 ursprünglich über keine eigenen Zahlungsmittel verfügt, läßt es sich einen Kredit im Umfang von 1.000 Euro einräumen, um seine Zahlungsverpflichtungen an Nbk_2 und Nbk_3 erfüllen zu können. In der Ausgangssituation bestehen dann folgende Bilanzstrukturen:

Bank Gbk_1

Kredit an Nbk_1	1000	Sichtguthaben Nbk_1	1000
		Sichtguthaben Nbk_2	0
		Sichtguthaben Gbk_2	0

Bank Gbk_2

Aktiva	0	Sichtguthaben Nbk_3	0

Wenn jetzt die Nichtbank Nbk_1 ihre Zahlungen leistet, schrumpft ihr Sichtguthaben auf Null, das Konto der Nichtbank Nbk_2 steigt auf 600 Euro und das der Nichtbank Nbk_3 auf 400 Euro. Da jedoch die Nichtbank Nbk_3 kein Konto bei der Bank Gbk_1 hat, wird die Bank Gbk_1 der Bank der Nichtbank Nbk_3, also der Bank Gbk_2, den Betrag von 400 Euro gutschreiben, der dann von der Bank Gbk_2 deren Kunden Nbk_3 gutgeschrieben wird. Damit ergibt sich die neue Bilanzstruktur:

Bank Gbk_1

Kredit an Nbk_1	1000	Sichtguthaben Nbk_1	0
		Sichtguthaben Nbk_2	600
		Sichtguthaben Gbk_2	400

Bank Gbk_2

Guthaben bei Gbk_1	400	Sichtguthaben Nbk_3	400

Bank Gbk_2 ist nun Gläubiger der Bank Gbk_1 geworden. Dies – und das ist wesentlich – setzt aber das Einverständnis der Bank Gbk_2 voraus, daß sich die Bank Gbk_1 bei ihr verschuldet. Das ist immer dann der Fall, wenn sich auch Bank Gbk_2 bei Bank Gbk_1 verschulden kann. Im anderen Fall kann es für die Bank Gbk_2 riskant werden, wenn die Bank Gbk_1 eine laxe Kreditpolitik verfolgt, bei der einige Kreditnehmer *fallieren*. Damit ist eine beliebige Geldmengenausweitung im Mehrbankensystem nur noch bei Kreditwährung *im Gleichschritt* – also bei gleichmäßiger, gegenseitiger Verschuldung aller Banken untereinander –möglich!

Ein solches Mehrbankensystem ist auch ohne eine Zentralbank vorstellbar. Nach einem Vorschlag von *Friedrich A. von Hayek* soll ein Wettbewerb von Banken mit nur selbst geschaffenen Währungen dazu führen, daß die „beste" Bank – also die mit der stabilsten Währung – obsiegt; dies ist das *Anti-Greshamsche Gesetz*. Im hier gezeigten Beispiel würde die bei der Geldmengenausdehnung zurückhaltende Bank alle andere Banken damit zu einer „seriösen" Kreditgewährung zwingen.

2.2.2.3 Multiple Geldschöpfung im Mischgeld-Banken-System

In einem der Realität entsprechenden *Mischgeld-Banken-System* ist den Geschäftsbanken eine Zentralbank übergeordnet. Der Zahlungsverkehr soll nun nicht mehr ausschließlich bargeldlos erfolgen. Die Zentralbank besitzt das Emissionsmonopol für Bargeld, das allein die Funktion des gesetzlichen Zahlungsmittels (*legal tender*) ausübt. Nur das Zentralbankgeld (Bargeld und die Sichteinlagen bei der Zentralbank) ist alleiniges, definitives Zahlungsmittel.

Die Geldschöpfung der Geschäftsbanken ist damit begrenzt und zwar durch ihren Bedarf an

- *Barreserve* (*working balances*; Zentralbankgeld in Form von Bargeld zur Abwicklung des täglich laufenden Zahlungsverkehrs; daneben auch Sorten, d.h. ausländisches Bargeld),
- *Mindestreserve* (von der Zentralbank im Wege der Mindestreservepolitik geforderter Umfang an Zentralbankgeld im Besitz einer Geschäftsbank).

Je größer das Volumen an Sichtguthaben bei einer Geschäftsbank ist, desto mehr Bargeld als Barreserve benötigt sie, um Barabhebungen erfüllen zu können. Der Umfang der *working balances* ist abhängig von den *Zahlungssitten* der Nichtbanken. Früher galt ein Erfahrungssatz von 1:9 als notwendiger Kassenbestand gegenüber dem Volumen an Sichtguthaben. Der Erfahrungssatz verringert sich jedoch mit zunehmendem Umfang des bargeldlosen Zahlungsverkehrs. In einer *cashless society*, in der sämtliche Zahlungen über Computer und elektronische Datenträger (*chip-card*) abgewickelt werden, tendiert der Bargeldbedarf gegen Null; hier braucht man Bargeld nur noch in der *Schattenwirtschaft* (Schwarzarbeit, Drogen etc.)[29].

---

[29] Vgl. zur Bedeutung von Innovationen im Zahlungsverkehr Abschnitt X.1.

Aus geldpolitischen Gründen sind die Geschäftsbanken in Mischgeld-Banken-System verpflichtet, bei der Zentralbank Sichteinlagen (sog. *Mindestreserven*)[30] in Höhe eines bestimmten Prozentsatzes ihrer Einlagen zu halten. Weil Einlagen als Zahlungsmittel auf der Passivseite einer Bankbilanz verbucht werden, spricht man auch von einer *Passiv-Mindestreserve*.

Bei gleichzeitiger Existenz einer Zentralbank und privater Geschäftsbanken spricht man von einem Mischgeldsystem, da neben dem Zentralbankgeld auch das Giralgeld der privaten Banken Zahlungsmittel darstellt. Für die Zentralbank besteht in diesem System kein Liquiditätsproblem, und die Zentralbankgeldschöpfung wird in einer geschlossenen Volkswirtschaft nur durch sie selbst begrenzt. Dagegen ist für die Schaffung von Geschäftsbankengeld Zentralbankgeld erforderlich, um die aus Passivgeschäften resultierenden Anforderungen leisten zu können (Auszahlungen an Kunden, Mindestreserveeinlagen bei der Zentralbank).

Die Geschäftsbank erhält an jedem Tag neben Auszahlungen auch wieder Einzahlungen. Jedoch muß häufig zu Ultimo[31] von anderen Banken Zentralbankgeld aufgenommen werden (*Tagesgeld*), um der Mindestreserveverpflichtung nachkommen zu können. Dies geschieht

- über den Geldmarkt (Austausch von Zentralbankgeld-Überschüssen zwischen den Geschäftsbanken) oder
- durch die Kreditaufnahme bei der Zentralbank oder
- über die Weitergabe geldmarktfähiger Aktiva.

Das Geld- und Kreditschöpfungspotential der Geschäftsbanken ist nun mit der Annahme einer Mindestreserveregelung sowie dem Bargeldbedarf zur Erfüllung von Kundenwünschen eindeutig begrenzt. Eine Geschäftsbank kann somit nur dann zusätzliches Geld schöpfen, wenn sie über Zentralbankgeld verfügt oder sich beschaffen kann, das nicht durch Mindestreserveverpflichtungen gebunden ist.

2.2.2.3.1 Ausschließlich bargeldloser Zahlungsverkehr

Zunächst sei angenommen, daß alle Zahlungen in der betrachteten Volkswirtschaft bargeldlos abgewickelt werden. Erhält eine Bank Gbk$_1$ eine Einzahlung von 100 Euro in Noten und Münzen, also in Zentralbankgeld, so wird sie dem Einzahler Nbk$_1$ diesen Betrag als Sichtguthaben gutschreiben. Sieht man der Einfachheit halber zunächst von weiteren Barzahlungen ab, so benötigt die Bank Gbk$_1$ von dem ihr zugeflossenen Zentralbankgeld für die *Mindestreserve MR* einen Anteil von r = 0,10, dem hier unterstellten Mindestreservesatz; der restliche Teil der Einzahlung bedeutet für die Bank Gbk$_1$ sogenannte *Überschußreserve ÜR*.

---

[30] Das Mindestreserve-Soll jedes einzelnen Kreditinstituts in der EWU wird zunächst errechnet, indem auf die reservepflichtigen Verbindlichkeiten die Reservesätze der entsprechenden Verbindlichkeitenkategorien auf der Grundlage der Bilanzdaten zum Ende eines jeden Kalendermonats angewendet werden; anschließend zieht jedes Kreditinstitut von dieser Größe einen Freibetrag in Höhe von 100.000 Euro ab. Das auf diese Weise berechnete Mindestreserve-Soll wird dann EWU-weit aggregiert.

[31] Vgl. zum Ultimogeld auch Abschnitt VIII.4.1.1.

(a) Entstehung von Geschäftsbankengeld

Bank Gbk$_1$ (t = 0)			
Kasse	100	Sichtguthaben Nbk$_1$	100

(b) Aufteilung des Zentralbankgeldes

Bank Gbk$_1$ (t = 0)			
MR	10	Sichtguthaben Nbk$_1$	100
ÜR	90		

Die Überschußreserven von ÜR = 90 bringt der Bank Gbk$_1$ keinen Ertrag, so daß sie sie so bald als möglich zinsbringend anlegen wird. Eine Möglichkeit dazu ist die Vergabe von zusätzlichen Krediten.

Im Extremfall wäre es der Bank Gbk$_1$ daher möglich, solange Kredite an Kreditnehmer Nbk$_2$ zu vergeben, bis die ursprünglich bestehende Überschußreserve genau der Mindestreserveverpflichtung für diese zusätzlichen Kredite entspricht. Dies ist dann der Fall, wenn die Überschußreserve dem Anteil r an den neuen Krediten ΔKr entspricht, also

$$\Delta Kr \cdot r = \ddot{U}R \quad \text{oder}$$

$$\Delta Kr = \frac{1}{r} \ddot{U}R .$$

Nach Abschluß der Geldschöpfung ergibt sich somit eine Bilanzstruktur wie in (c).

(c) Verwendung des Zentralbankgeldes

Bank Gbk$_1$ (t = 1)			
MR$_{Nbk_1}$	10	Sichtguthaben Nbk$_1$	100
MR$_{Nbk_2}$	90		
Kredite (ΔKr)	900	Sichtguthaben Nbk$_2$ (ΔM1)	900

Mit einer Überschußreserve von 90 Euro kann bei einem Mindestreservesatz von r = 0,10 also ein zusätzliches Kreditvolumen und damit eine zusätzliche Geschäftsbankgeldmenge von ΔM1 im Umfange von 900 Euro geschaffen werden. Der Quotient 1/r ist dabei der *Buchgeldschöpfungsmultiplikator*, der hier einen Wert von m = 1/r = 10 aufweist.

Die Geschäftsbanken können also einen Geldbestand M schöpfen, wenn sie über eine solche Menge an monetärer Basis B^{Gbk} verfügen, wie sie durch den Mindestreservesatz r von der Geldpolitik gefordert wird. Es gilt dann das *Geldbasiskonzept* der Geldschöpfung

$$M \cdot r = B^{Gbk} \quad \text{oder} \quad M = \frac{1}{r} B^{Gbk} .$$

Das maximale Geldschöpfungspotential M^{pot} der Geschäftsbanken beruht auf dem Zentralbankgeldbestand in der Hand der Nichtbanken B^{Nbk}, also dem Bargeldumlauf, das die Geschäftsbanken anwerben könnten, sowie auf dem Zentralbankgeldbestand in der Hand von Banken B^{Gbk}, also ihren Kassenbeständen sowie ihren Zentralbankeinlagen. Das Geldschöpfungspotential ist dann durch $M^{pot} = m \cdot B$ mit $B = B^{Nbk} + B^{Gbk}$ gegeben.

Allerdings werden Bankiers oft bestreiten, daß sie mehr Geld schöpfen, als sie selbst an Zentralbankgeld besitzen; sie werden vielmehr behaupten, daß sie nur so viel an Krediten vergeben und damit an Einlagenvolumen schaffen, wie ihnen vorher an Zentralbankgeld zugeflossen ist. Für die Bilanz der Bank Gbk_1 ergibt sich dann folgendes Bild:

Bank Gbk_1 (t =1)			
MR_{Nbk_1}	10	Sichteinlagen Nbk_1	100
MR_{Nbk_2}	9		
ÜR	81		
ΔKr	90	Sichteinlagen Nbk_2	90

In diesem Fall hat die Bank Gbk_1 von den bei ihr zunächst bestehenden Überschußreserven im Umfang von ÜR = 90 nur MR_1 = 9 als Mindestreserve durch zusätzliche Kreditvergabe gebunden; es bestehen daher jetzt noch Überschußreserven von ÜR = 81. Ihr Kreditnehmer Nbk_2 hat dabei als Sichteinlage einen Betrag von 90 Euro gutgeschrieben erhalten.

2.2.2.3.2 Teilweise bargeldloser Zahlungsverkehr

Wenn nun der Kreditnehmer Nbk_2 seinem Gläubiger Nbk_3, der ein Konto bei der Bank Gbk_2 unterhält, den Betrag von 90 Euro überweist, entsteht folgendes Bild:

Bank Gbk_1 (t =2)			
MR_{Nbk_1}	10	Sichteinlagen Nbk_1	100
MR_{Nbk_2}	9	Sichteinlagen Nbk_2	0
ÜR	81	Sichteinlagen Gbk_2	90
ΔKr	90	*(Nostroverbindlichkeit)*	

Bank Gbk_2 (t =2)			
Guthaben Gbk_1	90	Sichteinlagen Nbk_3	90
(Nostroforderung)			

Die Bank Gbk_2 ist Gläubiger der Bank Gbk_1 geworden; die Bank Gbk_1 ist eine *Nostroverbindlichkeit* gegenüber der Bank Gbk_2 eingegangen, und die Bank Gbk_2 hat eine *Nostroforderung* gegenüber der Bank Gbk_1 erworben. Diese *Interbankenverbindlichkeiten*

(Gbk$_1$ gegenüber Gbk$_2$) und *Interbankenforderungen* (Gbk$_2$ gegenüber Gbk$_1$) werden im *Clearing* der Banken zunächst gegeneinander aufgerechnet und der verbleibende Rest dann in Zentralbankgeld beglichen[32].

Im obigen Beispiel bedeutet dies, daß die Bank Gbk$_2$ im Clearing von der Bank Gbk$_1$ Zentralbankgeld im Umfang von 90 Euro erhält; in der Regel natürlich nicht in Banknoten und Münzen, sondern als Einlageguthaben bei der Zentralbank. Zu dieser Zahlung ist die Bank Gbk$_1$ auch in der Lage, da neben ihrer Überschußreserve ÜR = 81 mit der Zahlung der Nichtbank Nbk$_2$ an die Nichtbank Nbk$_3$ auch die Mindestreserve MR$_{Nbk_2}$ wieder freigeworden ist. Die neue Bilanzstruktur nach dem Clearing hat dann folgendes Bild:

Bank Gbk$_1$			
MR	10	Sichteinlagen Nbk$_1$	100
ΔKr	90	Sichteinlagen Nbk$_2$	0

Bank Gbk$_2$			
Zentralbankeinlage	90	Sichteinlagen Nbk$_3$	90
(a) MR 9			
(b) ÜR 81			

Nun besitzt die Bank Gbk$_2$ eine Überschußreserve ÜR = 81, die sie jetzt zu zusätzlicher Kreditvergabe z.B. an einen Kreditnehmer Nbk$_4$ verwenden kann. Sollte dieser dann Zahlungen an seine Gläubiger, die ein Konto bei der Bank Gbk$_3$ unterhalten, vornehmen, erfolgen die gleichen Vorgänge, wie sie gerade zwischen Bank Gbk$_1$ und Bank Gbk$_2$ beschrieben wurden. Das Ergebnis des Geld- und Kreditschöpfungsprozesses ist dann dasselbe, wie es zunächst vereinfachend für nur eine einzige Bank dargestellt wurde.

Allerdings muß eine Bank auch damit rechnen, daß ein Teil des ihr zugeflossenen Zentralbankgelds in Form von Noten und Münzen auch wieder bar abgezogen wird. Dies wird um so eher der Fall sein, je häufiger Wirtschaftssubjekte in einer Volkswirtschaft Barzahlung gegenüber Überweisungen verwenden. Für diesen Fall hält eine Bank *working balances* vor, um den Barabhebungen ihrer Kunden genügen zu können.

Wenn die Quote der *working balances* c = 0,15 beträgt und ein Mindestreservesatz von r = 0,1 gilt, muß die Bank bei einer Einzahlung von 100 den Betrag von 25 vorhalten; es besteht dann eine Überschußreserve von 75. Um die Zahlungsfähigkeit des Geschäftsbankensektors sicherzustellen, muß ein Kassenbestand in Höhe von ÜR - c · Kr garantiert sein. Jetzt sind nur noch zusätzliche Kredite und somit auch Sichteinlagen in Höhe von Kr (1-c) kreierbar. Dieses – mit dem Mindestreservesatz – bewertete Einlagen- bzw. Kreditvolumen darf den gehaltenen Kassenbestand nicht übersteigen. Es gilt:

---

[32] Vgl. zu Nostroforderungen bzw. –verbindlichkeiten und zum Clearing auch Abschnitt 1.2.2.

$$\underbrace{\text{ÜR} - c\Delta\text{Kr}}_{\text{Kasse}} = \underbrace{\underbrace{\Delta\text{Kr}}_{\text{Sichteinlagen Si}} \cdot \text{i}}_{\Delta\text{MR}}$$

$\Leftrightarrow \qquad \text{ÜR} = \Delta\text{Kr} \, (\text{r} + \text{c})$

$\Leftrightarrow \qquad \Delta\text{Kr} = \dfrac{1}{\text{r} + \text{c}} \cdot \text{ÜR} \, .$

In dem gewählten Zahlenbeispiel ist also eine zusätzliche, maximale Kreditvergabe durch die Banken in Höhe von

$$\Delta\text{Kr} = \frac{1}{0{,}25} \cdot 75 = 300.$$

möglich.

In der Bilanz der Geschäftsbank ergibt sich dabei folgendes Bild für den Zeitpunkt t =0 direkt nach Erhalt von Bargeld durch eine Nichtbank Nbk_1, der dafür eine Sichteinlage eingeräumt wird:

Bank Gbk_1 (t = 0)

Kasse	100	Si	100
(MR = 10)			
(w · Si = 15)			
(ÜR = 75)			

Nach Abschluß des Geldschöpfungsprozesses ergibt sich folgende Bilanzstruktur:

Bank Gbk_1 (t = 1)

Kasse	100	Si_1	100
(MR =40)			
(w · Si = 60)			
ΔKr	300	Si_2	300

Der Buchgeldschöpfungsmultiplikator wird durch die *working balances* der Geschäftsbanken zu

$$m = \frac{1}{r + c}$$

modifiziert.

Aus dem Buchgeldschöpfungsmultiplikator m kann auch der Spielraum der Geschäftsbanken zur Kreditschöpfung abgeleitet werden. Wenn die Banken durch ihr Kreditangebot Sichteinlagen zur Verfügung stellen, muß der Umfang der geschöpften Geschäftsbankgeldmenge M der damit anfallenden Mindestreserveverpflichtung sowie den dann erforderlichen *working balances* in Form von monetärer Basis B^{Gbk} im Besitz der Geschäftsbanken und dem Kreditvolumen Kr entsprechen:

$$M = B^{Gbk} + Kr, \text{ oder}$$

$$Kr = m \cdot B^{Gbk} - B^{Gbk} = B^{Gbk} (m - 1),$$

mit (m - 1) als *Kreditschöpfungsmultiplikator*. Diese Kreditschöpfung und ihr Einfluß auf das Geldangebot wird von der Kreditmarkttheorie (vgl. Abschnitt 3.5) untersucht.

Der Geld- und der Kreditschöpfungsmultiplikator sinken, wenn die Zahlungssitten sich in Richtung verstärkter Bargeldzahlung ändern (c steigt) oder wenn der Mindestreservesatz r erhöht wird; entsprechend steigt m, wenn c und/oder r sinken. Sofern die Geschäftsbanken keine Überschußreserve besitzen, müssen sie über zentralbankfähige Aktiva verfügen, um Geld schöpfen zu können. Auch vorhandene Refinanzierungsmöglichkeiten bei der Zentralbank wie etwa Spitzenrefinanzierungs-, Wechsel- oder Lombardkredite sowie der Verkauf von Offenmarktpapieren an die Zentralbank können den Geldschöpfungsspielraum der Geschäftsbanken erweitern. Umgekehrt führt eine Einschränkung des Refinanzierungsspielraums oder eine Erhöhung des Mindestreservesatzes zu einer erzwungenen Reduktion der Geschäftsbankengeldmenge und damit zu einer Geldvernichtung. Die Grenze der Kredit- und Geldschöpfung ist aus mechanistischer Sicht also abhängig von

• dem Umfang frei verfügbaren Zentralbankgeldes,
• der Höhe des Mindestreservesatzes und
• den Zahlungssitten im Nichtbankensektor.

3. Erweiterung der mechanistischen Geldangebotstheorie

3.1 Kritik an der mechanistischen Geldangebotstheorie

Auf Grund der modellmäßigen Darstellung der mechanistischen Geldangebotstheorie könnte leicht die Auffassung entstehen, daß bei konstantem Buchgeldschöpfungsmultiplikator (r,c = konstant) eine Zentralbank die volkswirtschaftliche Geldmengenexpansion genau bestimmen könnte. Man muß jedoch berücksichtigen, daß

• die Zahlungssitten der Nichtbanken im Zeitablauf nicht konstant sind (d.h. c ist variabel!), und die Bankkunden halten nicht nur Sichteinlagen bei Banken (vgl. Abschnitt 3.2.),

• Banken können ihre Kunden zu Umschichtungen von Einlagen bewegen, um gebundenes Zentralbankgeld freizubekommen (vgl. Abschnitt 3.3)

- die freien Liquiditätsreserven[33] der Geschäftsbanken neben deren Bestand an Über-schußguthaben bei der Zentralbank (primäre Liquiditätsreserven) auch von der Höhe der sekundären Liquiditätsreserven bestimmt werden (vgl. Abschnitt 3.4) und
- die Geschäftsbanken auch freiwillig auf Grund von Portfolioentscheidungen teilweise und vorübergehend Überschußreserven halten (vgl. Abschnitt 3.5).

In der Europäischen Währungsunion zählen folgende Positionen zu den *freien Liquidi-tätsreserven* der Geschäftsbanken u.a.:

- *Überschußguthaben*, also Zentralbankguthaben der Banken abzüglich des *Mindestre-serve-Solls,*
- *inländische Geldmarktpapiere* im Bestand der Banken.

Da jede Zentralbank verpflichtet ist, den Geschäftsbanken für zentralbankfähige Aktiva Zentralbankgeld einzuräumen, können die Banken dieses „potentielle Zentralbankgeld" ihrem Zentralbankgeldbedarf anpassen. Die freien Liquiditätsreserven bilden eine Art autonomen Expansionsspielraum der Banken, weil sich die Notenbank hinsichtlich der künftigen Schaffung von Zentralbankgeld die Hände gebunden hatte.

Außerdem beeinflussen die Interbankverbindlichkeiten die Liquidität einer Bank. Dies wird besonders deutlich bei den Gironetzen einzelner Banksysteme. Durch die Bildung von multilateralen Clearingzentralen wird durch eine gegenseitige Verrechnung von Interbankverpflichtungen der Bedarf an Zentralbankgeld für die einzelnen Mitglieder minimiert[34]. Es kommt dabei praktisch zu einer optimalen Allokation von Zentralbank-geld. Dadurch erhöht sich die Geldschöpfungsfähigkeit natürlich beträchtlich. Dies gilt auch bei einer Reduzierung der Bargeldquote c. Neben saisonalen Schwankungen läßt sich für die westlichen Industrienationen vor allem durch die Zunahme des bargeldlosen Zahlungsverkehrs langfristig eine Senkung des Bargeldanteils an der gesamten Geld-menge feststellen. Auf Grund der zur Zeit im Aufbau befindlichen elektronischen Zah-lungsverkehrssysteme (Geldausgabeautomaten, elektronische Ladenkassenterminals, Bildschirmtext usw.) geht man sogar in Richtung auf eine *„bargeldlose Gesellschaft"* *(„cashless society").*[35]

Im Zahlungsverkehr geleistete Zahlungen erfüllen die Funktion einer Informations-übermittlung über finanzielle Ansprüche, also über die Berechtigungen für Ressourcen zwischen den Wirtschaftssubjekten. Geld und Geldsurrogate stellen dabei die Datenträ-ger dar, die bei Giralgeldüberweisungen und Kreditkarten sogar ohne Beleg bestehen. In einer bargeldlosen Gesellschaft erfolgt der Zahlungsverkehr nur noch durch elektroni-sche Impulse über Computer. Daher muß zur Absicherung gegen fremde Eingriffe in den eigenen Computergeld-Bestand eine Identifikationskarte verwendet werden, die zusätzlich durch eine dem Berechtigten bekannte Geheimnummer (*PIN - personal iden-tification number*) gesichert ist.

Schließlich haben *Finanzintermediäre* oder paramonetäre Institutionen — die bankähnliche Funktionen ausüben, ohne der direkten Kontrolle der Zentralbank zu un-

---

[33] Zur Definition von primärer und sekundärer Liquidität vgl. Abschnitt 3.4.

[34] Vgl. zum Clearing auch Abschnitt 1.2.2.

[35] Vgl. zu Innovationen im Zahlungsverkehr Abschnitt X.1.2

terliegen – einen Einfluß auf das volkswirtschaftliche Kreditangebot; sie beeinflussen jedoch nicht direkt das Geldangebot.[36]

In einer offenen Volkswirtschaft entsteht ein zusätzliches Liquiditätsproblem, da die für Transaktionen mit dem Ausland notwendigen Devisen oder international akzeptierten Zahlungsmittel (Gold, Sonderziehungsrechte) vom inländischen Bankensystem nicht autonom geschaffen werden können. Außerdem kann in einer offenen Volkswirtschaft eine Veränderung der inländischen Geldmenge durch Interventionen der Zentralbank an der Devisenbörse erfolgen, z.B. indem die Zentralbank Devisen ankauft und mit Zentralbankgeld bezahlt.

Obwohl also die Zentralbankgeldmenge als Basis für die Giralgeldschöpfung der Geschäftsbanken dient, kann die Zentralbank in einem Mischgeldsystem die Geldmenge nur indirekt mit Hilfe der ihr zur Verfügung stehenden geldpolitischen Instrumente steuern. Die mechanistische Geldangebotstheorie liefert also eine nur begrenzte Erklärung für die in der Realität beobachtbaren Geldangebotsprozesse.

3.2 Wirkungen des Nichtbankenverhaltens auf das Geldangebot

Die traditionelle Multiplikatortheorie (vgl. Abschnitt 2.2) hat das Verhalten des Publikums kaum integriert, obwohl durch eine Änderung der Zahlungssitten – z.B. durch die Verwendung von Bargeld sowie *shifting-Prozesse* (vgl. Abschnitt 3.3) – der Geldschöpfungsmultiplikator erheblich beeinflußt werden kann. Neuere Ansätze analysieren daher die Portfolioentscheidungen der Nichtbanken und deren Determinanten sowie ihre Nachfrage nach Bankkrediten.

So gelte für die Geldmenge (hier: M1) definitionsgemäß

(1) $M = BG_{Nbk} + Si$,

mit M = Geldmenge M1, BG_{Nbk} = Bargeld der Nichtbanken und Si = Sichteinlagen (Depositen) bei Geschäftsbanken, und für die monetäre Basis B gilt

(2) $B = BG_{Gbk} + MR$.

Der gesamte Bargeldumlauf der Volkswirtschaft besteht aus

(3) $BG = BG_{Nbk} + BG_{Gbk}$.

Da die Mindestreserven in einem bestimmten Verhältnis (hier: bei gleichem Mindestreservesatz für Sicht- und Spar- sowie Termineinlagen) zu den Einlagen gehalten werden, folgt

(4) $MR = r\,(Si + T + Sp)$,

mit Sp = Spareinlagen und T = Termineinlagen.

Der sog. *Tinbergen-Ansatz* unterstellt nun für die Nichtbanken, daß sie Sicht-, Termin- und Spareinlagen in einem ganz bestimmten Verhältnis zu einander halten:

(5a) $BG_{Nbk} = c \cdot Si$,   mit c = Bargeldquote

---

[36] Vgl. Kapitel X.

(5b) $T = t \cdot Si$,   mit t = Termineinlagenquote

(5c) $Sp = sp \cdot Si$,   mit sp = Spareinlagenquote.

Werden die Gleichungen (5a), (5b) und (5c) in Gleichung (4) eingesetzt, folgt

(6) $MR = r(Si + t \cdot Si + sp \cdot Si) = r \cdot Si(1 + t + sp)$.

Das Einsetzen von Gleichung (3) in Gleichung (2) führt zu

(7) $B = BG - BG_{Nbk} + MR$

$\quad\quad = BG - c \cdot Si + r \cdot Si(1 + t + sp)$

$\quad\quad = BG + Si\,[r(1 + t + sp) - c]$;

durch Auflösen der Gleichung (7) nach Si folgt

(7a) $Si = \dfrac{1}{r(1+t+sp)-c} \cdot (B - BG)$

und unter Berücksichtigung der Definitionsgleichung (1) schließlich[37]

(8) $M1 = c \cdot Si + Si = Si(1 + c) = \dfrac{1+c}{r(1+t+sp)} \cdot (B - BG)$.

Durch entsprechende Erweiterungen der Gleichung (8) kann außerdem der Geldschöpfungsmultiplikator für die Geldmengen M2 = M1 + T + Sp ermittelt werden:

(9) $M2 = Si(1 + c) + t \cdot Si + sp \cdot Si = Si(1 + c + t + sp) = \dfrac{1+c+t+sp}{r(1+t+sp)}(B - BG)$.

Die Parameter der einzelnen Einlagearten sind hier der Einfachheit halber als konstant angenommen. Die Nachfrage der Nichtbanken nach den einzelnen Geldarten ist jedoch auch von anderen Variablen abhängig. So ist die Nachfrage nach Bargeld zinsabhängig, weil mit der Bargeldhaltung Opportunitätskosten anfallen. Da aber alle genannten Parameter eine Funktion des Zinssatzes sind, werden sie eben auch durch die Angebotspolitik der Geschäftsbanken beeinflußt.

3.3. Refinanzierung der Banken

3.3.1. Einlagen-Umschichtungen: Shifting

Bei zurückhaltender Geldpolitik der Zentralbank können Banken selbst dann, wenn ihr Geldschöpfungsspielraum ausgeschöpft ist, zusätzliche Kredite durch *shifting* vergeben. Da nicht jeder Bankkunde während jeder Periode über seine gesamten Giroeinlagen

---

[37] An Hand einfacher Annahmen mag man sich die dargestellten Zusammenhänge beispielhaft klar machen: $r = \dfrac{1}{10}$; $c_{NB} = \dfrac{1}{12}$; $t = \dfrac{1}{6}$; $sp = \dfrac{1}{2}$; $C_{NB} = 30$ und $BG = 150$.

verfügt – also immer ein bestimmter Bodensatz der Sichteinlagen Si_B unberührt bleibt –, können Kunden durch attraktive Angebote dazu gewonnen werden, diese Sichteinlagen Si_B in andere Einlageformen umzuschichten. Bei abgestuften Mindestreservesätzen $r_{Si} > r_t > r_{sp}$ oder da nur für Sichteinlagen Kasse von den Geschäftsbanken vorgehalten werden muß, wird durch *shifting* bisher gebundenes Zentralbankgeld frei und damit zur zusätzlichen Kreditvergabe verwendbar.

Ein einfaches Beispiel mag dies verdeutlichen. In der Bilanz der Geschäftsbank Gbk_1 geht bei $r_{Si} = r_t = r_{sp} = 2\,\%$ durch eine (a) Umschichtung von Sichteinlagen $Si_B = 100$ sowohl Mindestreserve im Umfang von $MR = 2$ wie auch bisher in der Kasse vorgehaltenes Zentralbankgeld bei ($c = 3\,\%$) im Umfang von 3 in Überschußreserve über. Zugleich (b) soll dieser Betrag nun von Bankkunden in einer Termineinlage gehalten werden, wofür Mindestreserven von 2 anfallen.

Gbk₁

		Si(1)	-100	(ΔÜR = 2 + 3)
		T	+100	(ΔMR = 2)
ΔKredite(2)	+60	ΔSi(2)	+ 60	(ΔMR = 1,2; ΔWB = 1,8)

Da insgesamt jetzt eine Überschußreserve von 3 ungebunden ist, kann (c) die Bank zusätzliche Kredite im Umfang von 60 vergeben, wofür Mindestreserve von ΔMR = 1,2 und zusätzliche Kassenhaltung ΔWB = 1,8 anfallen.

Bei dieser Umschichtung ist gesamtwirtschaftlich die Geldmenge M1 gesunken, das Kreditvolumen wie auch die Geldmenge M2 ist gestiegen. Bei der gesunkenen Geldmenge M1 sind Zahlungsmittel Si von einem Bankkunden mit niedrigem Bedarf zu anderen mit hohen Bedarf gewandert, was eine Zunahme der Umlaufgeschwindigkeit des Geldes bedingt. Banken üben durch ihre Geschäftspolitik einen (eher kurzfristigen) Einfluß auf die Umlaufgeschwindigkeit des Geldes aus.

Die gegenläufige Beziehung zwischen der Zahlungsmittelmenge M1 und den Refinanzierungskomponenten der Geschäftsbanken bei zurückhaltender Geldpolitik der Zentralbanken zeigt auch Abbildung 10 für den Währungsraum der EWU.

Bei gegenläufiger Beziehung zwischen der Geldmenge M1 und seiner Einkommenskreislaufgeschwindigkeit (Umlaufgeschwindigkeit), müssen die Refinanzierungskomponenten (M3 – M1) parallel zur Umlaufgeschwindigkeit u verlaufen. Dies läßt sich für die EWU ab Beginn der 90er Jahre feststellen, als die Mitgliedsländer der EWU begannen, ihre Geldpolitik aufeinander abzustimmen.

Geldmengen-Entwicklung in der EWU
Änderungsraten
jeweils gegenüber dem Vorjahresmonat
bis Ende 1998: zurückgerechnet durch die *Europäische Zentralbank*

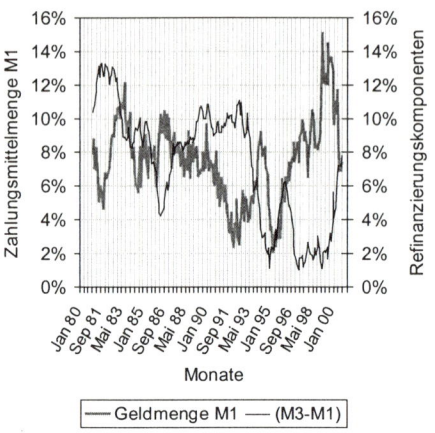

Quelle: Eigene Berechnungen nach Daten der Monatsberichte der
Europäischen Zentralbank, lfd. Hefte.

Abbildung 10

**Umlaufgeschwindigkeit von M1 und
Refinanzierungskomponenten (M3-M1)**
Änderungsraten gegenüber dem Vorjahrsquartal
Europäische Währungsunion

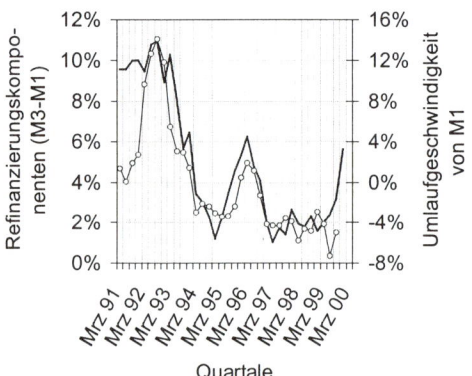

Quelle: Monatsberichte der *Europäischen Zentralbank*, lfd. Hefte.

Abbildung 11

In Abbildung 11 zeigen die Änderungsraten der Refinanzierungskomponenten der Geschäftsbanken (M3 − M1) und die der Umlaufgeschwindigkeit u einen solchen parallelen Verlauf, der durch expansive Geldpolitik der Zentralbank oder durch realwirtschaftliche Faktoren (z.B. mangelnde Investitionsneigung der Unternehmen) im Niveau beeinflußt wird.

In der Geldmenge M3 sind im übrigen ausschließlich Anlagealternativen für Nichtbanken innerhalb des Bankensektors enthalten. Nichtbanken können aber auch ihr finanzielles Vermögen (Geldvermögen) außerhalb des Bankensektors anlegen, wie Abbildung 12 für die Bundesrepublik Deutschland zeigt.

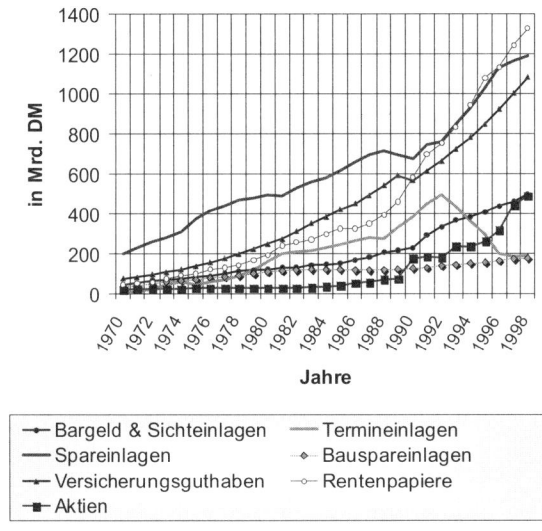

Geldvermögen
der privaten Haushalte
in der Bundesrepublik Deutschland

Quelle: Eigene Berechnungen nach Daten in den Monatsberichten (jeweils Juni) der *Deutschen Bundesbank*, lfd. Jge.

Abbildung 12

Da hier jedoch Einflüsse innerhalb des monetären Bereichs einer Volkswirtschaft – insbesondere innerhalb des geldschöpfenden Bankensektors betrachtet werden –, wird das Geldkapital außerhalb des Bankensektors weitestgehend vernachlässigt.

3.3.2. Grundlegende Refinanzierungsquellen

Die Refinanzierung der Banken wird insbesondere von drei Faktoren bestimmt, die die Beziehung zwischen ihren verfügbaren Reserven und ihrem Kreditangebot beeinflussen:

- ihrer Fähigkeit, bei einer restriktiven Geldmengenpolitik mit einer Anpassung ihrer Aktiva zu reagieren (anstatt ihre Kredite zu reduzieren),
- ihrer Fähigkeit, ihre Kunden zu Umschichtungen von deren Einlagen in nichtmindestreservepflichtige Anlagen zu bewegen und
- der Existenz von Risiko-Auflagen (risk-based capital requirements; in Deutschland gilt das 12,5-fache des Eigenkapitals als Maximum bei der Kreditvergabe an einzelne Bankenkunden, in den USA z.b. 10 % des Eigenkapitals).

Zur Illustration soll von der Grobstruktur einer Bankbilanz ausgegangen werden, um die möglichen Refinanzierungsalternativen einer Bank und die möglichen Ansatzpunkte für die Geldpolitik vereinfacht darstellen zu können.

vereinfachte Bankbilanz			
Kasse	BG_{Bk}	Einlagen von Kreditinstituten	EL_{Bk}
Zentralbank	MR	Einlagen von Nichtbanken	EL_{Nbk}
Kredite an Kreditinstitute	Kr_{Bk}	- Sichteinlagen	Si
Kredite an Nichtbanken	Kr_{Nbk}	- andere Depositen	
Wertpapiere	WP	Inhaberschuldverschreibungen	$\left.\vphantom{\begin{matrix}a\\a\end{matrix}}\right\} R$

Wird außerdem der Einfachheit halber angenommen, daß sich Interbankenforderungen und -verbindlichkeiten ausgleichen, also $Kr_{Bk} = EL_{Bk}$ – was in der Realität so nicht gilt – und zunächst $B^{Gbk} = BG_{Bk} + MR$, so ergibt sich die Identitätsgleichung (1) mit

$$(1) \quad B^{Gbk} + Kr_{Nbk} + WP = EL_{Nbk} + R.$$

Die Kasse einer Bank besteht regelmäßig aus *working balances,* um täglichen Auszahlungen an Kunden nachkommen zu können; diese *working balances* sind mit einem Erfahrungssatz c abhängig von den jederzeit verfügbaren Einlagen Si, also

$$(2a) \quad BG_{Bk} = c \cdot Si.$$

Zentralbankguthaben MR bestehen regelmäßig aus Mindestreserveverpflichtungen sowie einer Liquiditätssicherheit, die hier der Einfachheit halber vernachlässigt wird.

Nimmt man als Mindestreservesätze r_i (wobei sich i auf unterschiedliche Bilanzpositionen bezieht) an, so folgt

$$(2b) \quad MR = r_{Si} \cdot Si + r_R \cdot R + r_{WP} \cdot WP,$$

wobei natürlich auch jeder einzelne Mindestreservesatz mit dem Wert Null unterstellt werden kann. Aus den Gleichungen (2a) und (2b) folgt schließlich

$$(2c) \quad B^{Gbk} = BG_{Bk} + MR = (c + r_{Si}) \cdot Si + r_R \cdot R + r_{WP} \cdot WP.$$

In Gleichung (1) sind allerdings noch zusätzliche Beziehungen zu berücksichtigen:

A. Das Refinanzierungsvolumen R einer Bank steht in einem bestimmten Verhältnis zur Schöpfung von Krediten Kr_{Nbk} und damit von Sichteinlagen Si. Kredite werden in aller Regel deshalb aufgenommen, um unmittelbar Zahlungen (in BG oder Si) vornehmen zu können.

B. Wertpapiere WP werden von Banken auch zur Liquiditätsanlage gehalten und können bei Bedarf in Zentralbankguthaben MR (allerdings nur zum Teil!) transferiert werden, um Kredite zu schöpfen.

Betrachtet man zunächst die *passivische Refinanzierung* von Banken *(Beziehung A.)* bei zurückhaltender Geldpolitik – also bei $\Delta B^{Gbk} = 0$ –, so gilt bei einer Umschichtung eines Teils ΔSi_B der Sichteinlagen *(Bodensatz)* in andere Depositen ceteris paribus als Kreditschöpfungsspielraum

(3) $\Delta Kr_{Nbk} = \dfrac{(r_{Si} + c - r_R)}{r_{Si} + c} \cdot \Delta Si_B;$

d.h. auch dann, wenn die Mindestreservesätze alle identisch sind, lohnt sich eine Umschichtung von Einlagen für eine Bank, da nur für Sichteinlagen *working balances* gehalten werden müssen. Bei niedrigen Mindestreservesätzen, die zudem bei allen Bankpassiva identische sind, wird die Bedeutung des Bargelds für die Kreditschöpfung der Banken besonders deutlich.

Betrachtet man die *aktivische Refinanzierung* von Banken *(Beziehung B.)*, so könnten zentralbankfähige Aktiva im Umfang ΔWP an die Zentralbank gegen monetäre Basis ΔMR verkauft werden, um anschließend wieder zusätzliche Kredite ΔKr_{Nbk} und uno actu zusätzliche Sichteinlagen ΔSi zu schöpfen. Der Kreditschöpfungsspielraum einer Bank ist dann mit

(4) $\Delta Kr_{Nbk} = \dfrac{1}{(r_{Si} + c)} \cdot \Delta WP$

gegeben.

Bei *anderen* als den zentralbankfähigen Wertpapieren – und bei zurückhaltender Geldpolitik ($\Delta B^{Gbk} = 0$) – können diese am Markt verkauft werden (Bilanzverkürzung bei der Bank), was es dieser dann ermöglicht, im selben Umfang Kredite und damit zugleich den Umfang der Sichteinlagen auf das ursprüngliche Niveau anzuheben, sofern $r_{WP} = 0$. Ist $r_{WP} > 0$, gilt also

$\Delta Kr_{Nbk} = \dfrac{r_{WP} + r_{Si} + c}{r_{Si} + c} \cdot \Delta WP,$

so werden durch den Verkauf von Wertpapieren am Markt durch Banken sowohl Mindestreserve auf Wertpapiere wie auch auf beim Kauf verwendete Sichteinlagen frei; eine anschließende Kreditschöpfung bindet Zentralbankgeld nur bei Sichteinlagen, so daß mehr Kredite geschöpft werden können als es dem Umfang der verkauften Wertpapiere entspricht. Gesamtwirtschaftlich wird dabei die Allokation der gegebenen Zentralbankgeldmenge optimiert.

Die Möglichkeit der Banken, ihre Kunden zu Depositenumschichtungen (über höhere Zinsangebote) zu veranlassen oder selbst Wertpapiergeschäfte durchzuführen, ist sehr bedeutsam für die geldpolitische Konzeption der Zentralbank und die Wahl ihrer Zwischenziele.

3.3.3 Mögliche Refinanzierungsstrategien der Banken in der EWU

Seit 1. Januar 1999 gelten in den Mitgliedsländer der EWU einheitliche Mindestreserve-sätze $r_{Si} = r_R = 2$ %. Konzeptionell kann jedoch auch

$$r_{Si} \geq r_R \geq r_{WP} \geq 0$$

gelten. Der Bargeldkoeffizient (des Publikums) wie auch der Kassenhaltungskoeffizient der Kreditinstitute c_i weicht in allen Mitgliedsländern voneinander ab,

$$c_i > c_j > 0 \qquad \text{mit} \qquad i \neq j.$$

Bei *passivischer Refinanzierung* der Kreditinstitute ergibt sich daher nach Gleichung (3)

$$(3a) \quad \Delta Kr_{Nbk} = \frac{(r_{Si} + c_i - r_R)}{(r_{Si} + c_j)} \cdot \Delta Si_B,$$

daß die Kreditinstitute bei zurückhaltender Geldpolitik der *Europäischen Zentralbank* den größten Umfang an Krediten dann zu schöpfen in der Lage sind, wenn

- im Land mit dem höheren Bargeldbedarf c_i Bankkunden zu Umschichtungen ihrer Einlagen (Bodensatz) angeregt und

- im Land mit dem niedrigeren Bargeldbedarf c_j Bankkunden mit den dadurch entste-henden Überschußreserven zusätzliche Kredite geschöpft werden.

Länder mit *höherem Kassenhaltungskoeffizienten c_i* sind insbesondere Deutschland, Österreich, die Niederlande, Spanien und Italien. Ländern mit *niedrigerem Kassenhal-tungs-koeffizienten c_j* u. a. Dänemark, Frankreich und Großbritannien. Zur Illustration wird der Bargeldumlauf pro Kopf der Bevölkerung innerhalb der EU in Abbildung 13 dargestellt.

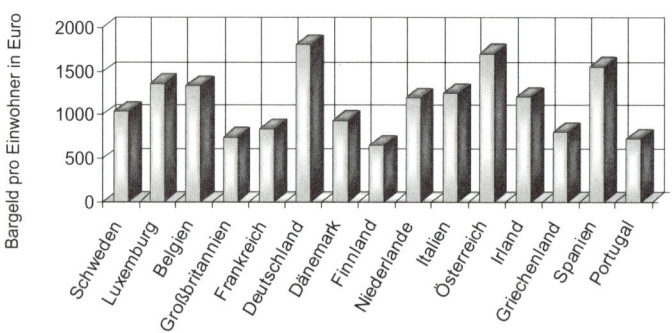

Bargeld pro Einwohner in Euro
außerhalb des Bankensektors im Jahr 1999

Mitgliedsländer der Europäischen Union
(nach pro-Kopf-Einkommen geordnet)

Quelle: Eigene Berechnungen nach Daten der *International Financial Statistics*, September 2000.

Abbildung 13

Allerdings ist eine solche internationale Allokation von Überschußreserven durch den Umfang an Bodensatz-Einlagen im Land mit dem höheren Bargeldbedarf begrenzt. Immerhin aber ist es für die Kreditinstitute vorteilhaft, die Refinanzierung ihrer Kredite zunächst in Ländern mit höherem Bargeldbedarf zu beginnen. Einschränkend muß auch zugestanden werden, daß vor allem bei zusätzlichen Großkrediten kaum besondere Vorsorge für die Kassenbestände bei den Kreditinstituten getroffen zu werden braucht. Dies bedeutet, daß für diese Großkredite der Kassenhaltungskoeffizient c insofern überall relativ gering sein wird. Da dann diese aber in der Folge zu Zahlungen – auch bei den ursprünglichen Zahlungsempfängern – führen, ergibt sich national aber genau der durch Gleichung (3a) beschriebene Effekt.

Bei *aktivischer Refinanzierung* der Kreditinstitute bei der Zentralbank ergibt sich nach Gleichung (4) nun

$$(4a) \quad \Delta Kr_{Nbk} = \frac{1}{(r_{Si} + c_j)} \cdot \Delta WP \,,$$

so daß mit dem Verkauf zentralbankfähiger Wertpapiere vorteilhaft Kredite insbesondere in Ländern mit niedrigerem Kassenhaltungskoeffizienten c_j zusätzlich geschöpft werden können. Dies gilt auch für den Fall eines Verkaufs von Wertpapieren durch Kreditinstitute an der Börse.

Eine länderübergreifende Geschäftspolitik der Kreditinstitute bietet sich insbesondere für Großbanken mit Auslandsfilialen oder Bankenclubs (Kooperation zwischen Banken wie EBIC, ABECOR oder EUROPARTNERS) an.

Doch auch für weiterhin allein *national* – genauer: regional – *agierende Kreditinstitute* ergibt sich eine Besonderheit: Für sie gilt nach wie vor Gleichung (3) mit einheitlichem Wert für den Kassenhaltungskoeffizient der Banken c_i. Für den Fall einer Mindestreserveverpflichtung von passivischen Refinanzierungsquellen R mit $r_R = 0$ gilt

$$(3b) \quad \Delta Kr_{Nbk} = \frac{r_{Si} + c_i}{r_{Si} + c_i} \cdot \Delta Si_B \qquad \text{für } passivische \ Refinanzierung$$

und bei nicht-zentralbankfähigen Wertpapieren

$$(4b) \quad \Delta Kr_{Nbk} = \Delta WP \qquad \text{für } aktivische \ Refinanzierung \ beim \ Publikum.$$

Banken werden sich dann bei der Refinanzierung indifferent verhalten, solange $r_R = r_{WP} = 0$ gilt. Dies ändert sich aber sofort dann, wenn $r_R > r_{WP} \geq 0$. In diesem Fall werden auch die regionalen Kreditinstitute eine aktivische Refinanzierung bevorzugen!

Die europäischen Länder unterscheiden sich insbesondere nach solchen, in denen Kredite von Banken insbesondere passivisch refinanziert werden *(German type)*, und solchen, in denen Bankkredite in beachtlichem Umfang aktivisch über den Verkauf von Wertpapieren refinanziert bzw. in denen Investitionen am Kapitalmarkt finanziert werden *(Anglo-Saxon type)*.

Auch in Deutschland verkaufen einige Banken Teile ihrer Kreditforderungen an von ihnen unabhängige *ABS-Gesellschaften*, die wiederum in diesem Umfang *asset-backed securities* an Nichtbanken verkaufen; damit ist es den Banken dann möglich, ihr Kreditangebot im Umfang der Disintermediation über *ABS-Gesellschaften* aufzufüllen.

Dabei verschwindet das Kreditvolumen aus der Bankbilanz, und es erscheint nur der Provisionsertrag in der Gewinn- und Verlust-Rechnung.

Der Anteil des Investitionsvolumens als Verhältnis zum Bruttoinlandsprodukt, der in den Jahren 1964 bis 1992 (a) über Bankkredite und (b) über den Kapitalmarkt finanziert wurde, weicht in den Mitgliedsländern der EU beträchtlich voneinander ab, wie Abbildung 14 zeigt.

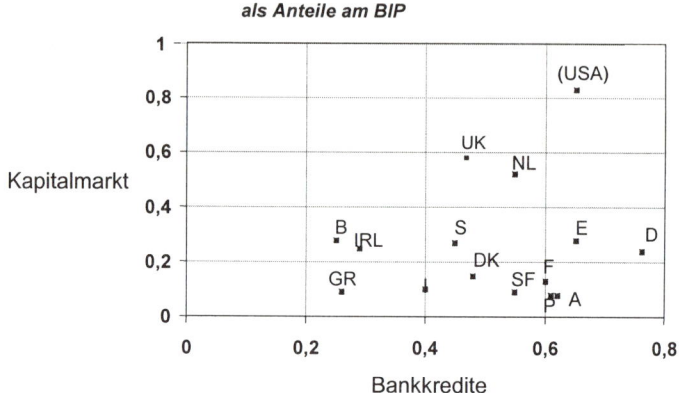

Abbildung 14

Quelle: Stanley W. Black/Mathias Moersch, Financial Structure, investment and economic growth in OECD countries, in: *Stanley W. Black/Mathias Moersch* (Ed.), Competition and Convergence in Financial Markets - The German and Anglo-American Models, Amsterdam et. al. 1998, S. 159.

In dieser Graphik sind die „Bankkredite" als Bestand des Kreditvolumens der Banken an Private natürlich umfangreicher als die Investitionskredite, und der Bestand der Investitionsfinanzierung über den „Kapitalmarkt" stellt als *market capitalization* von notierten Eigentumsanteilen nicht auf die gesamte Wertpapieremission ab; der Bezug auf das Bruttoinlandsprodukt dient nur der Vergleichbarkeit unterschiedlich großer Länder: Die Betrachtung eines längeren Zeitraums läßt dann – mit gewissen Einschränkungen – dennoch den Schluß zu: Die westeuropäischen Länder (unter Berücksichtigung der USA als Referenz) unterscheiden sich in ihrem Finanzierungsverhalten.

Ergebnis: Die westeuropäischen Banken innerhalb der EWU unterscheiden sich in ihrem Refinanzierungsverhalten und in ihrem Engagement, ihre Kunden an die Börse zu begleiten. Da sie aber alle dieselbe Währung anbieten, wird sie ihr Wettbewerb untereinander zu einer Strategie hin zu aktivischer Refinanzierung oder zu Disintermediation führen.

3.4 Bedeutung freier Liquiditätsreserven für das Geldangebot

Als *Geld* kann im Prinzip jede zur Begleichung einer Forderung akzeptierte Verbindlichkeit angesehen werden; Zentralbankgeld in Form von Banknoten ist dann nur eines von vielen möglichen Zahlungsmitteln, allerdings das mit allgemeiner Akzeptanz. *Liquidität* ist nun die Eigenschaft, über von Gläubigern akzeptierte Zahlungsmittel verfügen zu können. Nach *Wolfgang Stützel* ist zwischen

* der *Liquidität von Wirtschaftssubjekten* (Zahlungsfähigkeit, Verfügbarkeit an liquiden Mitteln) und
* der *Liquidität von Vermögensobjekten* (Grad der Akzeptanz liquidisierbarer Werte)

zu unterschieden. Geld gilt definitionsgemäß als Gut mit der höchsten Liquidität (als Vermögensobjekt), da es in normalen Zeiten von jedermann als Zahlungsmittel zur Begleichung von Verbindlichkeiten akzeptiert wird. Wenn ein Gut nicht als Zahlungsmittel akzeptiert wird, ist es insofern kein Geld. Dies folgt aus der funktionalistischen Geldlehre, nach der genau das Geld ist, was bestimmte Funktionen erfüllt. Werden auch andere Verbindlichkeiten neben Geld zumindest von bestimmten Gläubigern als Zahlungsmittel akzeptiert - z.B. Schuldscheine, Wechsel oder reine Zahlungsversprechen -, die durch Forderungsrechte abgesichert sind, so stellen auch sie Liquidität dar. Die Bedeutung der Liquidität für die Entwicklung des Preisniveaus beschreibt die *Liquiditätstheorie*. Je näher ein Aktivum dieser als Zahlungsmittel akzeptierten Liquidität steht, desto höher ist sein *Liquiditätsgrad* (*des Vermögensobjektes*), je größer der Anteil an von jedermann akzeptierten Zahlungsmitteln am gesamten Bestand an Aktiva bei einem bestimmten Wirtschaftssubjekt ist, desto höher ist sein *Liquiditätsgrad* (*des Wirtschaftssubjektes*).

Werden Bargeld und Giralgeld als Güter mit der von jedermann akzeptierten, höchsten Liquidität angesehen, so entstehen Umwandlungskosten bei der Liquidisierung anderer Aktiva in Geld; diese müssen verkauft werden (Wertpapiere, Anlagen) oder aufgelöst werden (Quasigeld wie Termineinlagen und Spareinlagen), wobei auch auf Zinserträge verzichtet werden muß. Allgemein gilt: Je niedriger der Liquiditätsgrad eines Vermögensobjektes ist, desto höher ist seine Rendite (einschließlich der Risikoprämie für mögliche Wertverluste).

Bargeld und Giralgeld sind Güter höchster Liquidität für Nichtbanken. Für Geschäftsbanken ist der Besitz von Zentralbankgeld notwendig, um Geschäftsbankengeld und Kredite schöpfen zu können. Für Geschäftsbanken kann daher nur Zentralbankgeld unmittelbar Liquidität (*Primärliquidität*) darstellen; dies sind ihr Kassenbestand und ihre Guthaben bei der *Zentralbank*. Ihre *Sekundärliquidität* besteht in Aktiva, die jederzeit und ohne Verluste in Zentralbankgeld umgewandelt werden können; dazu zählen die in ihrem Besitz befindlichen Wertpapiere, die z.B. im Wege der Offenmarktpolitik jederzeit in Zentralbankgeld konvertiert werden können. Die nicht als Mindestreserve festgelegten Zentralbankguthaben der Geschäftsbanken, also die Überschußreserve, zählt zusammen mit der Sekundärliquidität zu den *freien Liquiditätsreserven* der Geschäftsbanken. *Tertiärliquidität* bilden schließlich diejenigen Vermögenswerte von Geschäftsbanken, die regelmäßig nur mit Verlust in Zentralbankgeld umgewandelt werden können, wie etwa Aktien.

Ein besonderes Liquiditätsproblem ergibt sich aus der *Fristentransformation* insbesondere kurzfristiger Einlagen in langfristige Ausleihungen. Verfolgt eine Geschäftsbank die *„Goldene Bankregel"*, nach der jedes Passivum durch ein gleichfristiges Aktivum gedeckt sein soll, so wird die Bankenrentabilität durch diese Fristenkongruenz von Aktiva und Passiva stark beeinträchtigt. Als Sicherheitsreserve für die Durchführung dieser

Fristentransformation benötigen die Geschäftsbanken eine „eiserne" Liquiditätsreserve. Deshalb wird mit der *Liquiditätsquote* das Verhältnis zwischen freien Liquiditätsreserven und den gesamten Einlagen der Geschäftsbank(en) ausgedrückt, als Anhaltspunkt über den Liquiditätsgrad der Bank.

Neben der Bankenliquidität hat insbesondere die *internationale Liquidität* eine erhebliche Bedeutung. Die Liquidität einer Volkswirtschaft, Zahlungen in ausländischer Währung leisten zu können, hängt bei festen Wechselkursen vom Bestand an Währungsreserven ab. Dieses internationale Liquiditätsproblem begrenzt die nationalen Einsatzmöglichkeiten der Geldpolitik und Fiskalpolitik.

Liquiditäts-Theoretiker bestreiten die Möglichkeit einer genauen Abgrenzung der für die ökonomische Aktivität relevanten Geldmenge. Wegen der Existenz von Geldsubstituten und geldnahen Aktiva wird eine empirische und theoretische Abgrenzung des Geldmengenbegriffs ersetzt durch den Liquiditätsbegriff, allerdings wird dieser Begriff nicht eindeutig definiert; am einfachsten – wenn auch nicht unumstritten – wäre eine Definition in der Form: monetäre Basis plus freie Liquiditätsreserven der Banken (*Liquiditätssaldo*).

In dieser Weise wurde früher auch von der *Deutschen Bundesbank* in ihrem ökonomischen Modell die *Zentralbankgeldmengenbereitstellung* definiert; die Komponente monetäre Basis (oder auch: Zentralbankgeldmenge) ist dabei zwar abhängig vom Verhalten der Banken und Nichtbanken, die jedoch mit einer Beeinflussung der monetären Basis zugleich auch die Bankenliquidität ändern, ohne die Zentralbankgeldbereitstellung zu variieren. Da hierbei eine zweckmäßige Geldmengenabgrenzung nicht möglich ist und nur die gesamtwirtschaftliche Liquidität als entscheidende Variable der gesamtwirtschaftlichen Nachfrage gewertet werden kann, wird von Liquiditätstheoretikern die auf der traditionellen Geldangebotstheorie aufgebaute Geldmengenpolitik abgelehnt.

Die Liquiditätstheorie weist insbesondere auf die Bedeutung der Liquidität der Wirtschaftssubjekte hin. Nehmen z.B. in einem Konjunkturaufschwung die Investitionsvorhaben zu, so werden Forderungsrechte durch Geschäftsbanken monetisiert; deren Geldangebot erhöht sich damit. Wie von der *Banking-Theorie*[38] wird also auch von der *Liquiditätstheorie* das Geld als passives Medium gesehen, das nicht selbst irgendwelche wirtschaftlichen Aktivitäten anregt; vielmehr setzt eine steigende Geldmenge eine erhöhte Wirtschaftsaktivität voraus! Aber nicht nur die Geldmenge ist entscheidend für die Umsatzmöglichkeiten in einer Volkswirtschaft, sondern auch die *Geldsubstitute (Geldsurrogate),* die ebenso wie Geld als Zahlungsmittel dienen. Als Geldsubstitute gelten Zahlungsanweisungen (Schecks, Reiseschecks), Zahlungsverpflichtungen (Wechsel) und Kreditkarten, die also nach traditioneller Auffassung nicht zu den Geldmengenarten gerechnet werden. Kreditkarten stellen dabei eine Besonderheit dar, weil sie nicht eigentlich zu einer Zahlung führen, sondern eher zu einer Kreditaufnahme; diese wird zusammen mit anderen Forderungen und Verbindlichkeiten verrechnet, und nur in Höhe des Saldos aller Kontenvorgänge eines Wirtschaftssubjektes führt sie bei einer Verrechnungsstelle zu einer Zahlung.

---

[38] Vgl. zur Banking-Theorie auch Abschnitt 2.1.1

Die Liquidität der Wirtschaftssubjekte, die unmittelbar zu Zahlungen eingesetzt werden kann, setzt sich sowohl aus Geld wie auch aus Geldsubstituten zusammen. Es wird deshalb für die Geldnachfrage manchmal auch eine *Kreislaufgeschwindigkeit der Liquidität* formuliert, der die gleiche Bedeutung wie der Umlaufgeschwindigkeit des Geldes zukommt.

Die Liquiditätstheorie beschreibt die Beziehung zwischen monetärem und realwirtschaftlichem Bereich einer Volkswirtschaft durch das *Liquiditätssaldo-Konzept*, das *Kreditverfügbarkeitskonzept* und das *Konzept der subjektiven Liquidität(seinschätzung* individueller Wirtschaftssubjekte).

(1) Nach dem *Liquiditätssaldo-Konzept* ist die Beziehung zwischen gebundener Liquidität und der Summe aller Liquiditätssalden (Bestände an aktuellem und potentiellem Zentralbankgeld, also im Prinzip: die Mindestreserveeinlagen der Geschäftsbanken einschließlich der freien Liquiditätsreserven, d.h. die Zentralbankgeldmengenbereitstellung) für monetäre Wirkungen entscheidend. Steigt der Liquiditätssaldo durch restriktive geldpolitische Maßnahmen an, so sinkt tendenziell das Kreditangebot bei steigendem Zinsniveau. Diese steigenden Kreditkosten führen so zu einer Reduktion der Kreditnachfrage und damit des Kreditvolumens auf dem Kreditmarkt.

(2) Aber auch das *Kreditverfügbarkeitskonzept* mit seiner Wirkung auf das Kreditangebot spielt eine Rolle. Danach sinkt bei steigendem Kreditangebot das Zinsniveau, so daß für Kreditgeber die Opportunitätskosten für alternative Anlagen steigen; statt Kredite zu vergeben, werden nun die Kreditanbieter ihre Nachfrage nach Wertpapieren steigern, so daß das Kreditangebot tendenziell wieder reduziert wird. Im Prinzip gehen in dieses Konzept also auch Überlegungen der *Portfoliotheorie* ein.

(3) Nach dem *Konzept der subjektiven Liquidität* schließlich wird das *„Gefühl finanzieller Bewegungsfreiheit" (Gustav Schmölders)* der Wirtschaftssubjekte und damit ihr Verhalten durch geldpolitische Maßnahmen beeinflußt.

Die Liquiditätstheorie geht auf Untersuchungsergebnisse des *Radcliffe-Reports* von 1959 zurück. Ihre deutschen Begründer sind *Claus Köhler, Günter Schmölders* und *Wolfgang Stützel*.

Durch liquiditätstheoretische Untersuchungen über die Rolle der Finanzintermediäre, die Umlaufgeschwindigkeit des Geldes sowie über Umgehungsstrategien des Finanzsektors auf geldpolitische Maßnahmen hatte diese *„New-View"* neue Impulse für die Geldtheorie geliefert.

3.5 Wirkungen des Verhaltens der Geschäftsbanken auf das Geldangebot

3.5.1 Die Zentralbankgeldnachfrage der Geschäftsbanken

Die Steuerbarkeit des Geldangebotes durch die Zentralbank hängt insbesondere von der Zentralbankgeldnachfrage der Geschäftsbanken ab. Letztere ist nicht nur von deren freien Liquiditätsreserven, sondern auch von Portfolioüberlegungen etc. abhängig. Die Geschäftsbanken fragen Zentralbankgeld nach ganz bestimmten Kriterien nach, um Kredite anbieten zu können. Nach der *need-Theorie* (Abschnitt 3.5.2) werden Geschäftsbanken für ihr Kreditangebot Zentralbankgeld in einem ganz bestimmten, vorgegebenen Umfang nachfragen. Nach der *profit-Theorie* (Abschnitt 3.5.3) tun sie es nur dann, wenn der Interbankzins (Tagesgeldsatz) unterhalb des Kreditzinssatzes liegt. Schließlich kombiniert die *reluctance-Theorie* (Abschnitt 3.5.4) diese beiden Ansätze. Zu erwähnen ist noch die *Erwartungs-Theorie* (Abschnitt 3.5.5), die jedoch keinen Einfluß auf die Diskussion über die Motive einer Zentralbankverschuldung der Geschäftsbanken ausüben konnte.

3.5.2 Die need-Hypothese

Die *need-Theorie* wurde von *W.R. Burgess* und *W.W. Riefler* entwickelt. Ihr Ansatz stellt das Bedarfsmotiv als den Bestimmungsfaktor für eine Zentralbankkreditaufnahme in den Vordergrund. Die Hypothese besagt, daß Banken einen Zentralbankkredit nur dann in Anspruch nehmen, wenn ein unabweisbarer Refinanzierungsbedarf auftritt und er anders, beispielsweise über den Geldmarkt, nicht zu befriedigen ist. Bargeldabflüsse sind normalerweise der Hauptgrund für eine Kreditaufnahme. Weitere Gründe wären das Absinken der gehaltenen Reserven unter das geforderte Mindestniveau oder die schnelle und ausreichende Befriedigung von Kreditwünschen der Nichtbanken, denen die Banken aus langfristigen Gewinnüberlegungen nicht ausweichen können.

Das *need-Motiv* basiert auf einer traditionell negativen Haltung des amerikanischen Bankensystems gegenüber einer Verschuldung bei der Zentralbank, in den USA beim *Federal Reserve System FRS*. Die *„tradition against borrowing"* hat ihre Ursache in der Einstellung der Kreditinstitute, daß Verbindlichkeiten gegenüber der Zentralbank, die juristisch gegenüber Einlagen von Nichtbanken als vorrangig eingestuft werden, mit den Grundsätzen des Bankgeschäfts nicht vereinbar sind.

Mit der Inanspruchnahme eines Notenbankkredits ist eine Verschlechterung des *standing* verknüpft. Eine hohe Verschuldung oder eine langfristige Kreditaufnahme amerikanischer Banken beim *FRS* gilt als unsolide. Bonitätsverluste bzw. eine Reduzierung der Kreditwürdigkeit (*rating*) sind die Folge. Dies führt zu höheren Refinanzierungskosten an den Geld- und Bondsmärkten. Sollte ein Notenbankkredit unausweichlich sein, so ist die kreditnehmende Bank bestrebt, die eingegangenen Verbindlichkeiten schnellstmöglich zu tilgen. Möglich ist dies durch Beschränkungen in der Neukreditvergabe, den Verkauf von Wertpapieren oder einer Verschuldung auf dem Interbankengeldmarkt.

Tritt dennoch eine solche Situation ein, so muß sich das betreffende Institut auf eine strenge Überprüfung durch das *FRS* einstellen. Eine exzessive Verschuldung wird durch nicht-pekuniäre Sanktionen geahndet: Der Kreditnehmer wird einer intensiven Überwachung unterzogen.

Notenbankkredite sollen grundsätzlich nur dann gewährt werden, um einen saisonalen und vorübergehenden Mittelbedarf der Banken zu befriedigen und nicht um den Gewinn der Kreditinstitute zu steigern. Entsprechend gewährt die amerikanische Zentralbank generell nur dann Kredite, wenn unvorhergesehene Einlagenabflüsse zu kompensieren sind (*lender of last resort*) bzw. um den Instituten einen nicht abweisbaren Kreditwunsch guter Kunden erfüllen zu helfen. Die Kreditlaufzeit ist auf maximal 15 Tage beschränkt; dennoch erfolgt eine Kredittilgung im Durchschnitt bereits nach fünf Tagen. Lediglich bei ungewöhnlichen Umständen ist die amerikanische Zentralbank bereit, Liquidität mit einer Laufzeit von bis zu 90 Tagen bereitzustellen. Prinzipiell erfolgt die Kreditvergabe nur gegen Hinterlegung erstklassiger Deckungssicherheiten wie Handelswechsel, *commercial papers* oder Staatspapiere.

Die empirisch belegbare *„tradition against borrowing"* ist von dem *FRS* nicht nur gewünscht, sondern wird von ihm gefördert. Institutionalisiert wurde die historisch gewachsene Verschuldungsabneigung in den 50er Jahren durch die *Regulation A*. Sie erlaubt ausschließlich dann eine Kreditvergabe, wenn unvorhergesehene Einlagenabflüsse eingetreten sind oder wenn ein saisonaler Kreditbedarf besteht, der momentan nicht aus bankeigenen Mitteln gedeckt werden kann.

Zins- und Kostenkalküle sind nach dem need-Ansatz nicht entscheidungsrelevant. Zwar erkennen *Burgess* und *Riefler* solche *profit*-Motive an, billigen ihnen jedoch lediglich eine untergeordnete Rolle zu.

3.5.3 Die profit-Hypothese

Die Prädominanz der *Bedarfsaspekte* als Bestimmungsgründe einer Verschuldung bei der Notenbank wird von *R.C. Turner* bezweifelt. Sein Ansatz rückt den Gewinnaspekt in den Vordergrund.

Turner unterstellt ein rational handelndes Kreditinstitut, das nach Gewinnmaximierung strebt. Um hohe Renditen im Aktivgeschäft zu erwirtschaften, die sich in hohen Marktsätzen dokumentieren, sind die Banken bereit, ihre Zentralbankkreditaufnahme auszuweiten. Die Kreditinstitute sind demnach bereit, Notenbankkredite aufzunehmen, solange

- die Grenz-(refinanzierungs-)kosten kleiner sind als die Grenzerträge des Aktivgeschäfts oder
- der Zentralbankkredit kostengünstiger als alternative Refinanzierungsquellen ist bzw. der Zugang zu solchen Quellen versperrt ist.

Diesen *profit*-Überlegungen folgend sind die Geschäftsbanken nicht bestrebt, ihr Obligo bei der Notenbank so schnell wie möglich zurückzuführen. Im Gegenteil, sie sind bereit, dauerhafte Debitpositionen zu halten, solange mit diesem Zentralbankgeld positive Nettoerträge erzielbar sind. *Turner* räumt allerdings ein, daß die Zentralbankverschuldung der Kreditinstitute nicht ausschließlich durch *profit*-Motive beeinflußt wird. Neben anderen Faktoren, wie Standing, Größe und Portfoliostruktur einer Bank, ist dieses Motiv allerdings dominierend. Die anderen Einflußgrößen bestimmen lediglich eine Obergrenze für die Nachfrage nach Notenbankkrediten. Damit erkennt *Turner* eine *„tradition against borrowing"* an, spricht ihr aber einen alles andere überlagernden Einfluß ab. Eine unter anderem durch sie gezogene Verschuldungsgrenze ist für ihn nicht absolut. Die Abneigung gegen einen Notenbankkredit wächst mit zunehmendem Schuldenstand. Der Auslastungsgrad der Zentralbankfacilitäten ist ebenso wie die durch die Verschuldungsabneigung gezogene Verschuldungsgrenze abhängig von sich bietenden Gewinnmöglichkeiten, also von *profit*-Überlegungen.

3.5.4 Die reluctance-Hypothese

M.E. Polakoff und *W.L. Silber* strebten eine Verbindung der oben vorgestellten Grundmotive zu einem einzigen Theoriegebäude an. Nach ihrer *reluctance-These* wird die Zentralbankkreditnachfrage der Banken durch zwei gegenläufige Tendenzen bestimmt. Dem Gewinnmotiv folgend sind die Kreditinstitute grundsätzlich zu einer Verschuldung bei der Notenbank bereit. Diese Bereitschaft setzt eine positive Zinsdifferenz (*profit spread*) zwischen Refinanzierungs- und Ertragssätzen im Aktivgeschäft voraus.

Parallel mit einem ansteigenden Verschuldungsvolumen vergrößern sich jedoch sogenannte „*disutilities*". Dabei handelt es sich um psychologische Kosten der Verschuldung, die – bei steigender Kreditaufnahme – eine wachsende Abneigung gegen eine erneute Notenbankinanspruchnahme entstehen lassen. Die „*disutilities*" stellen damit ein Sammelbecken für folgende Tatbestände dar:

- Die Androhung bankenaufsichtlicher Konsequenzen z.B. können zu (negativen) Anreizen und damit zur freiwilligen Schuldenstand-Begrenzung führen, wenn die eingegangenen Zentralbankverbindlichkeiten ein gewisses Volumen überschreiten (institutionelle Regelungen).
- Eine hohe vertikale Verschuldung der Kreditwirtschaft ist mit einer individuell unterschiedlich ausgeprägten „*tradition against borrowing*" unvereinbar.
- Bei ausgeschöpften Refinanzierungslinien besteht das Risiko, sich bei unvorhergesehenen Barabzügen und/oder Clearingsalden nicht entsprechend refinanzieren zu können. Daher halten sich die Banken einen Refinanzierungsspielraum offen und zwar unabhängig von sich ihnen bietenden Gewinnchancen.

Die *reluctance-Hypothese* geht also von einer prinzipiellen Verschuldungsbereitschaft aus. Eine steigende Kreditaufnahme ist aber mit wachsenden „*disutilities*" verbunden, was dämpfend auf die Nachfrage nach Zentralbankkrediten einwirkt.

Auf Grund der beschriebenen Tendenzen existiert für die Kreditwirtschaft eine optimale Verschuldung. Sie ist dann erreicht, wenn das Verhältnis aus positivem Grenznutzen (Gewinn) und negativem Grenznutzen *(disutilities)*, resultierend aus einer zusätzlichen Verschuldung, gerade der Netto-Gewinnmarge entspricht.

Die Anreize *Gewinnerzielung* und *Verschuldungsnachteile* sind beide Argumente einer Nutzenfunktion; sie stehen in einem substitutiven Verhältnis zueinander. Es gilt

(1) $U = U_1(G) + U_2(Kr)$,

mit G = Gewinn und Kr = Kreditaufnahme; außerdem ist $U_1' > 0$ und $U_2' < 0$ unterstellt. G wiederum ist abhängig vom Volumen der Kreditaufnahme:

(2) $G = Kr (i - i_D)$

mit i = Marktzins und i_D = Refinanzierungszins. Bildet man die erste Ableitung der Nutzenfunktion

$$\frac{dU}{dKr} = \frac{\partial U}{\partial G} \frac{\partial G}{\partial Kr} + \frac{\partial U}{\partial Kr} ,$$

setzt diese gleich Null und bezieht Gleichung (2) mit ein, so ergibt sich die Optimalbedingung für eine nutzenmaximierende Kreditaufnahme

(3) $\quad -\dfrac{\dfrac{\partial U}{\partial Kr}}{\dfrac{\partial U}{\partial G}} = i - i_D.$

$\underbrace{\qquad}_{\text{GRS}} \quad \underbrace{\qquad}_{\text{least cost spread}}$

Die linke Gleichungsseite entspricht der Grenzrate der Substitution. Unter der Annahme eines zunehmenden Grenzverschuldungsnachteils und eines konstanten Grenzgewinnnutzens steigt die Grenzrate der Substitution grundsätzlich an. Es ergibt sich eine konvexe Indifferenzkurvenschar mit positiver Steigung. Je weiter eine Indifferenzkurve vom Ursprung entfernt ist, desto größer ist der durch sie repräsentierte Nutzen.

Die rechte Gleichungsseite, der *least-cost-spread*, ist mittels einer Opportunitätslinie darstellbar. Auf ihr liegen alle, bei gegebener Zinsdifferenz realisierbaren G-Kr-Kombinationen. Ihr Steigungswinkel ist durch den Tangens der Zinsdifferenz bestimmt.

Die nutzenmaximale Kreditaufnahme ergibt sich jetzt durch den Tangentialpunkt zwischen Indifferenzkurve I und Opportunitätslinie O; hier ist Gleichung (3) erfüllt.

Graphisch ist die optimale Verschuldung in Abbildung 15 dargestellt:

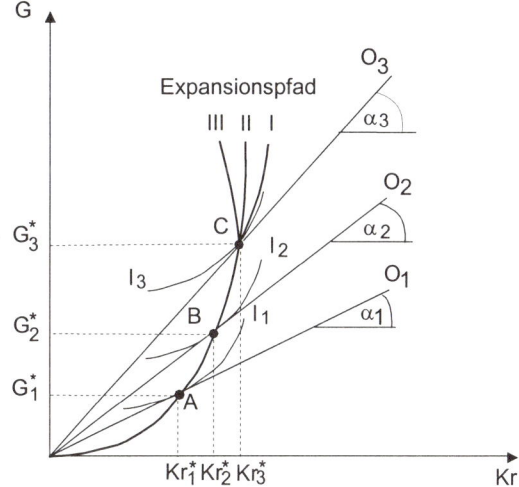

Abbildung 15

Mit einer Veränderung der Netto-Zinsmarge variiert die Steigung der Opportunitätslinie. Dies führt zu neuen Tangentialpunkten. Die Verbindungslinie aller Tangentialpunkte ist der *Expansionspfad*. Um seinen Verlauf zu bestimmen, sind weitere Annahmen nötig.

Für *Pfad I* gilt ein starkes Absinken der Verschuldungsbereitschaft bei ansteigender Netto-Kreditaufnahme. Der marginale Verschuldungsnachteil steigt ab einem bestimmten Refinanzierungsobligo relativ stark an. Dies ist dann der Fall, wenn bestimmte Einflußgrößen, beispielsweise eine *„tradition against borrowing"* bei einem geringen

Schuldenstand nicht entscheidungsrelevant sind und erst bei zunehmender Verschuldung an Bedeutung gewinnen.

Zusätzlich zu den Annahmen für Pfad I gilt bei *Pfad II* eine absolute, nicht überschreitbare Obergrenze für die insgesamt von der Zentralbank gewährten Kredite. Dieser Grenze (z.B. eingeräumte Rediskontkontingente) nähert sich Expansionspfad II asymptotisch an.

Pfad III postuliert schließlich einen bei steigenden Gewinnen abnehmenden Grenzgewinnnutzen.

3.5.5 Die Erwartungshypothese

Hauptvertreter der *Erwartungshypothese* ist *W. Smith*. Er betrachtete die Ankündigungseffekte von Änderungen der Refinanzierungssätze. Neben *profit*- und *need*-Aspekten sind auch Erwartungen über die zukünftige Geldpolitik für die Nachfrage nach Zentralbankkrediten relevant. Die Erwartungshypothese besagt, daß die Kreditwirtschaft Zinsänderungstendenzen zu antizipieren trachtet, um sich in ihrer Verschuldungspolitik frühzeitig neu auszurichten.

Werden kontraktive geldpolitische Maßnahmen erwartet, so ist eine vermehrte Kreditaufnahme sinnvoll, da die künftig höheren Refinanzierungskosten zumindest vorläufig noch vermieden werden können. Ein umgekehrtes Geschäftsbankenverhalten ist zu erwarten, wenn sie eine Lockerung der geldpolitischen Zügel als wahrscheinlich einstufen. Jetzt besteht ein Anreiz, die Verbindlichkeiten so weit wie möglich zu reduzieren, um die Debitpositionen nach erfolgtem, politischen Kurswechsel wieder aufzufüllen.

3.6 Kreditmarkttheorien des Geldangebots

3.6.1 Die Kreditmarkttheorie von Brunner und Meltzer

Im Gegensatz zu der traditionellen (mechanistischen) Geldangebotstheorie wird die Geldmenge in der monetaristisch orientierten *„Kreditmarkttheorie des Geldangebotes"* im Modell von *Karl Brunner* und *Allan Meltzer* nicht exogen betrachtet, sondern als Vermögenstitel, deren Höhe neben der von der Zentralbank bereitgestellten Geldbasis vom Portfolioverhalten der Geschäftsbanken und Nichtbanken abhängt. Das Geldangebot wird daher auch von der Kreditnachfrage (Verhalten der Nichtbanken) bestimmt und ist damit zinsreagibel. So führt in einem solchen Modell z.B. eine Erhöhung der Kreditnachfrage *ceteris paribus* zu einem Zinsanstieg, wodurch die Geschäftsbanken angeregt werden, ihre Überschußreserven oder Refinanzierungsmöglichkeiten bei der Zentralbank zur Erhöhung des Kreditangebotes und damit auch des Geldvolumens einzusetzen.

Grundlage der multiplen Geldschöpfung in der mechanistischen Geldangebotstheorie ist die Kreditgewährung der Geschäftsbanken. Dieser Ansatz impliziert eine unendlich große Kreditnachfrage durch die Nichtbanken, da ja das Kreditangebot der Banken vollständig aufgesogen wird. Selbstverständlich stellt sich die Situation *realiter* anders dar. Das von dem Geschäftssektor kreierte Kreditvolumen ist von der vorhandenen Kreditnachfrage seitens des Publikums abhängig. Im folgenden soll deshalb der Kreditmarkt analysiert werden. Aus der gleichgewichtigen Kreditmenge ist dann im nächsten Schritt das Angebot an Geld ableitbar. Anschließend wird der Frage nachgegangen, ob es sich bei diesem Geldangebot um die Geldmenge M1 handeln kann oder um ein anderes Geldmengenaggregat handeln muß.

Den Kreditinstituten wird gewinnmaximierendes Verhalten unterstellt. Das *Kreditangebot der Banken* ist abhängig von den Ertrags- und Kostensätzen der Kreditvergabe. Sie korreliert positiv mit den Ertragszinsen (Kreditzinsen) und negativ mit den durch die Kreditvergabe hervorgerufenen Refinanzierungs- und Opportunitätskosten.

Die *Kreditnachfrage* des Publikums ist determiniert durch die Kreditkosten, das nominelle Volkseinkommen und das Vermögen der Nichtbanken. Die Nachfrage nach Bankkrediten wächst mit steigendem Volkseinkommen und Vermögen, sie schrumpft mit zunehmenden Kreditzinsen.

Es gilt also:

$$Kr^A = Kr^A \, (i; \, d; \, r), \quad \text{wobei} \quad \frac{\partial Kr^A}{\partial i} > 0, \frac{\partial Kr^A}{\partial d} < 0, \frac{\partial Kr^A}{\partial r} < 0, \qquad \text{und}$$

$$Kr^N = Kr^N \, (i; \, Y; \, V), \text{wobei} \quad \frac{\partial Kr^N}{\partial i} < 0, \frac{\partial Kr^N}{\partial Y} > 0, \frac{\partial Kr^N}{\partial V} > 0, \quad \text{mit}$$

Kr^A = Kreditangebot; Kr^N = Kreditnachfrage; i = Sollzins; d = Refinanzierungssatz; r = Mindestreservesatz; Y = nominales Volkseinkommen und V = nominales Vermögen.

Beide Funktionen, die den Kreditmarkt symbolisieren, sind in einem Kredit/Zins-Diagramm in Abbildung 16 dargestellt. Das Angebot von und die Nachfrage nach Bankkrediten kommen im Punkt A zum Ausgleich. Es ergeben sich das gleichgewichtige Kreditvolumen (Kr^*) und der dazu gehörende gleichgewichtige Kreditzins (i^*).

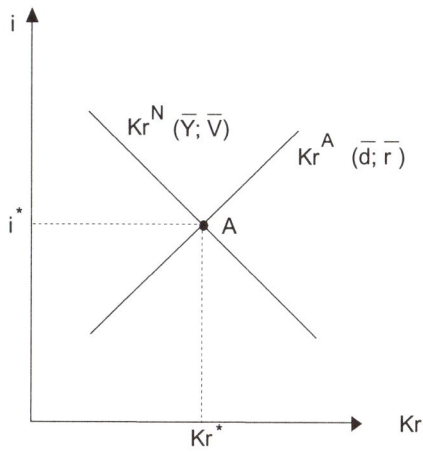

Abbildung 16

Ein größeres Kreditvolumen kann jetzt aus einer erhöhten Nachfrage (beispielsweise durch ein gestiegenes Volkseinkommen) oder aus einer Angebotssteigerung (beispielsweise induziert durch eine expansive Geldpolitik) resultieren. Diese Fälle sind in Abbildung 17 dargestellt.

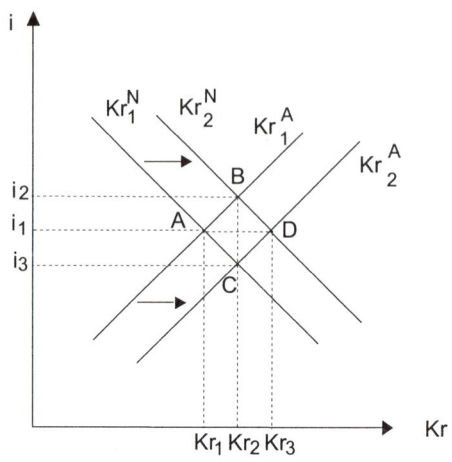

Abbildung 17

Im ersten Fall (Punkt B) steigt der Kreditzins auf i_2, so daß die Kreditinstitute angeregt werden, ihr Kreditangebot auf K_2 auszudehnen. Im zweiten Fall wird Punkt C realisiert. Da es auf der Nachfrageseite zu keiner strukturellen Änderung gekommen ist, kann das gewachsene Kreditangebot nur zu einem niedrigeren Zins (i_3) am Markt abgesetzt werden. Treten beide beschriebenen Variationen gleichzeitig auf, so kommt es im Punkt D zu einem neuen Gleichgewicht. Die Kreditmenge K_3 wird zu dem unveränderten Zinssatz (i_1) von der Nachfrage aufgenommen.

Aus einem gegebenen Kreditvolumen ist jetzt in Abbildung 18 die Geldangebotsfunktion ableitbar, da einer bestimmten Kreditmenge auch eine spezifische Geldmenge zugeordnet ist: Geld- und Kreditmenge entwickeln sich gleichgerichtet.

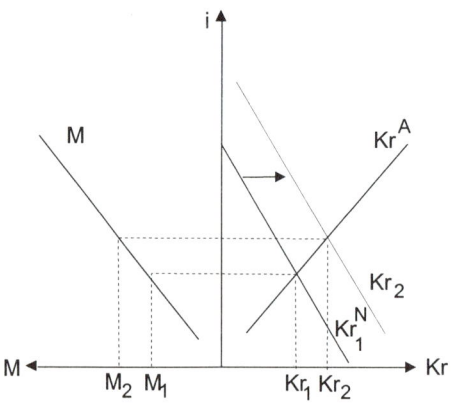

Abbildung 18

Eine Veränderung der Kreditnachfrage der Nichtbanken – in Abbildung 18 von Kr_1^N zu Kr_2^N – führt sowohl zu einem gestiegenen Zins als auch zu einer erhöhten Geldmenge (von M_1 zu M_2 in Abbildung 18). Es kommt zu einer Bewegung entlang der gegebenen Geldangebotsfunktion. Die M-Funktion ist in ihrer Lage konstant, da ihre Lageparameter unverändert bleiben. Gleiches gilt für die Kreditangebotsfunktion der Banken. Geändert hat sich beispielsweise das Volkseinkommen; hieraus resultiert die gestiegene Kreditnachfrage, die aber erst zu einem höheren Kreditzins von den Banken befriedigt wird.

Das Geldangebot ist eine zunehmende Funktion des Zinssatzes. Der ansteigende Zins induziert eine Ausweitung des Kreditvolumens und damit der Sichtdepositen im Geschäftsbankensektor. Eine Kreditvolumenausweitung erfordert also eine erhöhte Menge an Basisgeld, welches die Kreditinstitute über diverse Refinanzierungsmechanismen von der Notenbank erhalten. Sind die Refinanzierungsquellen erschöpft, würde i Abbildung 18 sowohl das Kreditangebot als auch das Geldangebot zu Vertikalen. Beide wären dann in bezug auf den Zins völlig unelastisch.

Kommt es zu einer veränderten Geldpolitik, schwenkt die Zentralbank z.B. auf einen expansiven Kurs ein, so verschiebt sich die Geld- und mit ihr die Kreditangebotsfunktion. Dies ist in Abbildung 19 dargestellt.

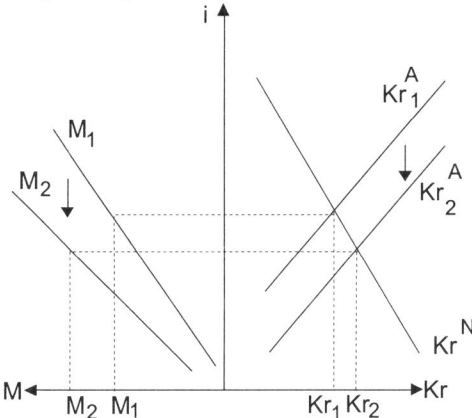

Abbildung 19

Eine gestiegene monetäre Basis im Verfügungsbereich der Banken animiert diese zu einer Ausdehnung ihres Kreditangebotes. Es kommt bei sinkenden Zinsen zu einer Erhöhung des Kreditvolumens und der Geldmenge. Dieser Prozeß kann aber auch vom Publikum ausgehen. Ein expansiver Impuls tritt immer dann ein, wenn die Nichtbanken ihre Bargeldbestände zugunsten von Buchgeld abbauen. Auch so wird dem Geschäftsbankensektor zusätzliche, ungebundene monetäre Basis zur Verfügung gestellt.

Die *Kreditmarkttheorie* definiert die von ihr unterstellte Geldmengenart nicht eindeutig. Es kann jedoch nur die Geldmenge M1 gemeint sein. Zur Verdeutlichung sei als Ausgangspunkt eine Boomphase gewählt. Die Geschäftsbanken sehen sich einer gestiegenen Kreditnachfrage des Publikums mit entsprechend lukrativen Gewinnmöglichkeiten gegenüber. Die Politik der Zentralbank bleibe unverändert, sie will eine konjunkturelle Überhitzung vermeiden. Die Notenbank ist nicht bereit, den Kreditinstituten über die bereits gewährten Refinanzierungsbedingungen hinaus Zentralbankgeld zur Verfügung zu stellen. Ungebundenes Zentralbankgeld stellt aber eine zwingende Voraussetzung dar, wenn die Banken die gestiegene Kreditnachfrage des Publikums befriedigen wollen.

Durch Shifting[39] besteht eine Möglichkeit, in den Besitz von nicht durch die Mindestreservepflicht gebundenes Basisgeld zu gelangen.

Graphisch ist dies für die Geldmenge M1 in Abbildung 20 dargestellt und für die Geldmenge M3 in Abbildung 21. Doch auch für diese könnte sich eine negative Korrelation mit dem Zinssatz ergeben, wenn in einer rezessiven Phase Nichtbanken von sich aus an Banken herantreten, um ihre Sichteinlagen in Termin- und Spareinlagen bei allerdings dann sehr niedrigem Zinssatz umzuschichten; dieser Fall soll hier jedoch nicht weiter verfolgt werden.

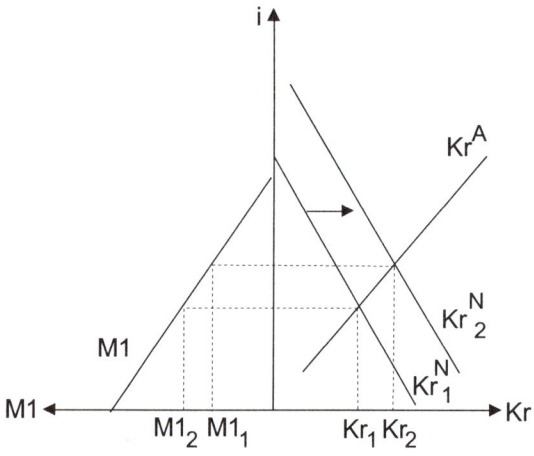

Abbildung 20

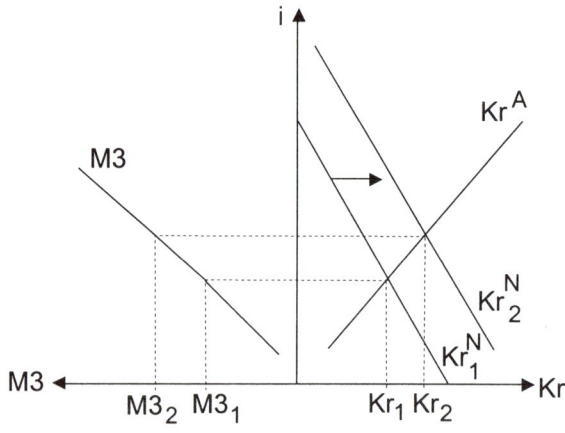

Abbildung 21

Neben der Initiierung von Umschichtungsprozessen innerhalb der Passiva existiert für die Kreditinstitute eine weitere Möglichkeit, sich mit benötigtem Zentralbankgeld zu

---

[39] Vgl. zur Einlagenumschichtung Abschnitt 3.3.1.

versorgen, ohne auf Refinanzierungsfacilitäten der Zentralbank zurückgreifen zu müssen. Sie können festverzinsliche Wertpapiere an Nichtbanken verkaufen (*aktivische Refinanzierung*[40]); es kommt zu einer Bilanzverkürzung, da sowohl die Bestände an Wertpapieren als auch die Bestände an Sichteinlagen abnehmen. Auch hier wird Mindestreserve freigesetzt, gleichzeitig sinken alle Geldmengenaggregate von M1 bis M3. Die jetzt vorhandene Überschußreserve kann wieder zur Kreditvergabe eingesetzt werden. Alle Geldmengenaggregate erreichen nun ihr Ursprungsniveau bei gleichzeitig gestiegenem Kreditvolumen. Folglich muß auch hier die Umlaufgeschwindigkeit u zugenommen haben.

Bilanziell stellt sich die Situation wie folgt dar:

Zeitpunkt t_0:

	Gbk			
MR	10	Si	100	M1 = 100
WP	100	sonstige Passiva	10	M3 = 100
				Kr = 0
	110		110	

Zeitpunkt t_1:

	Gbk			
ÜR	10	sonstige Passiva	10	M1 = 0
				M3 = 0
				Kr = 0
	10		10	

Zeitpunkt t_2:

	Gbk			
MR	10	Si	100	M1 = 100
Kr	100	sonstige Passiva	10	M3 = 100
				Kr = 100
	110		110	

In diesem Fall bleibt das Volumen der Geldmengen M1 und M3 durch die Transaktionen unverändert, allerdings steigt das Kreditvolumen, wie es auch in Abbildung 22 dargestellt werden kann.

---

[40] Vgl. Abschnitt 3.3.2.

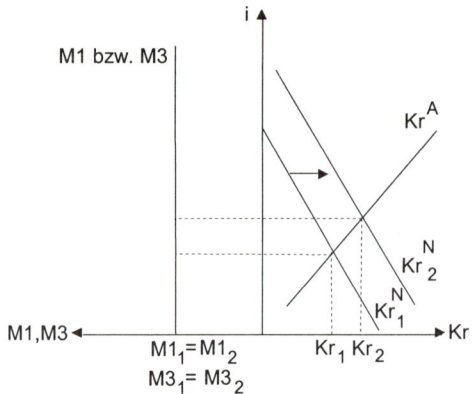

Abbildung 22

In beiden angeführten Fällen kommt es zu einer Erhöhung der Umlaufgeschwindigkeit. Dies resultiert aus der Tatsache, daß einige Nichtbanken ihre Sichtdepositen zugunsten längerfristiger Anlageformen aufgeben. Offensichtlich benötigen sie ihr Verfügungsrecht über die Sichteinlagen nicht. Durch Zinsanreize gelingt es den Kreditinstituten, ruhende Kassenbestände (*idle money*) zu aktivieren.

Die Annahme einer mit dem Zins positiv korrelierten Geldangebotsfunktion hat sich hier, betrachtet man ausschließlich M1, als irrig herausgestellt. Ihr Verlauf hängt vielmehr von der Finanzierungsart der Kreditangebotsausweitung ab. Auf andere Aggregate abzustellen macht jedoch wenig Sinn, da ausschließlich M1 zu Umsatzzwecken einsetzbar ist.

3.6.2 Theorien der Kreditrationierung: Zinsobergrenzen, vorübergehende Ungleichgewichte und asymmetrische Information

Mengeneffekte der Geldpolitik können auch über die sogenannten Ansätze der Kreditrationierung begründet werden. Ein zentrales Element dieser Theorien besteht darin, daß auf dem Kreditmarkt ein nicht-marträumender Zinssatz vorherrscht, bei dem die Kreditnachfrage als längere Marktseite durch das Kreditangebot als kürzere Marktseite rationiert wird.

Es lassen sich dabei schwerpunktmäßig drei Varianten von Kreditrationierungen begründen. Eine *erste Form* der Kreditrationierung basiert auf der Existenz administrativer Maßnahmen: Diese können etwa aus einer durch das Rechtssystem vorgegebenen Zinsobergrenze bestehen, die häufig aus religiösen Motiven *(islamic banking)* oder aus der Absicht, die Kreditnehmer vor Wucherzinsen zu schützen, abgeleitet werden. Solche Formen der Kreditrationierung lassen sich analog zur in der mikroökonomischen Theorie bekannten Theorie der Höchstpreise analysieren.

Eine *zweite Form* der Kreditrationierung ergibt sich als Folge eines vorübergehenden Ungleichgewichts während des Anpassungsprozesses an ein neues Gleichgewicht, wie es in Abbildung 23 dargestellt wird.

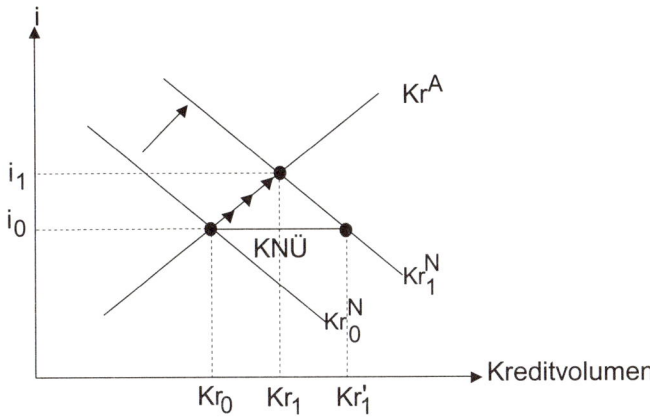

Abbildung 23

Ausgangspunkt sei ein Kreditmarktgleichgewicht in (i_0, Kr_0). Verschiebt sich nun durch einen exogenen Schock die Kreditnachfrage auf das Niveau Kr_1^N, und erfolgt die Anpassung an das neue Gleichgewicht nicht unendlich schnell, so entsteht zunächst ein Kreditnachfrageüberschuß $Kr_1' - Kr_0$. Da sich bei nicht markträumenden Preisen (hier: dem Zins) stets die kürzere Marktseite durchsetzt, wird nur das Kreditvolumen Kr_0 realisiert. Die lange Marktseite (hier: Kr^N) wird rationiert. Der Umstand der Rationierung dient jedoch als Signal für eine kommende Zinserhöhung, so daß im Zeitablauf die Rationierung abgebaut wird. Das markträumende Gleichgewicht befindet sich im Punkt (i_1, Kr_1).

Die *dritte* und bedeutendste *Form* der Kreditrationierung versteht Kreditrationierung als ein Gleichgewichtsphänomen, das aus der Existenz asymmetrischer Informationen resultiert. Grundsätzlich werden in der modernen Informationsökonomik zwei Ansätze unterschieden: (a) Modelle mit negativer Auslese (*adverse selection*), in denen die Kreditnachfrager *vor* dem Abschluß des Kreditvertrages über einen Informationsvorsprung verfügen, und (b) Theorien, in denen der Aspekt des moralischen Wagnisses (*moral hazard*) im Vordergrund der Analyse steht. Im folgenden wird die Argumentation bei negativer Auslese (Fall (a)), die auf *Stiglitz* und *Weiss* basiert, etwas ausführlicher betrachtet.

Stiglitz und *Weiss* gehen von der Annahme aus, daß n Gruppen von Investoren existieren. Die der jeweiligen Gruppe zugeordneten Investitionsprojekte weisen eine Streuung der Erträge in Höhe von σ_i (i = 1, ..., n) auf; dabei gelte, daß $\sigma_i > \sigma_j$ für i > j. Der Erwartungswert der Bruttoerträge sei für alle Investitionsprojekte gleich hoch. Außerdem wird von folgenden Annahmen ausgegangen:

- Jeder Investor verfüge nur über ein einziges Projekt, das einer der n Gruppen zugeordnet werden kann.
- Nur der Investor kennt den möglichen Projektertrag G und damit die Gruppenzugehörigkeit seines Projektes.
- Alle Projekte erfordern jeweils ein Finanzierungsvolumen von Krediten Kr.

- Die zu vergebenden Kredite können nicht vollständig abgesichert werden. Bei einem Besicherungswert BS des Kredits Kr und einem Kreditzinssatz i gelte BS + G_{min} < (1 + i)Kr mit G_{min} als (sicherer) Mindestertrag des Projekts.

Der Investor erleidet maximal einen Verlust in Höhe der Besicherung des Projekts, also BS. Da die Bank einen Teil der Verluste im Bereich G < (1 + i) Kr - BS trägt, die Investoren aber alle zusätzlichen Gewinne für G > (1 + i) Kr - BS erhalten, muß der Erwartungswert der Gewinne E(G) mit dem Risiko σ_i der Projektgruppe steigen. Dementsprechend werden Investoren mit höheren Risiken (größere Streuung der Erträge) einen Kredit nachfragen, während die anderen Gruppen, die ein geringeres Risiko aufweisen, nicht investieren und damit auch keinen Kredit nachfragen werden. Dies ist der *adverse selection*-Effekt.

Eine Zinserhöhung bewirkt daher zwei Effekte: (1) Im Rückzahlungsfall entstehen höhere Zinseinnahmen; (2) durch die negative Auslese wird ein erhöhtes Kreditausfallrisiko erzeugt.

Die Kurve des Erwartungswerts des Bankgewinns $E(G^{Bank})$ in Abbildung 24 kann daher für eine diskrete Anzahl der Investorengruppen nicht monoton steigen. Vielmehr nimmt dieser Erwartungswert $E(G^{Bank})$ von einem bestimmten Wert an wieder ab, da bei höheren Kreditzinssätzen der Anteil der risikoreicheren Projekte zunimmt und damit Verlustrisiken steigen.

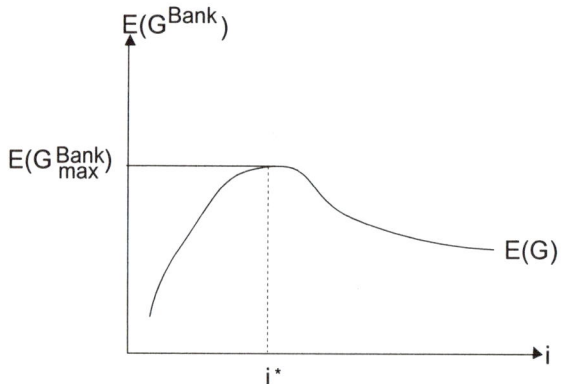

Abbildung 24

Unabhängig vom Verlauf der Kreditnachfrage-Kurve wird eine Bank den Erwartungswert des Bankgewinns zu maximieren versuchen und den dazugehörigen Zinssatz i* fordern. Da der Erwartungswert des Bankgewinns mit einer entsprechenden Kreditvergabe einhergeht, gilt für die Struktur der Kreditangebots-Kurve ein gleichartiger Verlauf.

Ausgehend von einem Rationierungsgleichgewicht (i**, Kr_0) in Abbildung 25 wirkt sich eine expansive Geldpolitik wie folgt aus:

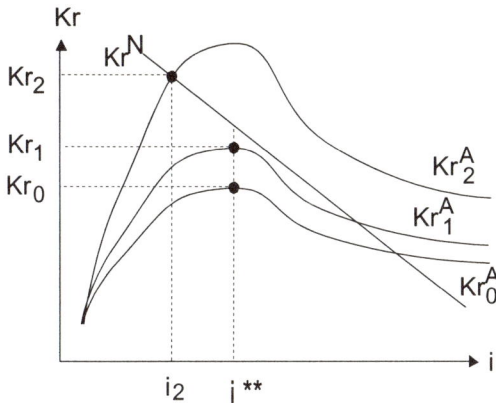

Abbildung 25

Eine nur schwach expansive Geldpolitik reduziert die Refinanzierungskosten der Bank nur unwesentlich und führt deshalb nur zu einer etwas erhöhten Kreditangebotsfunktion Kr_1^A; hier liegt das neue Marktgleichgewicht bei unverändertem Zinssatz i^{**} und einem größeren Kreditvolumen Kr_1. Es erfolgen mithin ausschließlich Mengenreaktionen. Bei einer hinreichend stark expansiven Geldpolitik kann das Kreditangebot wegen der beträchtlich gesunkenen Refinanzierungskosten z.B. auf das Niveau Kr_2^A ausgedehnt werden; es liegt keine Rationierung mehr vor, das Zinsniveau sinkt auf i_2 und das Kreditvolumen steigt auf Kr_2.

Innerhalb des hier diskutierten Modells wird nicht berücksichtigt, daß gegebenenfalls weitere Instrumente existieren, die es ermöglichen, das Kreditrationierungsphänomen zu umgehen[41]: So besteht etwa die Möglichkeit,

(1) mehrperiodische Kreditbeziehungen zu etablieren. Dies ermöglicht es der Bank, spezifische Charakteristika ihrer Kunden zu erlernen, um so das Ausmaß der Asymmetrie der Informationen zu verringern. Auf diese Weise kann das Problem der negativen Auslese umgangen werden. In Ansätzen des moralischen Wagnisses (*moral hazard*) ermöglicht eine Wiederholung der Geschäftsbeziehung dem Kreditnehmer den Aufbau einer Reputation zur Wahl wenig riskanter Projekte.

(2) Eine andere Möglichkeit, der negativen Auslese vorzubeugen, ergibt sich bei einer Endogenisierung des Kreditvolumens. Wird dieses auf das Niveau $Kr = \dfrac{BS + G_{min}}{1+i}$ beschränkt, so besteht kein Kreditausfallrisiko mehr.

(3) Das Angebot verschiedener Kreditverträge kann eine Selbstauslese der Kreditnehmer erzeugen. In solchen *screening-Strategien* werden etwa zwei Angebote derart strukturiert, daß der eine Vertrag von Investoren mit relativ sicheren Projekten bevorzugt wird und der andere von den Kreditnachfragern mit den riskanteren Investitionen. Für den ersten Vertrag wird tendenziell eine höhere Besicherung verlangt,

---

[41] Einen guten Überblick über Prinzipal-Agent-Probleme und deren Lösungsmöglichkeiten bietet das Buch *Erlei/Leschke/Sauerland* (1999), Neue Institutionenökonomik, Stuttgart, Kapitel 2.

dafür aber ein relativ geringer Zinssatz gefordert, während der zweite umgekehrt nur eine niedrige Besicherung bei relativ hohem Zinssatz vereinbart.

(4) Im Fall des *moral hazard*-Problems kann die Festlegung der Projektwahl im Kreditvertrag durch eine nachträgliche Überprüfung des Verhaltens des Investors im Konkursfall *(monitoring)* unterstützt werden.

(5) Es bleibt auch zu überprüfen, ob eine Beteiligungsfinanzierung nicht günstiger ist.

(6) Ein risikoarmer Kreditnehmer kann der Bank gegebenenfalls glaubwürdige Signale *(signalling)* zukommen lassen, die den Charakter seines Investitionsprojektes zu erkennen geben.

Literatur zum III. Kapitel

1. Abschnitt

Bechler, Ekkehard: Geld und Währung, Bd. 1: Theorie des Geldes und der Geldpolitik, München 1978.

Claassen, Emil-Maria: Die Definitionskriterien der Geldmenge: M_1, M_2, ... oder M_x?, in: Kredit und Kapital, 7. Jg. (1974), S. 273ff.

Duwendag, Dieter [u.a.]*:* Geldtheorie und Geldpolitik in Europa, 5. Aufl., Berlin u.a.O. 1999.

Euba, Norbert: Der „Münzgewinn" der Geldschöpfung und seine Verteilung, in: WiSt, 7. Jg. (1978), S. 49ff.

Friedman, Milton: Die optimale Geldmenge und andere Essays, München 1970.

Issing, Otmar: Einführung in die Geldtheorie, 11. Aufl., München 1998.

Jarchow, Hans-Joachim: Theorie und Politik des Geldes 1, 10. Aufl., Göttingen 1998.

Johnson, Harry G.: Beiträge zur Geldtheorie und Geldpolitik, Berlin 1969.

Köhler, Claus: Geldwirtschaft, Bd. 1: Geldversorgung und Kreditpolitik, 2. Aufl., Berlin 1977.

2. Abschnitt

Bockelmann, Horst: Streitfragen zur Kontrolle der Geldschöpfung durch die Notenbank, in: *W. Ehrlicher* [u.a.] (Hrsg.), Probleme der Geldmengensteuerung, Berlin 1978, S. 39-48.

Bofinger, Peter/Kloten, Norbert: Geldpolitik in einem europäischen Finanz-Binnenmarkt, in: Kredit und Kapital, Beiheft 10, Berlin 1988, S. 277ff.

Brunner, Karl: Zwei alternative Theorien des Geldangebotsprozesses: Geldmarkt- versus Kreditmarkttheorie, in: *Brunner* [u.a.] (Hrsg.), Geldtheorie, Köln 1974, S. 114-149.

Burger, Albert E.: The Money Supply Process, Belmont 1971.

Burgess, W. Randolph: The Reserve Banks and the Money Market, New York 1927.

Committee on the Working of the Monetary System: Report, London 1959.

Claassen, Emil-Maria: Grundlagen der Geldtheorie, 2. Aufl., Berlin u.a.O. 1980.

Clemenz, Gerhard E.: Informationsökonomische Theorien der Kreditrationierung, in: WiSt, 17. Jg. (1988), S. 598-604.

Deppe, Hans-Dieter: Betriebswirtschaftliche Grundlagen der Geldwirtschaft, Bd. 1: Einführung und Zahlungsverkehr, Stuttgart 1973.

Duwendag, Dieter: Liquidität-volkswirtschaftliche, in: Handwörterbuch der Finanzwissenschaft, Stuttgart 1976, Sp. 1293.

Deutsche Bundesbank: Zinsentwicklung und Veränderung der Zinsstruktur in der Bundesrepublik seit 1967, in: Monatsberichte der Deutschen Bundesbank, 30. Jg. (1978), Nr. 4, S. 11ff.

Deutsche Bundesbank: Ertragsentwicklung im Bankengewerbe, in: Monatsberichte der Deutschen Bundesbank, 28. Jg. (1976), Nr. 11, S. 16ff.

Deutsche Bundesbank: Zentralbankgeldmenge und freie Liquiditätsreserven der Banken, Ertragsentwicklung im Bankengewerbe, in: Monatsberichte der Deutschen Bundesbank, 26. Jg. (1974), Nr. 7, Frankfurt a.M., S. 14ff.

Erlei/Leschke/Sauerland: Neue Institutionenökonomik, Stuttgart 1999, Kapitel 2.

Fisher, Irving: 100 Percent Reserves, New Haven 1935.

Flesch, Johann Rudolf: Struktur des Bankensystems und Geldpolitik, Göttingen 1978.

Franke, Hans Herrman: Der Einfluß von Finanzinnovationen auf die Effizienz der Geldangebotskontrolle und des geldpolitischen Instrumentariums, in: Kredit und Kapital, Beiheft 10, Berlin 1988, S. 263ff.

Friedman, Milton: Die optimale Geldmenge und andere Essays, München 1970.

Friedman, Milton: A Program for Monetary Stability, New York 1959.

Friedmann, Willy: Die Mindestreserve im deutschen Finanzsystem, in: Kredit und Kapital, Beiheft 10, Berlin 1988, S. 79ff.

Geiger, Helmut: Das Verhältnis von Refinanzierungs- und Offenmarktpolitik, in: Kredit und Kapital, Beiheft 10, Berlin 1988, S. 129ff.

Gerding, Rainer/Starbatty, Joachim: Zur Entnationalisierung des Geldes – eine Zwischenbilanz, Tübingen 1980.

Gleske, Leonhard: Die Liquidität der Kreditwirtschaft, Frankfurt a.M. 1954.

Glöggler, Axel: Die Liquiditätstheorie des Geldes – ein empirischer Test für die Bundesrepublik Deutschland, Freiburg 1972.

Godschalk, Hugo: Computergeld, Entwicklungen und ordnungspolitische Probleme des elektronischen Zahlungsverkehrssystems, Frankfurt a.M. 1983.

Hartmann, Manfred: Die Bestimmungsgründe der Zentralbankbeschaffung und der freien Liquiditätsreserven der Kreditinstitute, Berlin 1980.

Hayek, Friedrich August von: Entnationalisierung des Geldes – eine Analyse der Theorie und Praxis konkurrierender Umlaufsmittel, Tübingen 1977.

Helmstädter, Ernst: Wirtschaftstheorie, II: Makroökonomische Theorie, 3. Aufl., München 1986.

Hübl, Lothar: Bestimmungsgründe der nominellen Zinsentwicklung in der Bundesrepublik Deutschland 1959 - 1969, Berlin 1973.

Issing, Otmar: Einführung in die Geldtheorie, 11. Aufl., München 1998.

Jacob, Klaus-Dieter: Geldlehre – Theorie und Politik, Wiesbaden 1981.

Jarchow, Hans-Joachim: Theorie und Politik des Geldes 1, 10. Aufl., Göttingen 1998.

König, Heinz/Wolters, Jürgen: Über den Zusammenhang zwischen kurz- und langfristigen Zinssätzen – eine Spektralanalyse der westdeutschen Zinsstruktur, Zürich 1969.

Liedschulte, Werner: Internationale Geschäftsbeziehungen der Kreditinstitute aus währungspolitischer Sicht, Frankfurt u.a.O. 1975.

Lipfert, Helmut: Einführung in die Währungspolitik, 8. Aufl., München 1974.

Lutz, Friedrich A.: Das Grundproblem der Geldverfassung, in: Geld und Währung – gesammelte Abhandlungen, Tübingen 1962, S. 28-102.

Neldner, Manfred: Die Bestimmungsgründe des volkswirtschaftlichen Geldangebotes, Berlin u.a.O. 1976.

Neldner, Manfred: Der Einfluß der Nichtbanken auf das gesamtwirtschaftliche Geldangebot, in: Kredit und Kapital, 10. Jg. (1977), S. 461ff.

Neumann, Manfred J. M.: Einführung in die Geldangebotsanalyse (I) und (II), in: wisu, 3. Jg. (1974), S. 116ff. und S. 170ff.

Polakoff, Murray: Reluctance Elasticity, Least Cost and Member-Bank Borrowing – a Suggested Integration, in: Journal of Finance, Vol. 15 (1960), S. 1-18.

Rhode, Armin: Mengensteuerung und Zinssteuerung, Berlin 1985.

Richter, Frank: Die Zentralbankgeldmärkte der Bundesrepublik Deutschland – eine theoretische und empirische Analyse für den Zeitraum von 1984-1989, Düsseldorf 1992.

Riefler, Winfield W.: Money Rates and Money Markets in the United States, New York 1930.

Rieken, Hans Joachim: Die Beziehungen zwischen der Notenbank und den Trägern der Girosysteme – eine Analyse unter dem Gesichtspunkt der Geldschöpfung, Berlin 1964.

Salomo, Wolfgang: Geldangebot und Zentralbankpolitik – eine Studie zur Theorie des Geldangebots, Tübingen 1971.

Schilcher, Rudolf: Geldfunktionen und Buchgeldschöpfung – ein Beitrag zur Geldtheorie, 2. Aufl., Berlin 1973.

Schittko, Renate: Der Liquiditätsansatz in der Geldtheorie, Bochum 1980.

Schlesinger, Helmut: Das Konzept der Deutschen Bundesbank, in: Kredit und Kapital, Beiheft 10, Berlin 1988, S. 3ff.

Schmölders, Günter: Von der „Quantitätstheorie" zur „Liquiditätstheorie" des Geldes, in: E. Dürr (Hrsg.), Geld- und Bankpolitik, 2.Aufl., Köln u.a.O. 1971, S. 77ff.

Schneider, Erich: Einführung in die Wirtschaftstheorie, 3. Teil: Geld und Kredit, Volkseinkommen und Beschäftigung, 14. Aufl., Tübingen 1969.

Siebke, Jürgen: Geldangebotstheorie, in: WiSt, 3. Jg. (1974), S. 465ff.

Siebke, Jürgen/Willms, Manfred: Theorie der Geldpolitik, Berlin u.a.O. 1974.

Siebke, Jürgen/Willms, Manfred: Die Determinanten des Zinsniveaus; in: wisu, 1. Jg. (1972), S. 474ff.

Siepmann, Udo: Vorschläge zur Reform der Geldverfassung – ein Überblick, in: WiSt, 8. Jg. (1979), S. 266ff.

Starbatty, Joachim (Hrsg.): Geldordnung und Geldpolitik in einer freiheitlichen Gesellschaft, Tübingen 1982.

Stavenhagen, Gerhard: Geschichte der Wirtschaftstheorie, 4. Aufl., Göttingen 1969.

Stiglitz, Joseph E./Weiss, Andrew: Credit rationing in Markets with Imperfect Information, in: American Economic Review, Vol. 71 (1981), S. 393-410.

Stützel, Wolfgang: Liquidität, in: Handwörterbuch der Sozialwissenschaften, Bd. 6, Stuttgart-Tübingen, Göttingen 1959, S. 622ff.

Teigen, Ronald L.: The Demand for and Supply of Money, in: *R.L. Teigen* (Hrsg.), Readings in Money, National Income and Stabilization Policy, 4. Aufl., Homewood-Ill. 1978.

Thomas, Karl: Das Verhältnis von Refinanzierungs- und Offenmarktpolitik, in: Kredit und Kapital, Beiheft 10, Berlin 1988, S. 109ff.

Timmermann, Vincenz: Interbankkredite und Geldpolitik, in: Kyklos, Vol. 29 (1976), S. 495ff.

Tobin, James: Geschäftsbanken als „Geld"-Schöpfer; in: *K. Brunner* [u.a]. (Hrsg.), Geldtheorie, Köln 1974, S. 104-113.

Turner, Robert C.: Member-Bank Borrowing, Columbus-Ohio 1938.

Westphal, Uwe: Theoretische und empirische Untersuchungen zur Geldnachfrage und zum Geldangebot, Kieler Studien, Nr. 110, Tübingen 1970.

Willms, Manfred: Zinstheoretische Grundlagen der Geldpolitik, Berlin 1971.

IV. Die Geldnachfrage

In der Geldtheorie kann die Frage nach dem, was Geld ist[43], nur dann beantwortet werden, wenn man die Motive derjenigen kennt, die Geld verwenden bzw. nachfragen. Die *Theorie der Geldnachfrage* erklärt den Bedarf an Geld. Es geht dabei um die Frage, in welchem Umfang Menschen Geld – also nicht Einkommen – benötigen. Die Kenntnis darüber ist sehr wichtig für die Geldpolitik, um das Geldangebot adäquat steuern zu können.

Der Umfang der Nachfrage von Nichtbanken nach Bankkrediten hängt einerseits von den Kreditzinsen und andererseits vom Ertrag bzw. Nutzen ab, den sich die Kreditnehmer von der Verfügung über zusätzliche Geldmittel versprechen: So fragen *private Haushalte* Kredite zur Finanzierung meist langlebiger Konsumgüter nach (Konsumentenkredite), *Unternehmen* fragen Kredite zur kurzfristigen Umsatzfinanzierung und zur längerfristigen Investitionsfinanzierung nach, und *öffentliche Haushalte* fragen Bankkredite zur Überbrückung von Kassenein- und -ausgängen sowie zur Finanzierung von Haushaltsdefiziten nach.

Darin kommt bereits zum Ausdruck, daß Kredite und Geld in erster Linie für *Transaktionszwecke* (Geld als Tauschmittel) nachgefragt werden: Würden sämtliche Ausgaben und Einnahmen der Wirtschaftssubjekte synchron erfolgen, brauchte niemand Geld z.B. als Zahlungsmittel; es gäbe dann auch keine Kassenhaltung. Die Notwendigkeit einer Kassenhaltung folgt also aus dem asynchronen Verlauf von Zahlungseingängen und -ausgängen. Daneben spielen Motive der Geldhaltung zur Vermeidung von Illiquidität (*Vorsichtsmotiv*) und als Vermögensanlage (Geld als *Wertaufbewahrungsmittel*) innerhalb eines Portefeuilles eine erhebliche Rolle; dafür werden aber keine Kredite nachgefragt. Die Geldnachfrage ist also umfassender als die Kreditnachfrage.

Für alle Theorien über die Geldnachfrage gilt, daß sie als Gleichgewichtsbedingung für den Geldmarkt i.w.S. eine Gleichheit zwischen Geldnachfrage L und Geldangebot M, also L = M unterstellen. Weiterhin gilt regelmäßig, daß die Geldnachfrage den einen oder anderen oder aber auch alle der folgenden Bestimmungsfaktoren enthält: den Zinssatz i, das in einer Periode produzierte Volkseinkommen Y – also eine Verkürzung des Handelsvolumens um die Umsätze zwischen den Unternehmungen – und das Vermögen V, also die in der Vergangenheit angesparten Bestände aus Realkapital und Wertpapieren. Dies führt zu der allgemeinen Geldnachfrage-Funktion L = f(Y, i, V).

Geht man davon aus, daß die Wirtschaftssubjekte bei einer Geldmengenausdehnung (wodurch verursacht?) wahrscheinliche Preiserhöhungen antizipieren, so ändern sie die Aufteilung ihres Geldeinkommens nicht. Die Geldmengenerhöhung hat dann nur eine gleiche relative Preiserhöhung zur Folge, so daß alle gehandelten Mengen absolut konstant bleiben. Das Verhalten der Wirtschaftssubjekte ist in diesem Fall *frei von Geldillusion* (d.h. sie orientieren sich an realen Größen). Man verwendet deshalb häufig die *reale Geldnachfrage*, bei der alle relevanten Größen durch das Preisniveau korrigiert werden, also

---

43 Dieser Frage wurde schon in Kapitel II.1 nachgegangen.

$$\frac{L}{P} = f\left(\frac{Y}{P}, \frac{i}{P}, \frac{V}{P}\right).$$

Das reale Geldangebot M/P wird als Realkasse (*Realkasseneffekt*) bezeichnet.

Die *klassische, einfache quantitätstheoretische Theorie* der Geldnachfrage (vgl.Abschnitt 1) wird durch L = f(i, Y), die *monetaristische* wie *postkeynesianische Theorie* durch L = f(i, Y, V) – jeweils korrigiert um das Preisniveau – dargestellt (vgl. Abschnitt 4 bzw. 3). Die modernen Geldnachfragetheorien werden nach *Transaktionstheorien* mit der wichtigsten, unabhängigen Komponente Volkseinkommen sowie *Lagerhaltungstheorien* (*William Baumol* und *James Tobin*) mit der wichtigsten unabhängigen Komponente der Preisstruktur (und Zinsstruktur) unterschieden.

Transaktionstheorien und *Lagerhaltungstheorien* erklären die Geldnachfrage aus den Bestimmungsgründen der Kassenhaltung; Vermögenstheorien erklären diese Bestimmungsgründe mit der *Theorie der relativen Preise*[44] (*Portfolio-Theorie*).

Mit dem Halten von Geld in der Kasse als Zahlungsmittel in Form der Geldmenge M1 (Lagerhaltungstheorie) wird ein Teil des gesamten Geldvermögens zinslos gehalten. Der Umfang dieser Kassenhaltung ist abhängig

• vom zeitlichen Abstand der Zahlungseingänge und -ausgänge,
• von der Höhe der bekannten (sichere Erwartungen) und möglicherweise (unsichere Erwartungen) eintretenden Zahlungen,
• von der Möglichkeit, Kredite aufnehmen zu können,
• vom Zinssatz, auf den man durch Kassenhaltung anstelle einer ertragbringenden Anlage verzichtet *(Opportunitätskosten)*, die jedoch andererseits auch Kosten und Mühen (Bankspesen und Zeit) erfordert.

Die historische Entwicklung der Geldnachfragetheorie, die die Bestimmungsgründe der Geldnachfrage erklären will, spiegelt die unterschiedliche Bedeutung wider, die den Determinanten der Geldnachfrage zugeordnet wurden.

1. Die ältere Quantitätstheorie

1.1 Der transaktionstheoretische Ansatz

Die Vertreter der älteren Quantitätstheorie gingen, wie überhaupt alle Klassiker, von einer Gleichgewichtsbetrachtung der Gesamtwirtschaft aus. Geldwirtschaftliches Gleichgewicht (*Geldmarktgleichgewicht*) herrscht nach dieser Auffassung, wenn Geldangebot und Geldnachfrage gleich groß sind; Geld und Geldmarkt sind hierbei in einem sehr allgemeinen, weiten Sinne definiert und sollten nicht mit dem Markt für Zentralbankgeld der Geschäftsbanken verwechselt werden[45]. Ausgangspunkt der Betrachtung ist die von *Irving Fisher* im Jahre 1911 aufgestellte *Quantitätsgleichung*, die als Identitätsgleichung stets erfüllt ist:

---

[44] Vgl. zur Theorie der relativen Preise insbesondere Abschnitt V.2.3.1.2.

[45] Vgl. zur Abgrenzung nationaler Finanzmärkte Abschnitt VIII.5.1.

$$M \cdot u_{HV} = P \cdot HV$$

mit M = Geldangebot (Geldmengenbestand), u_{HV} = Umlaufgeschwindigkeit des Geldes bezogen auf das reale Handelsvolumen, HV = reales Handelsvolumen und P = durchschnittliches Preisniveau des realen Handelsvolumens. Das mit dem Preisniveau P bewertete Handelsvolumen HV einer Volkswirtschaft entspricht der Geldmenge M, die mehrmals umläuft.

Die *Fishersche Verkehrsgleichung* besagt, daß das Volumen aller Transaktionen (das mit dem Preisniveau bewertete Handelsvolumen einer Volkswirtschaft) innerhalb einer Periode gleich dem Produkt aus umlaufender Geldmenge und ihrer durchschnittlichen Umlaufgeschwindigkeit ist. Unter der *Umlaufgeschwindigkeit des Geldes* ist die Häufigkeit zu verstehen, mit der eine Geldeinheit innerhalb einer bestimmten Periode zu Transaktionszwecken (Käufen, Schenkungen) eingesetzt wird. Sie spielt in der Theorie der Geldnachfrage eine erhebliche Rolle.

Mit der Definition als Umlaufgeschwindigkeit einer bestimmten Geldeinheit ist zugleich auch deren Pendant, nämlich die *durchschnittliche Kassenhaltung* von Wirtschaftssubjekten, bestimmt. Denn wenn eine Geldeinheit u_{HV}-mal zu Transaktionszwecken im Laufe einer bestimmten Zeitperiode verwendet wird, so muß sie zwangsläufig im Durchschnitt zu $1/u_{HV}$ derzeit in den Kassen der Wirtschaftssubjekte sein. Überlegungen zur durchschnittlichen Kassenhaltung der Wirtschaftssubjekte bestimmen damit den Wert der Umlaufgeschwindigkeit. Die Größe u_{HV} gibt also an, wie oft der vorhandene Geldmengenbestand innerhalb einer Periode im Durchschnitt eingesetzt werden muß, damit alle Transaktionen finanziert werden können.

Eliminiert man aus dem Transaktionsvolumen alle diejenigen Umsätze, die nicht Bestandteil der Endnachfrage Y^r sind – z.B. Vorleistungen und Finanztransaktionen, aber auch Käufe von Vermögensgütern –, so geht die Quantitätsgleichung in die Gleichung

$$M \cdot u = P \cdot Y^r,$$

mit P = durchschnittlicher Preis für alle Güter und Dienstleistungen des Sozialprodukts, über. In dieser Gleichung ist u als *Einkommenskreislaufgeschwindigkeit des Geldes* zu interpretieren; u gibt an, wie oft eine Geldeinheit im Durchschnitt benutzt wird, um die Beiträge zum nominellen Volkseinkommen ($P \cdot Y^r$) zu finanzieren.

Aus der Quantitäts*gleichung* wurde die Quantitäts*theorie* entwickelt, indem über einzelne Größen dieser Gleichung falsifizierbare Annahmen gemacht wurden. In der klassischen Theorie z.B. wird jedes sich ergebende Realeinkommen als auf dem Arbeitsmarkt bestimmtes Vollbeschäftigungseinkommen angesehen; von Wirtschaftswachstum wird implicite abstrahiert (*keine Kapazitätsauswirkungen der Nettoinvestitionen, kein technischer Fortschritt!*). Bei gegebenem Realeinkommen und voller Beweglichkeit der Preise und Löhne wird die Umlaufgeschwindigkeit u, in der sich die Zahlungsgewohnheiten der Wirtschaftssubjekte widerspiegeln, ebenfalls als konstant unterstellt. Somit können nur die beiden Größen M und P als variabel angesehen werden. Die zentrale Frage der Quantitätstheorie ist nun die nach den Auswirkungen von Geldmengenvariationen auf das Preisniveau. Auf Grund der oben dargestellten funktionalen Zusammenhänge ergibt sich dann zwingend: Zwischen Geldmengenvariationen und Preisniveauschwankungen besteht ein direkter, proportionaler Zusammenhang.

Nach klassischer Ansicht stellt Geld nur einen Schleier dar, der sich über den realwirtschaftlichen Bereich legt. Eine Geldmengensteigerung führt zwar zu einer allgemeinen Preiserhöhung, läßt jedoch die Preisstruktur unverändert. Diese wird vielmehr ausschließlich vom realen Bereich determiniert, also durch die Produktionstheorie (*Walrasianisches System*). Die Geldmenge ist somit neutral in Bezug auf das reale Sozialprodukt. Die Wirtschaftssubjekte orientieren sich an realen Größen und sind folglich *frei von Geldillusion*[46].

1.2 Der Kassenhaltungsansatz

Ein zweiter Ansatz der alten Quantitätstheorie ist 1923 von *Alfred Marshall* (und unabhängig auch von *Arthur C. Pigou*) entwickelt und als Kassenhaltungsansatz bekannt geworden. Dieser bezieht die Zeit als Determinante des Geldbedarfs in die Betrachtung ein. In diesem Ansatz wird noch deutlicher als bei *Fisher*, daß Geld aus der Sicht der Klassiker nur als Transaktionsmittel Verwendung findet. In der *Fisherschen Verkehrsgleichung* steht M für die verwendete Geldmenge, also den Geldmengenbestand bzw. das Geldangebot.

Im Gegensatz zu *Fisher* hebt *Marshall* den mikroökonomischen Aspekt hervor. Für ihn steht die Frage nach den Determinanten der individuellen Geldnachfrage im Mittelpunkt, also die Frage, wieviel Geld ein einzelnes Individuum zur Durchführung der von ihm geplanten Transaktion benötigt. Fragt man nach der erforderlichen Geldmenge, um das Handelsvolumen umsetzen zu können, so beschreibt man damit die Geldnachfrage L. Die aggregierte Geldnachfragefunktion führt nach diesem Ansatz zur sog. *Cambridge-Gleichung*:

$$L = k_{HV} \cdot P \cdot HV \qquad \text{bzw.}$$

$$L_T = k \cdot P \cdot Y^r,$$

mit L_T = Geldnachfrage zu Transaktionszwecken, k = *Kassenhaltungskoeffizient* (wobei k = 1/u ist), HV = Handelsvolumen und der Gleichgewichtsbedingung M = L (Geldangebot = Geldnachfrage).

Die beiden Ansätze von *Fisher* und *Marshall* weisen nicht nur eine große formale Ähnlichkeit auf, sondern führen auch zum gleichen Ergebnis, da auch der Kassenhaltungskoeffizient kurzfristig als konstant angesehen wird.

Die Annahme einer gegebenen Umlaufgeschwindigkeit bzw. eines gegebenen Kassenhaltungskoeffizienten geht von ganz bestimmten Verhaltensweisen bzw. institutionellen Gegebenheiten aus. In der Theorie der Kassenhaltung spielt das Transaktionsmotiv von Wirtschaftssubjekten eine erhebliche Rolle. Dabei entspricht das Halten von Transaktionskasse dem klassischen Motiv der Geldnachfrage für Umsatzzwecke. Hier wie dort gilt, daß eine bestimmte Geldeinheit nacheinander zu verschiedenen Umsätzen verwendet werden kann. Wird diese Geldeinheit z.B. innerhalb eines Monats nacheinander von verschiedenen Wirtschaftssubjekten vier Mal zu Zahlungen verwendet, so ist seine Umlaufgeschwindigkeit u = 4; in diesem Fall liegt diese Geldeinheit durchschnittlich

---

[46] Vgl. zum Zusammenhang von Geld und Inflation auch Abschnitt VI.2.1.1.1.

den vierten Teil der betrachteten Zeitperiode eines Monats, d.h. 1 Woche, in der Kasse
jedes der vier Wirtschaftssubjekte brach, der Kassenhaltungskoeffizient ist also k = 1/4
bzw. der reziproke Wert der Umlaufgeschwindigkeit. Je stärker die Gesamtnachfrage
nach Gütern zeitlich gestückelt wird, je kleiner also die zwischen den Wirtschaftseinheiten umgesetzten „Nachfragepartien" sind, desto geringer ist der Bedarf an Transaktionskasse.

Dies läßt sich leicht am Beispiel von Einkommenszahlungen in Abbildung 26 zeigen.
Geht man von einem Monatseinkommen von Y = 1.000 Euro aus und nimmt vereinfachend an, das Einkommen werde am Monatsbeginn ausgezahlt und im Laufe des Monats völlig und kontinuierlich für Konsumgüter ausgegeben, so beträgt der durchschnittliche Kassenbestand L_T = 500 Euro. Bei einem Übergang zu wöchentlichen Einkommenszahlungen Y/4 (d.h. einer Stückelung des Monatseinkommens in 4 Wochenein-
kommen) würde sich unter sonst gleichen Bedingungen die durchschnittliche Transaktionskasse für jede einzelne Woche und damit auch für den gesamten Monat auf
L_T= 125 Euro verringern.

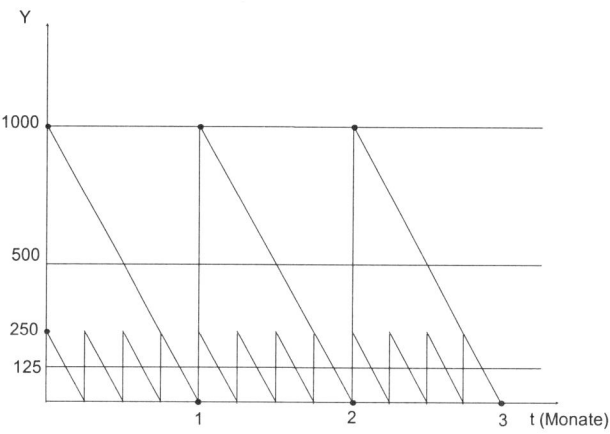

Abbildung 26

Nimmt man weiter an, daß das Einkommen vom Unternehmenssektor an den Sektor
private Haushalte gezahlt wird, so ist der durchschnittliche Kassenbestand des Unternehmenssektors für den Zweck „Einkommenszahlung" genauso groß, wie der durchschnittliche Kassenbestand für „Konsumausgaben" im Sektor der privaten Haushalte.
Der Unterschied zwischen den beiden Sektoren liegt allein darin, daß der Kassenbestand
der privaten Haushalte vom Periodenbeginn an gleichmäßig sinkt und am Ende den
Wert 0 erreicht, während es bei den Unternehmen genau umgekehrt ist.

Es sei noch einmal darauf hingewiesen, daß die Aufgabe des Geldmarktes nach klassischer Sehweise allein die Bestimmung der absoluten Höhe der Preise ist. Monetäre Impulse, wie z.B. eine Variation der Geldmenge (z.B. zur Finanzierung staatlicher Kredite
durch die Zentralbank, was in der EWU nicht möglich ist), berühren nur das Preisniveau, keinesfalls aber den realwirtschaftlichen Bereich einer Volkswirtschaft, also nicht
die Allokation, die Beschäftigung oder das Wachstum.

2. Die keynesianische Geldnachfragetheorie

Die moderne Theorie der Geldnachfrage nahm ihren Ausgang mit *John Maynard Keynes*. Von *Keynes* sind im Gegensatz zur älteren Quantitätstheorie rein gedanklich mehrere verschiedene Motive für die Geldnachfrager scharf voneinander unterschieden worden:

- das *Umsatzmotiv* als Geldnachfrage zum Zwecke der Finanzierung von Transaktionen (*Transaktionskasse*). Der Bedarf an Geld für Umsatzzwecke ist damit abhängig vom Transaktionsvolumen.
- das *Vorsichtsmotiv* als Geldnachfrage zum Schutz vor dem Risiko der Illiquidität, das immer dann entsteht, wenn der Transaktionskassenbedarf nicht mit völliger Sicherheit bestimmt werden kann, also z.B. wegen der nicht genau bekannten Höhe und zeitlichen Verteilung von Ein- und Auszahlungen (*Vorsichtskasse*).
- das *Spekulationsmotiv* als Geldbedarf im Finanzsektor (*Spekulationskasse*).

Diese Motive der Geldnachfrage führen zu der theoretischen Dreiteilung in die Geldnachfrage für Transaktionszwecke (*Transaktionskasse*), die für die Absicherung von Risiken (*Vorsichtskasse*) und die für Vermögensumsätze (*Spekulationskasse*); die Spekulationskasse als *Kassenhaltung* ist nur sinnvoll als integraler Bestandteil der Portfoliotheorie der Vermögenshaltung.

2.1 Transaktions- und Vorsichtskasse

Die Determinanten der individuellen Nachfrage nach Transaktionsgeld werden üblicherweise unter der Annahme analysiert, daß ein Wirtschaftssubjekt sowohl die Höhe seiner laufenden Ein- und Auszahlungen als auch ihre zeitliche Verteilung mit Sicherheit voraussehen kann. Die Geldnachfrage nach Transaktionsmitteln ist demnach allein eine Funktion des Handelsvolumens, in der *keynesianischen* Theorie der Einfachheit halber nur des Volkseinkommens Y, also

$$L_T = f(Y) \qquad \text{mit} \qquad \frac{dL_T}{dY} > 0$$

oder explizit

$$L_T = kY,$$

mit k = Kassenhaltungskoeffizient; in Abbildung 27 ist der Tangens $\alpha = k$. Hieraus wird auch die Verwandtschaft zur Quantitätstheorie deutlich.

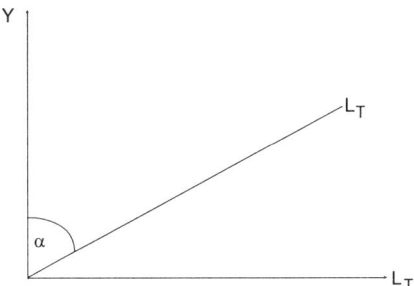

Abbildung 27

Es war schon darauf hingewiesen worden, daß die *keynesianische* Theorie neben der Transaktionskasse noch die Vorsichtskasse und die Spekulationskasse kennt. Bei der *Transaktionskasse* wurde die Höhe und zeitliche Verteilung der Aus- und Einzahlungen mit Sicherheit vorausgesetzt. Man spricht deshalb in diesem Zusammenhang auch von *einwertigen Erwartungen*. Im Unterschied dazu wird die *Vorsichtskasse* dadurch motiviert, daß diese Sicherheit bei der Planung nicht mehr besteht. Die Erwartungen sind *mehrwertig*: Es existieren verschiedene Beträge, verschiedene Termine mit unterschiedlicher Wahrscheinlichkeit. Die Finanzplanung unterliegt einem Risiko. Da die Vorsichtskasse theoretisch von nicht so großer Bedeutung ist, soll sogleich auf die Spekulationskasse abgestellt werden, um die Bedeutung eines weiteren, wesentlichen Faktors – des Vermögens – in die Überlegungen einbeziehen zu können. Die Vorsichtskasse wird im folgenden also vernachlässigt bzw. der Einfachheit halber unter die Transaktionskasse subsumiert.

2.2 Spekulationskasse

2.2.1 Traditionelle Sicht

Die *Spekulationskasse* wird für Umsätze im Finanzsektor benötigt, bei dem auch das Spekulationsmotiv eine Rolle spielt. Im Prinzip handelt es sich hierbei um die mögliche Umschichtung zweier unterschiedlicher Bestandsgrößen bzw. Vermögensbestände: Geld und Wertpapiere! In der keynesianischen Theorie besteht der Wertpapierbestand vereinfachend aus Bonds (festverzinsliche Wertpapier), regelmäßig aus Konsols (Bonds mit unendlich langer Laufzeit).

Der Zusammenhang zwischen Geld und Wertpapierhaltung soll zunächst für den Fall einfacher Ertragserwartungen der Wirtschaftssubjekte erläutert werden: Da Vermögensbesitzer bei zwei Anlagealternativen – unverzinsliches Geld und festverzinsliche Wertpapiere (bonds) – das Aktivum mit der höheren Rendite wählen werden, käme es – ohne Berücksichtigung von Kursschwankungen – stets zu einer eindeutigen Lösung: Es würden nur Wertpapiere gehalten.

Erwartet dagegen ein Vermögensbesitzer, daß die Kurse P_b seiner Wertpapiere fallen werden, muß er den erwarteten Kursverlust $(P^e_{b,t+1} - P_{b,t})$ pro Wertpapier vergleichen mit dem Nominal-Zinsertrag aus dem Halten der Wertpapiere; bei einem Nominalzins i ist der Zinsertrag pro Wertpapier i · 100. Nur wenn

$$P^e_{b,t+1} - P_{b,t} = i \cdot 100,$$

wird es dem Vermögensbesitzer gleichgültig sein, ob er seinen Wertpapierbestand hält oder in Bargeld umtauscht. Sollte der Kursverlust größer als der Zinsertrag sein, wird er sein Vermögen in Geld, im umgekehrten Fall wird er es in Wertpapieren halten.

Die Nachfrage nach Spekulationskasse (besser: *Barvermögen*) ist also abhängig vom gegenwärtigen und dem künftig erwarteten Kurswert rentabler Anlagen. Da der Kurs eines Wertpapiers in einen inversen Verhältnis zu seiner Rendite steht, kann die Spekulationskassennachfrage auch in Abhängigkeit der Wertpapierrendite hergeleitet werden: Die Beziehung zwischen Kurswert und Rendite wird regelmäßig für festverzinsliche Wertpapiere (bonds als Konsols) erklärt: Bei einem Nominalzins i von z.B. 4 % dieses Wertpapieres mit einem Nennbetrag von 100 ergibt sich ein Effektivzins i_b (*Rendite*) von 2 %, wenn der Kurs dieses Papiers 200 beträgt. In diesem Fall gilt für den Effektivzins

$$i_b = \frac{100 \cdot i}{200}.$$

Dieser Effektivzins bestimmt die *Liquiditätspräferenz* der Wirtschaftssubjekte, Wertpapiere in Geld einzulösen zu versuchen. Steigt z.B. der Kurs der Wertpapiere und sinkt damit zugleich die Rendite, so wird verstärkt Bargeld nachgefragt; es gibt eben immer mehr Wirtschaftssubjekte, die nun ihre Wertpapiere verkaufen, um vielleicht künftig – bei günstigerer Gelegenheit – um so lukrativer Wertpapiere kaufen zu können. Eine erhöhte Spekulationskasse geht also im Prinzip mit einer Abnahme des Wertpapierbesitzes einzelner Wirtschaftssubjekte bei gegebenem, volkswirtschaftlichen Bestand einher. Es kommt aber unter diesem Aspekt *einzelwirtschaftlich* immer zu einer Entweder-Oder-Lösung und nie zu einem gleichzeitigen Anhäufen von Geld- und Wertpapieren.

Eine Entweder-Oder-Lösung existiert dann allerdings nicht mehr, wenn man – wie häufig in der keynesianischen Theorie – viele Vermögensbesitzer unterstellt, die alle die möglichen künftigen Kursverluste eines Wertpapiers unterschiedlich einschätzen. Die Spekulationskasse L_S ist damit gesamtwirtschaftlich eine Funktion der Rendite i_b (vgl. Abbildung 28), also

$$L_S = f(i_b) \qquad \text{mit} \qquad \frac{dL_S}{di_b} < 0.$$

Nach *John Maynard Keynes* kann sogar der Fall eintreten, daß bei einer bestimmten, als minimal angesehenen Zinshöhe, eine exogene Erhöhung der Geldmenge (in bestimmten Grenzen) von den Wirtschaftssubjekten ausschließlich zum „Auffüllen" der Spekulationskasse verwendet wird, wenn der Zins bereits so niedrig ist, daß alle Wirtschaftssubjekte einen höheren Zins ein Zinsanstieg und somit fallende Wertpapierkurse erwarten. Zusätzliches Geld werde daher vollständig in der Spekulationskasse gehalten, es komme zur sog. *Liquiditätsfalle* (*liquidity trap*).

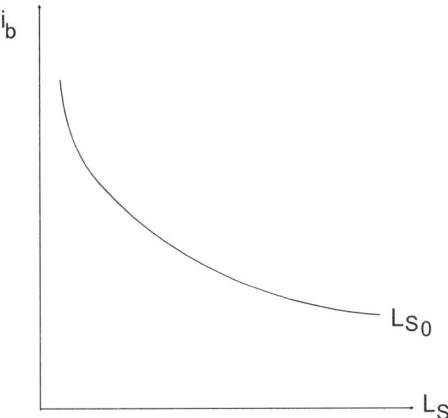

Abbildung 28

2.2.2 Explizite Berücksichtigung von Vermögenseffekten

Das Eigenartige der traditionellen *keynesianischen* Theorie besteht darin, daß sie neben dem Geldangebot als einem Teil des Vermögensbestandes eine weitere Vermögensalternative (Bonds) explizit mitberücksichtigt, ihre Auswirkungen jedoch implizit unterschlägt! So beschreibt die *keynesianische* Theorie die Wirkung einer expansiven Geldmengenpolitik entlang der Liquiditätspräferenzkurve L_S, ohne mögliche Variationen des verbrieften Vermögens in Form von Wertpapieren (z.B. bei einer Offenmarktpolitik) einzubeziehen.

Die Unsicherheit bei der Formulierung der Nachfrage nach Spekulationskasse offenbart sich schon bei ihrer häufig verwendeten Definition; danach wird die Spekulationskasse „gehalten, um künftig attraktive Wertpapierkurse – und damit Rendite-Entwicklungen – wahrnehmen zu können". Man ist sich dabei schon nicht mehr bewußt, daß man so eine Angebotsfunktion beschreibt![47]

Eine Nachfrage nach Spekulationskasse (begrifflich wäre Nachfrage nach Barvermögen besser) bedeutet wie bei jeder anderen Nachfrage auch, daß der Nachfragende etwas anderes dafür anbieten muß. Im Finanzbereich mit zwei Vermögensobjekten (Geld und Bonds) muß der Geldnachfrager Wertpapiere anbieten, wenn er Spekulationskasse nachfragt. Ein Geldanbieter kann nur dann sein Geld in den Markt bringen, wenn er dafür Wertpapiere aufnimmt. Dies gilt prinzipiell für jeden Markt!

Die Nachfrage nach Spekulationsgeld (Barvermögen) ist also identisch mit einem Angebot an Wertpapieren, so wie das Angebot an Geld identisch mit einer Nachfrage nach Wertpapieren ist. Dies soll noch etwas näher verdeutlicht werden.

---

[47] Würde man in der gleichen Form eine mikroökonomische Nachfrage nach Bananen formulieren, hieße das: Die Bananen-Nachfrage besteht im Halten von Bananen, um bei einer künftig profitablen Preisentwicklung für Bananen diese am Markt anzubieten. Dies würde jedermann als spekulatives Bananenangebot bezeichnen! Gilt dies für Geld nicht auch?

Um den Verlauf der Nachfrage nach Spekulationskasse möglichst plausibel darstellen zu können, sei angenommen, daß am Wertpapiermarkt stets der gesamte Wertpapierbestand an Bonds von b = 1 (z.B. 1 Mio.) angeboten wird. Die Nachfrage nach Bonds möge in einem Umfang von 100 € unabhängig von der Kurshöhe gegeben sein. Die Wertpapiernachfrage WPN in Verbindung mit dem Wertpapierangebot von $WPA_0 = 1$ führt so zu einem Kurs von $P_{WP_0} = 100$ in Abbildung 29a. Bei einem alternativen Wertpapierangebot von $WPA_1 = 2$ wäre der Kurs bei gleicher Wertpapiernachfrage nur $P_{WP_1} = 50$.

Trägt man auf der Abszisse nicht mehr die Menge an Bonds (Abbildung 29a) ab, sondern den möglichen Umsatz an Wertpapieren – $WPA_0 \cdot P_{WP}$ –, so ergibt sich das Bild in Abbildung 29b. Für die *Wertpapiernachfrage* war WPN = 100 unabhängig von der Kurshöhe unterstellt worden, in Abbildung 29b ist daher die Wertpapiernachfrage eine Senkrechte beim Umsatz von $b \cdot P_{WP} = 100$ €.

Für das *Wertpapierangebot* war unterstellt worden, daß der Bestand an Bonds von $b_0 = 1$ unabhängig von der Kurshöhe angeboten werden solle. Dies bedeutet, daß das Wertpapierangebot WPA_0 in Abbildung 29b eine Gerade mit der Steigung $tg\alpha = 1$ darstellt; ein alternativ höheres Wertpapierangebot $b_1 = 2$ würde zu stets doppelt so hohen Umsätzen führen.

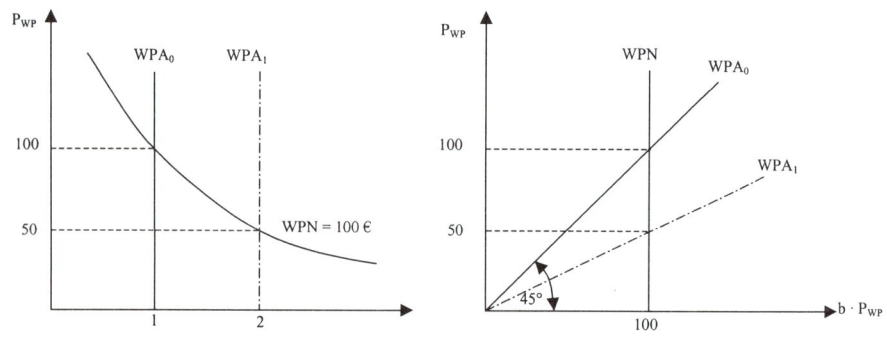

Abbildung 29a   **Abbildung 29b**

Im letzten Schritt wird nun bei gleicher Abszisse wie in Abbildung 29b deren Ordinate P_{WP} in Abbildung 30 durch die Rendite i ersetzt. Da bei festverzinslichen Wertpapieren zwischen dem Kurs P_{WP} und der Rendite i die Beziehung

$$i_b = \frac{Nennwert \cdot Nominalzins}{Kurs}$$

besteht, bleibt in Abbildung 30 der Verlauf der Wertpapiernachfrage WPN erhalten; da die Nachfrage WPN = 100 unabhängig von der Kurshöhe besteht, gilt dies natürlich auch für die Rendite.

Für den Verlauf der Angebotsfunktion der Wertpapiere gilt: Strebt der Kurs P_{WP} gegen Null, so strebt analog dazu die Rendite gegen unendlich. Strebt der Kurs gegen unendlich, so wird sich die Rendite Null nähern.

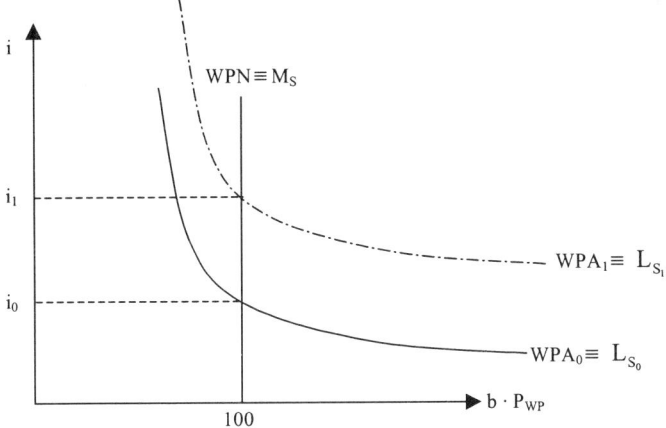

Abbildung 30

Die Wertpapierangebotskurven nähern sich bei bei den hier unterstellten Annahmen asymptotisch den Koordinaten an. Dem Kurs $P_{WP} = 100$ in Abbildung 29b entspricht die Rendite i_0 in Abbildung 30, dem Kurs $P_{WP} = 50$ in Abbildung 29b entspricht die Rendite i_1 in Abbildung 30.

In Abbildung 30 entspricht die Nachfrage nach Wertpapieren der in diesem Bereich angebotenen Geldmenge M_S, und dem Angebot an Wertpapieren entspricht der in diesem Bereich nachgefragten Geldmenge L_S. Genau dies ist die Spekulationskasse!

Entlang einer gegebenen Liquiditätspräferenzkurve WPN kann also nur argumentiert werden, wenn an den anderen Vermögensbeständen nichts geändert würde, die Geldmengenpolitik also nur künstlich die Geldmenge variiert (*fiat money*). Die Funktion für die Spekulationskasse muß deshalb vollständig

$$L_S = f(i_b; V),$$

$$\text{mit} \quad \frac{dL_S}{di_b} < 0 \quad \text{und} \quad \frac{dL_S}{dV} > 0$$

lauten. Denn wie für jede beliebige Nachfragefunktion gilt auch hier, daß neben dem Preiseinfluß eine Annahme über die wirtschaftliche Potenz des Nachfragers (gegebenes Einkommen, gegebenes Vermögen) gemacht werden muß. In einer Graphik mit den Koordinaten der Variablen i_b und L_S führt dann *jede Änderung exogener Variablen* natürlich auch zu einer Änderung der dargestellten Kurve.

Eine solche Verschiebung der Liquiditätspräferenzkurve erfolgt daher auch dann, wenn die Zins*erwartungen* der Wirtschaftssubjekte sich exogen, also strukturell ändern. Ein Sinken der Zinserwartungen bedeutet z.B. gleichzeitig einen Anstieg der Kurs- und damit auch der Gewinnerwartungen.

Bei Berücksichtigung von Vermögenseffekten existiert daher auch keine Liquiditätsfalle mehr, da eine unendliche Spekulationskassennachfrage gleichzeitig ein unendliches Wertpapierangebot bedeuten würde, was – insbesondere in einer geschlossenen Volkswirtschaft – eine unrealistische Annahme ist.

2.3 Zusammenfassung der Kassen

Fügt man die vom Zins unabhängige Nachfrage nach Transaktionskasse und die Nachfrage nach Spekulationskasse in einem traditionell verwendeten i_b-L-Diagramm zusammen, ergibt die Addition beider Nachfragekurven den Gesamtverlauf der Geldnachfrage L in Abbildung 31.

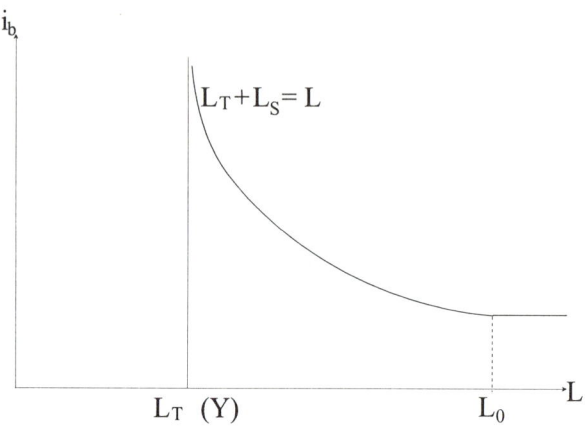

Abbildung 31

Mit der Kurve L ist der typische Verlauf der Geldnachfrage aus *keynesianischer* Sicht dargestellt. Diese Geldnachfragekurve ist jedoch nicht bei jedem Zins elastisch, ihr wird auch ein völlig zinsunelastischer Bereich, die sog. *Liquiditätsfalle* rechts von L_0, zugeschrieben.

Die neuere Theorie der *Postkeynesianer* (*Fiskalismus*) und *Monetaristen* trennen nicht mehr explizit (so streng) zwischen diesen Einzelmotiven, was dazu führt, daß auch die *keynesianische* Transaktionskasse in eine portfoliotheoretische Argumentation eingeht, also in einen allgemeinen Ansatz der Vermögenshaltung. Die gesamte Kassenhaltung ist dann abhängig vom Transaktionsvolumen bzw. Volkseinkommen, dem Zinssatz und dem gesamten sonstigen Vermögen.

3. Die postkeynesianische Geldnachfragetheorie

Gegenüber dem einfachen *keynesianischen* IS-LM-Ansatz ist die *keynesianische* Theorie insbesondere durch Arbeiten von *James Tobin* und *William Baumol* (Portfolio-Theorie) zur *postkeynesianischen* Theorie (*Yale Schule*) erweitert worden. Vor allem Vermögenseffekte haben die Theorie der Geldnachfrage und des Geldangebotes wesentlich erweitert.

Die *keynesianische* Theorie ging von einer strikten Trennung der Einflußfaktoren einzelner Teilgeldnachfragefunktionen aus. *Tobin* und *Baumol* machten als erste darauf aufmerksam, daß wie die Spekulationskasse auch die Transaktionskasse zinsabhängig sei. In die gleiche Richtung deutete ja auch die institutionelle Entwicklung des Geldangebots, indem heute bereits in einigen Ländern Geldkonten bei Geschäftsbanken angeboten werden, die zu laufenden Transaktionen verwendet werden und zugleich einen Zinsertrag bringen. Hier kommt es zu einer Verwischung der Grenzen zwischen Transaktionskasse und Spekulationskasse; der dafür verantwortliche Faktor ist der Zinssatz, der nun in beide Teilgeldnachfragen eingeht.

3.1 Die Zinsabhängigkeit der Transaktionskasse

In Abbildung 26 war gezeigt worden, daß bei zeitlichem Auseinanderfallen von Geldein- und auszahlungen ein Wirtschaftssubjekt eine durchschnittliche Kasse L_T in Abhängigkeit vom Zahlungsvolumen hält. In jedem Falle aber bedeutet dies, daß Geld vorübergehend brach liegt. Ökonomischer wäre es deshalb, ungenutzte Kassenbestände bis zum Zeitpunkt des tatsächlichen Bedarfs ertragbringend anzulegen. Dies ist das *Cash-Management* von Unternehmen.

Beträgt der periodische Zahlungseingang Y, so ist die durchschnittliche Transaktionskassenhaltung $L_T = Y/2$. Würde innerhalb dieser Periode der Zahlungseingang 4mal gestückelt, so entfiele auf jede Teilperiode ein Zahlungseingang von Y/4, oder allgemein: Bei einer Stückelung von n betragen die Teilzahlungseingänge Y/n. Die durchschnittliche Kassenhaltung L_T beträgt dabei in jeder der 4 bzw. n Teilperioden Y/2·4 bzw. Y/2n; da dies jeweils für jede einzelne Teilperiode gilt, muß ein gleicher durchschnittlicher Kassenbestand auch für die gesamte Periode bestehen. Wird also zu Beginn einer Periode der gesamte Zahlungseingang ertragbringend festgelegt und während der Periode n mal abgerufen, so kann gegenüber der Situation ohne Stückelung ein beträchtlicher Ertrag erzielt werden.

Im Prinzip müßte diese Stückelung so groß wie möglich gehalten werden; im Extremfall würde täglich ein Betrag von Y/30 bei monatlichem Zahlungseingang Y abgerufen werden. Allerdings werden durch die Umwandlung des Zahlungseinganges in ertragbringende Anlagen und die laufenden Abrufe Kosten entstehen. Um eine optimale Stückelung n^* zu ermitteln, sind deshalb die Erträge aus der Anlage gestückelter Zahlungseingänge – also der durchschnittlichen Kassenhaltung – mit den Kosten der Umwandlung in ertragbringende Anlagen sowie deren Auflösung zu vergleichen.

Die Erträge E der zinsbringend angelegten, durchschnittlichen Kassenhaltung betragen bei gegebenem Zinssatz i

$$(1) \quad E = \frac{Y}{2n} \cdot i.$$

Die zunächst angelegten Beträge werden n mal in Beträgen von jeweils Y/n wieder in Bargeld umgewandelt. Dabei werden variable Kosten (Provision, Gebühren) mit einem Anteil v vom Umwandlungsbetrag berechnet, also jeweils v · Y/n, und damit insgesamt in der ganzen Periode

$$(2) \quad Ko_v = n \cdot \frac{Y}{n} \cdot v = Y \cdot v .$$

In diesen beiden Gleichungen (1) und (2) sind Y, i und v gegebene Größen, nur n ist variabel.

In einer schon traditionellen Darstellung der Zinsabhängigkeit der Transaktionskasse nach *Baumol* und *Tobin* fallen neben variablen zusätzlich auch fixe Kosten a pro Umwandlung an. Die gesamten (fixen *und* variablen) Umwandlungskosten lauten dann für den gesamten Betrachtungszeitraum

(3) $Ko = n \cdot a + Yv$.

Definiert man außerdem die Zinserträge E als *Opportunitätskosten* (entgangene Zinserträge bei Nichtanlage), so führt dies zu den Totalkosten TK

$$(4) \quad TK = Ko + E = n \cdot a + Yv + \frac{Y \cdot i}{2n} \, .$$

In Gleichung (4) ist nur die Größe n variabel. Das Totalkostenminimum in Bezug auf Variationen von n wird durch

$$(5) \quad \frac{dTK}{dn} \overset{!}{=} 0$$

$$(5a) \quad \frac{dTK}{dn} = a + (-1)\frac{Y \cdot i}{2n^2} \overset{!}{=} 0$$

bestimmt. Hieraus folgen als *optimale Stückelungshäufigkeit*

$$(5b) \quad n^* = \pm\sqrt{\frac{Y \cdot i}{2 \cdot a}} \, ,$$

als optimaler Stückelungsbetrag

$$(5c) \quad \frac{Y}{n^*} = \pm\sqrt{\frac{2 \cdot Y \cdot a}{i}}$$

und als optimale Transaktionskassenhaltung

$$(5d) \quad L_T = \frac{Y}{2n^*} = \pm\frac{1}{2}\sqrt{\frac{2Ya}{i}} \, .$$

Damit ergibt sich aus postkeynesianischer Sicht folgende funktionale Abhängigkeit der Transaktionskasse vom Einkommen und vom Zins:

$$L_T = f(Y,i) \quad \text{mit} \quad \frac{\partial L_T}{\partial Y} > 0, \frac{\partial L_T}{\partial i} < 0.$$

Das Interessante dieses Ergebnisses sind neben der Zinsabhängigkeit der Transaktionskasse weitere Folgerungen: So braucht bei einer bestimmten Anlagegewohnheit durch Wirtschaftswachstum die Geldmenge nur unterproportional zuzunehmen. Man spricht dann von *economies of scale* des Geldes. *Brunner* und *Meltzer* bestreiten dies allerdings auf Grund ihrer empirischen Untersuchungen; in die gleiche Richtung zielt die Argumentation von *Sprinkel*, der die Dezentralisierung von Unternehmensverwaltungen für eine Zunahme des Geldbedarfs verantwortlich macht.

Ein weiterer Aspekt betrifft die Einkommensverteilung: Bei ungleich verteilten Einkommen in einer Volkswirtschaft halten die Bezieher höherer Einkommen eine relativ geringere Geldmenge als Bezieher niedriger Einkommen.

Die Zinsabhängigkeit der Transaktionskasse ist aber nicht allein an eine vorübergehende Anlage von Geld in Wertpapiere gebunden. *Whalen* machte darauf aufmerksam, daß auch die Kreditzinsen (Aufnahme von Krediten zur Erfüllung von Zahlungsverpflichtungen) eine Rolle spielen.

3.2 Die optimale Spekulationskasse

Die einfache keynesianische Geldnachfragetheorie formuliert die Nachfrage nach Spekulationskasse (eigentlich) durch $L_S = f(i_b; V)$, also als abhängig von der Rendite und dem Wertpapierbestand. Ein wesentlicher Faktor, der explizit in die postkeynesianische Nachfrage nach Spekulationsgeld (Barvermögen) eingeht, ist das Risiko. Dabei geht es nur im Extremfall um das Risiko eines Wertverlusts. So besteht bei Preis-(Kurs-)Schwankungen von Wertpapieren – ihrer *Volatilität* – immer das Risiko, daß z.B. zum Zeitpunkt des Bedarfs an Geld ein Wertpapierbesitzer einen geringeren Verkaufserlös erzielt als den, mit dem er gerechnet hatte. Wesentlich realitätsnäher wird daher die Analyse, wenn man den Risikoaspekt explizit in die Betrachtung einbezieht. Damit geht man zu einer Portfolio-Überlegung über, bei der mehrere Anlagearten mit unterschiedlichen Renditen, aber auch unterschiedlichen Risiken (wegen unterschiedlicher Volatilität) eingehen. Dieses Prinzip wird im Folgenden an Hand eines einfachen empirischen Beispiels erläutert.

3.2.1 Effiziente Portfolios

3.2.1.1 Effiziente Portfolios in der Praxis

Es sei unterstellt, daß einem Vermögensbesitzer die Entwicklung der Ertragsraten von vier Vermögensobjekten – denen von festverzinslichen Euro-Bonds i_b, denen von Spareinlagen i_{sp}, denen von japanischen Wertpapieren mit 10-jähriger Laufzeit $i_¥$ sowie denen des Bargeldes i_K, – in der Zeit von Januar 1999 bis August 2000 bekannt sind. Obwohl die Rendite für Bargeld i_K gleich Null ist, kann es als spezielle Anlageform im Portefeuille gehalten werden, weil das Risiko der Bargeldhaltung nahezu Null ist; wird das Risiko als Volatilität – statistisch: Streuung (Standardabweichung) – der Rendite definiert, besteht gar kein Risiko. Den zeitliche Verlauf der Renditen aller Anlageobjekte zeigt Abbildung 32.

Aus diesen Ertragsraten läßt sich nun leicht die Standardabweichung der Erträge der einzelnen Wertpapiere ableiten. Die *Standardabweichung*

$$\sigma_i = \sqrt{\frac{\sum (i_i - \bar{i}_i)^2}{n}}$$

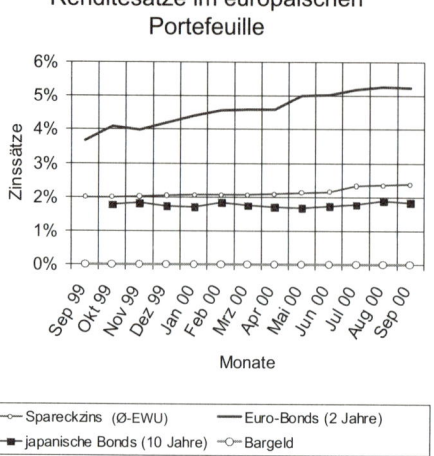

Renditesätze im europäischen Portefeuille

Quelle: Eigene Darstellung nach Daten der Monatsberichte der *Europäischen Zentralbank*, lfd. Hefte.

Abbildung 32

mit den Indices i = b, sp, ¥, K gibt die Streuungsbreite der Ertragsraten um ihren Mittelwert $\overline{i_i}$ an: Sie ist ein Maß für das *Risiko*, Erträge möglicher Weise auch in Zukunft abweichend von der durchschnittlichen Ertragsrate (erwarteter Ertrag) zu erzielen. Für die vier Anlagemöglichkeiten ergeben sich die Ertragsraten und das Risiko, wie sie in Tabelle 8 dargestellt sind:

Tabelle 8: Ertragsraten und Risiko

Anlage Merkmale	Euro-Bonds	Spareinlagen	japanische Bonds	Kasse
Mittelwerte $i_i = E(i_i)$	4,591	2,126	1,765	0
Standardabweichung σ_i	0,502	0,130	0,053	0

Durch eine Kombination der vier Anlagemöglichkeiten in einem Portefeuille läßt sich zu jedem beliebig angenommenen Risiko (Standardabweichung) der höchstmögliche Ertrag des Portefeuilles durch eine geeignete Wahl der Anteile der vorhandenen Anlagen ermitteln.[48] Dies führt zur Darstellung in Abbildung 33, in der sämtliche solcher i/σ-Kombinationen für das gesamte Portefeuille dargestellt sind:

---

[48] Zur mathematischen Ableitung eines optimalen Portfolios vgl. Abschnitt 3.2.2.2.

Effizientes europäisches Portefeuille

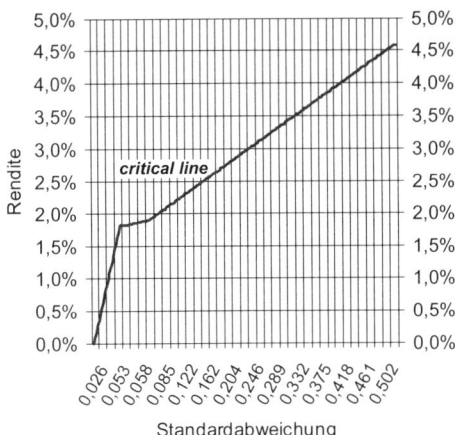

Quelle: Eigene Berechnungen nach Daten der Monatsberichte
der *Europäischen Zentralbank*, lfd. Hefte.

Abbildung 33

Effiziente Portefeuilles sind also Kombinationen von Anlagen, die bei gegebener Standardabweichung σ die höchste Rendite i für das Gesamt-Portefeuille sicherstellen; es handelt sich in Abbildung 33 also um eine Transformationskurve. Es läßt sich nun nach einem Algorithmus von *Markowitz* zeigen, daß ein Portefeuille mit unterschiedlichen Anteilen aller Anlagealternativen zu einer sog. *critical line CL* führt, die der geometrische Ort für alle effizienten i/σ-Kombination ist. Natürlich enthält jeder Punkt auf CL eine andere Kombination von Anteilen an den vier Anlagealternativen, für die jeweils i_i und $σ_i$ vorbestimmt sind. Die Ableitung effizienter Portefeuilles selbst beruht auf Ertragsentwicklungen in der Vergangenheit, geht also von *adaptiven Erwartungen*[49] aus.

Effiziente Portefeuilles auf der *critical line CL* in Abbildung 33 hängen von der Korrelation zwischen den Anlagealternativen ab, aber auch vom Umfang an Mitteln, der in jede Anlageart investiert wird! Ein einzelner Punkt auf der *critical line* repräsentiert neben einer ganz bestimmten Zusammensetzung des Portefeuilles auch die dazugehörige Rendite des Gesamtportefeuilles; die Renditestruktur der einzelnen Anlagearten im Portefeuille (hier: $i_b : i_{sp} : i_¥ : i_K$) bleibt dabei entlang der *critical line* konstant. Die sich ändernde Zusammensetzung des Portefeuilles bei alternierenden i/σ-Kombinationen ist in Abbildung 34 dargestellt[50].

Damit sind also alle individuellen Wertpapierportfolios mit nur einem Wertpapier ineffizient; es sei denn, dieses Wertpapier hätte eine i/σ-Kombination auf CL.

---

[49] Vgl. zu unterschiedlichen Erwartunshypothesen Abschnitt VI.3.1.

[50] Der Anteil der Spareinlagen am effizienten Portfolio ist im hier betrachteten Zeitraum immer gleich Null; vgl. Kurve auf der Abzisse!

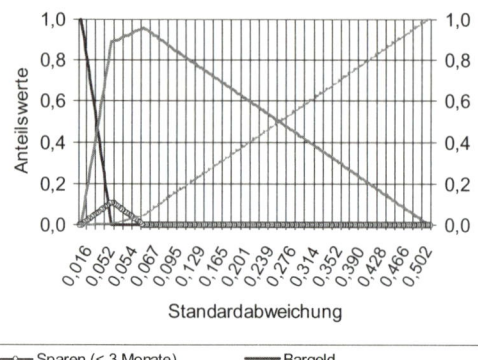

Anteilswerte am effizienten europäischen Portefeuille

Sparen (< 3 Monate) ⎯⎯ Bargeld

japanische Bonds (10 Jahre) ···· Euro-Bonds (2 Jahre)

Quelle: Eigene Berechnungen nach Daten der Monatsberichte der *Europäischen Zentralbank*, lfd. Hefte.

Abbildung 34

Ein Investor muß nun wählen, in welchem Verhältnis er Risiko (σ) und Ertrag (i) kombinieren möchte, um ein *optimales Portefeuille* zu erzielen. Dies setzt eine Zielfunktion (Nutzenfunktion) für den Vermögensbesitzer (Investor) voraus. Zunächst sei aber theoretisch für zwei Vermögensalternativen ein einfaches effizientes Portfolio abgeleitet.

3.2.1.2 Theoretische Ableitung eines effizienten Portfolios nach Markowitz

Um den Algorithmus von *Markowitz* zu erläutern, wird von einem einfachen Beispiel ausgegangen. Für den Fall, daß ein Portfolio nur aus zwei risikobehafteten Aktiva V_1 und V_2 besteht, läßt sich die *critical line CL* ohne großen Aufwand graphisch ermitteln. Der jeweilige Bestandsanteil ($\alpha_1;\alpha_2$) der beiden Anlagealternativen ($V_1;V_2$) am Gesamtportefeuille $V = V_1 + V_2$ beträgt

$$\alpha_1 = \frac{V_1}{V_1 + V_2} \quad \text{und} \quad \alpha_2 = \frac{V_2}{V_1 + V_2} \quad \text{mit} \quad \alpha_1 + \alpha_2 = 1 \ .$$

Die erwarteten Ertragssätze und der individuelle Risikograd sind für beide Vermögensformen gemäß der weiter oben vorgestellten Kennzahlen (durchschnittliche erwartete Ertragssätze sowie deren Standardabweichung) ermittelbar.

Werden nun die beiden Vermögensbestandsanteile mit ihren erwarteten Ertragsraten $E(i_i) = \overline{i}_i$ bewertet, so ergibt sich der (erwartete) Gesamtertragssatz i als das gewogene Mittel:

$$i = \overline{i}_1\alpha_1 + \overline{i}_2\alpha_2 \ .$$

Es sei weiter unterstellt, daß $\overline{i}_1 < \overline{i}_2$. In Abbildung 35 ist der erwartete durchschnittliche Ertragssatz i des Gesamtportfolios abgetragen.

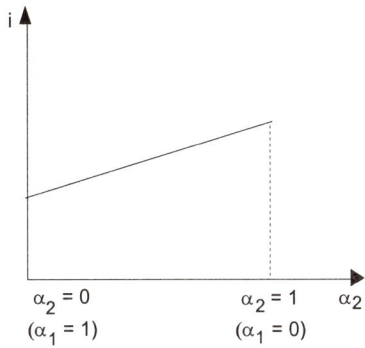

Abbildung 35

Das Risiko des Gesamtportefeuilles (σ) entspricht dem gewogenen Mittel aus den Standardabweichungen σ_1 und σ_2. Entsprechend der Wahrscheinlichkeitsrechnung ist σ wie folgt zu bestimmen:

$$\sigma = \sqrt{\alpha_1^2\sigma_1^2 + \alpha_2^2\sigma_2^2 + 2\alpha_1\alpha_2\text{Cov}_{12}} = \sqrt{\alpha_1^2\sigma_1^2 + \alpha_2^2\sigma_2^2 + 2\alpha_1\alpha_2\sigma_1\sigma_2\lambda_{12}} \quad \text{mit Cov}_{12} = \sigma_1\sigma_2\lambda_{12},$$

wobei $-1 \le \lambda_{12} \le 1$ gilt. Dabei repräsentiert Cov_{12} die Kovarianz zwischen $\overline{i}_1$ und $\overline{i}_2$ und λ_{12} den Korrelationskoeffizienten, der Auskunft über das Verhältnis zwischen den erwarteten Ertragsraten gibt. Der Risikograd des Gesamtportefeuilles σ ist in Abbildung 36 in Abhängigkeit von der jeweiligen Vermögensaufteilung dargestellt:

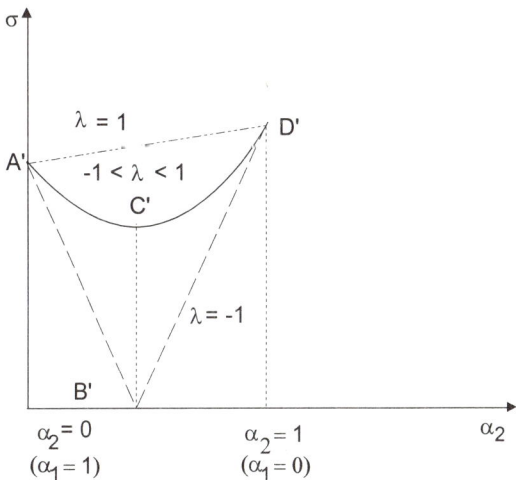

Abbildung 36

Sind beide Anlagearten nur unvollständig positiv miteinander korreliert ($-1 \le \lambda_{12} < 1$), so ist eine Senkung des Gesamtrisikos gegeben, sobald das Portefeuille beide Aktiva enthält (Prinzip der Risikoersparnis durch Diversifikation). Führt man jetzt die beiden Abbildungen 35 und 36 in einem Vierquadrantenschema zusammen, so ist für diesen einfachen Fall die *critical line CL* ableitbar.

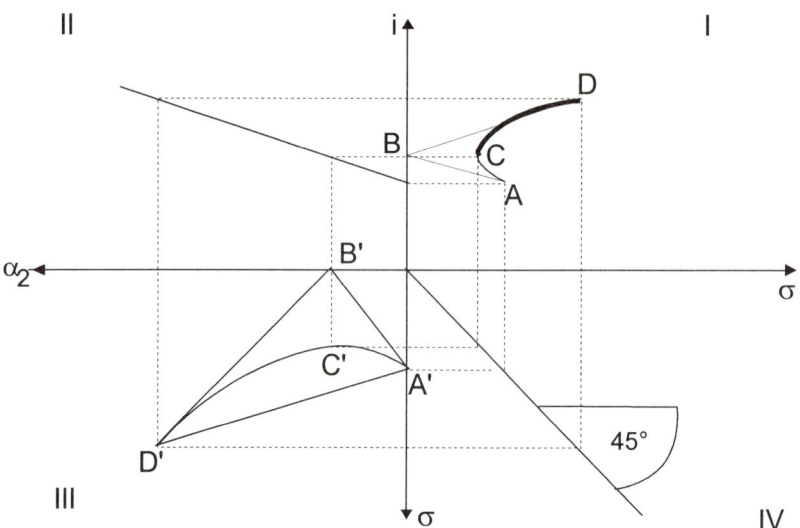

Abbildung 37

In den Quadranten II und III der Abbildung 37 sind die bereits bekannten Abbildungen 35 und 36 dargestellt. Quadrant I zeigt die Risiko-Ertragsbeziehung der Kombinationen zwischen Gesamtertragssatz und Gesamtrisikograd für alle denkbaren Vermögenszusammensetzungen an. Die gestrichelten Linien markieren die Extremsituationen. Sie repräsentieren die Fälle vollständig positiver (λ_{12} = 1) bzw. vollständig negativer (λ_{12}= -1) Korrelation zwischen den erwarteten Ertragssätzen der betrachteten Vermögensbestandteile. Eine Risikoersparnis durch Diversifikation ist bei gegebener perfekter positiver Korrelation unmöglich, da ein höherer Gesamtertragssatz überall mit einem höheren Gesamtrisiko verknüpft ist. Damit repräsentiert die Ertragsrisikokurve AD die ungünstigste Risiko-Ertragskonstellation eines Portefeuilles. Mithin stellt das Gegenteil – jetzt ist vollständige negative Korrelation mit λ = -1 gegeben – ein Höchstmaß an Risikoersparnis durch Diversifikation dar. Die relevante Ertrags-Risikolinie ist mittels der gestrichelten Strecke ABD dargestellt. Lediglich BD repräsentiert effizente Portefeuilles, da B im Abschnitt AB der günstigste Punkt ist.

Der Bewegung von A nach B (oder auch von B nach D) liegt eine andauernde Substitution des Aktivums V_1 – ausgestattet mit einem geringeren erwarteten Ertragssatz – durch die Vermögensalternative V_2, die über einen höheren erwarteten Ertragssatz verfügt, zu Grunde. Im Punkt B sind beide Aktiva im Portefeuille gleichgewichtet. Wegen der gegebenen, perfekten negativen Korrelation beträgt das Gesamtrisiko hier Null. Es kommt zum Risikoausgleich, da den negativen Erträgen eines Aktivums zwingender Weise positive Erträge der anderen Portfoliohälfte gegenüberstehen.

Den Normalfall der Ertrags-Risikokombinationen eines Portefeuilles stellt die Kurve ACD dar. In Analogie zur Strecke ABC sind effiziente Ertrags-Risikokonstellationen ausschließlich im Teilabschnitt CD angesiedelt. Die - fett gedruckte - Strecke CD entspricht der *critical line* CL bei unvollständiger Korelation und ist somit der geometrische Ort aller effizienten Portfolios.

3.2.2 Optimale Portfolios

3.2.2.1 Die Bedeutung der Risikoeinstellung

Um aus *effizienten Portefeuilles* ein *optimales Portfolio* auszuwählen, muß sich der Investor seiner Präferenz über die Ertrags/Risiko-Kombination bewußt sein. Dies bedeutet, daß subjektive Nutzeneinschätzungen über i und σ unterstellt werden müssen. Dies kann mit einer Nutzenfunktion in der Form

$$U = U\,(i, \sigma)$$

geschehen.

Dabei wird angenommen, daß das Nutzenniveau bei einer Zunahme des Risikos und gleichbleibenden Ertrag fällt, also

$$\frac{\partial U}{\partial \sigma} < 0\,,$$

aber steigt, wenn *ceteris paribus* der Ertrag zunimmt

$$\frac{\partial U}{\partial i} > 0\,.$$

In welchem Ausmaß sich der Nutzen dabei ändert, zeigt jeweils die 2. Ableitung. Dazu muß allerdings noch eine Annahme über die subjektive Einstellung des Investors gegenüber dem Risiko angenommen werden.

Bei pessimistischer Einstellung des Investors gegenüber dem Risiko, also bei *Risikoaversion*, muß der Ertrag schon überproportional zunehmen, wenn das Risiko bei gleichbleibendem Nutzenniveau zunehmen sollte. Dafür könnte z. B. die Nutzenfunktion $U_1 = \dfrac{i^{0,5}}{\sigma} + \varphi_1$ unterstellt werden; φ_1 ist hier ein Lageparameter. Für diese Nutzenfunktion gelten die beiden o. a. Bedingungen; die Grenzrate der Substitution $\dfrac{di}{d\sigma}$ zeigt eine steigende Zunahme der erwünschten Rendite bei zunehmendem Risiko. Die 2. Ableitung dieser Nutzenfunktion nach i, also $\dfrac{\partial^2 U}{\partial i^2} < 0$, ist negativ (die Zunahme des Nutzens bei gleichbleibendem Risiko ist positiv, doch wird die Zunahme bei steigendem Ertrag immer geringer). Die 2. Ableitung dieser Nutzenfunktion nach σ, also $\dfrac{\partial^2 U}{\partial \sigma^2} > 0$, ist positiv (die Abnahme des Nutzens bei gleichbleibendem Ertrag wird immer größer). Ist der Investor dagegen *risikoneutral*, so gelten

$$\frac{\partial U}{\partial i} > 0; \qquad \frac{\partial^2 U}{\partial i^2} = 0\,; \qquad \frac{\partial U}{\partial \sigma} < 0 \quad \text{und} \quad \frac{\partial^2 U}{\partial \sigma^2} > 0$$

und z. B. eine Nutzenfunktion $U_2 = \dfrac{i}{\sigma} + \varphi_2$.

Für *risikofreudige* Investoren gilt

$$\frac{\partial U}{\partial i} > 0, \quad \frac{\partial^2 U}{\partial i^2} > 0; \quad \frac{\partial U}{\partial \sigma} < 0 \text{ und } \frac{\partial^2 U}{\partial \sigma^2} > 0$$

und z. B. eine Nutzenfunktion $U_3 = \dfrac{i^2}{\sigma} + \varphi_3$.

Entscheidend für eine Beurteilung der Risikoeinschätzung des Investors ist hier also die 2. Ableitung der Nutzenfunktion nach dem Ertrag $\dfrac{\partial^2 U}{\partial i^2}$.

In der graphischen Darstellung führen die gerade angeführten Funktionen zu den Indifferenzkurven in Abbildung 38. Eine Indifferenzkurve ist dabei der geometrische Ort aller Portefeuilles bzw. i-σ-Kombinationen, die der Investor als gleichwertig betrachtet. Ein hoher Wert der hochgestellten Indizies der Indifferenzkurven zeigt einen größeren Nutzen des Investors an.

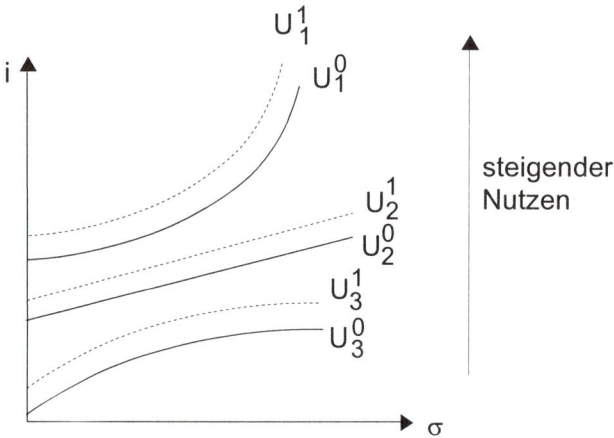

Abbildung 38

3.2.2.2 Theoretische Ableitung eines optimalen Portfolios nach Markowitz

Nachdem in Abschnitt 3.2.2.1 der Zusammenhang zwischen Risikoeinstellung und dem Verlauf der Nutzenfunktion erläutert wurde, soll bei der folgenden Ableitung eines optimalen Portfolios risikoaversives Verhalten unterstellt werden. Ein optimales Portfolio ergibt sich, wenn die Linie *effizienter Portefeuilles* (vgl. Abschnitt 3.1.2) mit der Nutzenfunktion zu einem Tangentialpunkt P_0 einer Indifferenzkurve mit der *critical line* CL_0 in Abbildung 39 führt; dieser Tangentialpunkt repräsentiert das höchste Nutzenniveau eines Investors, das gerade noch mit einem effizienten Portefeuille in Übereinstimmung zu bringen ist.

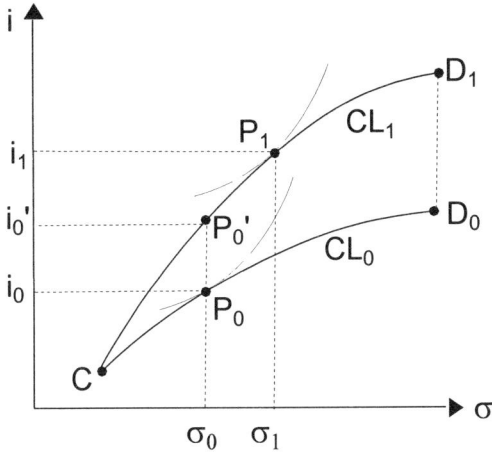

Abbildung 39

Das optimale Portefeuille führt in Abbildung 39 zu einer Gesamtertragsrate i_0 und zu dem dazugehörigen Verlustrisiko σ_0. Für dieses Portefeuille gilt natürlich weiterhin eine gegebene Ertragsratenstruktur der individuellen Anlagearten im Portfolio. Steigt der erwartete Ertrag $\overline{i_2}$ exogen, so dreht sich die critical line in Punkt C nach oben, da z.B. bei ausschließlichem Halten des Aktivums 2 (Punkt D_0) der Ertrag des Gesamtportfolios bei gleichem Risiko ($\sigma = \sigma_1$) steigen würde (Punkt D_1). In Abhängigkeit von der Nutzenfunktion des Investors und dem Verlauf der critical line – d.h. der Korrelationsbeziehung zwischen den beiden Aktiva – ergäbe sich ein neues optimales Portfolio. Dessen Zusammensetzung wird durch zwei Effekte beeinflußt: Durch die Erhöhung von $\overline{i_2}$ steigt zum einen der Gesamtwert des Portfolios bei konstanten Anteilen beider Aktiva. Dieser Effekt wird als Einkommens- bzw. Vermögenseffekt bezeichnet und beschreibt die Bewegung von Punkt P_0 nach Punkt P_0'. Zum anderen wird u.U. der Anteil des ertragserhöhten Aktivums 2 am Portfolio vergrößert. Dieser Effekt wird als Substitutionseffekt bezeichnet und beschreibt die Bewegung von P_0' nach Punkt P_1. Seine Wirkungsrichtung ist abhängig von der Risikokorrelation zwischen den beiden Aktiva.

Es sei nun angenommen, daß das Aktivum 1 Geld[51] und das Aktivum 2 Wertpapiere repräsentiere und daß der Substitutionseffekt aus Sicht der Geldhaltung negativ sei. Der Geldanteil α_1 am Portfolio sinkt demnach; der Wertpapieranteil α_2 steigt – erkennbar am gestiegenen Gesamtertrag des Portfolios im Punkt P_1. Unter dieser Annahme führt eine Wertpapierzinssteigerung zu einem Rückgang der Geldhaltung, und man erhält eine zinsabhängige Spekulationskassennachfrage $L_S = L_S(\underline{i})$.

In der postkeynesianischen Theorie wird das Risiko häufig allerdings nicht mehr als mittlere Abweichung vom erwarteten Ertrag definiert, so daß die vorangegangene Darstellung nur indirekt auf den postkeynesianischen Fall übertragbar ist.

---

[51] Unter der Annahme, daß Geld keinen Zinsertrag und somit auch kein Risiko – bezogen auf die Streuung des Zinsertrages um seinen Erwartungswert – habe, beginnt die critical line im Ursprung!

3.2.2.3. Das optimale Portfolio aus postkeynesiansicher Sicht

Nach *Tobin* verfügt ein Vermögensbesitzer über drei Alternativen, die er mit unterschiedlicher Gewichtung in seinem Portfolio berücksichtigen kann. Die drei zur Verfügung stehenden Anlagemöglichkeiten sind *Geld M, festverzinsliche Wertpapiere(bonds)* und *reale Aktiva (equities).* Da dem Vermögenshalter weiterhin risikoaversives Verhalten unterstellt wird, ist es erforderlich, die spezifischen Risiken der einzelnen Anlagearten zu analysieren. Ziel dieser Vorgehensweise ist es, zu einer optimalen Portfoliostruktur zu gelangen. Geld und Wertpapiere unterliegen als nominelle Größen einem Preisniveauänderungsrisiko. Darüber hinaus sind festverzinsliche Wertpapiere, bei einem im Zeitablauf variierenden Marktzins, zusätzlich noch einem Kursänderungsrisiko unterworfen. Dieses Risiko entfällt bei der Anlageform Geld, da es nicht zinstragend ist; sein Ertrag ist Null.

Realkapital ist keinem Preisänderungsrisiko ausgesetzt. Sein Marktwert entwickelt sich parallel zum allgemeinen Preisniveau. Sachkapital unterliegt dagegen anderen Risiken; diese ergeben sich aus

- einer Verschiebung der relativen Preise,
- technischem Fortschritt,
- Nachfragelücken auf Teilmärkten und
- branchenspezifischen Krisen.

Alle diese Risikofaktoren beeinflussen die Grenzleistungsfähigkeit des Kapitals.

Die Risiken der Geld- und Wertpapierhaltung sind, da ähnlich gelagert, positiv miteinander, jedoch nicht auch mit dem Risiko der Realkapitalhaltung korreliert. Damit stehen die Finanzaktiva eines Portefeuilles in einem substitutionalen Verhältnis zueinander $(\lambda_{12} \to +1)$. Die Beziehung von Finanz- zu Realaktiva ist dagegen komplementär $(\lambda_{12} \to 0)$.

Die Korrelationsbeziehung zwischen Geld, festverzinslichen Wertpapieren und realen Aktiva kann schematisch wie folgt dargestellt werden:

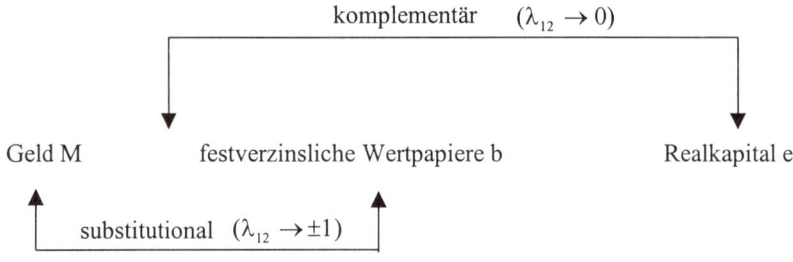

Das Gesamtrisiko eines Portfolios kann also durch eine entsprechende Aufteilung des Vermögens auf finanzielle und reale Aktiva minimiert werden. Denn wie bereits in Abschnitt 3.2.1 gezeigt wurde, ist die Streuung (*Diversifikation*) des Vermögens auf die verschiedenen Anlageformen das Grundprinzip der Risikominimierung. Die optimale Struktur der Portfolios ist dabei abhängig von der Korrelation der einzelnen Aktiva und der individuellen Nutzenfunktion des Vermögensbesitzers (vgl. Abschnitt 3.2.2.1). Eine Störung des optimalen Portfolios führt aufgrund der unterschiedlichen Korrelationsbeziehungen zwischen Finanz- und Sachaktiva zu alternativen Anpassungsüberlegungen: Bei einer Umschichtung innerhalb der Finanzaktiva (Geld, Wertpapiere) wird die Risikostruktur des Gesamtportfolios kaum berührt. Ein Austausch dieser beiden Aktiva gegeneinander erfolgt dementsprechend fast ausschließlich nach Ertragsgesichtpunkten.

Bei einer Umschichtung zwischen Finanz- und Sachaktiva wird dagegen nicht nur der Gesamtertrag, sondern auch die Risikostruktur des Portfolios verändert. Demzufolge wird auf eine Umschichtung zwischen Finanz- und Sachaktiva vollständig verzichtet, wenn der Nutzenverlust aus dem Risikoanstieg den Nutzenzuwachs höherer Ertragserwartungen vollständig kompensieren würde. Die Substitutionsbeziehungen zwischen den einzelnen Aktiva sind bei der Übertragung politischer Impulse von großer Bedeutung (vgl. Abschnitt V.2.2).

3.3 Die Determinanten der Geldnachfrage aus postkeynesianischer Sicht

Faßt man die Überlegungen zur optimalen Nachfrage nach Transaktionskasse (Abschnitt 3.1) und nach Spekulationskasse (Abschnitt 3.2) zusammen, so ist die postkeynesianische Geldnachfrage abhängig

- vom laufenden Einkommen (Y)
- vom Vermögensbestand[52] (V)
- von den Kosten und Erträgen und den Risiken der Geldhaltung (a)
- von den Kosten und Erträgen alternativer Vermögensformen (i_b = Bondsrendite,
  i_e = Aktienrendite).

Die postkeynesianische Geldnachfragefunktion läßt sich damit schreiben als

$$L = f(Y^r, V, a, i_b, i_e)$$

formulieren.

Für die einzelnen Determinanten gelten die folgenden Wirkungsrichtungen auf die Geldnachfrage

$$\frac{\partial L}{\partial Y} > 0, \; \frac{\partial L}{\partial V} > 0, \; \frac{\partial L}{\partial a} < 0, \; \frac{\partial L}{\partial i_b} < 0, \; \frac{\partial L}{\partial i_e} < 0.$$

3.4 *Exkurs: Zur Schwäche des Euro im Herbst 2000*

Seit Beginn der *Europäischen Währungsunion* am 1. Januar 1999 nahm der Wert des Euro gegenüber dem US-$ – und anderen Währungen, z.B. £ und ¥ – ständig ab, wie Abbildung 40 zeigt.

---

[52] Hier ist das finanzielle Vermögen in die Betrachtung einbezogen worden. Dies gilt nicht auch für Kapazitätswirkungen von Netto-Investitionen, die ja explizit im Volkseinkommen Y enthalten sind. Dies ist in einer mittelfristigen und langfristigen Analyse notwendig.

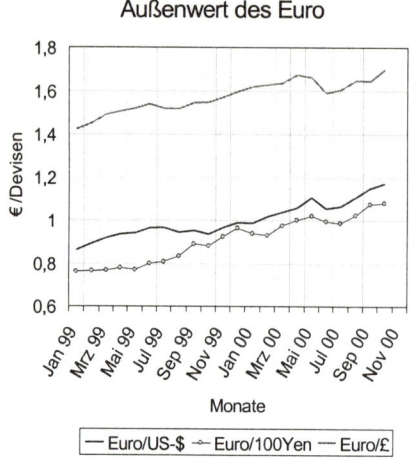

Abbildung 40

Da die Preisniveau-Steigerungsrate in der EWU nur moderat stieg (im Jahr 2000 lag die Inflationsrate bei nur 2,4 %, obgleich die Preise für importiertes Rohöl exogen angehoben wurden), entsprach die Abwertung des Euro nicht der Änderung der Kaufkraftparität gegenüber dem US-$. Die *Europäische Zentralbank* glaubte daher, den Euro-Kurs gegenüber dem US-$ durch mehrmalige Interventionen stabilisieren zu müssen, um realwirtschaftlich nicht gerechtfertigten Spekulationen gegen den Euro entgegenzuwirken.

Da bei flexiblen Wechselkursen das Devisenangebot (der Exporteure und Kapitalimporteure) der Devisennachfrage (der Importeure und Kapitalexporteure) entspricht, wird die Entwicklung des Wechselkurse entscheidend vom Kapitalverkehr mitbeeinflußt. Dessen Bestimmungsgründe sind (a) internationale Zinsdifferenzen (kurzfristiger Kapitalverkehr) und (b) unterschiedliche Erwartungen über die realwirtschaftliche Entwicklung in den verschiedenen Ländern, die auf Konjunkturprognosen sowie unterschiedlichen Rahmenbedingungen für Investitionen in den einzelnen Ländern (langfristiger Kapitalverkehr) beruhen.

Im Rahmen der Portfolio-Theorie spielt dabei der kurzfristige Kapitalverkehr eine besondere Rolle. Bei einer Zinsdifferenz zwischen dem US-amerikanischen Zinssatz und dem europäischen Zinssatz i_{EUR} mit $_{USA} > i_{EUR}$ kommt es zu kurzfristigen Kapitalexporten aus der EWU in die USA. Damit steigt die Devisennachfrage und der Euro wird abgewertet. Mit zunehmender (abnehmender) Zinsdifferenz steigt (sinkt) der Kapitalexport. Dies gilt jedoch nur bei ungefähr gleichem Risiko einer Finanzanlage in den USA wie innerhalb der EWU!

Die vergleichbaren Zinssätze in den USA und in der EWU wichen 1999/2000 voneinander ab, deren Niveau war in den USA höher als in der EWU, mit allerdings abnehmender Zinsschere, wie Abbildung 41 zeigt.

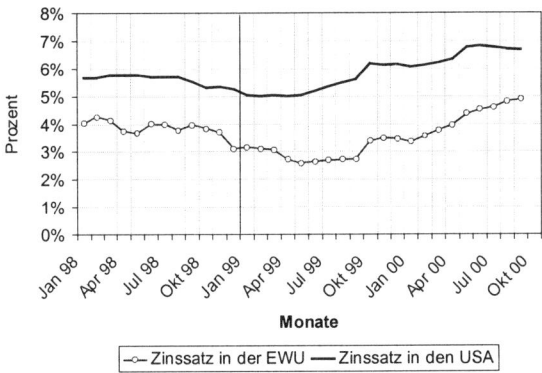

Zinssätze für 3-Monatsgeld: USA und EWU

Quelle: Monatsberichte der *Europäischen Zentralbank*, lfd. Hefte.

Abbildung 41

Diese Zinssatz-Konstellation sprach für einen Kapitalexport von der EWU in die USA, der sich jedoch im Lauf der Zeit hätte verringern müssen. Die Abwertung des Euro gegenüber den US-$ hätte damit also im Lauf der Zeit immer schwächer werden müssen. Eine Portfolio-theoretische Untersuchung des kurzfristigen Kapitalverkehrs zeigt jedoch eine andersgelagerte Erklärung für die Wechselkursentwicklung.

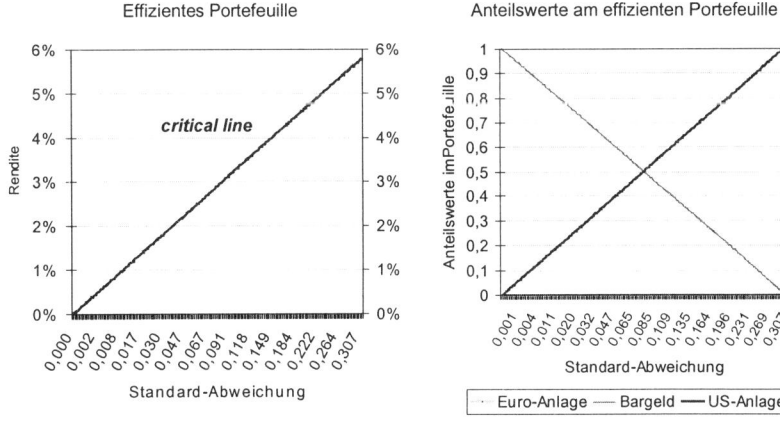

Abbildung 42a   **Abbildung 42b**

In Abbildung 42a ist die *critical line* (effiziente Portefeuilles) für kurzfristige Geldanlagen in den USA und in der EWU dargestellt, in Abbildung 42b dessen anteilsmäßige Zusammensetzung. Es fällt auf, daß Euro-Anlagen völlig aus effizienten Portefeuilles herausgefallen; der Grund: Euro-Geldanlagen sind nicht nur weniger rentabel, sie sind darüber hinaus auch volatiler und damit riskanter. Höheres Risiko bei geringerer Rentabilität von Geldanlagen in der EWU bewirken dann, daß theoretisch der kurzfristige Kapitalverkehr für den relevanten Zeitabschnitt ausschließlich von der US-ameri-

kanischen Zinsentwicklung bestimmt wird. In diesem Fall erübrigt sich die weiter-
gehende Bestimmung eines optimalen Portefeuilles.

Eine Intervention der *Europäischen Zentralbank* an der Devisenbörse zur Stützung des
Euro ist dann aber auch kurzfristig kontraproduktiv. Mit einem zusätzlichem Angebot
an US-$ an der Devisenbörse nimmt die *Europäische Zentralbank* zugleich Zentral-
bankgeld in Euro aus dem Kreislauf, verknappt somit das Kreditangebotspotential der
Geschäftsbanken und bewirkt so eine Zinsniveausteigerung i_{EUR} in der EWU. Die Volatilität von Geldanlagen in der EWU steigt und damit auch deren Risiko. Der kurzfristige
Kapitalexport nimmt zu, also auch die Devisennachfrage, und der Euro wird gegenüber
dem US-$ noch schwächer.

Dies gilt kurzfristig. Mittel- und längerfristig nähert sich aber das Niveau der europäischen Zinssätze dem US-amerikanischen Zinsniveau durch die Interventionspolitik der
Europäischen Zentralbank an. Da Geldanleger bei der Zusammenstellung der Portefeuilles ihre Erwartungen auf Grund zeitlich begrenzter Renditeentwicklungen in der
Vergangenheit (*adaptive Erwartungen*) bilden, wird für die Portfolio-Analyse (Abbildung 42a und 42b) die dieser zu Grunde liegende Renditeentwicklung (Abbildung 41)
„hinten abgeschnitten", also um Vergangenheitswerte verkürzt. Damit steigt nicht nur
das Niveau der europäischen Zinssätze, auch ihre Volatilität (und damit deren Risiko)
verringert sich.

Mittelfristig führten die Interventionen der *Europäischen Zentralbank* im Herbst 2000
durchaus zu dem gewünschten Ergebnis, kurzfristig bewirkten sie das Gegenteil. Um
aber das mittelfristig gewünschte Ergebnis zu erzielen, hätten auch andere, interne Maßnahmen ergriffen werden können. Möglicher Weise aber ging es der *Europäischen Zentralbank* mit ihrer Interventionspolitik auch eher um ein Signal an internationale Geldanleger.

4. Die Monetaristische Geldnachfragetheorie

Der Monetarismus ist eine geldtheoretische Entwicklung, als deren Hauptvertreter *Milton Friedman, Karl Brunner* und *Allan Meltzer* gelten, die in ihren monetären Auffassungen der alten *keynesianischen* Theorie (Fiskalismus) diametral gegenüberstehen.
Ausgangspunkt des Monetarismus ist die sog. *Chicago-Schule*, die beginnend mit *Henry
C. Simons* die alte Quantitätstheorie (vgl. Abschnitt 1) in eine *Neoquantitätstheorie des
Geldes* umformte, um den Transmissionsmechanismus[53] geldpolitischer Impulse in den
realwirtschaftlichen Sektor einer Volkswirtschaft adäquater erklären zu können.

Die Grundvorstellung des Monetarismus ist streng liberal, sie beruht auf dem strikten
Marktmechanismus mit völliger Flexibilität der Preise und Löhne nach unten und oben;
die private Wirtschaft ist also stabil. Dies bedingt – ohne exogene (staatliche) Eingriffe
und bei rationalen Erwartungen[54] – stets Vollbeschäftigung und eine optimale Struktur
aller Aktiva. Geldpolitische Impulse führen deshalb kurzfristig zu einer Störung dieser

---

[53] Vgl. zu alternativen transmissionstheoretischen Vorstellungen Kapitel V.

[54] Alternative Erwartungshypothesen werden in Abschnitt VI.3.1 erläutert.

optimalen Struktur insbesondere am Geldmarkt i.w.S., mittel- und langfristig über die *Theorie der relativen Preise*[55] – also nicht allein über den Zins – aber wieder zu einer Angleichung an diese optimale *Struktur*, allerdings bei geändertem Preis*niveau*. Eine expansive Geldpolitik erhöht damit das Preisniveau und wird auch den nominellen Zinssatz aufblähen (*Gibson*-Paradoxon, vgl. Abschnitt VII.3.2.3), so daß entgegen *keynesianischer* Auffassung eine expansive Geldpolitik mit steigendem Zinsniveau einhergeht.[56]

Diese Grundüberlegungen des Monetarismus basieren auf empirischen, ökonometrischen Untersuchungen, nach denen die Zinsabhängigkeit *(Zinselastizität) der Geldnachfrage* relativ niedrig, die Einkommensabhängigkeit *(Einkommenselastizität) der Geldnachfrage* dagegen relativ hoch (sog. *Luxusguthypothese*) ist.

4.1 Der neoklassische Ursprung der monetaristischen Theorie

Die Quantitätstheorie (vgl. Abschnitt V.2.3.1.2) geht von der *Fisher*schen Verkehrsgleichung aus, nach der das reale (mengenmäßige) Handelsvolumen HV – bewertet mit dem Preisniveau P – der für diese Umsätze notwendigen Geldmenge M entsprechen muß. Die Geldmenge kann während einer bestimmten Zeitperiode häufiger verwendet werden bzw. mehrmals umlaufen:

$$HV \cdot P = M \cdot u_{HV};$$

dabei stellt u_{HV} die Umlaufgeschwindigkeit des Geldes bezogen auf das Handelsvolumen dar. Die *Fisher*sche Verkehrsgleichung ist eine Identität, die allerdings dann etwas erklärt – somit zur Theorie wird –, wenn zusätzliche Aussagen einbezogen werden: Gilt z.B. völlige Flexibilität der Preise und Löhne, so besteht stets Vollbeschäftigung, und das Handelsvolumen ist eine gegebene Größe *(keine Kapazitätswirkung durch Nettoinvestitionen, kein technischer Fortschritt!)*. Wird außerdem angenommen, daß die Umlaufgeschwindigkeit des Geldes durch Zahlungssitten in einer Volkswirtschaft ebenfalls vorgegeben ist, so hat eine Geldmengenveränderung allein eine Preisniveauverschiebung zur Folge. Das Geld ist in diesem Falle neutral; es bewirkt keine Mengen- oder Strukturänderungen in einer Volkswirtschaft. Dies ist die *einfache Quantitätstheorie*. Auf ihr beruht im Prinzip auch die *Currency-Theorie*.

Die Quantitätstheorie wurde durch *M. Friedman* auf Grund theoretischer wie auch empirischer Untersuchungen neu konzipiert. In der *Cambridge-Gleichung*

$$L = k \cdot P \cdot Y^r$$

erscheint gemäß klassischer Tradition ausschließlich die Stromgröße Y^r als Determinante der Geldnachfrage. Eine Erklärung für einen Zusammenhang zwischen Geldmenge und Preisniveau liefert die *Neoquantitätstheorie*, mit

$$L = \frac{1}{u} \cdot (Y^r \cdot P);$$

---

[55] Vgl. Abschnitt V.2.3.1.2

[56] Alternative theoretische Vorstellungen der Übertragung eines monetären Impulses in den realwirtschaftlichen Sektor (Transmissionsmechanismus) werden in Kapitel V. erläutert.

die Größe u stellt nun die *Einkommenskreis– bzw. Umlaufgeschwindigkeit des Geldes* dar.

Mit der Verengung der Analyse auf Y^r können Aussagen über die Umlaufgeschwindigkeit des Geldes mißverständlich werden, da ein Teil der mit Geld abgewickelten Transaktionen unberücksichtigt bleibt. *Friedman* schließt durch seine Interpretation der Geldnachfrage

$$L = \frac{1}{u} \cdot [P] \cdot [\, Y_P^r \,],$$

mit $[P]$ = Preisvektor des realen, permanenten Einkommens und $[\, Y_P^r \,]$ = Mengenmatrix des permanent income, das *permanente Einkommen*[57] in die Betrachtung mit ein. Dieses permanente Einkommen wie auch das Abstellen auf den portfoliotheoretischen Ansatz einer *Theorie der relativen Preise*[58] bilden den Kern dieser neoquantitätstheoretischen Betrachtung der Geldnachfrage, aus der dann weitere Schlußfolgerungen gezogen werden.

4.2 Handelsvolumen vs. Einkommen als Determinante der Geldnachfrage

Der besondere Hinweis auf das Volkseinkommen und das Handelsvolumen als alternative Determinanten der Geldnachfrage mag vordergründig erscheinen; dennoch aber ergeben sich hieraus gravierende Unterschiede für die Geldnachfrage.

Das *Handelsvolumen* enthält neben den Umsätzen mit den Endnachfragern, also neben Konsum- und Investitionsgüterumsätzen (Volkseinkommen), auch Umsätze in Roh-, Halb- und Fertigfabrikaten zwischen den Unternehmungen (*Bruttoproduktion*) sowie Umsätze in Bestandsgrößen (z.B. Aktien, Realkapital etc.), die aus Sparbeträgen in der Vergangenheit geschaffen wurden. Neben der Bruttoproduktion enthält das Handelsvolumen also auch die gesamten Umsätze der Portefeuilles (z.B. mit Wertpapieren) der Wirtschaftssubjekte.

Geht man einmal von der üblichen Strukturmatrix bei der Darstellung der Produktion des Volkseinkommens aus, so läßt sich der Unterschied beider Determinanten sehr leicht an Hand der Tabelle 9 zeigen:

Tabelle 9: Strukturmatrix

Lieferung an	*Sektoren*					*Volkseinkommen*	
Lieferung von	1	2	3	...	n	C	I
1	$a_{11}X_1$	$a_{12}X_1$	$a_{13}X_1$	...	$a_{1n}X_1$	C_1	I_1
2	$a_{21}X_2$	$a_{22}X_2$	$a_{23}X_2$	...	$a_{2n}X_2$	C_2	I_2
3	$a_{31}X_3$	$a_{32}X_3$	$a_{33}X_3$	...	$a_{3n}X_3$	C_3	I_3
...							
n	$a_{n1}X_n$	$a_{n2}X_n$	$a_{n3}X_n$	...	$X_{nn}X_n$	C_n	I_n
Löhne	l_1	l_2	l_3	...	l_n		
Gewinne	G_1	G_2	G_3	...	G_n		

---

[57] Vgl. zum permanenten Einkommen Abschnitt 4.3.

[58] Vgl. Abschnitt V.2.3.1.2.

Die Produktionsstrukturmatrix $[a_{ij} \cdot X_i]$ gibt die technischen Beziehungen sämtlicher Güter untereinander – im einfachsten Fall von Einproduktunternehmungen – und damit auch die intersektoralen Beziehungen der Unternehmungen an. Die Summe ΣX_i ist die Bruttoproduktion, zu der eigentlich noch sämtliche hier nicht genannten Bestände hinzuaddiert werden müßten.

Die Sektoren 1 bis n produzieren für die Endnachfrage, die aus den Konsum- und Investitionsgütern besteht. Somit gibt also das Volkseinkommen $Y = C + I$ nur einen kleinen Teil sämtlicher Handelsverflechtungen in einer Volkswirtschaft wieder.

Bei der Berücksichtigung des gesamten Handelsvolumens ist weiter zu beachten, daß der Eigenverbrauch von Unternehmungen $a_{ij} X_i$ mit $i = j$ eigentlich nicht als mit Geld bezahlte Lieferung mitgezählt werden darf. Wenn aber dieser Lieferumfang auch in einem Handel zwischen Unternehmungen des gleichen Sektors bestehen kann, hat er sehr wohl mit in das volkswirtschaftliche Handelsvolumen einzugehen.

Setzt man die in einer Volkswirtschaft benötigte (nachgefragte) Geldmenge in Beziehung zum Handelsvolumen, kann es zu Variationen der Geldnachfrage durch Strukturveränderungen kommen. Das gleiche gilt auch für einen Konzentrationsprozeß, bei dem einige Unternehmungen miteinander verschmelzen, so daß Handelsbeziehungen zwischen den beteiligten Unternehmungen nicht mehr durch Geld abgewickelt werden müssen. Der Lieferantenkredit zwischen verschiedenen Unternehmungen führt ebenfalls – zumindest übergangsweise – zu einem geringeren Bedarf an Geld.

Alle diese Wirkungen sind nicht mehr offensichtlich, wenn man die nachgefragte Geldmenge nicht auf das Handelsvolumen, sondern auf das Volkseinkommen – also nur eine einzige Spalte der Matrix – bezieht. Die Verwendung des Realeinkommens Y^r statt des Handelsvolumens in der Geldnachfrage-Funktion führt zu gewissen Problemen: Nimmt z.B. die Konzentration in einer Volkswirtschaft zu, so daß ein Teil der Umsätze zwischen Unternehmungen nicht mehr am Markt erscheint, oder sinken die Umsätze im Bestandsgrößenbereich (bei Wertpapieren oder bei Anlagen), so reduziert sich das reale Handelsvolumen, ohne daß sich das reale Volkseinkommen ändern müßte. Der in der Volkswirtschaft vorhandene Geldmengenbestand wird damit innerhalb der betrachteten Zeitperiode tatsächlich weniger häufig benutzt. Umgekehrt könnte man auch erklären, daß sich die Einkommenskreislaufgeschwindigkeit des Geldes rein statistisch ändert, obgleich die Umlaufgeschwindigkeit bezogen auf das Handelsvolumen konstant geblieben sein kann. Würde man in diesen Fällen entweder nur das reale Handelsvolumen oder nur das reale Volkseinkommen beobachten, so könnte es zu einer Variation des Geldmengenbedarfs kommen, ohne daß ersichtlich wird, weshalb.

Die monetaristische Position unterstellt eine stabile Wirtschaftsstruktur, d.h. im Prinzip konstante Produktionskoeffizienten a_{ij} und gleichbleibende Verhaltensweisen, z.B. bei der Inanspruchnahme von Lieferantenkrediten, sowie eine gegebene Wettbewerbsstruktur. Akzeptiert man dies, dann muß selbstverständlich auch eine stabile Beziehung zwischen Geld(nachfrage) und Volkseinkommen bestehen. Unterschiedliche Entwicklungen von Geldmenge und Volkseinkommen müssen dann in der Realität auf eine exogen variierende Umlaufgeschwindigkeit des Geldes zurückgeführt werden.

Allerdings wird man auch von monetaristischer Seite akzeptieren, daß es langfristig zu einer Änderung der Determinanten der Produktionskoeffizienten wie auch in den Verhaltensweisen und Marktstrukturen kommt; u.U. in einem kontinuierlichen Prozeß, bei dem sich die Anpassung in einer stabilen Weise vollzieht. Kurzfristig könnte dann davon ausgegangen werden, daß diese Beziehung zwischen Geldnachfrage und Volkseinkommen stabil und zugleich konstant ist; Lieferantenkredite dürften dann aber auch während des Konjunkturverlaufs keine unterschiedliche Bedeutung haben.

4.3 Das permanente Einkommen

Wie in Abschnitt 4.2 beschrieben wurde, bildet das permanente Einkommen einen Schwerpunkt der monetaristischen Geldnachfragetheorie. Zum permanenten Einkommen gelangt man, indem man sich vorstellt, daß das erwartete Einkommen der gegenwärtigen Periode Y^e_t in einer ganz bestimmten Beziehung zum tatsächlichen Einkommen der Vorperiode(n) steht. So gilt etwa, daß die Änderung der Erwartungen bzgl. des Einkommens ($Y^e_t - Y^e_{t-1}$) von der Entwicklung des tatsächlichen gegenüber dem erwarteten Einkommen in der Vergangenheit ($Y_{t-1} - Y^e_{t-1}$) – d.h. von dem Erwartungsfehler in der Vergangenheit – abhängt (*adaptive* bzw. *autoregressive Erwartungen*):

(1) $Y^e_t - Y^e_{t-1} = (1 - \theta)(Y_{t-1} - Y^e_{t-1})$,

mit θ als Reaktionskonstante, wobei $0 \le \theta < 1$.

Es kann nun gezeigt werden, daß dieser Ansatz nicht nur eine Abhängigkeit des erwarteten Einkommens von dem Einkommen der Vorperiode, sondern von allen Vorperiodeneinkommen beschreibt:

Durch Umformung von Gleichung (1) ergibt sich nämlich

(2) $Y^e_t = \theta Y^e_{t-1} + (1 - \theta)Y_{t-1}$.

Da nun für Y^e_{t-1} ein gleicher Ansatz wie in Gleichung (1) unterstellt werden kann, folgt durch Einsetzen dieses Ansatzes in Gleichung (1)

(3) $Y^e_t = \theta^2 Y^e_{t-2} + (1 - \theta)Y_{t-1} + \theta(1 - \theta)Y_{t-2}$.

Wird der Ausdruck θY^e_{t-1} genügend lange in der gleichen Art und Weise substituiert, gelangt man schließlich zu

(4) $Y^e_t = (1 - \theta)\sum_{n=1}^{\infty} \theta^{n-1}Y_{t-n}$,   da $\theta^{n \to \infty}Y^e_{t-n \to \infty} = 0$,

der Gleichung für das *permanente Einkommen*.

Das permanente Einkommen ist ein theoretisch ebenso wichtiger wie eleganter Ansatz zur empirischen Ermittlung einer Funktion für die Geldnachfrage. Geht man einmal vom einfachsten Ansatz einer empirischen Testfunktion für die Geldnachfrage L aus, z.B.

(5) $L_t = f(Y^e_t)$,

so gilt als mögliche lag-Funktion auch

(5a) $L_t - \theta L_{t-1} = f(Y^e_t - \theta Y^e_{t-1})$.

Wird Gleichung (2) in Gleichung (5a) eingesetzt, ergibt sich

(5b) $L_t - \theta L_{t-1} = f[(1 - \theta)Y_{t-1}]$

oder eine Testfunktion für die Geldnachfrage

(5c) $L_t = f[(1 - \theta)Y_{t-1}] - \theta L_{t-1}$.

Der große Vorteil für empirische Schätzungen einer Geldnachfrage für das permanente Einkommen liegt in seiner theoretischen Eleganz und außerordentlich guten, empirischen Testqualität. Der große Nachteil des *Koyck-Ansatzes* liegt in seiner offenbaren *Autokorrelation:* Auf beiden Seiten der Gleichung (5c) steht die gleiche Variable L, es wird also die abhängige Variable L_t durch die unabhängige Variable L_{t-1} bestimmt. Dies führt regelmäßig zu einem statistischen Bestimmtheitsmaß von $r^2 \approx 1$, einem Ergebnis in den Sozialwissenschaften, das selbst Physiker bei ihren Versuchen im luftleeren Raum nicht erreichen. Unstreitig aber bleibt die theoretische Eleganz des permanenten Einkommens.

4.4 Die Determinanten der Geldnachfrage aus monetaristischer Sicht

Entsprechend der Hypothese des permanenten Einkommens (vgl. Abschnitt 4.2) ist das gegenwärtig erwartete Einkommen eine Funktion aller in der Vergangenheit angefallenen Einkommen. Wird Einkommen als Ertrag aus Beständen definiert, gehen in das permanente Einkommen sämtliche Vermögensanlagen ein.

Aus monetaristischer Sicht beeinflussen folgende 5 Vermögensbestandteile das permanente Einkommen und damit auch die Geldnachfrage:

- Geld
- Festverzinsliche Wertpapiere (bonds b)
- Aktien (equities e)
- physische Güter
- Humankapital HK

Im Prinzip wäre es deshalb also nicht statthaft, neben dem permanenten Einkommen explizit Vermögensbestände als Determinanten der Geldnachfrage aufzuführen, ebensowenig wie spezielle Ertragsraten; in die Geldnachfragefunktion *Friedmans* jedoch werden einige dieser Komponenten gesondert aufgenommen, um die Struktur der Geldnachfrage plastischer beschreiben zu können.

Die reale Geldnachfragefunktion bei *Friedman* lautet deshalb

$$\frac{L}{P} = f(i_b, i_e, \hat{p}, Y_P^r, \text{Präf}, hk),$$

mit i_b = Ertragsrate für festverzinsliche Wertpapiere (*bonds*), i_e = Ertragsrate für Aktien (*equities*), $\hat{p}$ = Preisniveausteigerungsrate, Y_r^e = reales, permanentes Einkommen (inclusive des Vermögens), Präf = persönliche Präferenzen und hk = Anteil des Humankapitals am Gesamtvermögens V. Die Determinanten der Geldnachfrage wirken auf die reale Geldnachfrage in folgender Weise ein:

$$\frac{\partial \frac{L}{P}}{\partial hk} > 0, \quad \frac{\partial \frac{L}{P}}{\partial i_b}, \frac{\partial \frac{L}{P}}{\partial i_e} < 0, \quad \frac{\partial \frac{L}{P}}{\partial \hat{p}} < 0, \quad \frac{\partial \frac{L}{P}}{\partial Y_r^e} > 0 \,.$$

Die reale Nachfrage nach Geld hängt somit ab

- von den Kosten der Geldhaltung in Abhängigkeit der Inflationsrate $\hat{p}$
- von den Erträgen alternativer Vermögensformen i_b, i_e
- von der Liquiditätspräferenz der Wirtschaftssubjekte Präf
- vom Anteil hk des extrem illiquiden Humankapitals am Vermögen.

Die Umlaufgeschwindigkeit des Geldes bzw. der Kassenhaltungskoeffizient taucht in dieser Definition der Geldnachfrage nicht mehr explizit auf. Der Kassenhaltungskoeffizient wird aber implicite als stabil angenommen – oben war darauf hingewiesen worden, daß er vom Verhalten bzw. von institutionellen Faktoren wie Zahlungsgewohnheiten abhängt –, was man empirisch auch belegen zu können glaubt; nur langfristig wird eine Änderung der Umlaufgeschwindigkeit konzediert.

5. Vergleich der postkeynesianischen mit der monetaristischen Position

Sowohl die *postkeynesianische* wie die monetaristische Position beziehen das Vermögen und die Portfolio-Struktur in ihre Überlegungen mit ein. Allerdings ist das relevante Portefeuille bei den Postkeynesianern weniger umfangreich als bei den Monetaristen. Das *postkeynesianische* Portfolio enthält nur Bestände, so daß für Wirkungen geldpolitischer Impulse weiterhin Ertragsraten von Aktiva – also Zinsen – eine wesentliche Rolle beim Transmissionsmechanismus[59] in den realwirtschaftlichen Bereich spielen. Die Zinseffekte können allerdings durch Risikoeffekte überkompensiert werden. Letztere werden im Postkeynesianismus, nicht aber im Monetarismus berücksichtigt.

Eine noch bestehende Kontroverse zwischen *Monetaristen* und *Postkeynesianern* richtet sich auf die Stärke der Einflüsse der einzelnen Determinanten der Geldnachfrage. Die Stärke des Einflusses des Zinsniveaus auf die Geldnachfrage (*Zinselastizität der Geldnachfrage*) wird von *Postkeynesianern* höher eingeschätzt als von *Monetaristen*, für die Stärke des Einflusses von Einkommensänderungen (*Einkommenselastizität der Geldnachfrage*) gilt das Umgekehrte. Während *postkeynesianische* Untersuchungen eine relativ hohe absolute *Zinselastizität der Geldnachfrage*

$$\eta_L^i = \frac{dL}{L} : \frac{di}{i}$$

von ungefähr $\eta_L^i = -0{,}8$ empirisch ermittelt haben, meint die monetaristische Position, einen relativ geringen absoluten Wert von ungefähr $\eta_L^i = -0{,}15$ gefunden zu haben.

Die Konzeption der Monetaristen stellt für die Gültigkeit ihrer Hypothesen auf eine relativ lange Sicht ab; die *postkeynesianische* dagegen auf eine relativ kurzfristige Betrachtungsweise. Preiseffekte werden in der *postkeynesianischen* Theorie i.d.R. ver-

---

[59] Vgl. zu unterschiedlichen Transmissionsmechanismen Kapitel V.

nachlässigt, so daß hier allein Produktions- und Beschäftigungseffekte eine Rolle spielen; deshalb muß dieser Ansatz bei expansiven Impulsen von Unterbeschäftigungssituationen ausgehen. Aus monetaristischer Sicht wird tendenziell immer Vollbeschäftigung realisiert; die Wirtschaftsstruktur ist hier im Gegensatz zu keynesianischer Auffassung stets stabil. Deshalb ist die *Einkommenselastizität der Geldnachfrage*

$$\eta_L^Y = \frac{dL}{L} : \frac{dY}{Y}$$

bei *keynesianischen* Vorstellungen kleiner als 1, aber größer als 1 nach monetaristischer Auffassung (η_L^Y = 1,8); deshalb wird von Monetaristen manchmal die Luxusguthypothese zur Geldnachfrage angeführt: Bezieht man die Umlaufgeschwindigkeit des Geldes nicht wie in der *Fisher*schen Verkehrsgleichung auf das Handelsvolumen – das sämtliche Umsätze einer Volkswirtschaft innerhalb einer Zeitperiode enthält –, sondern auf das Volkseinkommen, in das allein die Endnachfrage nach Konsum- und Investitionsgütern eingeht, so erhält man die Einkommenskreislaufgeschwindigkeit des Geldes (Quantitätstheorie). Für diese glauben *Milton Friedman* und *Anna J. Schwartz* ökonometrisch für den Zeitraum von 1870 - 1960 in den USA ein langfristiges Absinken festgestellt zu haben; nach ihrer Auffassung können sich Wirtschaftssubjekte bei steigendem Realeinkommen eher den Luxus einer erhöhten Kassenhaltung (*Luxusguthypothese*) leisten. Nach dem 2. Weltkrieg hat sich allerdings der Trend zu einer verringerten Einkommenskreislaufgeschwindigkeit des Geldes wieder umgekehrt; mit steigendem Realeinkommen wird jetzt die durchschnittliche Kassenhaltung reduziert (*economies of scale* in der Kassenhaltung). Nach monetaristischer Auffassung ist der Kassenhaltungskoeffizient k konstant, nach *postkeynesianischer* Auffassung dagegen variabel; dies liegt an der kurzfristigen Betrachtung des Konjunkturverlaufs durch *Keynesianer* und der längerfristigen Betrachtung der Verhaltensgrundmuster von Wirtschaftssubjekten durch Monetaristen. So ist es etwa durchaus vorstellbar, daß der Kassenhaltungskoeffizient kurzfristig durch Lieferantenkredite u.ä. schwankt, auf Dauer gesehen ihn aber unveränderliche Zahlungsgewohnheiten determinieren. Nach monetaristischer Auffassung sind aber die Determinanten des Kassenhaltungskoeffizienten zumindest gut prognostizierbar.

Für die Höhe der Umlaufgeschwindigkeit ist die unterstellte Art der Geldmenge bedeutsam. Da die Geldmenge Umsätze ermöglichen soll, müßte als adäquate Geldmenge die Definition M1 gewählt werden. Dies ist diejenige Geldmenge, wie sie als Transaktionskasse von der *keynesianischen* Theorie bevorzugt wird. Von Monetaristen wird jedoch wegen ökonometrisch besserer Testergebnisse auf die Geldmengen M2 bzw. M3 abgestellt; rechtfertigen kann man dies mit einer langfristig gegebenen Struktur der Portefeuilles von Wirtschaftssubjekten.

Außerdem ist für *Monetaristen* die Stabilität der Geldnachfrage von entscheidender Bedeutung; hierbei geht es um die Frage, ob die funktionale Beziehung zwischen Geldnachfrage und ihren Argumenten (also den bestimmenden, unabhängigen Funktionsvariablen) im Zeitablauf gegeben (also nicht unbedingt konstant, sondern berechenbar) sind.

Die *Portfoliotheorie* ist ein wichtiger Baustein der sog. *postkeynesianischen* wie auch der monetaristischen Geldnachfragetheorie; auf ihr beruht die *Theorie der relativen*

Preise, nach der zwischen allen Gütern und Aktiva einer Volkswirtschaft im Gleichgewicht eine optimale Preisrelation besteht. Wird diese optimale Preisrelation an irgendeiner Stelle geändert (z.B. wird der Preis eines einzelnen Gutes erhöht), so setzt ein Anpassungsprozeß (Transmissionsmechanismus) an ein neues Gleichgewicht ein, das nur deshalb nicht sofort erreicht wird, weil die Anpassungen auf Grund von Substitutionsbeziehungen nur zwischen ähnlichen Produkten und damit sukzessive ablaufen[60].

Die Portfoliotheorie hat auch die Liquiditätstheorie von *John Maynard Keynes* entscheidend verbessert; die *keynesianische Theorie* in der Fassung der LM-Kurvendarstellung des *Hicks-Hansen*-Diagramms[61] kennt zwar den Einfluß von Bestandsänderungen der Geldmenge, vernachlässigt aber total den Einfluß des hinter der Spekulationskasse stehenden Bestands an Wertpapieren (oder auch anderen Aktiva) (vgl. Abschnitt 2.2.2).

Auf Grund portfoliotheoretischer Grundlagen in beiden Theoriezweigen nähern sich die monetaristische und die *postkeynesianische* Theorie in ihren Schlußfolgerungen schließlich einander an.

Literatur zum IV. Kapitel

Bechler, Ekkehard: Geld und Währung, Bd. 1: Theorie des Geldes und der Geldpolitik, München 1978.

Bergen, Volker: Theoretische und empirische Untersuchungen zur längerfristigen Geldnachfrage in der Bundesrepublik Deutschland 1950-1967, Tübingen 1970.

Borchert, Manfred: Die Zinsabhängigkeit der Geldnachfrage – eine theoretische und empirische Analyse, Göttingen 1973.

Duwendag, Dieter [u.a.]: Geldtheorie und Geldpolitik in Europa, 5. Aufl., Berlin u.a.O. 1999.

Fisher, Douglas: Monetary Theory and the Demand for money, London 1980.

Friedman, Milton: Die Quantitätstheorie, in: *I. Badura* [u.a.] (Hrsg.), Geldtheorie, Stuttgart u.a.O. 1979, S. 12ff.

Issing, Otmar: Einführung in die Geldtheorie – eine kritische Analyse der wirtschaftspolitischen Aussagefähigkeit isolierter Untersuchungen der Geldnachfragefunktion, 11. Aufl., München 1998.

Jarchow, Hans-Joachim: Theorie und Politik des Geldes 1, 10. Aufl., Göttingen 1998.

Kösters, Wim: Theoretische und empirische Grundlagen der Geldnachfrage, Göttingen 1974.

Robinson, Joan: Quantitätstheorien – Alt und Neu, in: *P. Kalmbach* (Hrsg.), Der neue Monetarismus, München 1973, S. 130ff.

Siebke, Jürgen/Willms, Manfred: Theorie der Geldpolitik, Berlin u.a.O. 1974.

Stobbe, Alfred: Gesamtwirtschaftliche Theorie, 2.Aufl., Berlin u.a.O. 1985.

Teigen, Ronald L.: Die Nachfrage nach Geld, in: *I. Badura* [u.a.] (Hrsg.), Geldtheorie, Stuttgart u.a.O. 1979, S. 90ff.

Veit, Otto: Reale Theorie des Geldes, Tübingen 1966.

---

[60] Vgl. zur Theorie der relativen Preise insbesondere Abschnitt V.2.3.1.2.

[61] Vgl. Kapitel V.

Westphal, Uwe: Theoretische und empirische Untersuchungen zur Geldnachfrage und zum Geldangebot, Tübingen 1970.

Willms, Manfred: Die Quantitätstheorie des Geldes, in: WiSt, 3. Jg. (1974), S. 165ff.

Woll, Artur: Allgemeine Volkswirtschaftslehre, 13. Aufl., München 2000.

Woll, Artur: Geldtheorie und Geldpolitik, VIII: Geldnachfrage, in: *W. Albers* (Hrsg.) Handwörterbuch der Wirtschaftswissenschaft (HdWW), Bd. 3, Stuttgart u.a.O. 1981, S. 464 ff.

2. Abschnitt

Claassen, Emil-Maria: Grundlagen der Makroökonomischen Theorie, 2. Aufl., München 1999.

Jarchow, Hans-Joachim: Theorie und Politik des Geldes 1, 10. Aufl., Göttingen 1998.

Patinkin, Don: Die Geldlehre von John M. Keynes, München 1979.

Siebke, Jürgen: Die Berücksichtigung der Budgetbeschränkung des Staates in dem keynesianischen Makrosystem, in: WiSt, 4. Jg. (1975), S. 490ff. und S. 538ff.

Siebke, Jürgen/Schmidberger, Wolf-Dieter: Theoretische Grundlagen des crowding-out-Effektes, in: *W. Ehrlicher* (Hrsg.), Geldpolitik, Zins und Staatsverschuldung, Berlin 1981, S. 227ff.

Westphal, Uwe: Makroökonomik – Theorie, Empirie und Politik, 2. Aufl., Berlin u.a.O. 1994.

3. Abschnitt

Claassen, Emil-Maria: Grundlagen der Geldtheorie, 2. Aufl., Berlin u.a.O 1980.

Gabisch, Günther: Portfoliotheorie der Geldnachfrage, in: wisu, 5. Jg. (1976), S. 220ff.

Kaldor, Nicholas/Trevithick, James: Geldtheorie und Geldpolitik, V: Aus keynesianischer Sicht, in: *W. Albers* [u.a.] (Hrsg.) Handwörterbuch der Wirtschaftswissenschaft (HdWW), Bd. 3, Stuttgart u.a.O. 1981, S. 412ff.

Markowitz, Harry M.: Portfolio Selection. Efficient Diversification and Investment, New York-London 1959.

Mutusza, Manfred: Optimale Transaktions-, Vorsichts- und Spekulationskasse – Diskussion einiger Lösungsansätze, in: Kredit und Kapital, 8. Jg. (1975), S. 379ff.

Robert, Dieter: Makroökonomische Konzeptionen im Meinungsstreit, Baden-Baden 1978.

Tobin, James: Die Zinselastizität der Nachfrage nach Transaktionskasse, in: *K. Brunner* [u.a.] (Hrsg.), Geldtheorie, Köln 1974, S. 91-103.

Westphal, Uwe: Portfoliotheorie und Geldnachfrage, in: WiSt, 1. Jg. (1972), S. 155ff.

4. Abschnitt

Angele, Hermann D.: Grundzüge einer Vermögenstheorie des Geldes, Würzburg 1977.

Bergen, Volker: Über den Einfluß des Vermögens auf die längerfristige Geldnachfrage, in: *G. Bombach* (Hrsg.), Studien zur Geldtheorie und monetäre Ökonometrie, Berlin 1972, S. 83-102.

Buchanan, James M.: Ein Outside-Ökonom verteidigt Pesek und Saving, in: *K. Brunner* [u.a.] (Hrsg.), Geldtheorie, Köln 1974, S. 150-153.

Claassen, Emil-Maria: Grundlagen der Geldtheorie, 2. Aufl., Berlin u.a.O. 1980.

Felderer, Bernhard/Homburg Stefan: Makroökonomik und neue Makroökonomik, 7. Aufl., Berlin 1999.

Gurley, John G./Shaw, Edward S.: Money in a Theory of Finance, 9. Aufl., Washington, D.C. 1979.

Johnson, Harry G.: Beiträge zur Geldtheorie und Währungspolitik, Berlin 1976.

Park, Yung Chul: Der Vermögenseffekt, in: *J. Badura* [u.a.] (Hrsg.) Geldtheorie, Stuttgart u.a.O. 1979, S. 134ff.

Patinkin, Don: Geld und Vermögen, in: *K. Brunner* [u.a.] (Hrsg.), Geldtheorie, Köln 1974, S. 154-181.

Patinkin, Don: Money, Interest and Prices, 2. Aufl., New York 1965.

Pesek, Boris P./Saving, Thomas R.: Money, Wealth and Economic Theory, 4.Aufl., New York u.a.O. 1970.

Pigou, Arthur C.: Economic Progress in a Stable Environment, in: Econometrica XIV; abgedruckt in: *F.A. Lutz/L.W. Mints* (Hrsg.), Readings in Monetary Theory, London 1952.

V. Gesamtwirtschaftliche Analyse und Transmissionsmechanismen

In den vorangegangenen Kapiteln wurden die theoretischen Grundlagen des Geldangebots (Kapitel III) und der Geldnachfragetheorie (Kapitel IV) vorgestellt. Ihr Zusammenfügen zu einem „Geldmarkt" i.w.S. (monetärer Bereich) und eine Ergänzung durch weitere Partialmärkte wie den Güter-, Arbeits- und Vermögensmarkt führt zur gesamtwirtschaftlichen Analyse. Im folgenden ist es das Ziel,

- die beiden bedeutendsten volkswirtschaftlichen Gleichgewichtsansätze vorzustellen und
- aus diesen Ansätzen Folgerungen für die Geldpolitik abzuleiten.

Von besonderer Bedeutung für die Geldpolitik sind dabei die unterschiedlichen Vorstellungen der einzelnen Theorierichtungen bezüglich der Übertragung eines monetären Impulses in den realwirtschaftlichen Sektor. Diesen Weg, den ein Impuls der Geld-(oder Fiskal-)politik in Form einer Wirkungskette nimmt, um die allgemeinen Ziele der Wirtschaftspolitik[62] im realwirtschaftlichen Bereich zu realisieren, bezeichnet man als *Transmissionsmechanismus*. Auf der Grundlage der transmissionstheoretischen Vorstellungen können unterschiedliche geldpolitische Konzeptionen abgeleitet werden, die Bestandteil des Kapitels VII sind. In diesem Kapitel soll die theoretische Darstellung der Transmissionstheorie im Vordergrund stehen. Im Abschnitt VII.3.3.1 wird nochmals ein schematischer Überblick über unterschiedliche Transmissionswege präsentiert.

Die beiden wichtigsten, heute diskutierten und in der Geldpolitik unterstellten Theorien sind das (*post-*)*keynesianische* die und das *monetaristische* System.

1. Die keynesianische Theorie[63]

Die *keynesianische* Theorie unterscheidet in der gesamtwirtschaftlichen Analyse zwei große Teilbereiche, den

- monetären Bereich („*Geldmarkt*" i.w.S.) und den
- realwirtschaftlichen Bereich (*Gütermarkt*),

denen als weiterer Teilbereich der

- *Arbeitsmarkt*

beigefügt wird. Sieht man von einer Analyse des Teilbereichs „*Arbeitsmarkt*" ab – da dieser primär von allgemein beschäftigungspolitischer Bedeutung ist, nicht so sehr jedoch von speziell geldpolitischer Relevanz –, so läßt sich ein allgemeines volkswirtschaftliches Gleichgewicht durch die beiden anderen Teilbereiche beschreiben. Durch die Vernachlässigung des Arbeitsmarktes wird überdies die Annahme eines konstanten

---

[62] Vgl. zu den allgemeinen Zielen der Wirtschaftspolitik in der Europäischen Union Kapitel VII.

[63] Im gesamten 1. Abschnitt beschreibt der Zinssatz i eigentlich die Bond-Rendite i_b (vgl. Abschnitt IV.2.2)

Preisniveaus ermöglicht (P = 1). Im folgenden stimmen dementsprechende reale und nominale Größen überein.[64]

1.1 Das keynesianische Modell nach Hicks und Hansen

1.1.1 Das gesamtwirtschaftliche Geldmarktgleichgewicht

Gemäß der mechanistischen Geldangebotstheorie (vgl. Abschnitt III.2) wird in der keynesianischen Theorie von einer perfekten Steuerbarkeit des Geldangebotes durch die Zentralbank ausgegangen. Das Geldangebot M ist damit exogen vorgegeben. Dies führt zusammen mit den in Abschnitt IV.2 dargestellten theoretischen Grundlagen der Geldnachfrage L zu folgenden Bestimmungsgleichungen für das Gleichgewicht im monetären Bereich:

(1) $M = \overline{M}$,   *(Geldangebotsfunktion)*

(2) $L = L_T(Y) + L_S(i)$ mit $\dfrac{dL_T}{dY} > 0$ und $\dfrac{dL_S}{di} < 0$,   *(Geldnachfragefunktion)*

(3) $L \overset{!}{=} M$.   *(Gleichgewichtsdefinition)*

Wie in Abschnitt IV.2.2.2 dargestellt wurde, existiert ein monetäres Gleichgewicht nur dann, wenn – bei gegebenem Wertpapier(Vermögens-)Bestand – die Geldnachfrage dem exogen vorgegebenen Geldangebot entspricht. Um das gesamtwirtschaftliche Gleichgewichtssystem – bestehend aus Geldmarkt- und Gütermarktgleichgewicht – konsistent darstellen zu können, soll in der Abbildung 43 auf ein Vierquadrantenschema abgestellt werden.

Abbildung 43

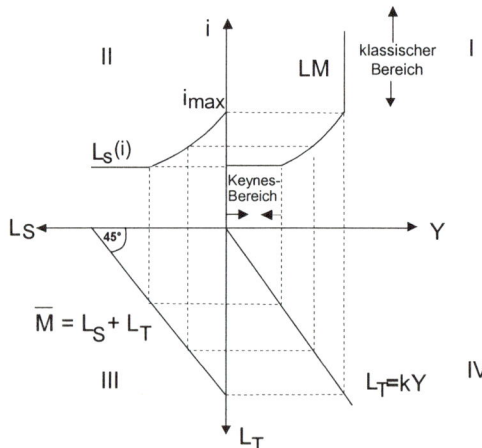

---

[64] Preiseffekte werden im Abschnitt 2 berücksichtigt. Der Arbeitsmarkt und das Problem der Inflation sind Bestandteile der Analyse in Kapitel VI.

Dabei wird im Quadranten II die Geldnachfrage im finanziellen Sektor (*Spekulations-kasse*), im Quadranten IV die Geldnachfrage für *Transaktionszwecke* und im Quadranten III die Budgetrestriktion (*Geldmarktgleichgewichtsbedingung* M $\overset{!}{=}$ L) dargestellt. Im Quadranten I schließlich werden aus diesen drei auch in den Gleichungen (1) bis (3) enthaltenen Annahmen die Eigenschaften des Geldmarktgleichgewichtes abgeleitet.

Die *LM-Kurve* im Quadranten I der Abbildung 43 ist der geometrische Ort aller Kombinationen von Zins und Einkommen, bei denen die Nachfrage nach Geld mit der angebotenen Geldmenge übereinstimmt; dies ist das *Geldmarktgleichgewicht*. Im vollkommen elastischen Bereich der LM-Kurve, dem sog. *Keynes-Bereich*, können Einkommensreduktionen keine Zinssenkungen mehr bewirken, da bei dem nun verminderten Transaktionskassenbedarf nicht benötigtes Geld zu konstantem Zins vollständig in die Spekulationskasse fließt („*Liquiditätsfalle*")[65].

Der mittlere Bereich der LM-Kurve, dem bei steigenden Zinssätzen auch erhöhte Einkommen zugeordnet werden, stellt den Normalfall dar. Da z.B. bei einem relativ hohen Zinssatz nur wenig Geld für finanzielle Transaktionen benötigt wird, muß das Einkommen vergleichsweise hoch sein, damit der Teil des gegebenen Geldvolumens – der der Spekulationskasse zugeordnet ist – von der Nachfrage für Transaktionszwecke absorbiert wird. Der vertikale Teil der Kurve schließlich ist der „*klassische Bereich*", in dem der Zinssatz höher als i_{max} sein kann. In diesem Falle wird zusätzliches Geld ausschließlich für Transaktionen, nicht aber spekulativ verwendet.

1.1.2 Das gesamtwirtschaftliche Gütermarktgleichgewicht

Analog zur monetären Gleichgewichtskurve läßt sich auch für den realwirtschaftlichen Bereich eine Gleichgewichtskurve (*IS-Kurve*) konstruieren, die die Kombination aller Zins-Einkommens-Relationen angibt, zu denen das Gesamtangebot an Gütern und Leistungen mit der Gesamtnachfrage nach Konsum- und Investitionsgütern übereinstimmt. Dabei werden folgende Verhaltensgleichungen und Gleichgewichtsbedingungen für das *güterwirtschaftliche Gleichgewichtssystem* angenommen:

(4)   C = C (Y)   mit $0 < \dfrac{\partial C}{\partial Y} < 1$ *(Konsumfunktion)*

und wegen

S = Y - C   gilt auch

(4a)   S = S (Y)   *(Sparfunktion),*

(5)   I = I (i)   mit $\dfrac{\partial I}{\partial i} < 0$ *(Investitionsfunktion),*

(6)   I $\overset{!}{=}$ S   *(Gleichgewichtsbedingung für den Gütermarkt),*

wobei C = Konsum, S = Sparvolumen und I = Investitionsvolumen ist.

---

[65] Vgl. Kapitel IV, Abschnitt 2.2.2, der diese Aussage relativiert.

Dieses güterwirtschaftliche Gleichgewicht ist in Abbildung 44 ebenfalls in einem Vier-quadrantenschema dargestellt. Dabei wird im Quadranten II die *Investitionsfunktion*, im Quadranten IV die *Sparfunktion* und im Quadranten III die *Gleichgewichtsbedingung* I = S dargestellt. Im Quadranten I schließlich werden wieder aus diesen drei auch in den Gleichungen (4a) bis (6) enthaltenen Annahmen die Eigenschaften des Gütermarkt-gleichgewichtes abgeleitet.

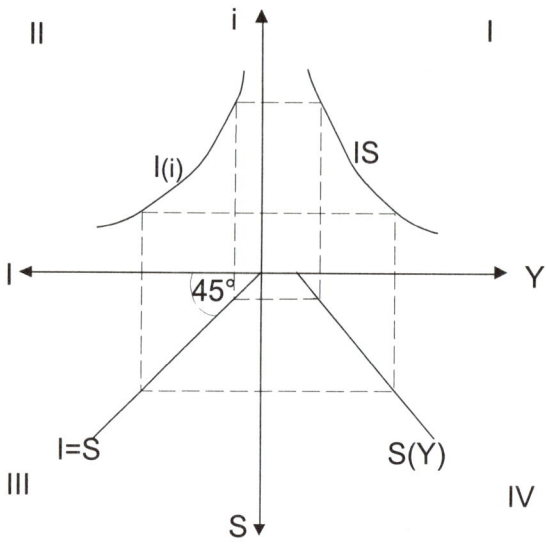

Abbildung 44

Im Quadranten I der Abbildung 44 sind mit der *IS-Kurve* sämtliche Kombinationen zwischen Zinssatz und Volkseinkommen dargestellt, die zu einer Gleichheit zwischen Spar- und Investitionsvolumen führen. Dies ist die Kurve für das *güterwirtschaftliche Gleichgewicht*.

1.1.3 Das geld- und güterwirtschaftliche Gleichgewicht

Während für jeden der beiden Teilmärkte unendlich viele Kombinationen von Zinssatz und Volkseinkommen existieren, bei denen das Sparvolumen und das Investitionsvolumen wie auch das Geldangebot und die Geldnachfrage gleich groß sind, sichert nur eine einzige Zins-Einkommen-Konstellation ein *simultanes Gleichgewicht* auf beiden Märkten. Dies ist der Schnittpunkt A zwischen der LM- und IS-Kurve im i-Y-Diagramm der Abbildung 45.

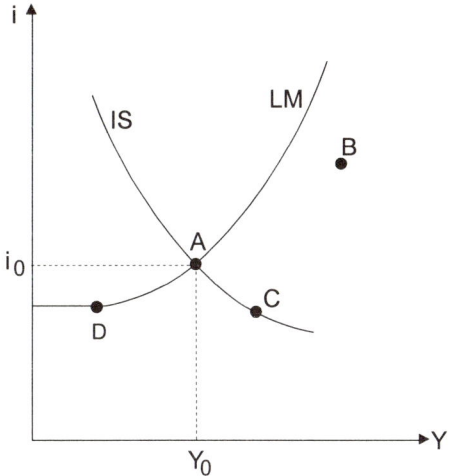

Abbildung 45

Weichen die Werte für Zins und Einkommen von diesem Punkt A ab, befindet sich das System im Ungleichgewicht. Man unterscheidet dabei zwischen einem partiellen Ungleichgewicht – z.B. im Punkt D oder C – und einem totalen Ungleichgewicht wie z.B. im Punkt B. Das geld- und güterwirtschaftliche Gleichgewicht in Punkt A bezieht sich jedoch nur auf den monetären und realwirtschaftlichen Bereich, bedeutet also nicht zugleich auch Vollbeschäftigung. Im Gegensatz zu den Klassikern ist hier also ein *gesamtwirtschaftliches Gleichgewicht bei Unterbeschäftigung möglich.*[66]

Wesentlich für den *keynesianischen* Transmissionsmechanismus – also den Übertragungsweg monetärer Impulse auf den realwirtschaftlichen Bereich – ist dabei der Zinssatz und damit die Zinsabhängigkeit der Investition; bei einer Einbeziehung auch außenwirtschaftlicher Aspekte (vgl. Abschnitt 1.3) kommt zusätzlich noch der zinsabhängige, internationale Kapitalverkehr hinzu.

1.1.4 Parameteränderungen und gesamtwirtschaftliches Gleichgewicht

Das oben skizzierte Gleichgewichtssystem geht von gegebenen Spar-, Investitions-, Geldnachfrage- und Geldangebotsfunktionen aus. Parameteränderungen variieren die Gleichgewichtswerte von Zins und Volkseinkommen.

1.1.4.1 Änderungen im güterwirtschaftlichen Bereich

Unterstellt man eine *Zunahme der Sparneigung* (Abbildung 46a) oder eine autonome *Senkung der Investitionsnachfrage* (Abbildung 46b), so wird dadurch die IS-Kurve nach links verschoben. Dies ist auch dann der Fall, wenn durch reduzierte Staatsausgaben, die

---

[66] Das Problem eines Gleichgewichts bei Unterbeschäftigung wird in Kapitel VI noch näher betrachtet.

hier praktisch als öffentliche Investitionen in die Investitionsfunktion eingehen, das nominelle Volkseinkommen gesenkt werden soll, z.B. um Inflation zu bekämpfen.

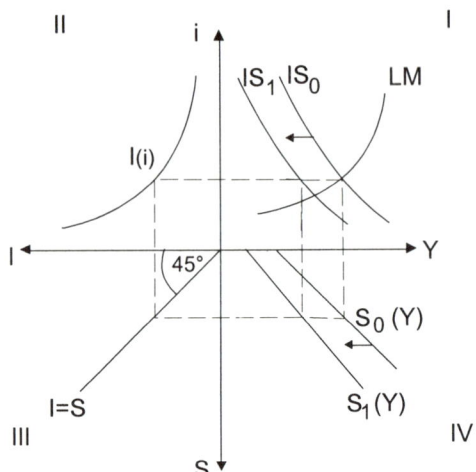

Abbildung 46a

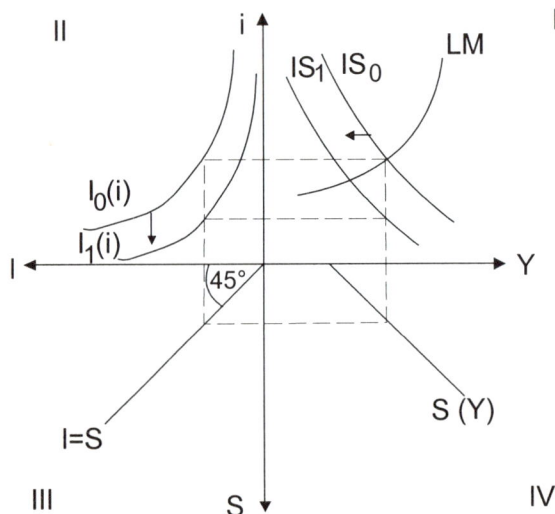

Abbildung 46b

Die in Abbildung 46a und Abbildung 46b dargestellte Reaktion – Gleichgewichtszins *und* Gleichgewichtseinkommen reduzieren sich auf Grund der angenommenen Parameteränderung – stellt die Normalreaktion dar. Im *Keynes-Bereich* dagegen ist mit einer Variation der Investitionsnachfrage oder der Sparneigung zwar eine Einkommens-, nicht aber auch eine Zinsvariation verbunden, im *klassischen Bereich* dagegen bleibt das Volkseinkommen auch bei verändertem Zinsniveau konstant; in diesem Fall werden private Investitionen durch öffentliche Investitionen substituiert (*crowding-out*).

1.1.4.2 Änderungen im monetären Bereich

Eine *Erhöhung der Geldmenge* (Abbildung 47a) wie auch eine Reduktion des Wertpapierbestandes (Abbildung 47b), z.B. durch Offenmarktoperationen oder internationalen Kapitalverkehr, verschieben die LM-Kurve nach rechts.[67]

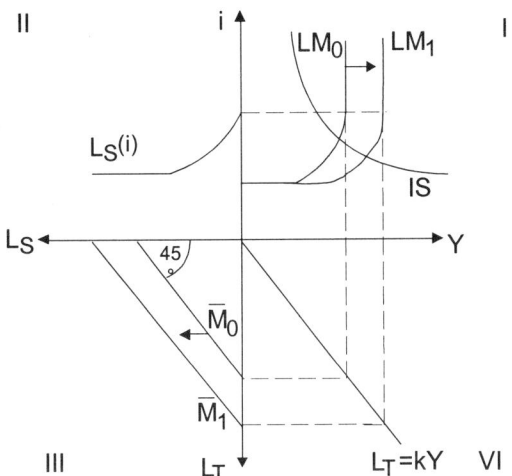

Abbildung 47a

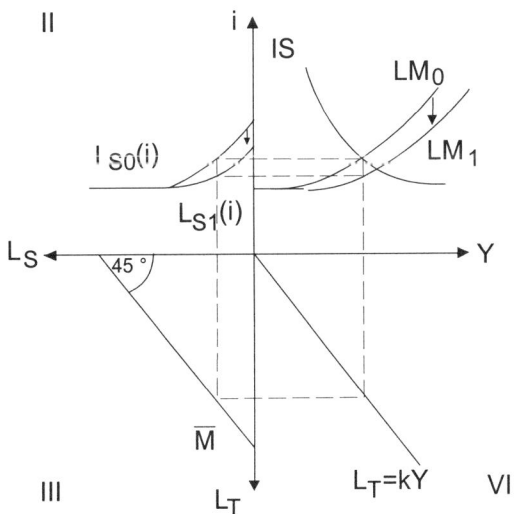

Abbildung 47b

Auch dabei lassen sich neben der hier dargestellten *„Normalreaktion"* – der Gleichgewichtszins sinkt, das Gleichgewichtseinkommen steigt – andere Reaktionen vorstellen.

---

[67] Vgl. zum Einfluß von Vermögensänderungen auf die Spekulationskassenhaltung Abschnitt IV.2.2.2.

So versickert im *Keynes-Bereich* zusätzliches Geld in der Spekulationskasse, ohne daß es zur Normalreaktion kommt, im *klassischen Bereich* dagegen führt eine Expansion des Geldvolumens sogar zu einer stärkeren Erhöhung des nominellen Volkseinkommens als im Normalbereich. Diese Parameteränderungen – insbesondere die der autonomen Investitions- und Geldangebotsvariation – sind dann von entscheidender Bedeutung, wenn bestimmte Abweichungen von einem Vollbeschäftigungsgleichgewicht wirksam bekämpft werden sollen.

1.2 Die Wirkungen der Geld- und Fiskalpolitik in einer geschlossenen Volkswirtschaft

1.2.1 Traditionelle Darstellung

Allgemein kann man sich zwei extreme, vom Vollbeschäftigungszustand abweichende, konjunkturelle Phasen vorstellen:

- die *rezessive Phase*, bei der das Investitionsniveau, Volkseinkommen und Zinsniveau relativ gering sind, und
- die *Boomphase*, in der die gerade angeführten Determinanten ein relativ hohes Niveau haben und in der die Nachfrage das Angebot übersteigt.

Zur Bekämpfung dieser Erscheinungen können je nach Bedarf expansive oder restriktive Maßnahmen durchgeführt werden, wobei nach *keynesianischer* Auffassung die Effizienz der Instrumente je nach konjunktureller Ausgangslage unterschiedlich zu beurteilen ist.

Nimmt man an, daß die rezessive Phase durch einen Punkt im *Keynes-Bereich* charakterisiert werden kann, so wäre eine expansive Geldmengenpolitik wirkungslos, da die erhöhte Geldmenge vollständig in der Spekulationskasse absorbiert werden würde, ohne durch ein verringertes Zinsniveau zusätzliche Investitionen zu induzieren.

Hingegen kann in einem solchen Fall durch eine expansive Fiskalpolitik ein neuer Gleichgewichtspunkt erreicht werden, also ein höheres Volkseinkommen bei weiterhin konstantem Zinsniveau. Befindet man sich dagegen in der Ausgangssituation bei Unterbeschäftigung bereits im mittleren Bereich, so wirken sowohl die Geldpolitik als auch die Fiskalpolitik hin auf ein neues gesamtwirtschaftliches Gleichgewicht.

Geht man in Abbildung 48 von einem Unterbeschäftigungsgleichgewicht im Punkt A (i_0, Y_0) aus, so ist durch eine expansive Fiskalpolitik eine Volkseinkommenserhöhung (Y_1) bei allerdings erhöhtem Zinsniveau (i_1) realisierbar (Punkt B); allerdings könnten in diesem Falle die privaten Investitionen zurückgedrängt werden: Es käme zu einem *Crowding-out-Effekt* mit steigendem Zinsniveau, der auf dem *Kreditverfügbarkeitsmechanismus* beruht. Bei gegebenem Kreditangebot wird durch die zusätzliche, in der Regel zinsunelastische Kreditnachfrage des Staates der verfügbare Teil des Kreditangebotes für die Privaten verknappt, so daß der Zinssatz steigt.

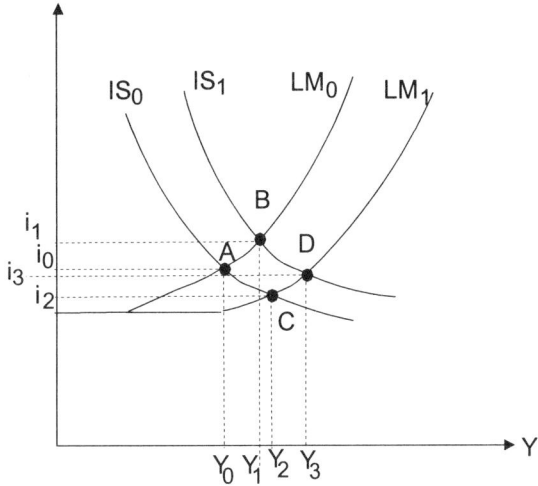

Abbildung 48

Eine Einkommenserhöhung (auf Y_2) bei sogar niedrigerem Zinssatz (i_2) ist in Abbildung 48 durch eine expansive Geldpolitik erzielbar (Punkt C). Die Unterbeschäftigung kann aber auch durch eine Kombination expansiver Fiskalpolitik und Geldmengenerhöhung bekämpft werden (Punkt D).

Im Gegensatz zur *Rezession*, in der Fiskalpolitik effizienter als eine expansive Geldpolitik wirkt, ist in einer *Boomphase* zur Bekämpfung von Inflationstendenzen in Form steigender nomineller Volkseinkommen die Geldpolitik wirksamer. Würde man nämlich versuchen, den Nachfrageüberhang durch eine kontraktive Fiskalpolitik zu reduzieren, so würde sich zwar die IS-Kurve nach links verschieben, doch könnte sie weiterhin die LM-Kurve im klassischen Bereich schneiden. Dadurch bliebe nicht nur das Volkseinkommen unverändert, sondern die Verringerung des Zinsniveaus würde darüberhinaus unerwünschte, weitere Investitionen induzieren („*crowding-in*"). Hingegen hat eine kontraktive Geldpolitik in der Boomphase den doppelten Effekt, daß es neben der Reduktion des nominellen Volkseinkommens auch zu einer Zinssatzsteigerung kommt.

Sowohl die Geldpolitik als auch die Fiskalpolitik wirken also asymmetrisch: Während eine expansive Geldpolitik im *keynesianischen* Bereich (Regelfall für eine Rezession) wirkungslos verpuffen kann und sich daher eine expansive Fiskalpolitik empfiehlt, hat eine kontraktive Geldpolitik im klassischen Bereich (Regelfall für einen Boom) eine vergleichsweise größere Wirkung als eine kontraktive Fiskalpolitik.

1.2.2 Die Bedeutung des Vermögens für ein gesamtwirtschaftliches Gleichgewicht

Fiskalpolitik wird traditionell nur mit einer Erhöhung der Staatsausgaben gleichgesetzt. Staatsausgaben müssen aber finanziert werden: durch Steuern, zusätzliches Geld oder die Emission von Wertpapieren! Regelmäßig wird angenommen, daß erhöhte Staatsausgaben nicht durch erhöhte Steuereinnahmen gedeckt werden, was ja die private Nachfrage belasten müßte. Werden Steuern nicht (entsprechend) erhöht, entsteht durch zusätzliche Staatsausgaben ein Budgetdefizit.

Um die folgenden Darlegungen möglichst einfach und überschaubar zu halten, sollen die wesentlichen Implikationen einer Budgetdefizitfinanzierung in ihren Grundzügen vorgestellt werden. Dabei gilt als grundlegende Annahme, daß eine Differenz zwischen den Staatsausgaben A_{St} und den Steuereinnahmen – der Einfachheit halber als mit dem Steuersatz t abhängig vom Volkseinkommen Y angenommen – durch eine Erhöhung der Geldmenge ΔM[68] und/oder durch *Konsolidierung* der entstehenden Staatsschuld über zusätzliche Wertpapiere ΔWP finanziert wird, also

(1) $A_{St} - tY = \Delta M + \Delta WP.$

Um die Wirkungen des Budgetdefizites auf die Entwicklung des Volkseinkommens zu zeigen, sollen beide Finanzierungsmöglichkeiten getrennt betrachtet werden. Von einer Unterscheidung zwischen Vermögensvolumeneffekten und zinsinduzierten Vermögenseffekten sei hier abgesehen.

Für die übliche *keynesianische* Darstellungswelt werden hierbei die traditionellen – um Vermögenseffekte erweiterte – Gleichgewichtsbedingungen für den *realwirtschaftlichen Bereich*

(2) $S(Y) \overset{!}{=} I(i, WP)$ mit $\dfrac{\partial S}{\partial Y} > 0, \ \dfrac{\partial I}{\partial i} < 0, \ \dfrac{\partial I}{\partial WP} > 0$

und für den *monetären Bereich*

(3) $M + \Delta M \overset{!}{=} L_T(Y) + L_S(i, WP),$ mit $\dfrac{\partial L_T}{\partial Y} > 0, \ \dfrac{\partial L_S}{\partial i} < 0, \ \dfrac{\partial L_S}{\partial WP} > 0$

unterstellt, wobei S = Sparen, I = Investitionen, WP = verbrieftes Vermögen in Form von Wertpapieren, L_T = Transaktionskasse, k = Kassenhaltungskoeffizient, i = repräsentativer Zinssatz (eigentlich Bond-Rendite i_b) und Y = Volkseinkommen ist. Das Investitionsvolumen I ist positiv abhängig vom Wertpapierbestand WP, da eine Erhöhung des Wertpapierangebotes zu einer Senkung des Zinses i (eigentlich i_b!) führt. Die Abhängigkeit der Spekulationskassennachfrage vom Vermögens- bzw. Wertpapierbestand war bereits in Abschnitt IV.2.2.2 erläutert worden.

1.2.2.1 Defizitfinanzierung durch zusätzliches Geld

Ohne weiter auf die Diskussion über *inside/outside-money*, die in Abschnitt 2.1.2 dargestellt wird, einzugehen, sei unterstellt, daß es für den Geldmengenbestand gleichgültig ist, ob eine Defizitfinanzierung durch zusätzliches Zentralbankgeld oder zusätzliche Geschäftsbankenkredite erfolgt; es gebe nur eine einzige Geldart M. Sollen nun zusätzliche Staatsausgaben durch zusätzliches Geld finanziert werden, so gilt

(1a) $A_{St} - tY = \Delta M.$

Die zusätzlichen Staatsausgaben sollen das Volkseinkommen erhöhen. Erst dann, wenn die Staatsausgaben den Steuereinnahmen aus dem durch die Staatsausgabenpolitik an-

---

[68] In Deutschland konnten Budgetdefizite weder über die *Deutsche Bundesbank* finanziert werden, noch können sie es heute über die *Europäische Zentralbank*.

steigenden Volkseinkommen entsprechen, wäre ein neues stabiles Gleichgewicht bei gesunkenem Zinssatz erreicht.

1.2.2.2 Defizitfinanzierung durch Neuemission von Wertpapieren

Für den Fall einer Konsolidierung entstehender Budgetdefizite durch zusätzliche Wertpapiere gilt nun

(1b) $A_{St} - tY = \Delta WP;$

in diesem Fall ist von einer gegebenen Geldmenge M auszugehen. Wie bei einer Offenmarktpolitik ist auch hier die Bestandsänderung der Wertpapiere in ihrer Wirkung auf die Stromgrößen mitzuberücksichtigen. So gilt etwa in der *Hicks*schen IS/LM-Darstellung eine Liquiditätspräferenzkurve immer nur unter der Voraussetzung eines gegebenen Wertpapierbestandes. Denn eine Änderung dieses Bestandes – etwa durch künstlich geschaffene, verschenkte Wertpapiere (*fiat assets*), oder aber auch durch Wertpapieremissionen zur Finanzierung von Budgetdefiziten – erhöht jenen Bestand mit der Folge von Kursvariationen und damit Zinsveränderungen. Im Fall einer Offenmarktpolitik wird diese Wirkung noch verstärkt durch die damit einhergehende Geldmengenvariation. Die LM-Kurve verschiebt sich bei einer mit Wertpapieren finanzierten, expansiven Fiskalpolitik gleichzeitig nach links. Bei einer expansiven Offenmarktpolitik dagegen kommt es allein auf Grund der Geldmengensteigerung zu einer Rechtsverschiebung der LM-Kurve, deren Verlagerung durch die gleichzeitige Verringerung des Wertpapierbestandes in privater Hand noch verstärkt wird.[69]

Diese Bestandsänderung des verbrieften Vermögens wird zusätzlich bei einer Vermögensabhängigkeit des realen Sektors auch einen Einfluß auf die IS-Kurve haben. Eine Offenmarktpolitik unter Außerachtlassung des Vermögenseffektes beim Wertpapierbestand würde also ein „*Offenmarktgeschäft*" ohne *Wertpapiertransaktionen* beschreiben und wäre deshalb gar kein solches Geschäft.

Die *postkeynesianische Theorie* endogenisiert deshalb jene Vermögenseffekte mit der Konsequenz, daß hier die Wertpapierfinanzierung von Budgetdefiziten in den Bereich des finanziellen Vermögens – also der Spekulationskasse – integriert wird (vgl. Abschnitt 2.2). Der Einfachheit halber wird im folgenden wie von *Blinder* und *Solow* die heroische Annahme gemacht, daß langfristig der Realkapitalbestand trotz positiver Nettoinvestitionen konstant bleibt, während die Geldmengen- und Wertpapierbestände sich an ihre langfristigen Gleichgewichte anpassen. Unabhängig von der realen Sphäre aber folgt, daß die Wertpapierbestandserhöhung die Liquiditätspräferenzkurve ansteigen läßt, denn ein vermehrtes Wertpapierangebot reduziert die Wertpapierkurse und erhöht die Renditen bei gleichbleibender Geldmenge. Sollte ein dauerhaftes Budgetdefizit unterstellt sein, müßte dies zu einem dauernden Ansteigen des Wertpapierbestandes führen mit bei gegebener Geldmenge dauernd steigenden Zinssätzen.

---

[69] Vgl. zum Einfluß einer Offenmarktpolitik auf die Lage der L_S-Kurve auch Abschnitt IV.2.2.2.

Die traditionelle, typisch *keynesianische Betrachtungsweise* stellt fast ausschließlich auf Effekte der ersten Runde ab; damit wird hauptsächlich auf die Stromgrößen, statt auf die Bestandsgrößen eingegangen.

1.3 Die Wirkungen der Geld- und Fiskalpolitik in einer offenen Volkswirtschaft

Es soll im folgenden vom *Fall eines kleinen Landes* ausgegangen werden, um die internationalen Wirkungen möglichst einfach zeigen zu können. Ein kleines Land hat keine Möglichkeit, die ökonomisch relevanten Größen des Auslands zu beeinflussen, muß also das internationale Zinsniveau und auch den Exportwert in ausländischen Währungseinheiten als für sich gegebene Größen akzeptieren. Es werden also *feed-back-effects* vernachlässigt, wie sie im *Zwei-Länder-Fall* auftreten. Sollten diese *feed-back-effects* die hier dargestellten Wirkungen grundlegend beeinflussen, wird darauf gesondert hingewiesen werden.

1.3.1 Traditionelle Darstellung

Bezieht man die Außenwirtschaft in die Betrachtung mit ein, so muß das Gleichgewichtssystem in einer offenen Volkswirtschaft um folgende Bestimmungsgleichungen ergänzt werden:

(2a) $S(Y) \overset{!}{=} I(i, WP) + Ex - Im(Y)$ mit $Ex \overset{>}{\underset{<}{}} Im(Y)$ (*ISXM-Kurve*)

(3a) $M + \Delta M \overset{!}{=} L_T(Y^h) + L_S(i, WP)$ (*LM-Kurve*)

mit $Y^h = C + I$ (wobei Y^h für die *inländische Absorption* steht),

(4) $Im = Im(Y)$ mit $\dfrac{\partial Im}{\partial Y} > 0$ (*Importnachfragefunktion*),

(5) $Ex = w \cdot \overline{Ex}$ (*Exportangebotsfunktion*)

(6) $KV = KV(i_a - i)$ mit $\dfrac{\partial KV}{\partial(i - i_a)} > 0$ (*Funktion des kurzfristigen Kapitalverkehrs*),

(7) $\Delta R = w \cdot \overline{Ex} - Im(Y) - KV(i_a - i) \overset{!}{=} 0$ (*Bedingung für ein Zahlungsbilanzgleichgewicht; Z-Kurve*)

mit Im = Importwert in inländischer Währung, Ex = Exportwert in ausländischer Währung (bei festen Wechselkursen in inländische Währungseinheiten umgerechnet), KV = Kapitalverkehr, i (i_a) = inländisches (ausländisches) Zinsniveau und ΔR = Devisenbilanzsaldo bzw. Veränderung der Währungsreserven. In diesem Abschnitt bleiben Vermögenseffekte zunächst unberücksichtigt (vgl. dazu Abschnitt 1.3.2 ff.).

In dieser Darstellung wird ein außenwirtschaftliches Gleichgewicht mit einer ausgeglichenen Zahlungsbilanz nach dem Gesamtbilanzkonzept identifiziert. Nach dem Gesamtbilanzkonzept aus keynesianischer Sicht ist die Zahlungsbilanz ausgeglichen, wenn sich die Salden von Leistungs- und Kapitalbilanz zu Null addieren, so daß die Devisenreserven unverändert bleiben ($\Delta R = 0$). In obiger Darstellung wird einerseits der Leistungsbilanzsaldo durch einkommensabhängige Importe Im (Y) und exogen vorgegebene, mit dem Wechselkurs bewertete Exporte $w \cdot \overline{Ex}$ beeinflußt, andererseits geht man von Kapitalimporten (-exporten) bei positiver (negativer) Differenz zwischen in- und ausländischem Zinsniveau aus.

Unter Berücksichtigung dieser Bestimmungsgleichungen läßt sich neben der güter- und geldwirtschaftlichen eine weitere – die außenwirtschaftliche – Gleichgewichtskurve ableiten. Diese *Z-Kurve* ordnet alternativen Einkommenswerten genau die Zinssätze zu, bei der die Zahlungsbilanz nach dem Gesamtbilanzkonzept bzw. die Devisenbilanz ausgeglichen ist (*externes Gleichgewicht*).

Sie ist, wie in Abbildung 49 dargestellt, eine Funktion, in der das Volkseinkommen mit steigendem inländischen Zinsniveau zunimmt: da in diesem Fall die Kapitalimporte steigen bzw. die Kapitalexporte sinken. Der entstehende positive Saldo der Kapitalverkehrsbilanz bzw. die zufließenden Devisen müßten in diesem Fall durch ein Leistungsbilanzdefizit, also steigende einkommensabhängige Importe, d.h. ein steigendes inländisches Einkommen Y neutralisiert werden. Denn nur, wenn der Devisenzufluß aufgrund steigender Kapitalimporte durch einen gleich hohen Devisenabfluß durch steigende Importe ausgeglichen wird, bleiben die Devisenreserven unverändert ($\Delta R = 0$), so daß die Bedingung für ein Zahlungsbilanzgleichgewicht – und damit für Punkte auf der Z-Kurve – erfüllt ist.

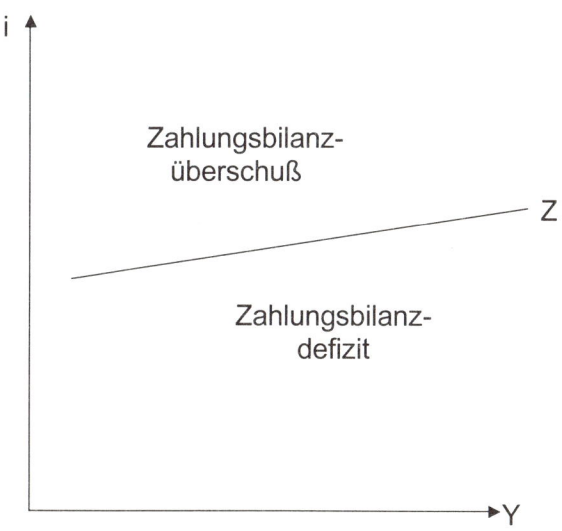

Abbildung 49

Liegen Zins-Einkommens-Kombinationen in Abbildung 49 rechts von der Z-Kurve, so sind die Devisenabflüsse größer als die -zuflüsse (*Zahlungsbilanzdefizit*) und vice versa für Punkte links der Gleichgewichtskurve Z. Ein Zahlungsbilanzdefizit besteht also dann, wenn bei gegebenem Zinssatz das Einkommen größer als das Gleichgewichtseinkommen auf der Z-Kurve ist, so daß der einkommensabhängige Import größer als bei externem Gleichgewicht ist.

Unter außenwirtschaftlichen Gesichtspunkten sind Situationen denkbar, bei denen

- ein internes (Geld- und Gütermarkt-) und zugleich externes (Zahlungsbilanz- bzw. hier Devisenbilanz-) Gleichgewicht – also ein *allgemeines gesamtwirtschaftliches Gleichgewicht*– besteht, oder
- entweder nur ein internes oder aber ein externes Gleichgewicht besteht.

Eine Beschäftigungspolitik, die ein internes und zugleich externes Gleichgewicht bei Vollbeschäftigung erreichen will, kann dieses Ziel nur in Ausnahmefällen durch eine Geld- oder Fiskalpolitik allein erreichen; i.d.R. ist ein *„policy-mix"*, also der Einsatz sowohl geld- als auch fiskalpolitischer Maßnahmen, erforderlich.

Im Falle einer *expansiven Geldpolitik* ist zwar ein *internes Gleichgewicht* bei Vollbeschäftigung realisierbar (Punkt A in Abbildung 50), dieses partielle Gleichgewicht ist jedoch mit einem Zahlungsbilanzdefizit (*externes Ungleichgewicht*) verbunden.

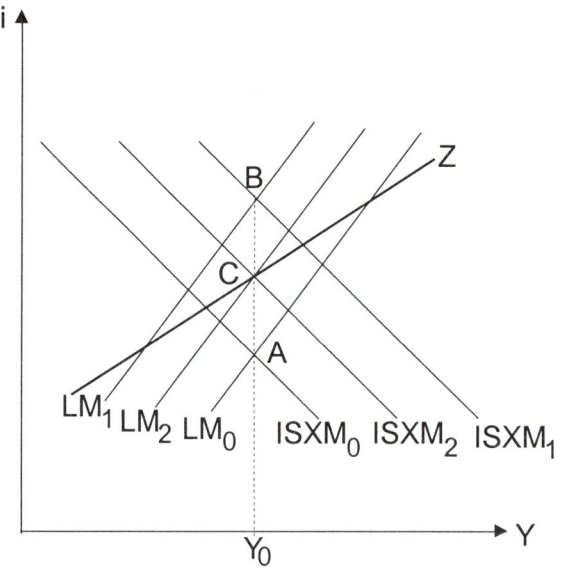

Abbildung 50

Mit dem Einsatz einer *expansiven Fiskalpolitik* kann ebenfalls ein *internes Gleichgewicht* bei Vollbeschäftigung erzielt werden (Punkt B in Abbildung 50), jedoch bestünde nun gleichzeitig ein *externes Ungleichgewicht* (Zahlungsbilanzüberschuß).

Allein eine Kombination von geld- und fiskalpolitischem Instrumentarium (Punkt C in Abbildung 50) garantiert ein *internes und zugleich externes Gleichgewicht* beim Vollbeschäftigungseinkommen Y_0.

Auf eine Analyse weiterer Ungleichgewichtskonstellationen wie etwa

- Unterbeschäftigung und Zahlungsbilanzdefizit,
- Unterbeschäftigung und Zahlungsbilanzüberschuß,
- Überbeschäftigung und Zahlungsbilanzdefizit oder
- Überbeschäftigung und Zahlungsbilanzausgleich

sei verzichtet, da sich an der grundsätzlichen Argumentation nichts ändert.

1.3.2 Eigenschaften eines außenwirtschaftlichen Gleichgewichts bei ausgeglichenem Staatsbudget

Um die außenwirtschaftlichen Wirkungen eines unausgeglichenen Staatsbudgets besser verstehen zu können, sollen zunächst ganz kurz die Eigenschaften eines außenwirtschaftlichen Gleichgewichts bei ausgeglichenem Staatsbudget betrachtet werden. In Abschnitt 1.3.1 wurde ein *außenwirtschaftliches Gleichgewicht* mit einer *ausgeglichenen Zahlungsbilanz* nach dem Gesamtbilanzkonzept (Leistungs- und Kapitalbilanz) bzw. mit einer ausgeglichenen Devisenbilanz identifiziert. Von der Gesamtbilanz gehen nach *klassischer Ansicht* allein durch die Leistungsbilanz, nach *keynesianischer Auffassung* auch zusätzlich durch die Kapitalbilanz Wirkungen auf den realen Sektor einer Volkswirtschaft aus.

Nach *postkeynesianischer* sowie *monetaristischer Sehweise* wirken ebenfalls die Leistungs- und Kapitalbilanz auf den realen Sektor der Volkswirtschaft, jedoch gleichzeitig auch Vermögenseffekte. Wer sagt: *Lassen wir doch die Vermögenseffekte der Einfachheit halber außer Acht*, meint, man würde des höheren Zinssatzes wegen Kapital ins Ausland exportieren, dort in ein Schließfach legen und sich freuen, ohne Zinsertrag Geld in einem Land mit hohem Zinsniveau zu haben. Als grundlegende Beziehung für ein außenwirtschaftliches Gleichgewicht gilt somit:

(7a) $\overline{Ex} \cdot w - Im(Y) + K\,Im(i, i_a, WP) - KEx(i, i_a, WP) = \Delta R \overset{!}{=} 0,$

mit KIm = Kapitalimport, KEx = Kapitalexport, i = inländischer Zinssatz, i_a = ausländischer Zinssatz, WP = Bestand an verbrieftem Vermögen und ΔR = Veränderung der Währungsreserven.

Für den außenwirtschaftlichen Bereich folgt aus einer solchen Einbeziehung der Vermögenseffekte: Zu einer Verschiebung der Liquiditätspräferenzkurve kommt es auch durch den Kapitalexport (*Vermögensimport*) und Kapitalimport (*Vermögensexport*), und zwar bei festen wie beweglichen Wechselkursen. Da eine Niveauverschiebung der Liquiditätspräferenzkurve tendenziell den Zinssatz variiert, muß längerfristig der zinsabhängige Kapitalverkehr KV irgendwann einmal zum Erliegen kommen; dies ist dann der Fall, wenn die internationalen Zinssätze bei vollkommener Kapitalmobilität und identischem Risiko überall gleich hoch sind; es gilt dann KV = KEx - KIm = f (i - i_a) = 0. Es reicht also nicht aus, ein außenwirtschaftliches Gleichgewicht gemäß Gleichung (7) mit einem Nullsaldo der Zahlungs- bzw. Devisenbilanz – also $\Delta R = 0$ – zu identifizieren. Es kommt erst dann zu keinen Folgewirkungen über die Zahlungsbilanz mehr, wenn als *notwendige Bedingung* $\Delta R = 0$ und als *hinreichende Bedingung* KV = 0 gilt.

Der Kapitalverkehr führt gleichzeitig zu einer internationalen Umschichtung des verbrieften Vermögens von der Hand der Inländer in die der Ausländer und vice versa; dies geht bei *festen Wechselkursen* einher mit einer Bestandsänderung der Geldmengen. Beide Bestandsänderungen, die der Geldmenge wie die des verbrieften Vermögens, laufen entgegengerichtet, so daß es *im Falle kleinerer Länder* zu keinem eindeutigen allgemeinen Gleichgewicht mehr kommen muß. Das System wird labil, es sei denn, man führt internationale Zinsertrags- und Tilgungsbilanzzahlungen (Vermögensübertragung) ein.

Nimmt man nämlich einmal an, daß der kurzfristige, d.h. zinsabhängige Kapitalverkehr wegen $i_a = i$ auf Dauer zum Erliegen kommt (KV=0), so gilt bei festen Wechselkursen gemäß Gleichung (7)

$$\Delta R = \overline{Ex \cdot w} - mY = 0 \quad \text{und damit } Y^{ext} = \frac{\overline{Ex \cdot w}}{m}, \text{ mit m als Importneigung.}$$

Außerdem gilt nach Gleichung (2) auch

$$S(Y) = I(i_a) \text{ und damit } Y^{int} = \frac{\overline{I(i_a)}}{s}, \quad \text{mit s als Sparquote.}$$

Das im außenwirtschaftlichen Bereich bestimmte Volkseinkommen Y^{ext} stimmt nur rein zufällig mit dem im realwirtschaftlichen Bereich bestimmten Volkseinkommen Y^{int} überein. Erst Zinsertragszahlungen, die in der Kapitalbilanz festzuhalten wären, würden Y^{ext} so lange weiter variieren lassen, bis es dem Volkseinkommen Y^{int} entspräche.

Zinserträge spielen also für eine Gleichgewichtsbetrachtung eine erhebliche Rolle. In einem dynamischen System sind sie auch der einzige Faktor, der eine dauerhafte Budgetdefizitfinanzierung ausschließt.

Im Zwei-Länder-Fall dagegen besteht eine Stabilität des Systems, weil für beide Länder systemimmanent eine ganz bestimmte Vermögensstruktur (Geld/Wertpapiere) vorgegeben werden muß!

Auch bei *flexiblen Wechselkursen* kommt es bis zu einem neuen außenwirtschaftlichen Gleichgewicht (Leistungsbilanz- und Kapitalbilanz-Gleichgewicht) zu Umschichtungen des verbrieften Vermögens zwischen In- und Ausland. Der nationale Geldmengenbestand bleibt dabei natürlich stets unverändert; allerdings variiert der Wechselkurs. Das *System flexibler Wechselkurse* ist also anders als das fixer Wechselkurse *stets stabil.*

Wesentlich für das Erreichen eines außenwirtschaftlichen Gleichgewichts bei fixen wie bei flexiblen Wechselkursen wird damit, daß sowohl

(7b) $Ex - Im \overset{!}{=} 0$

und damit

(7c) $K\,Im - KEx \overset{!}{=} 0$

sein muß. Im anderen Fall käme es mit dem Kapitalverkehr zu dauernden Vermögensumschichtungen und damit weiteren Anpassungen, was eben ein Ungleichgewicht ausmacht. Alle diese Überlegungen gehen aber von einem ausgeglichenen Staatsbudget aus.

1.3.3 Wirkungen eines unausgeglichenen Staatsbudgets bei festen Wechselkursen

Bei der Betrachtung eines *langfristigen allgemeinen, gesamtwirtschaftlichen Gleichgewichts* wird wieder von der Finanzierung eines Budgetdefizites gemäß Gleichung (1) aus Abschnitt 1.2.2 ausgegangen werden. Betrachtet man zunächst die reine Geldfinanzierung dieses Defizites nach Gleichung (1a) aus Abschnitt 1.2.2.2, so muß gelten, daß in einem allgemeinen Gleichgewicht die zusätzliche Geldmenge ΔM neutralisiert werden muß, da es sonst zu weiteren Anpassungen der individuellen Wirtschaftspläne käme. Bei einer Defizitfinanzierung durch Emission zusätzlicher Wertpapiere nach Gleichung (1b) aus Abschnitt 1.2.2.2 dagegen muß im Gleichgewicht diese laufende Bestandsänderung des verbrieften Vermögens neutralisiert werden; ansonsten käme es laufend zu weiteren Änderungen von Wirtschaftsplänen der privaten Wirtschaftssubjekte.

Bei festen Wechselkursen ist Gleichung (7a) nicht automatisch erfüllt, d.h. es kann zu einer Veränderung der Währungsreserven kommen. Diese würde in eine gleich hohe Veränderung der inländischen Geldmenge übergehen ($\Delta R = \Delta M$).

1.3.3.1 Defizitfinanzierung durch zusätzliches Geld

Eine Neutralisierung der zusätzlichen Geldmenge, die bei der Finanzierung des Budgetdefizites in den Kreislauf gelangt, könnte in einer offenen Volkswirtschaft ohne weitere exogene Eingriffe nur bei einem Abfluß ins Ausland erfolgen.

Für ein allgemeines volkswirtschaftliches Gleichgewicht gilt somit zunächst

(1a) $A_{St} - tY = \Delta M$ (vgl. Abschnitt 1.2.2.1)

und

(7a) $(Ex - Im) + (K\,Im - KEx) = \Delta R = 0$.

Da aber ein Kapitalverkehr nicht dauerhaft stattfinden kann, weil er zu weiteren Bestandsänderungen führt, muß auch weiterhin die Bedingung der Gleichung (7c) aus Abschnitt 1.3.2 (KIm – KEx = 0) gelten; für den Fall des kleinen Landes bedeutet dies, daß der inländische Zinssatz sich dem ausländischen anpaßt. Daraus folgt die *fundamentale Beziehung* für ein *allgemeines, volkswirtschaftliches Gleichgewicht* bei einer Defizitfinanzierung durch zusätzliches Geld

(8) $A_{St} - tY = Im - Ex$,

d.h. die für die Finanzierung des Budgetdefizites geschaffene zusätzliche Geldmenge wird zur Bezahlung des zugleich entstehenden Leistungsbilanzdefizites verwendet. Alle im Inland wirksamen Strom- und Bestandsgrößen bleiben nun unverändert. Dieses allgemeine Gleichgewicht schließt also ein außenwirtschaftliches Ungleichgewicht in sich ein. Bei *begrenzten Währungsreserven* muß allerdings für ein ausgeglichenes Staatsbudget und damit eine ausgeglichene Zahlungsbilanz gesorgt werden.

Dies gilt nicht allein für den Fall des kleinen Landes, sondern auch für den Zwei-Länder-Fall. Daraus folgt: *Staatsschuld führt langfristig zu einem Leistungsbilanzdefizit!*

1.3.3.2 Defizitfinanzierung durch Neuemission von Wertpapieren

Eine Neutralisierung der zusätzlich emittierten Wertpapiere, die bei einer derartigen Finanzierung des Budgetdefizites in den Kreislauf gelangen, kann in einer offenen Volkswirtschaft ohne weitere exogene Eingriffe – wie bei einer Geldfinanzierung – nur durch einen Abfluß ins Ausland erfolgen. Für ein allgemeines volkswirtschaftliches Gleichgewicht gilt dann wieder zunächst

(1b) $A_{St} - tY = \Delta WP$ (vgl. Abschnitt 1.2.2.2)

und

(7a) $(Ex - Im) + (KIm - KEx) = \Delta R = 0$.

Da das Inland jetzt seine Geldmenge nicht exogen variiert, darf es im allgemeinen gesamtwirtschaftlichen Gleichgewicht auch keine dauerhafte Geldmengenänderung durch das Ausland mehr geben. Die auf Grund des Budgetdefizites stets neu geschaffenen Wertpapiere werden nun an das Ausland nur dann abgegeben, wenn im Inland der Zinssatz über den im Ausland ansteigt. Damit aber kommt es dauerhaft zu einem Geldzustrom ins Inland - Pendant zur Abgabe inländischer Wertpapiere an das Ausland -, wenn er zur Begleichung von Importüberschüssen verwendet werden kann. Die inländische Geldmenge bleibt dann auf dem neuen Niveau des neuen allgemeinen Gleichgewichtes erhalten; nach Gleichung (7a) folgt somit

$$Ex - Im = KEx - KIm ,$$

mit

$$Ex - Im < 0 \quad und \quad KIm - KEx > 0.$$

Importüberschüsse werden nun laufend durch neu geschaffenes verbrieftes Vermögen, das zur Finanzierung des Budgetdefizites dient, ausgeglichen. Da der inländische Zinssatz über dem des ausländischen zu liegen kommt, wird bis zum Erreichen eines neuen Gleichgewichtes natürlich auch ein Teil des bisherigen inländischen Bestandes verbrieften Vermögens an das Ausland abgegeben. Es gilt hier anders als bei der Geldfinanzierung, daß das allgemeine, volkswirtschaftliche Gleichgewicht einhergeht mit einem außenwirtschaftlichen Gleichgewicht $\Delta R = 0$, allerdings bei unausgeglichenen Teilbilanzen der Zahlungsbilanz. Der Zwei-Länder-Fall ist ohne Einführung von Annahmen über Portfolioanpassungen nicht darstellbar.

**1.3.4 Wirkungen eines unausgeglichenen Staatsbudgets bei
       flexiblen Wechselkursen**

Auch im Fall beweglicher Wechselkurse ist bei der Betrachtung eines langfristigen gesamtwirtschaftlichen Gleichgewichtes von Gleichung (1) auszugehen. Gemäß Gleichung (7a) muß nun aber stets $\Delta R = 0$ gelten.

1.3.4.1 Defizitfinanzierung durch zusätzliches Geld

Eine Neutralisierung der durch Budgetdefizite zusätzlich in den Kreislauf geschleusten Geldmenge kann nun nicht mehr durch ihren Abfluß ins Ausland erfolgen, da die Zahlungsbilanz nach dem Gesamtbilanzkonzept immer ausgeglichen sein muß. Für ein allgemeines volkswirtschaftliches Gleichgewicht gilt dann zunächst

(1a) $A_{St} - tY = \Delta M$ (vgl. Abschnitt 1.2.2.1)

und

(7d) $(\overline{Ex} \cdot w - Im) + (KIm - KEx) = 0$.

Da wieder ein Kapitalverkehr nicht dauerhaft durchgeführt werden kann, weil er weitere Bestandsänderungen impliziert, muß langfristig auch die Bedingung der Gleichungen (7b) und (7c) gelten. Für den *Fall des kleinen Landes* muß dann angenommen werden, daß sich der inländische an den ausländischen Zinssatz anpaßt. Die Geldfinanzierung des Budgetdefizites hat in einem solchen Fall bis zum Zeitpunkt des Erreichens eines allgemeinen Gleichgewichts Bestandsänderungen zur Folge, die solange durchgeführt werden, bis $A_{St} = tY$ ist; erst in diesem Fall kommt es ja zu keinen weiteren Planrevisionen der Wirtschaftssubjekte mehr.

Diese Bestandsänderungen äußern sich in einer Variation der inländischen Geldmenge und in einer des Realvermögens. Gleichzeitig folgt aus der Geldfinanzierung des Budgetdefizites, daß mit der Erhöhung des nominellen Volkseinkommens auch der Importwert steigt. Da im Falle des kleinen Landes dessen Exportwert in inländischen Währungseinheiten aber steigt, kommt es auch zu einer Wechselkursanpassung, hier: zu einer *Abwertung der inländischen Währung*. Dies war aber auch zu erwarten gewesen.

1.3.4.2 Defizitfinanzierung durch Neuemission von Wertpapieren

Bei einer Defizitfinanzierung durch Neuemissionen von Wertpapieren gelten für ein langfristiges, gesamtwirtschaftliches Gleichgewicht die Bedingungen, wie sie oben schon angeführt wurden:

(1b) $A_{St} - tY = \Delta WP$,   (vgl. Abschnitt 1.2.2.2)

(7d) $\overline{Ex} \cdot w - Im + KIm - KEx = 0$

und wegen $\overline{Ex} \cdot w - Im = KEx - KIm$ für ein allgemeines Gleichgewicht

(9) $Im - \overline{Ex} \cdot w = A_{St} - tY$ wie auch

(10) $KIm - KEx = A_{St} - tY$.

Jetzt ist ebenfalls ein dauerhafter Nettokapitalimport möglich, der in der Zahlungsbilanz durch ein dauerhaftes Leistungsbilanzdefizit neutralisiert wird. Dieser Fall läßt es zu, daß dem Ausland auf Dauer die Finanzierung des inländischen Budgetdefizites durch Übergabe der Finanzierungspapiere und damit der Abdeckung des inländischen Leistungsbilanzdefizites aufgebürdet wird. In diesem Fall kann sogar das Volkseinkommen sinken und die inländische Währung aufgewertet werden.

Eine Wertpapierfinanzierung des Budgetdefizites in offenen Volkswirtschaften ist also im System flexibler Wechselkurse eine Maßnahme, die in genau entgegengesetzter Richtung zum angestrebten Ziel wirken kann.

1.3.5 Zusammenfassung

Eine Fundierung öffentlicher Neuverschuldung durch Geld- und Wertpapierfinanzierung hat Vermögenswirkungen zur Folge, die konventionell vernachlässigt werden. Für ein allgemeines, volkswirtschaftliches Gleichgewicht gelten dabei – je nach Wechselkurssystem und Budgetfinanzierungsart – ganz unterschiedliche Bedingungen für die Zahlungsbilanz und deren Teilbilanzen, wie sie in Tabelle 10 zusammengefaßt sind:

Tabelle 10: Budgetdefizite und Zahlungsbilanz

Außenwirtschaftliche Eigenschaften im langfristigen Gleichgewicht			
	Zahlungsbilanzstruktur		
Budgetfinanzierung	*Leistungsbilanz*	*Kapitalbilanz*	*Gesamtbilanz*
$A_{St} - tY =$	$\overline{Ex} \cdot w - Im =$	$KIm - KEx =$	$\Delta R =$
1. feste Wechselkurse			
(a) 0	0	0	0
(b) ΔM^*	$tY - A_{St}$	0	$Im - Ex$
(c) ΔWP	$tY - A_{St}$	$Im - Ex$	0
2. bewegliche Wechselkurse			
(a) 0	0	0	0
(b) ΔM	0	0	0
(c) ΔWP	$tY - A_{St}$	$Im - \overline{Ex} \cdot w$	0

*) oder wie (a), wenn $\Delta R = 0$.

Wesentlich ist dabei die Möglichkeit einer dämpfenden Wirkung auf das Volkseinkommen bei an sich als expansiv intendierten Budgetdefiziten. Dies gilt auch in einer wachsenden Wirtschaft, wenn auf geldfinanzierte Budgetdefizite abgestellt wird. Das reale Volkseinkommen pro Kopf wird durch diese Politik zwar kurzfristig erhöht, jedoch langfristig (im *steady state*) verringert, die Inflationsrate zugleich erhöht.

Die hier beschriebenen, außenwirtschaftlichen Effekte gelten natürlich auch dann, wenn sich alle beteiligten Länder verschulden; sie gelten in diesem Fall stets für das Land mit der höheren Neuverschuldung. Entscheidend dabei ist vor allem der Umfang der durch Budgetdefizite insgesamt aufgelaufenen Staatsschuld. Das Tempo einer öffentlichen Neuverschuldung spielt dabei insofern eine Rolle, als die beschriebenen Effekte jeweils zu Beginn der Sequenzen am stärksten sind.

2. Portfoliotheoretische Transmission

Kennzeichen der portfoliotheoretischen Transmission ist die explizite Berücksichtigung von Vermögens- und Substitutionseffekten: Ein monetärer Impuls – etwa eine Erhöhung der Geldmenge – bewirkt eine Störung des Portfoliogleichgewichts und führt solange zu einer Anpassung der Vermögensanteile bis ein neues Portfoliogleichgewicht mit identischem Grenznutzen aller Aktiva erreicht ist. Bei der Analyse der portfoliotheoretischen

Transmissionsmechanismen wird analog zur Geldnachfragetheorie (Kapitel IV) zwischen der postkeynesianischen und neoquantitätstheoretischen (monetaristischen) Richtung (Abschnitt 2.2 bzw. 2.3) unterschieden. Zuvor jedoch wird die Rolle des Vermögens erläutert.

2.1 Die Rolle des Vermögens

Vermögenseffekte werden in der Geldtheorie zumeist mit dem Realkasseneffekt (*real balance effect*) identifiziert; sie sind ein wesentlicher Baustein der Theorie der Geldnachfrage und ein integraler Bestandteil der Portfoliotheorie.

2.1.1 Die Realkasseneffekte: Cambridge-, Pigou- und Patinkin-Effekt

Allgemein zeigt der *Realkasseneffekt* die Wirkung einer Vermögensänderung auf die Nachfrage in einer Volkswirtschaft. Nimmt z.B. die Geldmenge bei zunächst gegebenem Preisniveau in einer Volkswirtschaft zu, so steigt der Realwert der Kassenbestände. Gegenüber dem bisher gehaltenen (realen) Kassenbestand besteht nun ein Überschuß an Kasse, der durch Ausgaben für Güter und Dienste abgebaut werden kann. Dies führt schließlich zu einem Preisniveauanstieg, der solange anhält, bis wieder der tatsächliche dem gewünschten (realen) Kassenbestand entspricht.

In der *keynesianischen* Theorie besteht die Nachfrage nach Geld aus der Nachfrage nach Transaktionskasse und der nach Spekulationskasse; daneben – weniger bedeutsam – aber auch aus der nach Vorsichtskasse.[70] Wie – insbesondere von den (Post)Keynesianern - gezeigt wurde (vgl. Abschnitte IV.2 und IV.3), sind alle diese Geldnachfragen abhängig vom Zinssatz bzw. Zinsniveau. Da auch die reale Sphäre einer Volkswirtschaft, insbesondere die Investitionen, nach *keynesianischer* Vorstellung zinsreagibel sind, können Wirkungen ausgehend vom monetären Bereich in den realwirtschaftlichen Bereich einer Volkswirtschaft beschrieben werden.

Nach klassischer Ansicht dagegen wird Geld nur zu Transaktionszwecken gehalten.[71] Deshalb war man früher der Meinung, daß Geld nur einen Schleier bei der Bestimmung der absoluten Preishöhe von Gütern darstelle und nicht auch auf die Preisstruktur einwirke.

Zunächst wies *Knut Wicksell* auf eine nichtneutrale Wirkung des Geldes hin. Er unterschied zwischen *Marktzins* und *natürlichem Zins*. Der natürliche Zins ist der Ertragssatz auf Realkapital (Grenzprodukt des Kapitals); der Marktzins dagegen ist der Zins auf dem Kreditmarkt. Eine von der Zentralbank vorgenommene Geldmengenerhöhung läßt nun das Kreditangebot steigen und mithin den Marktzinssatz sinken. Bei gleichbleibendem natürlichem Zins werden dann verstärkt Kredite nachgefragt, es wird mehr investiert; dadurch verändert sich der natürliche Zins. Ein Investor führt bei mehreren bekannten Investitionsalternativen zuerst diejenige durch, die ihm den höchsten Ertrag bringt. Bei steigender Investitionstätigkeit werden zunehmend Investitionen mit geringe-

---

[70] Vgl. zur keynesianischen Geldnachfragetheorie Abschnitt IV.2.

[71] Vgl. zur klassischen Geldnachfragetheorie Abschnitt IV.1.

ren Ertragssätzen realisiert; der natürliche Zins sinkt. Die Investoren investieren solange, bis der natürliche Zins das Niveau des Marktzinses erreicht hat (*Wicksell-Effekt*). Allerdings steigt durch die erhöhte Kreditnachfrage der Marktzins wieder, so daß deren ursprüngliche Senkung nur vorübergehend anhält. Übersteigt der Marktzins den natürlichen Zins, so besteht für einen Investor kein Anreiz, zusätzliche (Real-)Investitionen durchzuführen.[72]

Nicht nur auf die Investitionen stellt die Argumentation der Neoklassiker ab. Im Mittelpunkt ihrer Darstellung steht das individuelle Verhalten der sich im Gleichgewicht befindenden Wirtschaftssubjekte und ihre Reaktion auf Abweichungen zwischen der gewünschten und tatsächlichen Kassenhaltung. Kommt es zu einer Geldmengenerhöhung, führt dies zu einem individuell höheren Kassenbestand. Übersteigt jetzt die Kassenhaltung die von den Wirtschaftssubjekten gewünschte Höhe, so findet eine Anpassung der Ist- an die Soll-Größe statt. Die Angleichung kann nur über Mehrausgaben der Privaten erfolgen: Die Wirtschaftssubjekte fragen vermehrt Güter nach. Da sich die Wirtschaft in der Vollbeschäftigungssituation befindet, resultieren aus der zusätzlichen Nachfrage Preissteigerungen.

Wählt man die *Cambridge-Gleichung* ($L = k \cdot P \cdot Y_r$) als die Geldnachfragefunktion der neoklassischen Theorie, dann entspricht k dem gewünschten Kassenhaltungskoeffizient. Damit ist eine Mehrnachfrage nach Gütern und Diensten, die aus der Rückführung der tatsächlichen Kassenhaltung auf ihr gewünschtes Niveau folgt, als Realkasseneffekt interpretierbar. Es handelt sich um den *Cambridge-Effekt*.[73]

Während der Cambridge-Effekt die „klassische" Quantitätstheorie abrundet, hat der *Pigou-Effekt*, obwohl er auf einen ähnlichen Mechanismus abstellt, eine andere Intention. Ziel von *Arthur C. Pigou*, aber auch von *Tibor Scitovsky* und *Gottfried Haberler* war es, auch im keynesianischen Theoriegebäude eine inhärente Tendenz zur Vollbeschäftigung nachzuweisen; ein stabiles Gleichgewicht bei Unterbeschäftigung galt es zu widerlegen.

Keynes diagnostizierte bekanntlich zwei extreme Fälle, in denen die Wirtschaft nicht aus eigener Kraft zur Vollbeschäftigungssituation zurückkehren kann. Zum einen ist ein stabiles Unterbeschäftigungsgleichgewicht bei einer unendlich großen Zinselastizität der Geldnachfrage (*liquidity trap*) oder bei absolut zinsunempfindlichen Investitionen gegeben. Die Wirkungskette des *Keynes-Effekts*: *sinkende Preise → Steigerung der in konstanter Kaufkraft gemessenen Geldmenge → Zinsreduktion und – abschließend – → die Anregung des Investitionsvolumens und damit indirekt der effektiven Nachfrage* ist dadurch durchbrochen. In der *Liquiditätsfalle* kommt es zu keinen weiteren Zinssenkungen, die die Investitionen anregen könnten. Im *klassischen Bereich* verpufft die Wirkung einer Zinsermäßigung, da die Investitionen zinsresistent sind. Hieraus leiten *Keynesianer* die Fiskalpolitik als das Allheilmittel der Wirtschaftspolitik ab.[74]

---

[72] Vgl. zum Wicksell-Effekt auch Abschnitt II.4.2.2.1.

[73] Vgl. zum Kassenhaltungsansatz auch Abschnitt IV.1.2.

[74] Vgl. zur keynesianischen Transmission (ohne Berücksichtigung von Preiseffekten) Abschnitt 1 und 1.2.1.

Pigou, Haberler und *Scitovsky* vermeiden den *Keynesschen* Umweg über Zins und Investition. Sie betrachten die direkte Wirkung von Preissenkungen (beispielsweise ausgehend von Lohnsenkungen) auf die effektive Nachfrage. In ihrer Vorstellung kommt es über *fallende Preise* und bei *konstanter Geldmenge* zu einem *Realwertanstieg* des von den Wirtschaftssubjekten gehaltenen Geldvermögens (Realkasse). Die tatsächliche Kassenhaltung entspricht nicht mehr der gewünschten. Dies führt zu einer Verschiebung der Spar-Vermögens-Relation (*wealth-saving-Relation*), die Sparneigung sinkt, der Konsum steigt (relativ). Es kommt zu einer stimulierenden Wirkung auf die Konsumgüternachfrage, wodurch – zumindest theoretisch – die Möglichkeit eines permanenten Unterbeschäftigungsgleichgewichtes ausgeschaltet ist.

Diesen *Pigou*-Effekt kann man natürlich auch für einen expansiven Impuls darstellen: Steigt die Geldmenge, so werden in der Folge auch die Preise und Löhne zunehmen, somit also der Realwert des Geldvermögens abnehmen. Es kommt zu verstärktem Sparen, um den alten Realwert wieder zu erreichen (zumindest relativ), und damit sinkt der Konsum. Dem *Pigou*-Effekt entgegen steht der *Keynes*-Effekt. Nach ihm führt eine Erhöhung des Geldangebotes in der Regel zu einer Zinssenkung. Dies bewirkt vermehrte Investition, über den Multiplikator steigt schließlich das Volkseinkommen.

Allerdings äußert sich *Pigou* skeptisch bezüglich der empirischen Anwendbarkeit des von ihm mit aufgezeigten Mechanismus. Er selbst stuft ihn als akademische Übung ein, ohne jegliche Chance, jemals im effektiven Tagesgeschehen angewendet zu werden.

Der *Pigou-Effekt* wurde später von *Don Patinkin* erweitert. Ziel seiner Analyse war es, die Geld- und Werttheorie zu integrieren, also die *klassische Dichotomie* zu überwinden. Bei *Don Patinkin* besteht Vermögen neben Geld auch aus festverzinslichen Wertpapieren des Unternehmenssektors. Im Mittelpunkt der *Patinkin*-Analyse steht dabei der *real-balance-Effekt*. Dieser Realkasseneffekt wird wirksam, wenn die nominelle Geldmenge bei zunächst gegebenem Preisniveau verändert wird. Im Gegensatz zum *Pigou*-Effekt, der nur auf den Gütermarkt wirkt, wirkt der Realkasseneffekt sowohl auf den Güter- wie auf den Wertpapiermarkt.

Patinkin führt das von den Haushalten und Unternehmungen gehaltene Geld als Argument explizit in die Analyse ein. Die Nachfrage nach einem Gut X_1 ist bei ihm eine Funktion aller relativen Preise P_i, wobei der Preis eines Gutes X_n als *numéraire* fungiert:[75]

$$X_1 = f\left(\frac{P_1}{P_n}, \frac{P_2}{P_n}, ..., \frac{P_{n-1}}{P_n}, Y^r, \frac{M}{P_n}\right),$$

mit M/P_n = reale Geldmenge (Realkasse) und $Y^r = Y/P_n$ = reales Volkseinkommen.

Besteht in einem Haushalt ein Gleichgewicht – ausgeglichener Grenznutzen bei allen Gütern nach dem *2. Gossenschen Gesetz* –, so bewirkt eine Störung von außen durch eine Geldvermehrung das Abweichen von diesem Gleichgewicht. Dabei erfolgt solange

---

[75] Vgl. zur Theorie der relativen Preise insb. Abschnitt 2.3.3.

eine mengenmäßige Umschichtung im Warenkorb der Haushalte, bis wieder ein neues Gleichgewicht erreicht ist (*Walras*ianisches System).[76]

Die nach *Pigou* und *Patinkin* benannten Effekte sind Vermögenseffekte (auch *Cambridge-Effekt*). Ändert sich der reale Wert des Vermögens, dargestellt durch die reale Kassenhaltung, so führt dies zu einer veränderten Überschußnachfrage nach Gütern; Realkasseneffekte werden ausgelöst. Sie können sowohl direkt, über die effektive Nachfrage, als auch indirekt, über eine Überschußnachfrage auf dem Geld(Wertpapier)markt Einfluß auf Preise, Beschäftigung und Volkseinkommen ausüben.

2.1.2 Innen- vs. Außengeld

Vermögenseffekte bestehen jedoch nur dann, wenn mit einer Geldmengenänderung das Netto-Vermögen variiert. Bei einer Wertänderung von privaten Vermögenstiteln existiert ein solcher Vermögenseffekt nicht, da den finanziellen Forderungen des Wertpapierbesitzers gleich hohe Verbindlichkeiten des Emittenten gegenüberstehen. Es handelt sich um *Innenvermögen*, das aus

• von Kreditinstituten geschöpftem Geld und
• sonstigen Forderungen von Privaten gegenüber Privaten (Wechsel, Anleihen, Aktien) besteht.

Im Gegensatz dazu steht dem *Außenvermögen* eine Verbindlichkeit eines anderen Sektors (des Staates) gegenüber. Zum Außenvermögen zählen:

• Zentralbankgeld,
• Staatsanleihen und
• existierendes Sachkapital, das sich außerhalb des Modellrahmens befindet.

Daraus ergeben sich wichtige Implikationen. Zu Zeiten des Gold(Waren)geldes war der innere Geldwert durch die Produktionskostentheorie der Klassiker erklärbar. Geld war durchweg als Vermögen zu betrachten.[77] Wie verhält es sich aber mit dem heute vorherrschenden einstufigen Mischgeldsystem, das ja aus Kreditgeld besteht? Ist Geld Vermögen?

Eröffnet wurde die wissenschaftliche Diskussion Anfang der 60er Jahre von *John G. Gurley* und *Edward S. Shaw*. Sie differenzierten zwischen Außengeld (*outside-money*) und Innengeld (*inside-money*) und argumentierten, daß nur vom Außengeld – also Zentralbankgeld – (Netto)Vermögenseffekte ausgehen könnten; *Patinkin* folgte ihrer Argumentation. Beim Innengeld, das von Geschäftsbanken auf dem Kreditwege emittiert wird, stehen den Forderungen gleich hohe Verbindlichkeiten der Privaten gegenüber. Ein gesamtwirtschaftliches Nullsummenspiel ist die Folge. Von den Forderungen geht ein expansiver Vermögenseffekt, von den Verbindlichkeiten ein kontraktiver *Realverschuldungseffekt* bei den betroffenen Wirtschaftssubjekten aus. Danach wäre Geschäftsbankengeld volkswirtschaftlich kein Vermögen. Vermögenseffekte ergäben sich nur

---

[76] Der Transmissionsmechanismus der relativen Preise wird in Abschnitt 2.3.3 genauer erläutert.

[77] Vgl. zur metallistischen Auffassung des Geldwertes Abschnitt II.1.1.1.

dann, wenn einige Wirtschaftssubjekte (die Gläubiger oder der private Sektor) auf Veränderungen ihres Vermögens mit Nachfrageänderungen reagieren, andere (die Schuldner oder der öffentliche Sektor) dagegen nicht. In diesem Falle besteht eine asymmetrische Reaktion der Wirtschaftssubjekte.

Der Realverschuldungseffekt entfällt bei staatlich emittiertem Geld (*outside-money*), da angenommen wird, daß sich der Staat gegenüber seinen Verbindlichkeiten anders verhält als Private. Im eigentlichen Sinne ist der Staat kein Schuldner, da kein Schuldzins für Zentralbankgeld vereinbart wurde. Außerdem steht die staatliche Rückzahlungsverpflichtung ausschließlich auf dem „Papier"; der Staat kann seine Schulden auch realiter nicht tilgen, es sei denn, mit seinem eigenen Geld, den Sichtverbindlichkeiten der Zentralbank. Darüber hinaus fließen die mittels Geldschaffung durch den Staat erworbenen Aktiva an die Privaten in Form von unentgeltlich nutzbaren, öffentlichen Gütern und/oder vermiedenen Steuererhöhungen zurück. *Outside-money* ist Bestandteil des privaten Vermögens.

B.P. Pesek und *T.R. Saving*, aber auch *Harry G. Johnson*, griffen Ende der 60er Jahre die von *Gurley* und *Shaw* initiierte Saldierungshypothese von Vermögens- und Verschuldungseffekten an. Sie verwiesen auf die Rolle der Banken. Denn, so ihre Argumentation, es bleibt das Vermögen unberücksichtigt, welches sich aus dem Einkommen eines Kreditinstituts ergibt, das zinstragende Darlehen über unverzinste Einlagen (Sichtdepositen) finanziert. Der nichtpekuniäre Nutzen aus dem Halten von Sichteinlagen durch Nichtbanken ermöglicht dieses (Bank-)Einkommen. Gläubiger und Schuldner einer Bank zusammengenommen erfahren keinen Vermögenszuwachs, wohl aber die vermittelnde Bank und damit deren Eigentümer. Dieser Einkommens- bzw. Vermögenszuwachs kommt dem privaten Sektor zugute, sofern sich die Bank im Eigentum von Privaten befindet. Giralgeld ist danach solange Vermögensbestandteil, wie eine positive Differenz zwischen Kreditzinsen (Sollzinsen) und Giralgeld-Zinsen (Habenzinsen) besteht. Damit wäre auch Innengeld (Geschäftsbankengeld) Bestandteil des Vermögens.

Don Patinkin ist dieser Sehweise mit dem Argument entgegengetreten, daß beim Entstehen von *Münzgewinnen* durch die Geldschöpfung der Geschäftsbanken das Innengeld Vermögen darstellen müsse, sobald den Geschäftsbanken eine staatliche Konzession zur Führung eines Bankbetriebes zugestanden wird. Sofern den Banken vom Staat ein Quasi-Monopol verliehen wird, entsteht dadurch der Bank ein Wert in Form des *goodwill*. Ihre monopoloide Stellung erlaubt ihr auch, Gewinne aus der Differenz zwischen Soll- und Haben-Zinsen zu ziehen. Ursache des volkswirtschaftlichen Vermögenszuwachses ist dann allerdings die *staatliche Lizenz*. Ließe man vollkommene Konkurrenz unter den Banken zu, würden die Gewinne gegen Null schrumpfen, so daß schließlich auch kein Vermögen durch Giralgeld mehr entstehen würde.

Zu dem Ergebnis, daß Innengeld einen Vermögenscharakter aufweist, gelangt man aber auch dann, wenn die Wirkung einer Mindestreserveänderung betrachtet wird. Zusätzliches Außen(Zentralbank)geld wird dabei nicht geschaffen, folglich dürften auch keine expansiven Impulse von dieser Maßnahme ausgehen, da ja lediglich bisher gebundenes Außengeld freigesetzt wird. In jedem Fall, und das ist sofort einsichtig, steigt das Einkommen der Bankbesitzer, wenn das Refinanzierungsbedürfnis der Kreditinstitute – unter sonst gleichen Bedingungen – reduziert wird.

Anders begründet *James M. Buchanan* den Vermögensstatus des Innengeldes. Er verweist auf die ökonomisch unsinnige buchhalterische Darstellung von Kreditbeziehungen zwischen Nichtbanken. Anstatt einfach Forderungen und Verbindlichkeiten gegenüberzustellen, müßten diese mit ihrem Gegenwartswert bewertet, also abdiskontiert werden. Hieraus ergibt sich eine *Nettovermögensposition*.

Dies sei an einem Beispiel verdeutlicht: Eine Nichtbank Nbk_1 verschuldet sich bei einer anderen Nichtbank Nbk_2 in Höhe von 100 Euro. Eine feste Kreditlaufzeit wird nicht vereinbart, das Darlehen ist jederzeit kündbar. Aus Gründen der Vereinfachung wird von Zinszahlungen abgesehen; die Nichtbanken vereinbaren einen Zins in Höhe von 0 v.H. Da das Darlehen jederzeit zurückgerufen werden kann, ist es für den Kreditor (Nbk_2) ökonomisch sinnvoll, die von ihm gehaltene Forderung zum vollen Nennwert zu bilanzieren. Für den Debitor (Nbk_1) dagegen ist dieses Vorgehen unsinnig, da die Wahrscheinlichkeit eines Rückrufes unmittelbar nach Vertragsabschluß kleiner als 1 ist. Auf Grund einer Vielzahl von Kreditleihen, so sei angenommen, verfügt der Debitor über ausreichende Informationen über das Kreditorenverhalten, so daß er den Zeitpunkt des Rückrufes relativ exakt bestimmen und damit einen ziemlich genauen Gegenwartswert für seine Schuld in seiner Bilanz ansetzen kann. Die Differenz zwischen Nenn- und Gegenwartswert seiner Verbindlichkeit beschert ihm einen Nettovermögenszuwachs.

Nbk_1 (Debitor)		Nbk_2 (Kreditor)	
Kasse + 100	Kredit + 20 *(Gegenwartswert)* Netto- vermögen + 80	Kasse - 100 Kredit + 100 *(Nennwert)*	

Buchanan weist damit den Vermögenscharakter des Innengeldes nach, ohne dafür das Bankeinkommen zu bemühen.

Eine ähnliche Begründung dafür, daß auch Innengeld Vermögen darstellt, gibt *Claassen*. Nach ihm ist Innengeld dann Vermögen, wenn sein Liquiditätsgrad für ein Wirtschaftssubjekt größer als der Illiquiditätsgrad der damit gleichzeitig eingegangenen Verbindlichkeit (Kreditvertrag) ist; mithin weist Innengeld wegen seines Nettoliquiditätsgrades Vermögenscharakter auf.

Traditionell wird deshalb - unabhängig vom Emittenten - das Vermögen V durch

$$V = \frac{M}{P} + Kap + WP$$

mit M/P = Realkasse, Kap = Realkapital und WP = realer Wertpapierbestand, definiert.

Zinssätze erhalten durch diese Sehweise eine zusätzliche Bedeutung. Wird nämlich das Zinsniveau erhöht, so reduziert sich gleichzeitig der Wert des Vermögens und damit auch der Wert von Bestandsgrößen (Aktiva) in Bankbilanzen. Das Geldschöpfungspotential wird dadurch verringert. Neben den Opportunitätskosten - der Vergleich von Erträgen unterschiedlicher Aktiva, wie z.B. Vermögensanlage und Kreditvergabe oder die Substitution zwischen beiden - spielen bei Zinsänderungen auch die Wertänderungen der Aktiva eine Rolle.

2.2 Der postkeynesianische Transmissionsmechanismus

2.2.1 Das Konzept des Tobin-q

Das Konzept von *James Tobin* dient der theoretischen Analyse von Einwirkungsmöglichkeiten der Geldpolitik auf den realwirtschaftlichen Sektor. Als Transmissionshebel für monetäre Impulse dient eine einzige Kennzahl: Die relative Marktrate des Realkapitals – das *Tobin-q* – ist definiert als das Verhältnis zwischen:

* der *Grenzleistungsfähigkeit* neuen Realkapitals i_I und
* der Marktertragsrate des bereits vorhandenen Realkapitals (*supply price of capital*)[78] i_{RK}.

Es gilt: $q = \dfrac{i_I}{i_{RK}} \gtrless 1.$

Unter der Grenzleistungsfähigkeit neuen Realkapitals i_I ist derjenige Zinssatz zu verstehen, der die mit ihm abdiskontierten, künftig erwarteten Erträge E einer neuen Realinvestition ihrem Wiederbeschaffungswert I angleicht:

$$(1) \quad I = \frac{E}{i_I},$$

mit E = konstante künftige Nettoerträge und I = Wiederbeschaffungswert der Realinvestition. Im Prinzip ist die Gleichung (1) eine Gleichgewichtsbedingung, auf die auch der Kreditzins am Markt i als Kostenfaktor für Neuinvestitionen I = f (i) einen Einfluß hat.

Der *supply price of capital* i_{RK} ist die Rendite bestehenden Realkapitals, die gerade noch als ausreichend empfunden wird. Diese Mindestverzinsung ist durch die den Vermögenserträgen gegenüberstehenden Kapitalkosten determiniert; sie werden durch den Kapitalmarkt vorgegeben. Dennoch müssen die vom Anlageobjekt erwarteten Erträge mindestens der Rendite des aktuellen Marktwertes, den der Eigentümer bei sofortiger Liquidisierung erzielen könnte, entsprechen:

$$(2) \quad RK^M = \frac{E}{i_{RK}},$$

mit E = erwartete Erträge, RK^M = aktueller Marktwert des Realkapitals und i_{RK} = Mindestrendite aus dem Bestand des Realkapitals.

Aus den Gleichungen (1) und (2) ergibt sich nun

$$(3) \quad q = \frac{RK^M}{I} = \frac{E}{i_{RK}} \cdot \frac{i_I}{E} = \frac{i_I}{i_{RK}},$$

das *Tobin-q.*

---

[78] Näherungsweise kann der supply price of capital auch durch die Aktienrendite i_e ausgedrückt werden!

Ist q = 1, so sind die Renditen für bestehendes und neues Realkapital identisch, und es kommt zum Ausgleich von Kapitalangebot und Kapitalnachfrage. Da sich Marktwert und Wiederbeschaffungskosten einer Anlage entsprechen, besteht für Investoren weder ein Anreiz zur Aufstockung noch zum Abbau des vorhandenen Kapitalstocks.

Ist q > 1, so werden die Privaten zur Erweiterung des bestehenden Sachkapitalbestandes veranlaßt, da Investitionen rentabler sind als bereits bestehende Anlagen. Investitionen sind also billiger als alte Anlagen; Investoren fragen verstärkt nach. Die so entstandene Preisdifferenz regt die Hersteller von Kapitalgütern dazu an, ihre Produktion auszuweiten. Allgemein formuliert: Es wird immer dann investiert, wenn die interne Verzinsung einer Anlage deren Kapitalkosten übersteigt.

Der umgekehrte Fall q < 1 setzt für die Privaten keinerlei Anreize zum Investieren. Jetzt unterschreitet die Grenzleistungsfähigkeit neuen Realkapitals die Gleichgewichtsrendite bestehenden Realkapitals. Es wird daher nur bereits vorhandenes, nicht aber neu zu produzierendes Realkapital nachgefragt.

Für die Transmission geldpolitischer Impulse in die reale Sphäre ist es jetzt entscheidend, in welchem Verhältnis die einzelnen Aktiva zueinander stehen. Wie im Kapitel zur Geldnachfrage (vgl. Abschnitt IV.3.2.2.2) bereits dargestellt wurde, verfügt ein Vermögensbesitzer nach *Tobin* über drei Anlagealternativen, die er mit unterschiedlicher Gewichtung in seinem Portfolio berücksichtigen kann. Die drei zur Verfügung stehenden Anlagemöglichkeiten sind *Geld, festverzinsliche Wertpapiere* (bonds) und *reale Aktiva*. Die optimale Portfoliozusammensetzung wird unter Berücksichtigung von Ertrags- und Risikoaspekten der einzelnen Vermögensbestandteile ermittelt. Sind die Risiken einzelner Aktiva nicht miteinander korreliert, so kann – bei konstantem Gesamtvermögensertrag – das Risiko der Vermögenshaltung minimiert werden.

Geld und Wertpapiere unterliegen als nominelle Größen einem Preisänderungsrisiko. Realkapital ist keinem Preisänderungsrisiko ausgesetzt, unterliegt allerdings anderen Risiken wie der Verschiebung der relativen Preise, technischem Fortschritt, branchenspezifischen Krisen o.ä.[79]

Die ähnliche Risikostruktur der Geld- und Wertpapierhaltung führt zu einer positiven Korrelation dieser beiden Aktiva. Die Beziehung der Finanz- zu den Realaktiva ist dagegen entweder vollständig oder nur schwach komplementär[80], so daß Störungen der optimalen Portfoliostruktur u.U. keine Umschichtungen zwischen Finanz- und Realaktiva bewirken.

2.2.2 Der monetäre Impuls

Kommt es in einer Volkswirtschaft zu einer autonomen Geldmengenerhöhung, beispielsweise durch das *Friedmansche Helikoptergeld* (*fiat money*) – oder realistischer: durch Zentralbankkredite der öffentlichen Hand, was in der EWU allerdings nicht mög-

---

[79] Die Risiken der einzelnen Vermögenspositionen werden in Abschnitt IV.3.2.2 genauer erläutert.

[80] Vgl. zur Ermittlung der optimalen Portfoliostruktur aus postkeynesianischer Sicht insb. Abschnitt IV.3.2.

lich ist –, so wird das Portfoliogleichgewicht gestört. Im Portefeuille ist die Geldhaltung jetzt übergewichtet. Die Privaten werden ein neues, noch zu realisierendes Gleichgewicht anstreben. Bei diesem Anpassungsprozeß ist zwischen dem Substitutions- und dem Vermögenseffekt zu unterscheiden. *Realiter* kommen beide Effekte parallel zum Tragen, der Übersicht halber werden sie im folgenden aber getrennt dargestellt.

Über den *Substitutionseffekt* wird der gestiegene Geldanteil am Gesamtvermögen abgebaut. In jedem Fall wird der Vermögenshalter vermehrt Wertpapiere nachfragen. Die Intensität dieser Nachfrage ist abhängig von der Beziehung finanzieller zu realen Aktiva. Ist sie vollständig komplementär, so werden die Vermögensbesitzer ausschließlich Wertpapiere als die einzig mögliche Alternative nachfragen, und sie werden die tatsächliche Geldhaltung der gewünschten anpassen. Es kommt auf dem Markt für Wertpapiere zu Kurs(Preis)steigerungen und, damit korrespondierend, zu einem Absinken der Rendite. Ein realwirtschaftlicher Einfluß stellt sich nicht ein. Der Substitutionseffekt versickert bei starker Komplementarität im monetären Bereich.

Ist jedoch nur eine schwache Komplementarität gegeben, auf Grund der Risikoeinschätzung durch die Investoren, so fragen sie neben Wertpapieren auch zusätzlich Realaktiva nach. Die von ihnen gewünschte Mindestverzinsung i_{RK} und die Rendite der festverzinslichen Wertpapiere i_b fallen. Das *Tobin-q* steigt, da die ausschließlich technologiebestimmte Grenzleistungsfähigkeit des Kapitals i_I davon unberührt bleibt; i_I könnte auch steigen, wenn die Geldmengenausweitung zu fallenden Kreditzinsen und damit zu sinkenden Investitionskosten führt. Die Investitionsgüternachfrage steigt.

Der Substitutionseffekt wirkt jetzt expansiv in den realen Sektor hinein. Ausschlaggebend für den Substitutionseffekt ist das Verhältnis zwischen den Finanz- und den Realaktiva. Ist die Komplementarität stark ausgeprägt, so verbleibt der Impuls im monetären Bereich. Ist nur eine schwache Komplementarität gegeben, kommt es zu einem Übergreifen des Impulses auf die Realsphäre.

Im Vergleich zum Substitutionseffekt, bei dem abschließend keine Aussage über seine Wirkungsstärke getroffen werden kann, ist die Beurteilung des *Vermögenseffektes* eindeutiger. Durch die Geldmengenausdehnung nimmt mit dem gehaltenen Geldbestand auch das Gesamtvermögen zu. Um das durch die gestiegene Geldhaltung erhöhte Risiko des Gesamtportefeuilles wieder zu senken, muß der private Vermögenshalter neben Wertpapieren auch proportional zusätzliches Realkapital nachfragen. Infolge des Vermögenseffektes wird die Nachfrage nach Wertpapieren wie auch nach Realkapital zunehmen. Die entsprechenden Ertragsraten – i_b und i_{RK} – sinken. Das *Tobin-q* steigt, und die Investitionstätigkeit, eventuell auch die Konsumnachfrage (*Pigou-Effekt*, vgl. Abschnitt 2.1.1), wird angeregt. Der geldpolitische Impuls wirkt in der Summe über beide Effekte, also als Gesamteffekt, eindeutig expansiv.

2.2.3 Der fiskalische Impuls

Ausgangspunkt sei ein staatliches Budgetdefizit, das durch die Emission von Wertpapieren finanziert wird. Effekte der ersten Runde, beispielsweise die zusätzliche staatliche Nachfrage, werden nicht betrachtet. Sie werden ausschließlich transitorisch gesehen: sie haben Strohfeuercharakter, da sie keine Bestandsveränderungen induzieren. Anders der

Effekt der zweiten Runde: Er läßt sich wieder in parallel greifende Substitutions- und Vermögenseffekte aufspalten.

Durch die Neuemission des Staates und die damit verbundene Kurssenkung steigt der Marktzins. Dadurch werden die Privaten zum Zeichnen neuer Schuldpapiere angeregt. Es kommt zur *Substitution* der Geld- durch die Wertpapierhaltung. Verhalten sich Finanz- und Realaktiva *komplementär* zueinander, so ist der Substitutionseffekt bereits beendet. Die geforderte Mindestverzinsung i_{RK} folgt nicht der Rendite für Wertpapiere, folglich geht die Investitionstätigkeit nicht zurück. Es kommt zu keinem *Zins-crowding-out*; die staatliche Kreditaufnahme verdrängt auf Grund gestiegener Zinsen keine private Nachfrage für investive Zwecke. Ist dagegen die Komplementarität zwischen den Aktiva nur schwach ausgeprägt, ergeben sich Rückwirkungen (*feed-back*-Effekte) auf die geforderte Mindestverzinsung für das gehaltene Realkapital. Der *supply price of capital* i_{RK} folgt – wenn auch nur abgeschwächt – der durch die staatliche Kreditaufnahme gestiegenen Wertpapierrendite i_b. Die Grenzleistungsfähigkeit des Kapitals bleibt, da ausschließlich durch den technischen Fortschritt bestimmt, unverändert. Damit sinkt das *Tobin-q* und mit ihm die Nachfrage nach Realkapital.

Die staatliche Defizitfinanzierung wirkt jetzt dämpfend auf das allgemeine wirtschaftliche Aktivitätsniveau. Dieser Kontraktionseffekt wächst mit dem Grad der Substitutionalität zwischen realen und finanziellen Aktiva.

Über den Vermögenseffekt und damit auch über den Gesamteffekt ist dagegen keine eindeutige Aussage möglich.

2.3 Der monetaristische Transmissionsmechanismus

2.3.1 Monetaristischer Transmissionsmechanismus in einer geschlossenen Volkswirtschaft

2.3.1.1 Grundlagen der monetaristischen Analyse und Vergleich mit der keynesianischen Position

Die monetaristische Theorie ist mikroökonomisch fundiert und hat ihren Ursprung in klassischen Überlegungen. Die mikroökonomische Fundierung führte zu einer starken Betonung des auf der *Theorie der relativen Preise* beruhenden Transmissionsmechanismus monetärer Impulse in den realwirtschaftlichen Bereich (vgl. Abschnitt 2.3.1.2).

Mit der Theorie der relativen Preise, die sämtliche Käufe und Verkäufe in einer Volkswirtschaft erfaßt, sind praktisch auch die hauptsächlichen Merkmale einer gesamtwirtschaftlichen Wirkungsanalyse vorgestellt. Es bedürfte daher keiner weiteren Betrachtung gesamtwirtschaftlicher Zusammenhänge wie bei der *keynesianischen* Theorie.

Allerdings glauben Monetaristen, daß man globale (*aggregative*) und strukturelle (*allokative*) Kräfte monetärer Impulse annähernd voneinander trennen könne. Dies erlaubt dann, da auch Teilbereiche einer Volkswirtschaft – also separate Sektoren – in ihrer Interdependenz betrachtet werden, einen Vergleich zur *keynesianischen* Theorie.

Wesentliche Charakteristika eines solchen Ansatzes sind die volle Beweglichkeit der Preise und Löhne und damit stets Vollbeschäftigung sowie eine geringe Variabilität der Umlaufgeschwindigkeit des Geldes. Diese Annahmen bedingen wie in der klassischen Theorie, daß sich *geldpolitische Impulse neutral* verhalten (*Stabilität des Wirtschaftssystems*); sie beeinflussen also nicht die Preisstruktur, sondern nur dessen Niveau.

Die monetaristische Theorie ist daher eine die langfristige Entwicklung erklärende Theorie, bei der kurzfristige Ungleichgewichte immer wieder zum langfristigen Gleichgewicht zurücktendieren. Es wurden auch geldtheoretische Modellvorstellungen in die *neoklassische Wachstumstheorie* eingebaut. Die Konzeption dafür ist relativ einfach: Je größer die Realkasse ist, desto niedriger ist bei gegebenem Gesamtbestand des Vermögens der Bestand an Realkapital und desto geringer wird folglich die reale Wachstumsrate in einer Volkswirtschaft sein, da ja die Zunahme der Produktion nur vom Umfang des Kapitalstocks, nicht aber auch vom Wertpapierbestand abhängig ist.

Der *Fiskalismus* ist ursprünglich eine Bezeichnung der Monetaristen für geldtheoretische Gedanken *keynesianischer* Prägung. Da in der sog. *IS-LM-Analyse* des *keynesianischen* Systems insbesondere im Bereich der *Liquiditätsfalle* (Spekulationskasse) geldpolitische Maßnahmen nicht wirken, wird von der *keynesianischen* Theorie in bestimmten Situationen die Fiskalpolitik der Geldpolitik vorgezogen; ein Verdrängungseffekt (*crowding-out-Effekt*) der privaten Investitionen durch staatliche Ausgaben wird dabei konjunkturpolitisch in Kauf genommen. `

Die *Fiskalpolitik* hat aus monetaristischer Sicht eine andere Qualität als in *keynesianischen* Überlegungen. Aggregative Wirkungen der Fiskalpolitik ergeben sich erst dann, wenn die nicht durch Steuereinnahmen finanzierten Staatsausgaben, also Budgetdefizite $A_{St} - tY > 0$, durch zusätzliches Geld (*outside-money*, vgl. Abschnitt 2.1.2) oder durch zusätzliche Wertpapiere – die den Vermögensbestand in der Volkswirtschaft beeinflussen – finanziert werden. Die Kreditfinanzierung von öffentlichen Budgetdefiziten bei Geschäftsbanken durch *inside-money* führt allenfalls zu *crowding-out*-Effekten (*allokative Effekte*), nicht aber zu aggregativen Wirkungen.

Eine Budgetdefizitfinanzierung mit aggregativen, globalen Effekten durch *outside-money* stellt aber aus monetaristischer Sicht *keine fiskalpolitische Maßnahme*, sondern unter dem Finanzierungsaspekt eine geldpolitische Maßnahme – nämlich eine Ausweitung der Geldmenge – dar. Allein eine Budgetdefizit-Finanzierung durch *inside-money* ist danach eine fiskalpolitische Maßnahme; das gleiche gilt übrigens, wenn im Umfang der Defizitfinanzierung öffentliche Wertpapiere emittiert werden, die von den Privaten durch Hergabe von *inside-money* gekauft werden.

Expansive realwirtschaftliche Wirkungen der Fiskalpolitik kann es so eigentlich aus monetaristischer Sicht nicht geben. Aus *keynesianischer* Sicht dagegen wirken Budgetdefizite durch ihre Integration in die Volkseinkommensgleichung durchaus expansiv, allerdings wird dabei keine unterschiedliche Zuordnung dieser Defizitfinanzierung auf die Geld- oder Fiskalpolitik vorgenommen.

Konsequenz dieser divergierenden Zuordnung der Budgetdefizit-Finanzierung ist die *keynesianische* Auffassung, daß konjunkturpolitische Impulse durch geld- und fiskalpolitische Maßnahmen – in bestimmten Situationen (*Liquiditätsfalle*) sogar ausschließlich durch fiskalpolitische Instrumente – gegeben werden können; nach monetaristischer

Auffassung ist dies allein durch die Geldpolitik möglich. Pointiert wird dieser unterschiedliche Standpunkt durch die den *Keynesianern* zugeschriebenen Formel „*money does not matter*" und die den Monetaristen zugeschriebene Formel „*money only matters*".

In empirischen Untersuchungen glauben Monetaristen, insbesondere *Milton Friedman* und *David Meiselmann*, nachgewiesen zu haben, daß geldpolitische Maßnahmen stärker wirken als fiskalpolitische; dies vor allem deshalb, weil nach ihrer Auffassung eine mit Geld finanzierte Fiskalpolitik der Geldpolitik zuzuschreiben ist.

Diese verkürzte Formel wurde von *Friedman* und *Meiselman* empirisch getestet, wobei das Testmodell möglichst einfach gehalten wurde, um allein die theoretisch unterschiedlichen Positionen von *Keynesianern* und Monetaristen herauszustellen. Allerdings haben *Friedman* und *Meiselman* die Zuordnung der Budgetdefizit-Finanzierung in der für Monetaristen üblichen Zuordnung nach Geld- und Fiskalpolitik durchgeführt.

Es wurde dabei ein recht langer Betrachtungszeitraum von 1897 bis 1958 für die USA zugrunde gelegt. Als Testgleichung in reduzierter Form wurde der Ansatz

$$C = C_0 + u \cdot M + \text{mult} \cdot A \,,$$

mit C = Konsum, u = Umlaufgeschwindigkeit des Geldes, M = Geldmenge, mult = *keynesianischer* Ausgabenmultiplikator und A = Ausgaben gewählt. Für die Geldmenge wurden alternativ die Geldmengen M1, M2 und M3 getestet; die Geldmenge M2 ergab dabei das beste Testergebnis. Als Ausgaben A wurden die privaten Netto-inland-Investitionen, der Außenbeitrag und das Staatshaushaltsdefizit getestet.

Bei diesem ökonometrischen Test ergab sich durchwegs eine höhere Korrelation für die Geldmenge gegenüber den Ausgaben, also eine Bestätigung für den monetaristischen Ansatz; mit einer Ausnahme: Die große Depression zu Beginn der 30er Jahre brachte bessere Testergebnisse für den *keynesianischen* Ansatz.

Das Vorgehen der *Friedman/Meiselman*-Untersuchung wurde verschiedentlich kritisiert, so vor allem von *Hester, Ando/Modigliani* und *De Prano/Meyer*. Insbesondere die verwendete Größe A wurde angegriffen, denn mit einer anderen Definition für A kamen z.B. *Ando/Modigliani* zu einem besseren Ergebnis für den *keynesianischen* gegenüber dem monetaristischen Ansatz.

Da geldpolitische Impulse aber mit *Wirkungsverzögerungen*[81] auf realwirtschaftliche Größen wirken, ist es in der Regel die Geldpolitik selbst, die Konjunkturschwankungen verursacht. Eine diskretionäre Geldpolitik mit einer Geldmengensteuerung von Fall zu Fall sollte deshalb unterbleiben. Die Geldpolitik sollte statt dessen nach dem sog. *Friedman-Plan* langfristig angelegt sein, also die Geldmenge im Umfang des Produktionswachstums preisniveauneutral steuern. *Milton Friedman* forderte deshalb in seinem *Chicago-Plan* (*Chicago-Regel*) eine Mindestreserve von 100 %, um den Geschäftsbanken die Möglichkeit zu eigenständiger Geldschöpfung zu nehmen (Regel-Bindung der Geldpolitik). Außerdem werden flexible Wechselkurse vorgeschlagen, um die inländische Geldmenge von außenwirtschaftlichen Einflüssen zu befreien. Dieser außenwirt-

---

[81] Vgl. zum Problem von Wirkungsverzögerungen auch Abschnitt VII.2.2.

schaftliche Aspekt ist dann zu einem *monetären Ansatz der Zahlungsbilanztheorie* erweitert worden, den wir in Abschnitt 2.3.2 noch darstellen werden.

2.3.1.2 Der Transmissionsmechanismus der relativen Preise

Wesentlich für die Neoquantitätstheorie ist ihr Erklärungsansatz für den Übertragungsmechanismus einer variierenden Geldmenge auf das volkswirtschaftliche Preisniveau. Danach wird unterstellt, daß die Wirtschaftssubjekte eine bestimmte (reale) Kasse zu halten wünschen. Steigt die Geldmenge, so ist zunächst die tatsächliche Kassenhaltung größer als die gewünschte. Dies führt zu einem Abbau des nicht gewünschten Kassenüberschusses durch zusätzliche Nachfrage nach Gütern und Diensten, was deren Preisniveau anhebt.

Die *Theorie der relativen Preise* basiert auf einem System, in dem die Nachfrage nach einem Gut X_1 nicht nur vom dazugehörigen Preis P_1, sondern auch von allen anderen Preisen in einer Volkswirtschaft abhängt:

$$X_1 = f(P_1, P_2, ..., P_{n-1}, P_n).$$

In dieser Eigenschaft interdependenter Konkurrenzbeziehungen stimmt das betrachtete System mit einem *Walrasianischen System* überein. Fungiert in einem solchen geschlossenen System ein Preis P_n als numéraire, so kann für die Nachfragefunktion auch

$$X_1 = f\left(\frac{P_1}{P_n}, \frac{P_2}{P_n}, ... \frac{P_{n-1}}{P_n}, 1\right)$$

geschrieben werden. Dabei wird unterstellt, daß alle Preise in einer Volkswirtschaft voneinander abhängen. Dies scheint auf den ersten Blick unrealistisch zu sein.

Man kann sich aber leicht vorstellen, daß stets einige Güter in starker Konkurrenzbeziehung zueinander stehen, andere dagegen in einer kaum spürbaren oder vernachlässigbar geringen. Beschreibt man einmal ein solches System partiell interdependenter Konkurrenzbeziehungen, so kann sich eine Struktur von Preisabhängigkeiten $\delta P_i / \delta P_j$ wie in Tabelle 11 ergeben:

Tabelle 11: Preisabhängigkeits-Matrix

an *von*	X_1	X_2	X_3	X_4	X_5	...	X_{n-2}	X_{n-1}	X_n
X_1	-	1	0,5	0	0		0	0	0
X_2	1	-	1	0,5	0		0	0	0
X_3	0,5	1	-	1	0,5		0	0	0
X_4	0	0,5	1	-	1		0	0	0
X_5	0	0	0,5	1	-		0	0	0
...									
X_{n-2}	0	0	0	0	0		-	1	0,5
X_{n-1}	0	0	0	0	0		1	-	1
X_n	0	0	0	0	0		0,5	1	-

Das Gut X_1 steht zu sich selbst natürlich in keiner Kreuzpreisabhängigkeit, der Ausdruck dP_1/dP_1 ergibt ökonomisch keinen Sinn. Zu X_2 soll X_1 in starker Preiskonkurrenz, zu X_3 in schwächerer und zu X_4 bereits in einer kaum spürbaren Interdependenz mehr stehen. Analog gilt das für die anderen Zeilen.

Sollte nun X_1 im Preis P_1 variieren, so wird dieser Impuls sehr stark an X_2 und schwächer an X_3 weitergegeben (1. Zeile). Da X_2 wegen der starken Preisabhängigkeit zu X_1 reagieren wird, folgt nun ein starker Preiseinfluß auf X_3, der schwach schon bei X_1 bestand und abgeschwächt auf X_4 (2. Zeile) übergeht. Man entnimmt der Übersicht aber deutlich, daß ein Impuls bei X_1 (1. Zeile) auf X_2 und X_3, von X_2 (2. Zeile) auf X_3 und X_4 übergeht, von dort auf die nächste Zeile und bis zur Zeile n durchschlägt. Dieser Ansatz zeigt, daß der ursprüngliche Impuls nicht sofort auf alle Güter in einer Volkswirtschaft einwirkt, sondern sich von einem Ausgangspunkt aus sukzessive auf alle anderen Positionen fortpflanzt. Es kommt hier also nicht wie beim *walras*ianischen System sofort zu einem neuen Gleichgewicht, sondern der ursprüngliche Impuls wird in einem Transmissionsprozeß fortlaufend an alle anderen Positionen weitergegeben. Der Transmissionsmechanismus erfolgt dabei stets über enge Substitutionsprodukte (-beziehungen), und – was für die reale Welt von großer Bedeutung ist – er erfordert Zeit! Deshalb beschreibt die monetaristische Theorie langfristige Wirkungen.

Der Transmissionsmechanismus der relativen Preise führt somit von einem Impuls zu Anpassungsreaktionen in Form von Umschichtungen des Vermögens, d.h. aller Bestände, aber auch von laufend produzierten Gütern. Geldpolitische Maßnahmen führen so zu Reaktionen sowohl auf Finanz-, wie auch auf Sachkapital- und Gütermärkten. Es bedarf nun nicht mehr ausschließlich der Zinsreaktion der Investitionen – wie in der traditionellen *keynes*ianischen Theorie (vgl. Abschnitt 1.2.1), um das Volkseinkommen zu beeinflussen. Ein solcher Einfluß ist nämlich ebenfalls bei allen anderen Komponenten des Volkseinkommens spürbar.

Eine strukturelle Interdependenz zwischen verschiedenen Anlagearten wäre z.B. durch die nachstehende Abfolge von jeweiligen Substitutionspaaren gegeben; durch sie würde dann ein expansiver geldpolitischer Impuls über die Theorie der relativen Preise etwa wie folgt weitergegeben:

1. Offenmarktpapiere/Staatsobligationen
2. Staatsobligationen/Aktien
3. Aktien/(vorhandenes) Realkapital
4. Realkapital/Neuinvestition
5. Neuinvestition/Nutzungen aus Realkapital (Konsum)
6. Konsum/Arbeitsmarkt.

Während dieses Wirkungsablaufes aus dem monetären in den realwirtschaftlichen Bereich kann es auch zu *feed-back*-Effekten kommen, wenn es z.B. wegen einer zusätzlichen Nachfrage nach Neuinvestitionen (realwirtschaftlicher Bereich) zu erhöhter Kreditnachfrage und damit zu Zinssteigerungen kommt (*Rückkoppelungseffekt* bzw. Feed-back-Effekt in den monetären Bereich). Dadurch kann der ursprüngliche Impuls teilweise wieder rückgängig gemacht werden. *Feed-back-Effekte* können nach monetaristischer Auffassung sogar dazu führen, daß ursprüngliche Impulse überkompensiert werden. So wird ein expansiver geldpolitischer Impuls zunächst zu Zinssenkungen führen, die bei erfolgreicher Stimulierung der Kreditnachfrage zu steigenden Zinsen – sogar über das ursprüngliche Niveau (*Gibson*-Paradoxon) hinaus – führen können. Gerade steigende Zinsen sind demnach ein Indiz für eine expandierende Wirtschaftsentwicklung. Dieses Ergebnis ist nicht aus einem statischen Modell abgeleitet, sondern zeigt evolutorische Eigenschaften, die auch von der *postkeynesianischen* Theorie akzeptiert werden könnten.

Weil die monetaristische Geldnachfrage mit ihrem Transmissionsmechanismus der relativen Preise auf einem *Walras*ianischen System beruht, ist eine unerschütterliche Stabilität des Wirtschaftssystems unterstellt. Löhne und Preise sind in beiden Richtungen stets völlig flexibel, es besteht immer Vollbeschäftigung.

Wird aber einmal unterstellt, daß Wirtschaftssubjekte in einem bestimmten Bereich während des Transmissionsmechanismus keine Substitutionsbeziehung sehen – z.B. wenn sie auf Grund ungünstiger Zukunftserwartungen Aktien nicht gegen Realkapitalinvestitionen substituieren wollen –, dann verpufft der ursprüngliche Impuls im monetären Bereich. Die obige Strukturmatrix (Tabelle 11) weist dann in einer Zeile, zumindest im relevanten Bereich, nur Null-Stellen auf. Der Anpassungsprozeß wird auch dadurch behindert, daß sich manche Wirtschaftssubjekte scheuen, z.B. aus Furcht vor Konkurrenz, Preisanpassungen vorzunehmen; bei einer Scheu vor Realisierung von Buchverlusten im Rahmen solcher Anpassungsprozesse spricht man vom *Roosa-Effekt* oder *locking-in-Effekt*.

Die Stabilität des Systems in der monetaristischen Theorie setzt also implicite auch eine durchgehende Interdependenz – wenn auch u.U. nur in einer Diagonalen der obigen Matrix – voraus.

Weiterhin wird, da stets Vollbeschäftigung unterstellt werden muß, ein geldpolitischer Impuls allenfalls vorübergehend realwirtschaftliche Wirkungen haben; das neue Gleichgewicht kann bei gleicher Vollbeschäftigungssituation keine andere Gütermengenstruktur aufweisen als das alte Gleichgewicht. Geldmengenvermehrung kann also nur zu Preisniveausteigerungen führen, ohne aber die Mengenstruktur oder das Mengenniveau in der Volkswirtschaft zu beeinflussen.

Das Portefeuille der monetaristischen Theorie umfaßt damit im Gegensatz zur *postkeynesianischen* Theorie, deren Portefeuilles auf den Vermögensbereich abstellt, alle Güter-, Bestands- wie Stromgrößen in einer Volkswirtschaft.[82] Die monetaristische Theorie braucht deshalb die Übertragungen monetärer Impulse der Geldpolitik in den realwirtschaftlichen Sektor auf das Volkseinkommen nicht allein durch Zinseinflüsse darzustellen; für sie wirken alle Preisanpassungen. Diese ergeben sich bei monetären Impulsen auf Grund des *Pigou-Effektes* (Vermögenseffekte), bei dem mit einer Geldmengenerhöhung bei zunächst noch konstantem Preisniveau ein Geldmarktungleichgewicht entsteht (Geldangebot > Geldnachfrage). Die Konsequenz ist eine verstärkte Nachfrage mit dem Geldangebotsüberhang nach Gütern oder Aktiva, die solange anhält, bis wieder eine optimale Preisstruktur erreicht ist. Da ein völlig interdependentes System unterstellt

---

[82] Vgl. zu den unterschiedlichen Geldnachfragetheorien und Vermögensbestandteilen Kapitel IV.

wird, ist es auch nicht mehr wie in der *keynesianischen* Theorie möglich, zwischen Teilgeldnachfragen (Transaktions- und Spekulationskasse) zu unterscheiden.

2.3.1.3 Das Modell von Don Patinkin

2.3.1.3.1 Grundannahmen des Modells

Als Vorläufer oder Mitbegründer der monetaristischen Theorie gilt *Don Patinkin*. Er geht davon aus, daß die Geldmenge – wenn sie die Preisstruktur nicht beeinflussen sollte – als Realkasse (Geldmenge/Preisniveau) in die Bestimmungsgleichung für die Geldnachfrage als zusätzliches Argument mit einbezogen werden muß. Dies führte zur Kreierung des *Realkasseneffektes* (vgl. Abschnitt 2.1.1).

Eine Erhöhung der realen Geldmenge durch *outside-money* bedingt dann auch eine Erhöhung der Nachfrage nach Gütern. Die Realkasse wird somit zum Transmissionsriemen, der Impulse vom monetären in den realwirtschaftlichen Bereich überträgt.

Gegenüber der *keynesianischen* Theorie, die praktisch die drei Teilbereiche Arbeitsmarkt, Gütermarkt und Geldmarkt kennt, verwendet *Patinkin* außerdem noch explizit einen Wertpapiermarkt, der in der *keynesianischen* Theorie nur implicite als Pendant zum Geldmarkt vorhanden ist[83]. Ein wesentlicher Unterschied zur *keynesianischen* Theorie besteht darin, daß die gesamte Geldmenge als Vermögen (in Form von Realkasse) definiert ist und in ihrer Gesamtheit im Vermögensbereich (Bestandsbereich) wirkt; bei der *keynesianischen* Theorie gilt dies nur für die Spekulationskasse und erst indirekt (über eine Verknappung von Spekulationsgeld) auch für die Transaktionskasse.

2.3.1.3.2 Die Teilmärkte in der Theorie Patinkins

Von den vier Teilmärkten der Theorie *Patinkins* soll hier wie in der *keynesianischen* Theorie auf die Einbeziehung des Arbeitsmarktes verzichtet werden; seine Betrachtung ist für die Wirkungsweise des Realkassen-Effektes (*real-balance-effect*) unerheblich.

Für den *Gütermarkt* wird als *Nachfragemenge* X^N unterstellt:

$$X^N = f\,(Y, i_b, M^r),$$

mit Y = Realeinkommen, i_b = Zinssatz für bonds als *Opportunitätskosten* (entgangene Erträge) und M^r = M/P (*Realkasse*), wobei M = Geldmenge und P = Preisniveau.

Als Eigenschaften dieser Güternachfrage gelten:

$$\frac{\partial X^N}{\partial Y} > 0; \quad \frac{\partial X^N}{\partial i_b} < 0; \quad \frac{\partial X^N}{\partial M^r} > 0.$$

---

[83] Vgl. zum Zusammenhang zwischen Spekulationskassennachfrage und Wertpapierangebot Abschnitt IV.2.2.2.

Das volkswirtschaftliche *Güterangebot* X^A ist abhängig vom Reallohnsatz $\dfrac{\ell}{P}$ und dem gegebenen Kapitalstock $\overline{RK}$, also

$$X^A = f\left(\frac{\ell}{P}, \overline{RK}\right),$$

wobei hierfür die folgenden Eigenschaften angenommen werden:

$$\frac{\partial X^A}{\partial \dfrac{\ell}{P}} < 0; \ \frac{\partial X^A}{\partial RK} > 0.$$

In der graphischen Darstellung ergibt sich damit das Bild in Abbildung 51:

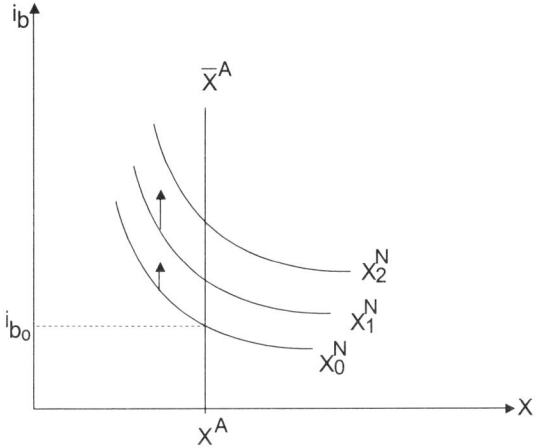

Abbildung 51

Gilt für die Ausgangssituation die Güternachfrage X_0^N, so würde diese durch ein höheres Realeinkommen auf X_1^N und durch zusätzliche Realkasse abermals auf X_2^N angehoben werden. Da das Güterangebot als unabhängig vom Zinssatz unterstellt ist, hat die Güterangebotskurve den in der Abbildung 51 dargestellten senkrechten Verlauf und würde mit Variationen seiner Determinanten parallel verschoben werden.

Für den *Wertpapiermarkt* (bonds-market) wird als *Nachfrage*

$$b^N = f\left(Y, \frac{1}{i_b}, M^r\right)$$

unterstellt mit $\dfrac{1}{i_b}$ = Kurs und den Eigenschaften

$$\frac{\partial b^N}{\partial Y} > 0, \ \frac{\partial b^N}{\partial \dfrac{1}{i_b}} < 0, \ \frac{\partial b^N}{\partial M^r} > 0.$$

Das *Angebot* an Bonds wird definiert durch

$$b^A = f\left(Y, \frac{1}{i_b}, M^r\right)$$

mit den Eigenschaften

$$\frac{\partial b^A}{\partial Y} > 0, \quad \frac{\partial b^A}{\partial \frac{1}{i_b}} > 0, \quad \frac{\partial b^A}{\partial M^r} < 0,$$

wobei die Realkasse praktisch als Vermögensalternative fungiert.

Für die graphische Darstellung – in der jetzt anders als in den Angebots- und Nachfrage-funktionen nicht mehr der Wertpapierkurs, sondern der Zinssatz (Effektivzins, Rendite) erscheint – ergibt sich damit der in Abbildung 52 gezeigte Verlauf.

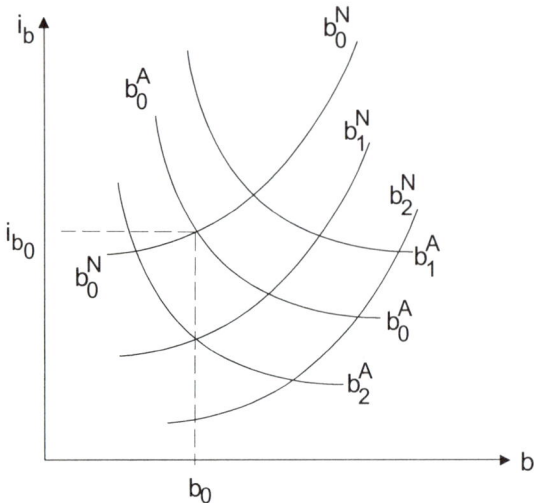

Abbildung 52

Gilt für die Ausgangssituation b_0^A und b_0^N, so würde dies zu einem Gleichgewichtszins i_{b_0} bei einem Wertpapierbestand von b_0 führen. Ein erhöhtes Realeinkommen steigert die Bondsnachfrage auf b_1^N und das Angebot auf b_1^A; eine gesteigerte Realkasse würde die Nachfrage auf b_2^N erhöhen und das Angebot auf b_2^A reduzieren.

Auf dem *Geldmarkt* schließlich wird Realkasse von allen Wirtschaftssubjekten nachge-fragt. Der Geldmarkt i.w.S. ist hier also abstrakt als ein Aufeinanderabstimmen des Geldbedarfs (*Geldnachfrage*) und dem exogen gegebenen Bestand an Geld durch die Zentralbank und die Geschäftsbanken (*Geldangebot*) zu sehen.

Die nominale *Geldnachfrage* L ist durch

$$L = P \cdot f(Y, i_b, M^r)$$

mit P = Preisniveau definiert und den Eigenschaften

$$\frac{\partial L}{\partial Y} > 0, \ \frac{\partial L}{\partial i_b} < 0, \ \frac{\partial L}{\partial M^r} < 0.$$

Das nominale *Geldangebot M* dagegen wird der Einfachheit halber autonom mit $\overline{M}$ fixiert, also

$$M = \overline{M}.$$

Graphisch ist der Verlauf der Geldnachfrage und des Geldangebotes in Abbildung 53 dargestellt:

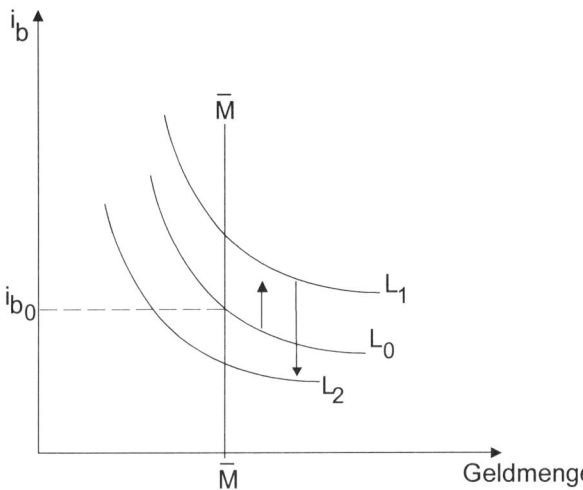

Abbildung 53

Gilt für die Ausgangssituation L_0 und $\overline{M}$, so würde dies zu einem Gleichgewichtszins i_{b0} führen. Wieder sind hier Kurvenverschiebungen für ein höheres als in der Ausgangssituation unterstelltes Einkommen (L_1) und zusätzlich für eine erhöhte Realkasse dargestellt (L_2).

2.3.1.3.3 Das Gleichgewicht in der Theorie Patinkins

Ein *Gleichgewicht* besteht immer dann, wenn die Pläne der Wirtschaftssubjekte erfüllt werden, so daß keine Veranlassung besteht, diese Pläne künftig zu revidieren. Dies ist bei einem Ausgleich von Angebot und Nachfrage gegeben. Nun sind im hier vorgestellten Modell von *Patinkin* drei Teilmärkte der Volkswirtschaft enthalten, für die zwar jeweils isolierte Gleichgewichte bestehen können, die aber im Wert einer Determinante – hier im Zinssatz – voneinander abweichen könnten; dies hätte ein volkswirtschaftliches Ungleichgewicht zur Folge. Denn selbst dann, wenn man annehmen würde, die in den einzelnen Funktionen enthaltene Determinante *Zinssatz* beziehe sich auf heterogene Aktiva und könnte deshalb unterschiedlich hoch ausfallen, müßte man ja eine einheitliche Zinsstruktur für ein Gleichgewicht unterstellen; hier soll deshalb der Einfachheit halber an einem einheitlichen Zinssatz festgehalten werden.

Ein volkswirtschaftliches Gleichgewicht bedingt deshalb, daß sich alle isolierten Gleichgewichte auf den Teilmärkten ebenfalls entsprechen und zu einem einheitlichen Zinssatz führen. Um die Wirkungsweise eines geldpolitischen Impulses auf ein solches Gleichgewicht nachvollziehen zu können, sei für die Ausgangssituation ein allgemeines, volkswirtschaftliches Gleichgewicht unterstellt. Im Anschluß daran möge die Zentralbank zusätzliches Geld ΔM in den Kreislauf einschleusen, z.B. das Geldangebot verdoppeln. Dies führt zu einem Realkasseneffekt, der alle Teilmärkte der Volkswirtschaft beeinflußt.

Der Transmissionsmechanismus in diesem Modell von *Patinkin* wirkt auf folgende Weise: Wird das Geldangebot von $\overline{M}_0$ auf $\overline{M}_1$ erhöht (Abbildung 54b), so erhöht sich uno actu die reale Kassenhaltung bei zunächst konstantem Preisniveau auf $\dfrac{\overline{M}_1}{P_0}$. Dies führt zu einem Realkasseneffekt, der die Geldnachfrage auf L_1 (Abbildung 54b) wie das Bondsangebot auf b_1^A (Abbildung 54a) sinken, die Bondsnachfrage auf b_1^N (Abbildung 54a) wie auch die Güternachfrage auf X_1^N (Abbildung 54c) steigen läßt.

Da bei gegebenem Güterangebot und nunmehr verstärkter Güternachfrage (*inflatorische Lücke*) das Preisniveau steigt, wird in der Folge auch die Realkasse wieder abnehmen. Die Güternachfrage und die Bondsnachfrage sinken dann wieder auf X_0^N bzw. b_0^N, das Bondsangebot und die Geldnachfrage steigen; die Geldnachfrage steigt dabei sehr stark an (in Abbildung 54b von L_1 auf L_2), da das Preisniveau als Determinante sowohl explizit wie auch über die Realkasse implizit in der Geldnachfragefunktion enthalten ist.

Es ergibt sich ein neues Gleichgewicht bei erhöhter nominaler Geldmenge zum alten Zinsniveau, dem alten Güterangebot und damit erhöhtem Preisniveau. Die reale Geldmenge ist konstant geblieben ($M_1^r = \dfrac{\overline{M}_1}{P_1} = \dfrac{\overline{M}_0}{P_0} = M_0^r$). Vom Geldmarkt ausgehende Gleichgewichtsstörungen wirken sich also über den Realkasseneffekt - wie auch vorübergehend über einen Zinseffekt - auf alle Märkte der Volkswirtschaft aus. Der Realkasseneffekt erzeugt dabei Kräfte, die wieder zu einem neuen Gleichgewicht mit unveränderter Struktur zurückführen.

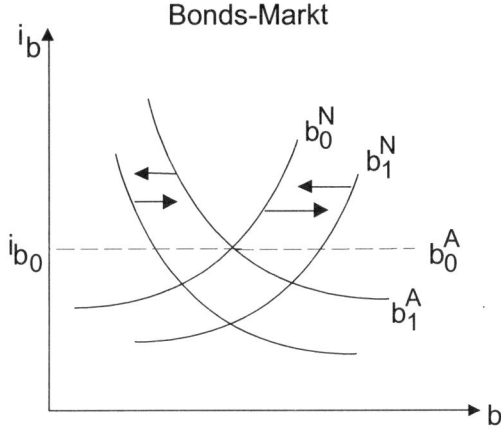

Abbildung 54a

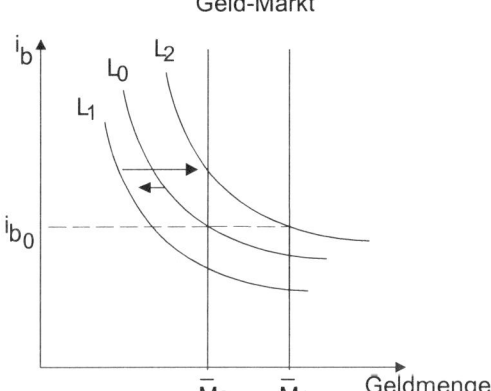

Abbildung 54b

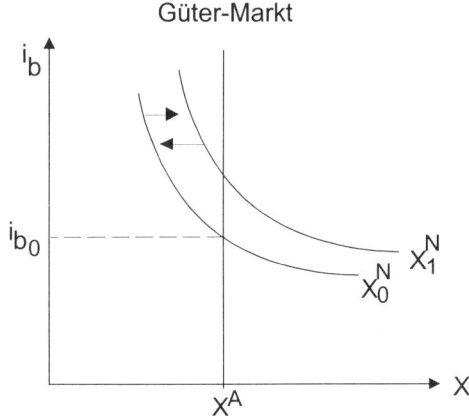

Abbildung 54c

2.3.2 Der monetäre Ansatz der Zahlungsbilanztheorie

Wichtigste Determinante für internationale Übertragungen monetärer Impulse vom Inland auf das Ausland und vice versa sind der internationale Preis- und Zinszusammenhang, dem eine weltweite Theorie der relativen Preise zugrunde liegt. Dies führt zum *monetären Ansatz der Zahlungsbilanztheorie*, dem feste Wechselkurse zu Grunde liegen. Alle internationalen Preise können daher unmittelbar durch eine einzige Währung ausgedrückt werden.

Das Ziel des monetären Ansatzes Zahlungsbilanztheorie besteht darin, Zahlungsbilanzungleichgewichte durch Geldmarktungleichgewichte in den betroffenen Ländern bei festen Wechselkursen zu erklären.

Um diesen Zusammenhang besonders deutlich herauszuarbeiten, wird das reale Volkseinkommen Y^r in den betrachteten Ländern als exogen und vollbeschäftigungssichernd unterstellt, so daß

(1) $Y_i^r = Y^{r*}$ konstant   (Inland) und

(2) $Y_a^r = Y_a^r{}^*$ konstant   (Ausland)

gelten. Mit Hilfe dieser Annahme entfällt die Berücksichtigung möglicher (realer) Einkommenseffekte.

Weiterhin wird von homogenen Weltmärkten mit einheitlichen Güterpreisen ausgegangen. Damit wird im Prinzip auf die Darstellung des *direkten internationalen Preiszusammenhangs* zurückgegriffen (vgl. Abschnitt VI.3.2.2). Einheitliche Weltmarktpreise bei festen Wechselkursen sichern die *komparative Kaufkraftparität*, so daß auch

(3) $P = w \cdot P_a \cdot \gamma$

gelten muß. Im folgenden sei angenommen, daß $\gamma = 1$ sei, womit auch *absolute Kaufkraftparität* gewährleistet ist (vgl. Abschnitt II.1.2.2).

Neben der Räumung aller Güter- und Faktormärkte erfordert ein binnenwirtschaftliches Gleichgewicht auch ein Gleichgewicht auf dem Geldmarkt, d.h. eine Übereinstimmung von Geldangebot (M) und Geldnachfrage (L). Gemäß der herkömmlichen Geldangebotstheorie wird das nominale Geldangebot aus dem Produkt der Geldbasis (B) mit dem Geldschöpfungsmultiplikator m bestimmt, der hier der Einfachheit halber konstant gehalten wird. Die Geldbasis (B) von der Entstehungsseite her setzt sich aus den Währungsreserven der Zentralbank (R) sowie der heimischen Komponente (B^h) des Zentralbankgeldes zusammen, also

$$M = m \, (R + B^h).$$

Die nominale Geldnachfrage sei vom inländischen Zinsniveau i, dem (realen) Volkseinkommen Y^r und dem Preisniveau P abhängig. Für das Inland ergibt sich damit folgende nominale Geldnachfragefunktion:

$$L = P \cdot L^r \, (i, Y^r).$$

Im Gleichgewicht auf dem Geldmarkt gilt daher

(4) $L = P \cdot L^r \, (i, Y^r) = m \, (R + B^h) = M.$

Bei Unterstellung vollkommener Kapitalmobilität gleichen sich außerdem Inlands- und Auslandszinsatz an, also

(5) $i = i_a$.

Ist der Geldmarkt im Gleichgewicht, dann läßt sich Gleichung (4) in

(4a) $R^{GG} = \dfrac{P}{m} \cdot L^r(i, Y^r) - B^h$

umformulieren.

Der Umfang der Währungsreserven wird von der Zahlungsbilanz beeinflußt: Befindet sich auch die Zahlungsbilanz im Gleichgewicht, so gilt

(6) $\Delta R = 0$;

der Währungsreservebestand der Zentralbank verändert sich also nicht. Schon hier kann man erkennen, daß Geldmarkt- und Zahlungsbilanzgleichgewicht voneinander abhängig sind: Befindet sich z.B. der Geldmarkt im Gleichgewicht $(R = R^{GG})$, die Zahlungsbilanz aber nicht $(\Delta R \neq 0)$, so wird in der Folgeperiode der Geldmarkt durch das Zahlungsbilanzungleichgewicht förmlich aus seinem Gleichgewichtszustand „herausgerissen". Umgekehrt kann ein Geldmarkt-Ungleichgewicht durch außenwirtschaftliche Transaktionen und damit verbundene Änderungen der Währungsreserven beseitigt werden.

Für den *Fall eines kleinen Landes* können einige erhebliche Vereinfachungen eingeführt werden. Zum einen ist das – mit dem festen Wechselkurs bewertete - Weltpreisniveau eine gegebene Größe $(P = wP_a)$, da Anpassungsprozesse bzw. Maßnahmen im kleinen Land auf Grund seiner Bedeutungslosigkeit für den Weltmarkt ohne Auswirkungen bleiben. Ferner ist das ausländische Zinsniveau (und damit über Gleichung (5) auch das inländische) exogen vorgegeben $(i = i_a)$. Gleichung (4a) kann dann auch

(7) $R^{GG} = \dfrac{wP_a}{m} \cdot L^r(i_a, Y^{r*}) - B^h$

geschrieben werden. Wenn man nun auch noch die heimische Komponente der Geldbasis B^h als gegeben unterstellt, so wird das Geldmarktgleichgewicht - bei kurzfristig gegebenem Reservebestand - ausschließlich durch das „richtige" Verhältnis des Währungsreservebestandes zum – außenwirtschaftlich determinierten – inländischen Preisniveau bestimmt. Ein steigendes Preisniveau bewirkt ein Absinken der realen Geldmenge bzw. eine Ausdehnung der nominellen Geldnachfrage, und dies kann nur durch ein Ansteigen des Währungsreservebestandes ausgeglichen werden. Wird dieser zunächst als kurzfristig gegeben angenommen, so kann Gleichung (7) auch als Funktion des Geldnachfrageüberschusses (GNÜ), d.h. als Hortungskurve H interpretiert werden:

(8) $H = P \cdot L^r(\overline{i_a}, \overline{Y_i^{r*}}) - \overline{m}(\overline{R} + \overline{B_i^h})$.

Bei konstanten i_a, Y^{r*}, B^h, R und m ist diese Geldnachfrageüberschußfunktion eine mit steigendem inländischen Preisniveau ansteigende Kurve, wie sie in Abbildung 55 dargestellt ist.

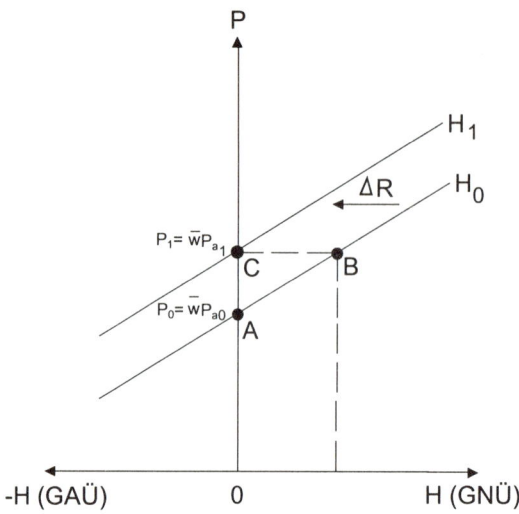

Abbildung 55

Punkt A stellt ein Geldmarktgleichgewicht dar, in dem der Nachfrageüberschuß genau Null beträgt und das inländische Preisniveau dem Weltmarktpreisniveau in Inlandswährung ausgedrückt $(w \cdot P_a)_0$ entspricht. Steigt nun das ausländische Preisniveau und damit auch das inländische Preisniveau auf $(w \cdot P_a)_1$, so kommt es auf dem Geldmarkt - bei kurzfristig konstanten Währungsreserven - zu einem Nachfrageüberschuß ($GNÜ_1$) in Höhe der Strecke BC. Dies bedeutet, daß die Wirtschaftssubjekte mehr Geld zu halten wünschen. Sie werden versuchen, den gewünschten Kassenbestand durch Ausgabensenkung und/oder Kapitalimporte zu erlangen. Diese Aufstockung des Kassenbestandes wird als *horten* bezeichnet. Die Wirtschaftssubjekte werden also in der laufenden Periode horten, um damit den Nachfrageüberschuß abzubauen.

Ist der Geldnachfrageüberschuß Null, so werden die Wirtschaftssubjekte auch kein Geld zu horten versuchen; ist er positiv (negativ), so werden sie horten (enthorten).

Die Annahme des kleinen Landes stellt sicher, daß die Ausgabeneinschränkungen bzw. die Kapitalimporte der inländischen Wirtschaftssubjekte zu einer (gleich hohen) Steigerung der Ausgaben ausländischer Nachfrager führen. Der hieraus resultierende Anstieg des Devisenangebotes führt auf Grund der festen Wechselkurse zu einem Aufkauf dieser Devisen durch die Zentralbank und damit zu einer Erhöhung des Währungsreservebestands ($\Delta R > 0$). Die damit verbundene Erhöhung der inländischen Geldbasis führt zu einer Ausdehnung des Geldangebotes und damit auch zu einer Verringerung des Geldnachfrageüberschusses: Die Hortungskurve H_0 in Abbildung 55 verschiebt sich somit nach links. Dieser Prozeß wird solange fortgesetzt werden, bis H_1 schließlich durch Punkt C verläuft, wo wieder ein binnen- wie außenwirtschaftliches Gleichgewicht besteht. Das Geldmarktungleichgewicht in Punkt B wurde somit über dadurch induzierte Leistungsbilanzungleichgewichte abgebaut, bis sich schließlich in Punkt C Zahlungsbilanz und Geldmarkt wieder im Gleichgewicht befinden.

Literatur zum V. Kapitel

1. Abschnitt

Bender, Dieter: Externes und internes Gleichgewicht in einem kurzfristigen Portfolio-modell internationaler Kapitalbewegungen, in: Jahrbücher für Nationalökonomie und Statistik, 192. Bd. (1977), S. 244ff.

Bombach, Gottfried u.a. (Hrsg.): Der Keynesianismus I, Berlin u.a.O. 1976.

Borchert, Manfred: Die Rolle des Vermögens im keynesianischen System offener Volkswirtschaften, in: Zeitschrift für die gesamte Staatswissenschaft, 136. Bd. (1980), S. 172ff.

Borchert, Manfred: Das keynesianische System offener Volkswirtschaften bei festen Wechselkursen, in: wisu, 9. Jg. (1980), S. 35ff. und S. 343ff.

Borchert, Manfred: Kreditvolumen vs. Geldmenge - Kredittheoretische Determinanten der Inflation -, in: *H. Sautter* (Hrsg.), Wirtschaftspolitik in offenen Volkswirtschaf-ten, Göttingen 1994, S. 23ff.

Borchert, Manfred: Neuorientierung der Geldpolitik?, in: List Forum für Wirtschafts-und Finanzpolitik, 22. Jg. (1996), S. 1ff.

Claassen, Emil-Maria: Grundlagen der makroökonomischen Theorie, 2. Aufl., Mün-chen 1999.

Dieckheuer, Gustav: Wirkung und Wirkungsprozeß der Geldpolitik – eine mikro- und makroökonomische Analyse, Berlin 1975.

Dieckheuer, Gustav: Staatsverschuldung und wirtschaftspolitische Stabilisierung – eine theoretische Analyse und ökonometrische Studie für die Bundesrepublik Deutsch-land, Baden-Baden 1978.

Fand, David: Keynesian Monetary Theories, Stabilization Policy and the Recent Inflati-on, in: Journal of Money, Credit and Banking, Vol. 1 (1969), S. 556ff.

Graf, Gerhard: Geld- und Fiskalpolitik in einer offenen Volkswirtschaft, in: Jahrbücher für Nationalökonomie und Statistik, 188. Bd. (1974), S. 320ff.

Heuß, Ernst: Grundelemente der Wirtschaftstheorie – eine Einführung in das wirt-schaftstheoretische Denken, Göttingen 1970.

Hicks, John R.: Mr. Keynes and the „classics" – a Suggested Interpretation, in: Econo-metrica, 5. Bd. (1937), S. 147ff.

Jarchow, Hans-Joachim: Theorie und Politik des Geldes 1, 10. Aufl., Göttingen 1998.

Kath, Dietmar: Geld und Kredit, in: *D. Bender:* Vahlens Kompendium der Wirt-schaftstheorie und Wirtschaftspolitik, Bd. 1, 7. Aufl., München 1999, S. 187-235.

Kath, Dietmar/Euba, Norbert: Die makroökonomische Portfoliotheorie, in: WiSt, 4. Jg. (1975), S. 458ff.

Keynes, John Maynard: The General Theory of Employment Interest and Money, New York 1936.

Leijonhufvud, Axel: Über Keynes und den Keynesianismus – eine Studie zur monetären Theorie, Köln 1973.

Markowitz, Harry M.: Portfolio Selection – efficient Diversification and Investment, New York-London 1959.

Patinkin, Don: Geld und Vermögen, in: *K. Brunner* [u.a] (Hrsg.), Geldtheorie, Köln 1974, S. 154-181.

Pesek, Boris P./Saving, Thomas R.: Money, Wealth, and Economic Theory, London u.a.O. 1967.

Richter, Rudolf/Schlieper, U./Friedmann, W.: Makroökonomik – eine Einfürhung, 4. Aufl., Berlin u.a.O. 1981.

Ritter, Lawrence S.: The Role of Money in Keynesian Theory, in: *D. Mueller* (Hrsg.), Readings in Macroeconomics, 2.Aufl., London u.a.O. 1971, S. 161-172.

Rohwedder, Jürgen: Geld- und Fiskalpolitik in der offenen Volkswirtschaft, in: WiSt, 7. Jg. (1978), S. 407ff.

Rose, Klaus/Sauernheimer, Karlhans: Theorie der Außenwirtschaft, 13. Aufl., München 1999.

Sauernheimer, Karlhans: Geldnachfrage, Bondnachfrage und Vermögenseffekte in der Geldpolitik, in: Kredit und Kapital, 11. Jg. (1978), S. 480ff.

Schoof, Dieter: Geld und Vermögen in makroökonomischen Modellen, Berlin 1977.

Siebke, Jürgen/Willms, Manfred: Geldpolitik und Vermögenseffekte, in: *S. Klatt* [u.a.] (Hrsg.), Strukturwandel und makroökonomische Steuerung, Berlin 1975, S. 323ff.

Smith, Warren L.: Geldpolitik aus neo-keynesianischer Sicht, in: *P. Kalmbach* (Hrsg.), Der neue Monetarismus, München 1973, S. 104ff.

Stobbe, Alfred: Gesamtwirtschaftliche Theorie, Berlin u.a.O. 1975.

Westphal, Uwe: Makroökonomik – Theorie, Empirie und Politik, 2. Aufl., Berlin u.a.O. 1994.

Woll, Artur: Allgemeine Volkswirtschaftslehre, 13. Aufl., München 2000.

2. Abschnitt

Baltensperger, Ernst/Devinney, Timothy: Credit Rationing Theory – a Survey and Synthesis, in: Journal of Institutional and Theoretical Economics, Vol. 141 (1985), S. 475ff.

Borchert, Manfred: Außenwirtschaftslehre, 6. Aufl., Wiesbaden 1999.

Brunner, Karl: Die Rolle des Geldes in der Geldpolitik, in: *K. Brunner* [u.a.] (Hrsg.), Geldtheorie, Köln 1974, S. 332-359.

Brunner, Karl: Eine Neuformulierung der Quantitätstheorie des Geldes, in: Kredit und Kapital, 3. Jg. (1970), S. 1ff.

Brunner, Karl: Geldtheorie und Geldpolitik: IV, aus der Sicht des Monetarismus, in: *W. Albers* (Hrsg.) Handwörterbuch der Wirtschaftswissenschaft (HdWW), Bd. 3, Stuttgart u.a.O. 1981, S. 391ff.

Brunner, Karl/Meltzer, Allan H.: Ein monetaristischer Rahmen für die aggregative Analyse, in: *K. Brunner* [u.a.] (Hrsg.), Geldtheorie, Köln 1974, S. 235ff.

Claassen, Emil-Maria: Der monetäre Ansatz der Wechselkursbestimmung – Kaufkraftparität, in: WiSt, 9. Jg. (1980), S. 1ff.

Claassen, Emil-Maria: Der monetäre Ansatz der Wechselkursbestimmung – Zinsparitäten, in: WiSt, 9. Jg. (1980), S. 58.

Claassen, Emil-Maria: Der monetäre Ansatz der Zahlungsbilanztheorie, in: Weltwirtschaftliches Archiv, Bd. 111 (1975), S. 1ff.

Dahm, Horst: Die Patinkin-Kontroverse, Kiel 1967.

Deckert, Mathias: Die Einkommenskreislaufgeschwindigkeit des Geldes – eine Analyse des Zusammenhangs zwischen Sozialprodukt und Geldmenge unter Beachtung saldenmechanischer Beziehungen, Freiburg 1981.

Dornbusch, Rüdiger: Currency Depreciation, Hearding, and Relative Prices, in: Journal of Political Economy, Vol. 81 (1973), S. 893-915.

Duwendag, Dieter: Die Kontroverse zwischen Fiskalisten und Monetaristen, in: wisu, 1. Jg. (1972), S. 481ff.

Duwendag, Dieter u.a.: Geldtheorie und Geldpolitik in Europa, 5. Aufl., Berlin u.a.O. 1998.

Fand, David I.: A Monetarist Model of the Monetary Process, in: *W.E. Gibson,* [u.a.] (Hrsg.), Monetary Economics – Readings on Current Issues, New York u.a.O. 1971.

Felderer, Bernhard/Homburg, Stefan: Makroökonomik und neue Makroökonomik, 7. Aufl., Berlin u.a.O. 1999.

Friedman, Milton: A Theoretical Famework for Monetary Analysis, in: Journal of Political Economy, Vol. 78 (1970), S. 193ff.

Friedman, Milton: Die optimale Geldmenge, München 1970.

Friedman, Milton: Die Quantitätstheorie, in: *J. Badura* [u.a.] (Hrsg.), Geldtheorie, Stuttgart u.a.O. 1979, S. 12ff.

Friedman, Milton: The lag in Effect of Monetary Policy, in: Journal of Political Economy,Vol. 69 (1961), S. 447ff.

Friedman, Milton/Heller, Walter W.: Monetary versus Fiscal Policy, New York 1969.

Gemtos, Petros A.: Die Neubegründung der Quantitätstheorie durch Milton Friedman, Tübingen 1975.

Issing, Otmar: Einführung in die Geldtheorie, 11. Aufl., München 1998.

Jarchow, Hans-Joachim: Theorie und Politik des Geldes 1, 10. Aufl., Göttingen 1998.

Johnson, Harry G.: Die Keynesianische Revolution und die monetaristische Konterrevolution, in: *P. Kalmbach* (Hrsg.), Der neue Monetarismus, München 1973, S. 196ff.

Kleinhans, Ursula: Theoriengeschichtlicher Kontext und erfahrungswissenschaftliche Rationalität der Neo-Quantitätstheorie, München 1979.

Meyer, Laurence H.: Wealth Effects and the Effectiveness of monetary and fiscal policies, in: Journal of Money, Credit and Banking, Vol. 6 (1974), S. 481ff.

Patinkin, Don: Money, Interest and Prices, 2. Aufl., New York 1965.

Robert, Dieter: Makroökonomische Konzeptionen im Meinungsstreit, Baden-Baden 1978.

Rose, Klaus: Der monetäre Ansatz der Zahlungsbilanztheorie, in: Jahrbuch der Sozialwissenschaften (1977), S. 365ff.

Swoboda, Alexander K.: Monetäre Ansätze des internen und externen Gleichgewichts, in: *E.-M. Claassen* (Hrsg.), Kompendium der Währungstheorie, München 1977, S. 107-126.

Woll, Artur: Die moderne Theorie der Geldnachfrage; in: wisu, 2. Jg. (1973), S. 573ff.

Yoshikawa, Hiroshi: On the „q"-Theory of Investment, in: American Economic Review, Vol. 70 (1980), S. 739ff.

VI. Inflation

Bei der gesamtwirtschaftlichen Analyse (vgl. Kapitel V) wurde das Inflationsphänomen bisher nicht gesondert betrachtet. In diesem Abschnitt soll nun diese Lücke geschlossen werden.

Unter Inflation wird ein anhaltender – nicht ein einmaliger – Anstieg des Preisniveaus verstanden. Als Indikator läßt sich je nach Zweck der Untersuchung der Deflator des Bruttoinlandsprodukts, der Inlandsnachfrage oder eines speziellen Konsumgüterbündels (Warenkorb) verwenden. Abbildung 56 zeigt die jährliche Wachstumsrate des Preisniveaus für die Bundesrepublik Deutschland und die USA (Konsumentenpreis-Indices).

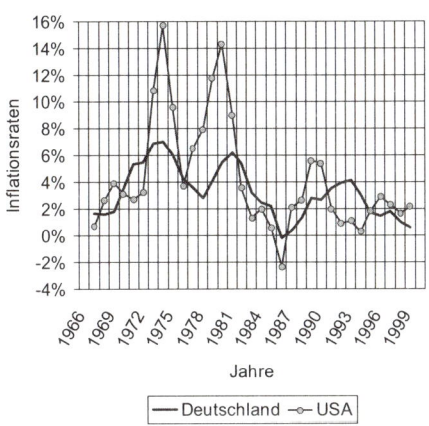

Quelle: Daten aus den Jahresberichten der *International Financial Statistics*, lfd. Jg.

Abbildung 56

Nicht nur diese beiden ausgewählten Industrieländer, sondern alle Industriegesellschaften weisen in dem betrachteten Zeitraum permanente Steigerungen des Preisniveaus auf, wobei die Wachstumsraten allerdings unterschiedlich ausfallen.

1. Kosten der Inflation

Inflation verursacht eine Reihe von Kosten, auf die im Folgenden kurz eingegangen werden soll. Im anschließenden Abschnitt 2 werden mögliche Ursachen für Inflation dargestellt.

1.1 Kosten korrekt antizipierter Inflation

Es läßt sich zeigen, daß volkswirtschaftliche Kosten der Inflation selbst dann auftreten, wenn (1) die Inflationsrate korrekt antizipiert wird und (2) die Institutionen der Volkswirtschaft so ausgestaltet sind, daß eine perfekte Anpassung an die Inflation gegeben ist (*fully indexed economy*).

Eine *Indexwährung* ist die Bindung des Währungswertes an einen bestimmten Preis-Index. Bei einer ungebundenen Währung ist es möglich, daß das allgemeine Preisniveau der gehandelten Güter bei einer Geldmengenausdehnung ansteigt. Da dieser Preisniveauanstiegt jedoch nicht sämtliche Forderungen in einer Volkswirtschaft gleichmäßig erfaßt – so z.B. Löhne und Gehälter gegenüber Güterpreisen oder Realkapitalpreise gegenüber (festverzinslichen) Wertpapieren – wird auch eine *Indexbindung* der von einer allgemeinen Preisniveauerhöhung benachteiligten Werte an einen *Preisindex* vorgeschlagen. Eine solche Indexierung bedurfte in Deutschland nach § 3 des Währungsgesetzes in Verbindung mit § 49 des Außenwirtschaftsgesetzes der Zustimmung der *Deutschen Bundesbank*. Theoretisch werden aber *Indexwährungen*, bei denen der Wert aller oder eines ausgewählten Teils von Forderungsrechten an *Gleitklauseln* (Preisindexbindung) gebunden sind, immer wieder – insbesondere in Zeiten starker Geldentwertungen – diskutiert. International sind solche Gleitklauseln üblich, national nur in Form von *Zinsgleitklauseln*.

Gesamtwirtschaftliche Kosten der Inflation entstehen bei korrekter Antizipation durch

1. suboptimale Geldhaltung,

2. *menu costs* und

3. Wirkungen des Steuersystems.

Da Geld nicht verzinst wird, nehmen mit einem Anstieg der erwarteten Inflationsrate die Opportunitätskosten der Geldhaltung zu. In der Folge reduzieren die Wirtschaftssubjekte ihre reale Kassenhaltung und entfernen sich somit von der – unter dem Transaktionskostenaspekt – optimalen Geldhaltung: Sie müssen häufiger zur Bank gehen. Man spricht in diesem Fall von sogenannten „Schuhlederkosten"[84].

Die sogenannten *menu costs* einer korrekt antizipierten Inflation ergeben sich, weil nominal fixierte Größen im Inflationsprozeß fortlaufend geändert werden müssen, um realwirtschaftliche Effekte zu vermeiden. Zu ihnen gehören z.B. Kosten der Neuerstellung von Preislisten oder des Umstellens von Automaten.

Die Einbeziehung des Steuersystems führt zu einer Reihe weiterer Inflationswirkungen: Zum einen nimmt die durchschnittliche Steuerbelastung aufgrund der progressiven Ausgestaltung des Steuersystems zu, da Steuertarife, Höchstgrenzen und Freibeträge nominal fixiert sind („kalte Progression"). Darüber hinaus führt die Besteuerung zu einem Ressourcentransfer, da durch die Anwendung des Nominalwertprinzips eine falsche Bemessungsgrundlage gewählt wird: So sind steigende Nominalzinsen als Kompensation für Kaufkraftverlust durch Inflation, nicht aber als zusätzlicher Ertrag zu betrachten.

---

[84] Ein derartiges Opportunitätskostenkalkül wurde bereits im Rahmen der postkeynesianischen Transaktionskassenhaltung diskutiert (vgl. Abschnitt IV.3.1).

Außerdem führen Abschreibungen, die sich auf vergleichsweise niedrige historische Anschaffungskosten beziehen, zu einer Besteuerung von „Scheingewinnen".

Die geschilderten Effekte führen zu erheblichen Verzerrungen bei Kapitalkosten und -erträgen. Durch die damit verbundenen Fehlallokationen ergeben sich negative Auswirkungen sowohl auf die langfristige Geldvermögensbildung als auch auf die Höhe der Investitionen.

1.2 Kosten inkorrekt antizipierter Inflation

Eine perfekte Indexierung oder eine korrekte Antizipation der zukünftigen Preisentwicklung gibt es in der Realität nicht. Überdies steigt die Prognoseunsicherheit mit zunehmender Inflationsvariabilität. Bei inkorrekt antizipierter Inflation wird die zentrale Signalfunktion des Preismechanismus beeinträchtigt, so daß es zu Fehlallokationen von Ressourcen kommt: Aus statischer Sicht sind die Anbieter bei nicht antizipierbarer Inflation nicht in der Lage, absolute und relative Preisänderungen zu unterscheiden. Fehlinterpretationen bewirken dann z.B., daß Kapazitäten aufgebaut werden, ohne daß sich die reale Güternachfrage erhöht hat. Diese Argumentation ist die Grundlage der *Lucas*'schen Angebotsfunktion (vgl. Abschnitt 2.1.1.1) und spielt eine zentrale Rolle in der Neuen Klassischen Makroökonomik.

Gravierender sind allerdings die Kosten inkorrekt antizipierter Inflation bei dynamischer Betrachtungsweise: Werden die Nominallöhne z.B. nur jährlich an die Inflationsrate angepaßt, so kommt es bei inkorrekt antizipierter Inflation zu einer Einkommensumverteilung von den Lohn- zu den Gewinneinkommensbeziehern. In Ausnahmesituationen können auch positive Beschäftigungseffekte entstehen.[85] Auf den Geld- und Kapitalmärkten führen Inflationserwartungsfehler bei nominal fixierten Verträgen zu Umverteilungseffekten zwischen Gläubigern und Schuldner („Gläubiger-Schuldner-Hypothese"). Darüber hinaus führt Inflationsunsicherheit dazu, daß sich Kontraktlaufzeiten verkürzen und Vermögensanleger zur Flucht in Sachwerte neigen.

Obwohl sich Inflationskosten quantitativ schlecht erfassen lassen, läßt sich die qualitative Aussage treffen, daß eine negative Beziehung zwischen Inflation und Wachstum besteht, die sich möglicherweise mit steigender Inflationsrate noch verschärft.

2. Ursachen von Inflation

2.1 Inflation bei unveränderlichen Kapazitäten

Einen Überblick über die üblicherweise angeführten Ursachen von Inflation, bei denen regelmäßig Kapazitätswirkungen von Netto-Investitionen sowie der technische Fortschritt völlig vernachlässigt werden, bietet das folgende Schema:

---

[85] Vgl. zum Trade-off zwischen Inflation und Arbeitslosigkeit und dem damit verbundenen Problem der Zeitinkonsistenz Abschnitt 3.1.

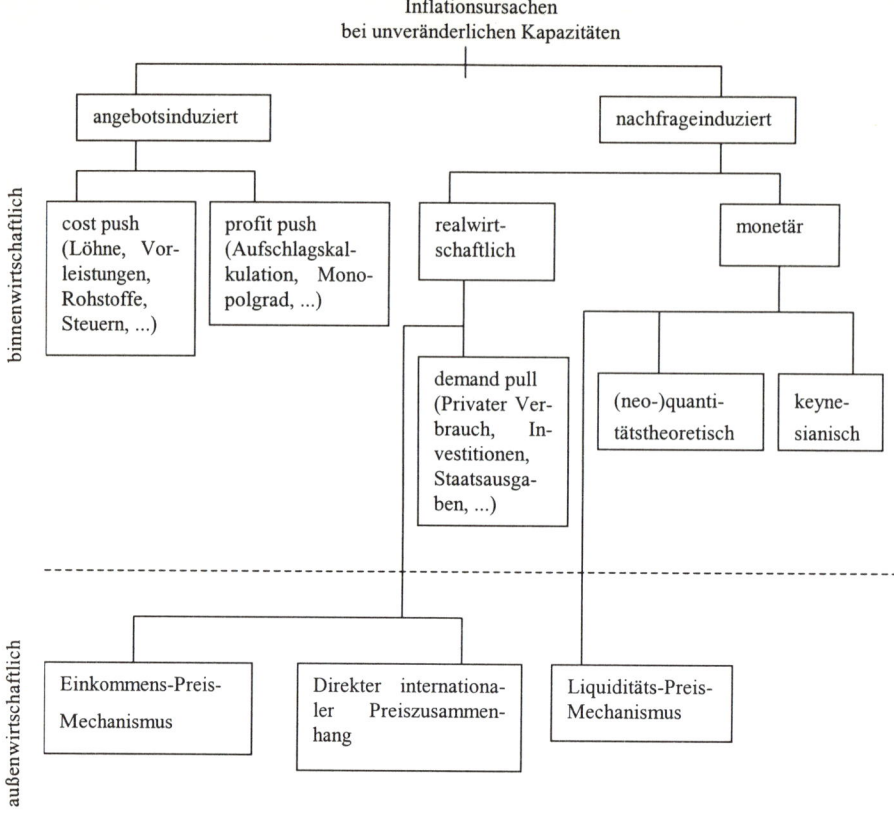

Im folgenden sollen einige der Inflationsursachen bei unveränderlichen Kapazitäten näher betrachtet werden. In Abschnitt 2.2 werden Ursachen für Inflation bei variierender Kapazität vorgestellt.

2.1.1 Primär binnenwirtschaftliche Bestimmungsgründe

2.1.1.1 Inflation als monetäres Phänomen und der Einfluß der Umlaufgeschwindigkeit des Geldes

Die Frage, ob und wenn ja, wie Geldmenge und Preisniveau zusammenhängen, wird in unterschiedlichen Theoriezweigen kontrovers diskutiert:

Die klassische Quantitätstheorie (vgl. Abschnitt IV.1), nach der die Geldmenge das Preisniveau determiniert, wurde durch die moderne Neoquantitätstheorie der Monetaristen erweitert (vgl. Abschnitt V.2.3). Grundgedanken der alten Bankingtheorie (vgl. Abschnitt III.2.1.1), nach der das Preisniveau die verwendete Geldmenge bestimmt, gehen in die moderne Liquiditätstheorie (vgl. Abschnitt III.3.4) ein. Beide Theoriezweige legen schließlich ihren Betrachtungen auch die Vermögensstruktur, also nicht allein die laufende Produktion bzw. das Volkseinkommen, zu Grunde und erweitern damit ihr Theoriegebäude durch die Portfoliotheorie (vgl. Abschnitt V.2); die *keynesianische* Sehweise (der man – berechtigt oder nicht – den Fiskalismus zuschreibt) und die des Monetarismus nähern sich damit in ihrem theoretischen Untersuchungsergebnis einander an.

Nach der *Fisher*schen Verkehrsgleichung gilt eine Identität von wertmäßigen Umsätzen und der dafür verwendeten Zahlungsmittelmenge, also

(1)	$P \cdot HV = M \cdot u_{HV}$,

mit P = Preisniveau, HV = Handelsvolumen (reales Sozialprodukt Y^r + Bruttoproduktion BP [Umsätze der Unternehmen untereinander] + Realvermögen V^r), M = Geldmenge M1 und u_{HV} = Umlaufgeschwindigkeit des Geldes bezogen auf das Handelsvolumen. Regelmäßig wird statt des Handelsvolumens allein das reale Sozialprodukt Y^r verwendet, was aber nur dann statthaft wäre, wenn der Anteil der BP und des V^r in HV relativ unverändert bliebe. Der Einfachheit halber sei dies hier unterstellt, so daß die Umlaufgeschwindigkeit – dann als u bezeichnet – auf Y^r bezogen werden kann.[86] Offen bleibt dabei das Problem, wie die Geldmenge exogen zu den Wirtschaftssubjekten gelangt.

In klassischer Tradition werden völlig flexible Preise (und Löhne) unterstellt, wodurch theoretisch stets Vollbeschäftigung besteht; das reale Sozialprodukt ist damit vorgegeben, also $Y^r := \overline{Y^{r*}}$. Die Umlaufgeschwindigkeit u des Geldes wird trendmäßig, mithin langfristig als konstant angenommen, also $u := \overline{u}$, weil durch die Tradition von Zahlungsgewohnheiten der Geldverwender geprägt. Diese Zahlungsgewohnheiten ändern sich nur durch Akzeptanz von Innovationen im Zahlungsverkehr[87], so daß in

(1a)	$P \cdot \overline{Y^{r*}} = M \cdot \overline{u}$

eine direkte Beziehung zwischen der unabhängigen Variablen Geldmenge und der abhängigen Variablen Preisniveau zu bestehen scheint. Das Problem dieses Ansatzes ist jedoch, daß das Preisniveau sich ändert, „weil dies für ein Gleichgewicht gefordert wird und nicht deshalb, weil irgendein Grund dafür angeführt werden könnte, warum es sich tatsächlich ändern sollte" *(F.H. Hahn)*.

Verantwortlich für Inflation ist in der *keynesianischen* Theorie stets ein Geldmengenwachstum, das über dem Wachstum der realen Güterproduktion liegt. Die Zusammenhänge sind in Abbildung 57 illustriert. Hierzu sei zwischen einer langfristigen und einer kurzfristigen gesamtwirtschaftlichen Angebotsfunktion unterschieden. Die langfristige Angebotsfunktion AS_l wird durch die technischen und institutionellen Gegebenheiten der Volkswirtschaft determiniert, sie ist unabhängig von der Geldpolitik und korrespondiert mit einer natürlichen Rate der Unterbeschäftigung, die entsprechend von der Organisation des Arbeitsmarktes (Tarifrecht, Markteintritts- und Austrittshemmnisse) abhängt. Nur in der kurzen Frist reagiert das Angebot auf geldpolitische Maßnahmen. Expansive Geldpolitik verursacht eine höhere monetäre Nachfrage durch z.B. staatliche

---

[86] Vgl. zum Zusammenhang von Y^r und Handelsvolumen insb. Abschnitt IV.1.3 und Abschnitt VI.4.2.

[87] Vgl. zu Innovationen im Zahlungsverkehr Abschnitt X.1.

Kreditaufnahme, die einen Produktions- und Beschäftigungszuwachs bewirken soll. Nachfolgend kommt es jedoch zu Lohn- und Preiserhöhungen, so daß die reale Geldmenge und mit ihr die Nachfrage sinken bis das langfristige Angebot und damit die natürliche Rate der Unterbeschäftigung wieder erreicht werden.

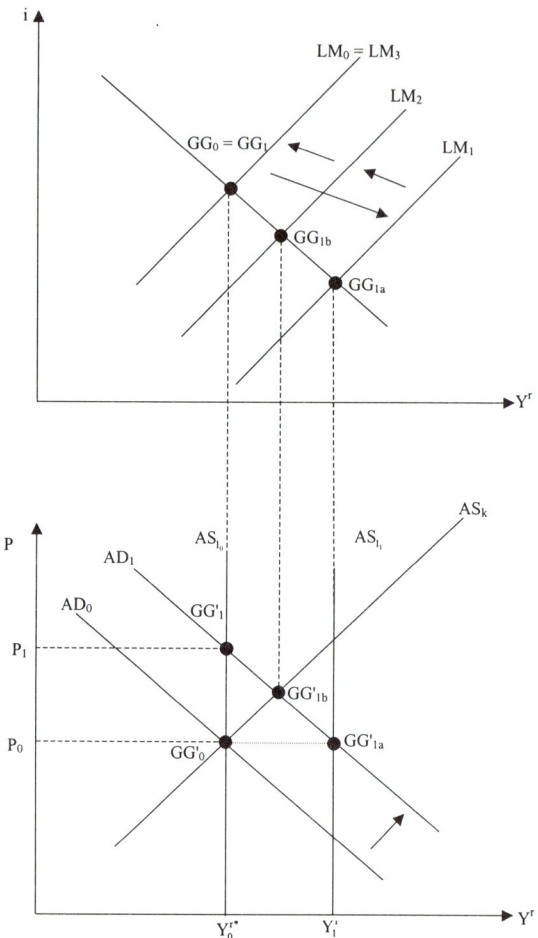

Abbildung 57: Kurzfristige Effekte expansiver Geldpolitik

Der expansive Geldmengenimpuls verschiebt die LM-Kurve in Abbildung 57 nach rechts (Bewegung von LM_0 zu LM_1). Die erhöhte Nachfrage (Bewegung von AD_0 nach AD_1) läßt das reale Sozialprodukt und die Beschäftigung ansteigen, was aber nur bei zunächst unterausgelasteten Kapazitäten möglich wäre. Bei zuvor schon ausgelasteten Kapazitäten müssen Löhne und Preise solange ansteigen, bis ein Gleichgewicht auf dem Niveau der ursprünglichen Angebotsfunktion wieder erreicht ist. Das Neue Gleichgewicht GG_1 bzw. GG_1' weist gegenüber der Ausgangssituation lediglich ein gestiegenes Preisniveau auf; die reale Geldmenge ist konstant geblieben.

Durchschauen die Wirtschaftssubjekte den Zusammenhang zwischen Geldmenge, monetärer Nachfrage und Inflation vollständig (*rationale Erwartungen*, vgl. Abschnitt 3.1) und bestehen keinerlei institutionellen Hemmnisse bei der Lohn- und Preissetzung, so wird eine Geldmengenerhöhung überhaupt keine realen Effekte auslösen und schon kurzfristig zum Gleichgewicht GG_1 führen.

Aber wie kommt es überhaupt zu einer Ausdehnung der Geldmenge? Hat der Finanzminister eines Landes einen direkten Zugriff auf Kredite bei einer nicht-autonomen Notenbank, steigt die Geldmenge im Umfang der so kreditfinanzierten Staatsausgaben bei der Zentralbank; steigende staatliche Nachfrage zieht dann das Preisniveau an. Wie jedoch steht es mit einer zusätzlichen Geldversorgung von Privaten – Unternehmen wie Haushalte – und des Finanzministers bei einer autonomen Zentralbank, die keine staatlichen Defizite finanzieren darf?

Sofern Unternehmen Investitionskredite bei Banken nachfragen, steht einer Nettoinvestition I ein gleich hoher Betrag an zusätzlichem Geld M1 gegenüber, sofern die Zentralbank eine Geldmengenexpansion zuläßt. Das Preisniveau bleibt konstant, wenn I eine multiplikative Sozialprodukterhöhung im Umfang $\dfrac{\overline{P} \cdot Y^r}{\underline{u}}$ auslöst. Ist die Zentralbank dagegen restriktiv, bleibt also die Geldmenge M1 konstant, so werden die geldmengenanbietenden Geschäftsbanken die Umlaufgeschwindigkeit des Geldes zu manipulieren versuchen, indem sie Einlagenumschichtungen für Bankkunden attraktiver machen.

Dies wird von der *Neoquantitätstheorie* insofern berücksichtigt, als die Umlaufgeschwindigkeit des Geldes vom Zinsniveau abhängig gemacht wird. Danach gilt zumindest kurzfristig

$$(2) \quad \frac{M}{P} = L\left(Y^r, i\right),$$

mit L^r = reale Geldnachfrage und i = Zinsniveau. In Änderungsraten ($^\wedge$) und nach dem Preisniveau aufgelöst folgt daraus (unter Berücksichtigung der Approximation $\ln(x) = \hat{x}$)

$$(2a) \quad \hat{p} = \hat{m} - \hat{y}^r \cdot \eta_{L^r}^{y^r} - \hat{i} \cdot \eta_{L^r}^{i} \,,$$

mit η_{L^r} = Elastizität der Geldnachfrage in Bezug auf das reale Sozialprodukt bzw. das Zinsniveau. Die Elastizität der Geldnachfrage in Bezug auf das Zinsniveau $\eta_{L^r}^{i}$ zeigt den Sachverhalt, bei dem die Umlaufgeschwindigkeit des Geldes M1 durch Geschäftsbanken auch kurzfristig manipuliert werden kann; diese Manipulation setzt natürlich am Einlageverhalten der Bankkunden an.[88]

---

[88] Vgl. zur Bedeutung von Einlagenumschichtungen Abschnitt IX.2.5.2.1.

Langfristig, d.h. trendmäßig, wird die Umlaufgeschwindigkeit des Geldes M1 wohl durch die Zahlungsgewohnheiten der Geldnachfrage beeinflußt, wie Abbildung 58 vermuten läßt.

Kurzfristig dagegen manipulieren die Geschäftsbanken diese Umlaufgeschwindigkeit, indem sie die Geldnachfrage aktiv zu Umschichtungen ihrer Einlagen bewegen. Ökonometrische Untersuchungen scheinen ergeben zu haben, daß in den meisten Fällen das Geldangebot die Geldnachfrage beeinflußt, nur selten gilt ein umgekehrter Zusammenhang *(D. Laidler/M. Parkin)*.

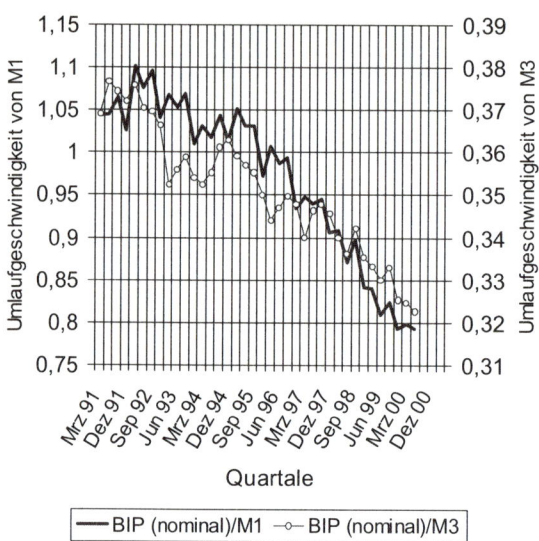

Umlaufgeschwindigkeit der Geldmenge
in der Europäischen Währungsunion

Quartale

———— BIP (nominal)/M1   —○— BIP (nominal)/M3

Quelle: Eigene Berechnungen nach Daten in den Monatsberichten der *Europäischen Zentralbank*, lfd. Hefte.

Abbildung 58

Mikroökonomisch läßt sich dies sehr leicht erklären. Nimmt man einmal an, das Geld- und Kreditschöpfungspotential der Geschäftsbanken sei ausgeschöpft; wenn nun ein Investor einen Kredit bei seiner Bank nachfragt, muß diese die dafür erforderliche Liquidität beschaffen. Dies kann sie dadurch, daß einige Einleger dazu veranlaßt werden, den Bodensatz ihrer Sichteinlagen (oder über hohe Zinsgebote einen Teil ihrer Zahlungsmittel darstellenden Einlagen) in Termineinlagen/Spareinlagen – die der Mindestreservepflicht unterliegen – umzuwandeln oder aber in nicht-mindestreservepflichtige Anlagen einzulösen.

2.1.1.2 Inflation durch Staatsausgabenexpansion

Die realwirtschaftliche, nachfrageinduzierte Inflation sei im Folgenden am Beispiel eines neuklassisschen Modells erläutert: Die *monetaristische Inflationstheorie* formuliert in ihrer durch die Neuklassik[89] weiterentwickelten Form eine Angebotsfunktion, in die auch Preiserwartungen eingehen, und eine Nachfragefunktion, in die als Vermögenskomponente die reale Geldmenge eingeht. Beide treffen am Markt zusammen und bestimmen die aktuelle Inflationsrate.

Für die Angebotsfunktion gelte die modifizierte *Lucas*-Angebotsfunktion

$$(3) \quad Y_t^{rA} = Y^{r^*} + \alpha(\hat{p} - \hat{p}^e),$$

mit Y_t^{rA} = tatsächliches Güterangebot in der laufenden Periode t, Y^{r^*} = Vollbeschäftigungsproduktion, $\hat{p}^e$ = erwartete Inflationsrate und α als Skalar. Inflationserwartungen gehen nur in die Produktionsplanungen der Unternehmer ein. Außerdem können die Unternehmer nicht unterscheiden, ob es sich bei einem beobachteten Preisniveauanstieg um eine absolute – die gesamte Volkswirtschaft betreffende – Preisniveausteigung oder um eine relative Erhöhung der Preise auf ihrem Teilmarkt handelt. Sie gehen immer von einer relativen Preiserhöhung und damit von einer Verbesserung ihrer Absatzchancen aus. Eine gestiegene Inflation führt dann immer zu einem Lagerabbau und damit zu einer Ausdehnung des gesamtwirtschaftlichen Angebots.

Für die Nachfragefunktion gelte vereinfacht

$$(4) \quad Y_t^{rN} = Y_{t-1}^r + \beta(\hat{m} - \hat{p}) + A^h,$$

mit Y_t^{rN} = tatsächliche reale Güternachfrage in der laufenden Periode t, Y_{t-1}^r = reale Güternachfrage der Vorperiode und β als Skalar, sowie A^h als autonome heimische Nachfrage. Hier steht der Ausdruck in der Klammer für Änderungsraten der realen Geldmenge.

Kommt es nun zu einem Nachfrageschub durch zusätzliche Staatsausgaben, so wird der geldpolitischen Reaktion die entscheidende Rolle für Inflationswirkungen zugeschrieben. Zunächst wird in Gleichung (4) durch die zusätzlichen Staatsausgaben A_{st} – als Teil der autonomen Ausgaben A^h – die Nachfrage erhöht. Ungeklärt bleibt hierbei allerdings die Finanzierung der staatlichen Nachfrage.

Bei einer an einer Geldmengenregel ausgerichteten Geldpolitik mit gleichbleibendem $\hat{m}$ – wie sie die *Deutsche Bundesbank* durchführte – und gleichbleibenden Inflationserwartungen $\hat{p}^e$, wird sich durch zusätzliche Staatsnachfrage A_{St} die aktuelle Preisniveausteigerungsrate $\hat{p}$ erhöhen. Das Güterangebot in Gleichung (3) steigt zunächst (Lagerabbau). Erkennen die Unternehmen, daß es sich bei dem Preisniveauanstieg um gesamtwirtschaftliche Inflation und nicht um eine Verbesserung der Absatzchancen auf ihrem Teilmarkt handelt, so wird die Inflationserwartung $\hat{p}^e$ gesteigert, und das Güterangebot sinkt anschließend auf das alte Niveau. Die reale Geldmenge $(\hat{m} - \hat{p})$ sinkt, d.h. die private Güternachfrage in Gleichung (4) wird durch den Staat zurückgedrängt.

---

[89] Neuklassik oder auch Neue Klassische Makroökonomik oder auch Monetarismus der zweiten Art.

Es kommt schließlich bei gleichbleibender Güterproduktion (Vollbeschäftigung) allein zu einer Inflationszunahme.

Zum gleichen Ergebnis kommt man, wenn eine permissive Geldpolitik unterstellt wird. Steigt mit den Staatsausgaben auch die Geldmenge M1, so wird die von Gleichung (4) ausgehende Wirkung zusätzlicher Nachfrage noch verstärkt.

2.1.1.3 Angebotsinduzierte Inflation

Bei zunächst gegebener Geldmenge und Umlaufgeschwindigkeit des Geldes kann es auch zu Preisniveausteigerungen kommen, wenn das Güterangebot schrumpft, z.b. auf Grund gestiegener Kosten (Erhöhung der Rohölpreise). In einem solchen Fall spricht man von einer Kostendruckinflation, die im Folgenden dargestellt werden soll.

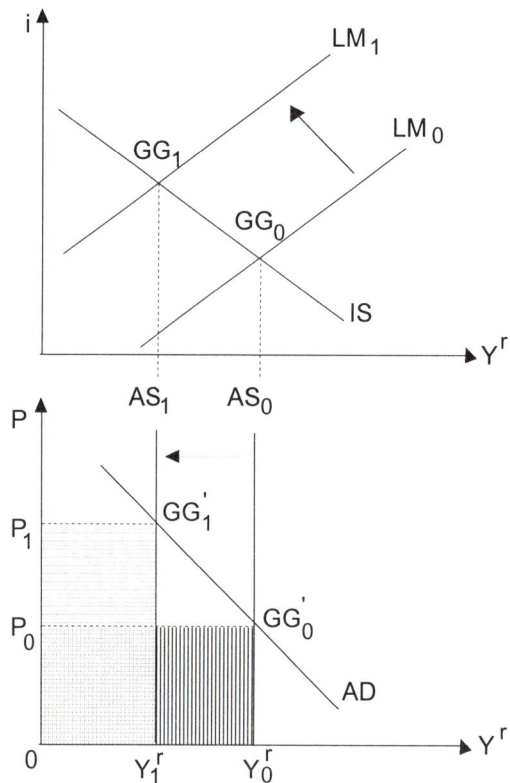

Abbildung 59: Preisniveausteigerung bei schrumpfendem Sozialprodukt

Der Schnittpunkt der LM_0-Kurve mit der IS-Funktion charakterisiert ein zunächst gegebenes Gleichgewicht GG_0 bzw. GG_0' in Abbildung 59. Bei diesem Gleichgewicht gilt das Preisniveau P_0, bei dem das gesamtwirtschaftliche Angebot (AS_0) und die gesamtwirtschaftliche Nachrage (AD) zum Ausgleich kommen. Nun sei angenommen, daß z.B. durch einen Ölpreisschock, Steuererhöhungen oder Löhnerhöhungen die Kosten der Unternehmen steigen. Dadurch würde sich – bei gegebenem Preisniveau P_0 – das Angebot der Unternehmen verringern, ausgedrückt durch eine Verschiebung von AS_0 nach AS_1. Bei gegebenen Preisniveau P_0 bestünde nun ein Nachfrageüberschuß in Höhe von $Y_0^r - Y_1^r$, der durch einen Anstieg des Preisniveaus auf P_1 beseitigt wird (Gleichgewicht GG'_1). Der Preisniveauanstieg bewirkt, daß die reale Geldmenge M/P sinkt, der Zinssatz steigt und die Investitionstätigkeit abnimmt. Die LM-Kurve verschiebt sich nach links (Bewegung von LM_0 nach LM_1). Es kommt zu einem neuen Gleichgewicht GG_1. Hierbei hat sich weder die nominale Geldmenge noch die Umlaufgeschwindigkeit des Geldes verändert.

Auch das nominale Sozialprodukt, das Produkt aus Y^r und P, ist konstant geblieben. Dies wird durch die gleich großen schraffierten Flächen im unteren Quadranten der Abbildung 59 verdeutlicht. Das nominale Sozialprodukt entspricht – gemäß der *Fisher*schen Verkehrsgleichung (vgl. Abschnitt 2.1.1.1) – nach wie vor dem Produkt aus Geldmenge und Umlaufgeschwindigkeit.

Wenn Kostensteigerungen für eine Inflation verantwortlich sein sollen, setzt dies allerdings voraus, daß es sich um permanente gesamtwirtschaftliche Kostenerhöhungen handeln muß, denen eine Volkswirtschaft nicht ausweichen kann. Dies erscheint wenig realistisch. Erhöhungen indirekter Steuern oder Ölpreisschocks treten i.d.R. nicht permanent auf, und Lohnerhöhungen, die den Unternehmen unerwünscht hohe Kosten bereiten, kann mittelfristig mit Rationalisierung begegnet werden. Ein anderer Grund für eine angebotsseitige Inflation ist ein steigender Monopolisierungsgrad innerhalb einer Volkswirtschaft.

Ein Kostendruck *(cost push)* kann somit zwar zu Preisniveausteigerungen führen, als Erklärung für einen permanenten Anstieg des Preisniveaus erscheint er jedoch wenig geeignet.

2.1.2 Außenwirtschaftliche Inflationsimpulse

Außenwirtschaftliche Einflüsse auf die inländische Preisniveausteigerungsrate ergeben sich ohne eigene Verantwortlichkeit. Deshalb werden hier die Wirkungen gesondert beschrieben.

Primär gibt es zwei Übertragungsmechanismen, die über die Zahlungsbilanz erfolgen, sekundär aber auch einen über einen direkten internationalen Preiszusammenhang.

Über die Zahlungsbilanz wirken der *Einkommens-Preis-Mechanismus* und der *Liquiditäts-Preis-Mechanismus*. Systematisch lassen sich diese Inflationsübertragungen an Hand der Zahlungsbilanz-Definition nach dem Gesamtbilanzkonzept (vgl. Abschnitt V.1.2) erläutern:

(1) ΔR = $(Ex \cdot w - Im)$ + $(K\,Im - KEx)$

   Devisenbilanz-   Handelsbilanz-   Kapitalbilanz-
   saldo   saldo   saldo

bzw. bei Berücksichtigung nur des zinsabhängigen, kurzfristigen Kapitalverkehrs

(2) $(Ex \cdot w - Im) + \kappa(i - i_a) = \Delta R$,

wobei Ex = Exportwert (in ausländischer Währung), Im = Importwert, KIm = Kapitalimport, KEx = Kapitalexport, w = Wechselkurs (in- zu ausländischer Währung), i bzw.
i_a = in- bzw. ausländischer repräsentativer Zinssatz, κ = Parameter des kurzfristigen Kapitalverkehrs und ΔR = Änderung der Währungsreserven.

Der *Liquiditäts-Preis-Mechanismus* wirkt über eine Änderung der Währungsreserven
ΔR, was nur bei festen Wechselkursen möglich ist. In diesem Fall muß die Zentralbank
bei Zahlungsbilanzüberschüssen den Devisenangebotsüberhang an der Devisenbörse
gegen inländische Währung aufkaufen, um vereinbarungsgemäß den Wechselkurs stabil
zu halten. Dabei ist es gleichgültig, ob der Devisenangebotsüberhang durch einen Überschuß beim Warenhandel oder beim Kapitalverkehr verursacht wurde. Er bewirkt in
jedem Fall eine Vermehrung an inländischer Geldmenge und damit zusätzliche Liquidität in den Händen der Devisenanbieter. Sofern diese Liquidität nachfragewirksam
wird, steigt das inländische Preisniveau. Die Zentralbank kann allerdings versuchen,
diesen Effekt durch restriktive Maßnahmen an anderer Stelle zu neutralisieren.

Der *Einkommens-Preis-Mechanismus* wirkt unabhängig vom Wechselkursregime, da er
an der Handelsbilanz (genauer: Leistungsbilanz) ansetzt:

$$Ex \cdot w - Im \gtrless 0 \, .$$

Im Falle eines Exportüberschusses werden mehr Güter exportiert als importiert. Wert-
mäßig steigt dabei das Volkseinkommen Y, mengenmäßig stehen dem Inland nun weniger Güter zur Verfügung als ohne den Handelsbilanz-Saldo.

Geht man einmal vom Volkseinkommen von der Entstehungsseite aus

(3a) $Y = C + I + Ex \cdot w - Im,$

so ist unmittelbar ersichtlich, daß das Volkseinkommen um so stärker steigt, je größer
der Handelsbilanzsaldo ist. In nominellen Werten ist dies durchaus richtig, doch sagt
dies ja noch nichts über die realen Werte aus. Man drückt deshalb diesen Volksein-
kommens-Ansatz häufig in realen Werten aus:

(3b) $Y^r = C^r + I^r + Ex^r \cdot w - Im^r.$

Diese Gleichung ist aber vom Ansatz her falsch! Mengen können nämlich nicht gemeint
sein, denn dann sollten die Vorzeichen der exportierten und importierten Güter genau
umgekehrt lauten. Es könnte sich aber um Werte zu konstanten Preisen handeln; nur,
auch diese Annahme widerspricht der Logik, denn bei Nachfrageüberschüssen kann das
Preisniveau nicht konstant bleiben.

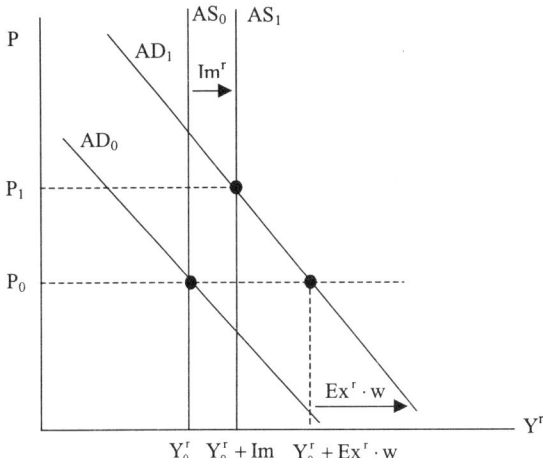

Abbildung 60

Geht man nämlich wie in Abbildung 60 von einem gleichgewichtigen Volkseinkommen Y^r_0 vor Aufnahme des Außenhandels aus (AD_0 und AS_0), so wird durch die Produktion von Exportgütern das Realeinkommen auf $Y^r_0 + Ex_r \cdot w$ steigen; es gilt dann im Inland die gesamtwirtschaftliche Nachfrage AD_1. Verfügbar sind jedoch gemäß AS_1 nur Güter im Umfang von $Y^r_0 + Im^r$, was zu einer Preissteigerung auf P_1 führen muß.

Man könnte natürlich behaupten, die Gütermenge $Ex^r w - Im^r$ würde durch Lagerabbau gedeckt werden, so daß das Preisniveau mit P_0 konstant bliebe. Dies jedoch bedeutet Desinvestitionen von Lägern und reduziert das bisher angenommene Investitionsvolumen I^r um genau diesen Lagerabbau. Behauptete man, das durch einen Exportüberschuß entstehende Einkommen würde gehortet (nicht gespart) – also dem Wirtschaftskreislauf entzogen, damit das Preisniveau konstant bleiben kann –, dann dürfte konsequenter Weise dieser Exportüberschuß auch nicht im Volkseinkommen berücksichtigt werden. Es bleibt also dabei: Exportüberschüsse wirken tendenziell inflationär, unabhängig davon, ob feste oder flexible Wechselkurse bestehen. An diesem Ansatz zeigt sich auch deutlich, daß die keynesianische Theorie primär eine Einkommenstheorie ist, die Mengenwirkungen nur sehr unvollkommen erfassen kann.

Der *direkte internationale Preiszusammenhang* kann sehr einfach für ein System fester Wechselkurse verdeutlicht werden. Die internationale Konkurrenz auf den Gütermärkten kann Preisforderungen auch bei unterschiedlichen Währungen über den Wechselkurs transparent machen. Eine Inflation im Ausland führt so in den Märkten international handelbarer Güter zu Nachfragesteigerungen im Inland, in dem die betreffenden Güterpreise bis dahin noch nicht gestiegen waren. Diese Nachfragesteigerungen im Inland durch Ausländer bewirken auch hier Preisniveausteigerungen, und zwar unabhängig von der Zahlungsbilanzsituation.

2.2 Inflation bei variierender Kapazität: Berücksichtigung von Multiplikator-Akzelerator-Effekten

Die monetaristisch-klassische Position wurde und wird von (post-)*keynesianischer* Seite kritisiert. Aus zwei Gründen können nämlich durch expansive Geldpolitik nachhaltige Wachstums- und Beschäftigungseffekte ausgelöst werden: (1) Bei Unterauslastung der Kapazitäten wird eine expansive Geldpolitik durch eine Stimulierung der Nachfrage zu Vollbeschäftigung führen. (2) Zugleich bewirkt die expansive Geldpolitik in einer solchen Situation einen Realkasseneffekt, der über Portfolioentscheidungen zu Realinvestitionen führt. Da Investitionen nicht nur zusätzliche Nachfrage bedeuten, sondern auch eine Kapazitätserweiterung bewirken, verschiebt sich mit der Nachfrage die gesamtwirtschaftliche Angebotsfunktion nach rechts. Es kommt zu Wachstumseffekten. In der Abbildung 57 des Abschnitts 2.1.1.1 führte dies zu einem neuen Gleichgewicht Y_1^{r*}.

Die *keynesianische* Theorie stellt mit ihrem IS/LM-System vorwiegend auf den *Einkommensmultiplikator* von Investitionen ab. Geldmengenänderungen erscheinen als monetäre Schocks, die plausibel eigentlich nur durch staatliche Zentralbank-Kredite bei expansiver Geldpolitik erklärt werden können; schon die Anwendung eines *Geldschöpfungsmultiplikators* führt zu der Frage, wofür Wirtschaftssubjekte das verfügbare Geldpotential eigentlich in Anspruch nehmen.

Private Wirtschaftssubjekte verwenden zusätzlich Geld auf Grund von Konsumenten- oder aber Investitionskrediten. Die *keynesianische* Theorie stellt dabei insbesondere auf den *Einkommenseffekt* ab und vernachlässigt regelmäßig den Kapazitätseffekt der Investitionen.

Dies war nicht immer so: Bereits in den 40er Jahren stellten *Harrod* und *Domar* dem Nachfrageeffekt von Investitionen (Einkommensmultiplikator) deren realwirtschaftlichen Angebotseffekt (Akzelerator) gegenüber.

(5): Multiplikator

$$Y^r = \frac{1}{s} \cdot I^r$$

(einfachste Version)

$$\frac{dY^r}{dt} = \frac{1}{s} \cdot \frac{dI^r}{dt}$$

mit t = Zeit

mit I^r = reales Investitionsvolumen

mit s = Sparquote
= 1 − Konsumquote

(6): Akzelerator

$$Y^r = \rho RK$$

mit RK = Kapitalstock
und ρ = Kapitalproduktivität

$$\frac{dY^r}{dt} = \rho \frac{dRK}{dt} = \rho \cdot I^r$$

mit $\frac{dRK}{dt} \equiv I^r$

(7): gleichgewichtige
        Wachstumsrate

$$\frac{dI^r}{dt} \cdot \frac{1}{s} = \rho \cdot I^r$$

bzw. $\dfrac{dI^r}{dt} \cdot \dfrac{1}{I^r} = \dfrac{dY^r}{dt} \cdot s \cdot \dfrac{1}{sY^r} = \dfrac{dY_r}{dt} \cdot \dfrac{1}{Y^r} = s \cdot \rho.$

Sollte durch Geldpolitik versucht werden, das Einkommen über die gleichgewichtige Wachstumsrate hinaus zu erhöhen, wird das Gleichgewicht zwischen Nachfrage und Angebot gestört. Preisniveaustabile Geldpolitik bedeutet daher eine Ausdehnung der Liquidität in einem solchen Ausmaß, wie es dem sich ändernden Produktionspotential entspricht.

Werden Staatsausgaben über Direktkredite bei der Zentralbank finanziert, sind inflationäre Tendenzen vorprogrammiert. Es sei jedoch nicht bestritten, daß zusätzliche Staatsausgaben künftig steigende private Investitionen initiieren können (Infrastrukturinvestitionen). Nur, der Inflationsstoß der 1. Runde bleibt dabei erhalten. Werden Staatsausgaben dagegen über Kredite bei Geschäftsbanken finanziert, führen sie regelmäßig ebenfalls zu erhöhten Preisniveau-Steigerungsraten, weil die produktive Leistung öffentlicher Investitionen - ablesbar am Kapitalkoeffizienten - periodisch geringer als die Zunahme des damit multiplikativ gesteigerten Einkommens ist.

Bei privaten Investitions-Krediten kommt es dann zu einem ansteigenden Preisniveau, wenn periodisch die produktive Leistung der Investition (*Akzelerator*) hinter der auf Grund der Investitionskredite zunehmenden, geldmengenfinanzierten Einkommens- und damit Nachfragesteigerung (*Multiplikator*) zurückbleibt. Es wäre Zufall, wenn Akzelerator- und Multiplikator-Effekt gleich groß wären. Um so wichtiger ist eine adäquate Kreditpolitik. Sie ist die Schnittstelle zwischen dem monetären und dem realwirtschaftlichen Bereich einer Volkswirtschaft.

Hinzu kommen noch Inflationsimpulse auf Grund inflationärer Erwartungen von Unternehmen und Haushalten, die im Prinzip auf einer Entschuldung durch Preissteigerungen beruhen. Für sich allein können aber Erwartungen bei zurückhaltender Geldpolitik keine dauerhafte Inflation auslösen, sie können allenfalls eine bereits bestehende verstärken. Eine konsequente Geldmengenpolitik – wie auch eine stringente Kreditpolitik – können Erwartungen stabilisieren.

Inflationäre Entwicklungen werden also in erster Linie durch kreditfinanzierte Staatsausgaben ausgelöst; moderat aber auch durch steuerfinanzierte Staatsausgaben dann, wenn die Steuererhebung selbst private Investitionen (mit relativ niedrigem Kapitalkoeffizienten) zu Gunsten öffentlicher Investitionsausgaben (mit relativ langer *pay-off* Periode) zurückdrängen.

3. Diskretionäre versus regelgebundene Geldpolitik: Das Problem der Zeitinkonsistenz
– Die Rolle der Erwartungen –

3.1 Die Phillipskurve als Ausgangspunkt

Der Streit, ob ein Mehr an Inflation zu mehr Wachstum und Beschäftigung führt, entzündete sich insbesondere an einer Veröffentlichung von *A.W. Phillips* aus dem Jahre 1958, der einen *trade-off* zwischen Arbeitslosenrate und Nominallohnwachstum im Vereinigten Königreich für die Zeit von 1861 bis 1957 feststellte.

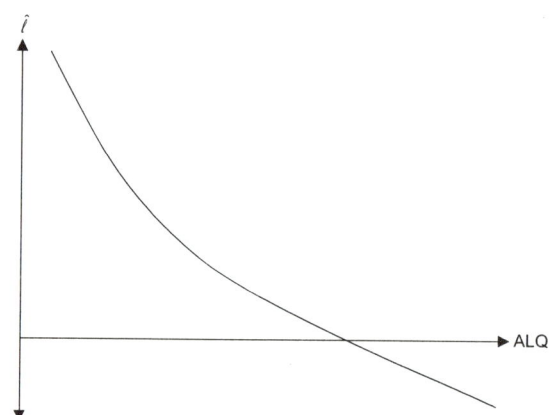

Abbildung 61: Die ursprüngliche Phillipskurve

Abbildung 61 zeigt den trade-off zwischen dem Wachstum der Nominallöhne $\hat{\ell}$ und der Arbeitslosenquote ALQ. Dieser Phillipskurven-Zusammenhang erklärt sich folgendermaßen: Wenn die Arbeitslosigkeit gering ist, ist es für ein Unternehmen vergleichsweise schwierig, Arbeitskräfte zu finden. Nur bei hohen Lohnangeboten wird die Einstellung neuer Mitarbeiter gelingen. Genau umgekehrt verhält es sich hingegen bei hoher Arbeitslosigkeit. Frei werdende Stellen können u.U. sogar bei sinkenden Löhnen besetzt werden. Eigentlich beschreibt die Phillips-Kurve typische Preis-/Lohn- sowie Beschäftigungssituationen während eines Konjunkturzyklus.

Da zwischen Lohnwachstum und Inflation in den verschiedenen Konjunkturphasen ein enger Zusammenhang besteht, wird das Wachstum der Nominallöhne auf der Ordinate in Abbildung 61 meist durch die Inflationsrate ersetzt. Damit wurde (und wird) der Politik suggeriert, sie könne mittels Geldpolitik einen beliebigen Punkt auf der Phillips-Kurve wählen, also entweder mehr Inflation zugunsten von mehr Beschäftigung oder aber eine höhere Arbeitslosenquote bei niedrigeren Inflationsraten. Diese Sichtweise wurde vor allem von den Monetaristen *Milton Friedman* (1970) und *Edmund Phelps* (1967) kritisiert. Beide Ökonomen argumentieren, daß die *Phillipskurve* nur bei Geldillusion auf der Arbeitnehmerseite eine negative Steigung aufweisen kann.[90] Da Geldillusion aber nur für die kurze Frist eine plausible Annahme darstellt, verlaufe die langfristige Phillipskurve parallel zur Ordinate.

Phelps und *Friedman* gingen (analog zur monetaristischen Argumentation) von einem natürlichen Wachstumspfad aus, der eine natürliche Arbeitslosenquote voraussetzt. Eine Determinante der Lohnforderungen stellt das von den Arbeitnehmern erwartete Preisniveau dar. Expansive Geldpolitik vermag daher, über eine Stimulierung der Nachfrage, Beschäftigung und Output nur so lange zu erhöhen, wie der unvermeidbare (zukünftige) Preisanstieg noch nicht antizipiert und in höhere Lohnforderungen umgesetzt wurde. Bezogen auf das Arbeitsangebot N^A und die Arbeitsnachfrage N^N werden folgende Funktionen angenommen:

$$N^A = N^A(\frac{\hat{\ell}}{\hat{p}^e},...), \qquad \text{mit} \; \frac{\partial N^A}{\partial\left(\dfrac{\hat{\ell}}{\hat{p}^e}\right)} > 0$$

$$N^N = N^N(\frac{\hat{\ell}}{\hat{p}},...), \qquad \text{mit} \; \frac{\partial N^N}{\partial\left(\dfrac{\hat{\ell}}{\hat{p}}\right)} < 0 \; ,$$

mit N^A als Arbeitsangebot, N^N als Arbeitsnachfrage, $\hat{\ell}$ als Nominallohnwachstum, $\hat{p}$ als Inflationsrate, $\hat{p}^e$ als erwartete Inflationsrate. Schließen Arbeitnehmer auf der Basis einer zu niedrig eingeschätzten Inflationsrate einen Tarifvertrag, so bewirkt eine geldmengeninduzierte Preissteigerung anschließend Reallohnsenkungen und mehr Beschäftigung. Korrigieren die Arbeitnehmer schließlich ihren Erwartungsfehler und fordern höhere Nominallöhne, dann sinkt die Beschäftigung auf ihr natürliches Niveau, nun allerdings bei gestiegener Inflationsrate. Nach dieser Argumentation käme es nur bei *statischen Erwartungen* $\left(\hat{p}_t^e = \hat{p}\right)$ zu anhaltenden Beschäftigungseffekten. Korrigieren die Arbeitnehmer ihre Erwartungsfehler (*adaptive Erwartungen*, z.B. $\hat{p}_t^e = \hat{p}_{t-1}$), so sind allenfalls kurzfristige geldmengeninduzierte Beschäftigungseffekte wahrscheinlich. Liegt keine Geldillusion vor (*rationale Erwartungen*[91], $\hat{p}_t^e = E(\hat{p}_t)$) und bestehen auch keine institutionellen Hemmnisse bei der Lohnanpassung, so hat expansive Geldpolitik überhaupt keine Beschäftigungswirkung.

Dieser Zusammenhang kann vereinfacht durch folgende Gleichung ausgedrückt werden:

$$ALQ_t = ALQ^* - a \cdot (\hat{p}_t - \hat{p}_t^e) \, .$$

---

[90] Geldillusion beschreibt die ausschließliche Orientierung an nominalen Größen (statische Erwartungen).

[91] Rationale Inflationserwartungen entsprechen dem Erwartungswert für die Inflationsrate, den ein bestimmtes ökonomisches Modell generiert, wenn man alle zum Zeitpunkt t verfügbaren Informationen verwendet.

Die Unterbeschäftigungsrate ALQ_t kann mittels expansiver Geldpolitik nur unter ihr natürliches Niveau ALQ^* gesenkt werden, solange die tatsächliche Inflationsrate $\hat{p}_t$ die antizipierte Preissteigerungsrate $\hat{p}_t^e$ übersteigt.

Für Deutschland können solche, auch verschiedene Phasen von Preisniveausteigerungsraten und Unterbeschäftigung darstellenden Phillips-Kurven festgestellt werden, wie Abbildung 62 zeigt.

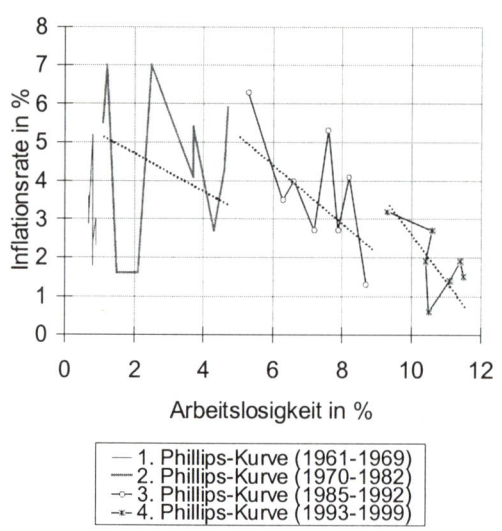

Phillips-Kurven
in der Bundesrepublik Deutschland

| — 1. Phillips-Kurve (1961-1969) |
| — 2. Phillips-Kurve (1970-1982) |
| –◦– 3. Phillips-Kurve (1985-1992) |
| –×– 4. Phillips-Kurve (1993-1999) |

Quelle: Eigene Berechnungen nach Daten der *International Financial Statistics*, lfd. Jahrgänge; Monatsberichte der *Deutschen Bundesbank*, lfd. Hefte.

Abbildung 62

Offensichtlich haben sich die Erwartungen der Wirtschaftssubjekte im Zeitablauf geändert.

Bei *adaptiven Erwartungen*, wie sie von *Friedman* und *Phelps* unterstellt werden, ergibt sich eine *langfristige Phillipskurve*, die der natürlichen Rate der Unterbeschäftigung ALQ^* entspricht. Abweichungen von ALQ^*, wie sie durch die traditionelle Phillipskurve beschrieben werden, sind nur temporär möglich, bis die Privaten ihre Preiserwartungen korrigiert und ihre Verträge angepaßt haben.

Abbildung 63 zeigt den Zusammenhang zwischen den *kurzfristigen Phillipskurven* PK_k und der *langfristigen gleichgewichtigen Phillipskurve* PK_l:

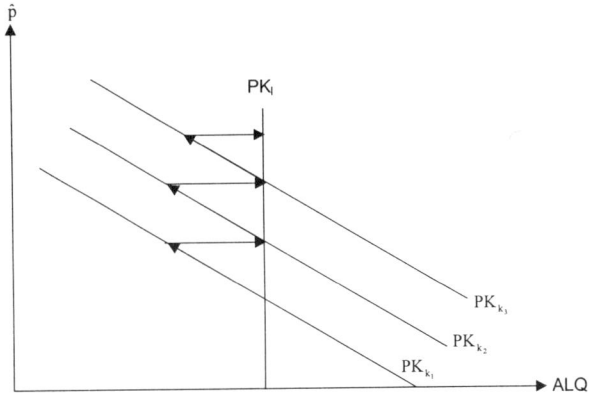

Abbildung 63: Kurzfristige Abweichungen von der langfristigen Phillipskurve

Letztlich bewirkt die Korrektur der Erwartungen um die inflatorische Wirkung expansiver Geldpolitik lediglich eine Verschiebung der kurzfristigen Phillipskurve nach oben. Eine dauerhafte Senkung der Arbeitslosigkeit unter ihr natürliches Niveau ist dann nur unter Inkaufnahme akzelerierender Inflation möglich (*Akzelerationstheorem*).

Neben dieser Kritik an der *Phillipskurve* und demzufolge an diskretionärer Geldpolitik muß ein weiteres Problem diskretionärer geldpolitischer Maßnahmen erwähnt werden, nämlich das Problem zeitlicher Verzögerungen (*time-lags*, vgl. Abschnitt VII.2.2). Um diskretionäre Geldpolitik etwa bei konjunkturellen Schwächeperioden wirksam einsetzen zu können, müßten geldpolitische Maßnahmen schnell – am besten unmittelbar – wirken. Das ist aber nicht der Fall, der time-lag beträgt normalerweise mindestens ½ Jahr. Dies erschwert den Einsatz geldpolitischer Instrumente zur Konjunkturbelebung. Geldpolitik kann somit zur „Unzeit" wirken und manchmal sogar konjunkturelle Schwankungen noch verstärken.

3.2 Das Zeitinkonsistenzproblem

Die theoretische Diskussion um die Vor- und Nachteile der regelgebundenen und der diskretionären Geldpolitik wird insbesondere anhand des Zeitinkonsistenzproblems der Geldpolitik durchgeführt. Die Grundidee der in diesem Zusammenhang diskutierten Ansätze besteht darin, daß die Zentralbank über die Möglichkeit verfügt, eine *Überraschungsinflation* zur Erhöhung der Beschäftigung durchzuführen. Die mit rationalen Erwartungen ausgestatteten Wirtschaftssubjekte antizipieren dies, und im Gleichgewicht ergibt sich eine positive (antizipierte) Inflationsrate, die keinerlei Beschäftigungseffekte mehr erzeugt.

3.2.1 Das Einperiodenproblem

Im Ausgangspunkt der Modellierung wird die Existenz einer Zielfunktion der Zentral-bank[92] mit folgenden Eigenschaften angenommen: Inflation ($\hat{p}$) und eine Abweichung des realen Volkseinkommens von dem von der Zentralbank angestrebten Wert werden als deren *Kosten* (Ko) unterstellt. Es wird angenommen, daß das von der Zentralbank angestrebte (reale) Volkseinkommen $Y^{r*} + z$ größer sei als dasjenige, das sich in der Volkswirtschaft bei vollkommener Antizipation der Inflationsrate ergäbe (Y^{r*}).

Eine mögliche Kostenfunktion als linearer Ansatz ist

(1a) $Ko = \hat{p} + \varpi\left(Y_r - \left(Y_r^* + z\right)\right)$ mit $\varpi > 0$ und $z > 0$.

Da mit höheren Preisniveausteigerungsraten wie auch mit stärkeren Abweichungen des realen Volkseinkommens Y^r vom angestrebten Wert $Y^{r*} + z$ die Zielvorstellung der Zentralbank als immer gravierender verfehlt betrachtet wird, bietet sich auch eine Kostenfunktion als überlinearer Ansatz an:

(1b) $Ko = \hat{p}^2 + \varpi\left(Y^r - Y^{r*} + z\right)^2$ mit $\varpi > 0$ und $z > 1$;.

diese Kostenfunktion führt in einem $\hat{p}$-Y^r-Diagramm zu kreisförmigen Isokostenverläu-fen.

Das Volkseinkommen bei perfekter Inflationsantizipation Y^{r*} stellt das Analogon zur natürlichen Arbeitslosenquote im *Phillips-Kurven-Modell* dar. Die verbleibende Ar-beitslosigkeit wird im Prinzip nicht mehr als konjunkturell verursacht, sondern als struk-turell bedingte Unterbeschäftigung angesehen. Eine Zielgröße des Volkseinkommens, die über dieses Volkseinkommen (mit natürlicher Arbeitslosenquote) hinausgeht, be-kundet den Wunsch der Zentralbank, einen Teil der strukturellen Arbeitslosigkeit durch Geldpolitik zu bekämpfen.

Damit dies überhaupt möglich ist, darf die (kurzfristige) Angebotskurve der Volks-wirtschaft nicht vertikal verlaufen. Aus diesem Grund wird die folgende Angebots-funktion[93] unterstellt:

(2): AS $\hat{p} = \hat{p}^e + a(Y^r - Y^{r*})$ mit a > 0 (hier: a = 1)

   $\Leftrightarrow$ $Y^r = \hat{p} - \hat{p}^e + Y^{r*}$.

Gleichung (2) besagt, daß das Volkseinkommen nur dann über das „natürliche" Niveau erhöht werden kann, wenn die tatsächliche Inflationsrate $\hat{p}$ die Inflationserwartungen $\hat{p}^e$ übertrifft. In einem solchen Fall werden die Reallöhne geringer ausfallen als es die Tarifpartner anstreben. Dadurch wird eine zusätzliche Beschäftigung induziert, die al-

---

[92] Im Originalbeitrag von *Barro* und *Gordon* wurde diese Funktion als „soziale Kostenfunkti-on" eingeführt. Dies Interpretation wirft allerdings einige Probleme auf; daher die Vereinfa-chung.

[93] Eine vergleichbare Funktion wurde bereits im Abschnitt 2.1.1.2 als *Lucas*-Angebotsfunktion vorgestellt. Während letztere diskretionäre Spielräume durch Informationsvollkommenheiten auf Seiten der Unternehmer eröffnet, beschreibt die Gleichung (2) eine kurzfristig steigende Angebotsfunktion aufgrund von Vertragsbindungen. Sie basiert eher auf *neokeynesianischem* Gedankengut.

lerdings nur durch eine Täuschung der Arbeitnehmer über die Inflationsentwicklung ermöglicht wird.

Die Nachfrageseite der betrachteten Volkswirtschaft sei durch eine vereinfachte Variante des IS-LM-Modells abgebildet[94]:

(3): AD $Y_t^r = Y_{t-1}^r + c(\hat{m} - \hat{p})$,   mit c > 0 (hier: c = 1).

Die gesamtwirtschaftliche Nachfrage weicht von der Vorperiodennachfrage nur dann ab, wenn das nominale Geldmengenwachstum $\hat{m}$ über die Inflationsrate $\hat{p}$ hinausgeht. Dies bedeutet zugleich, daß die gesamtwirtschaftliche Nachfrage von der realen Geldmenge abhängt.

Durch die Wahl eines geeigneten Geldmengenwachstums kann die Zentralbank bei *gegebenen* Inflationserwartungen einen beliebigen Punkt auf der (kurzfristigen) gesamtwirtschaftlichen Angebotskurve realisieren.

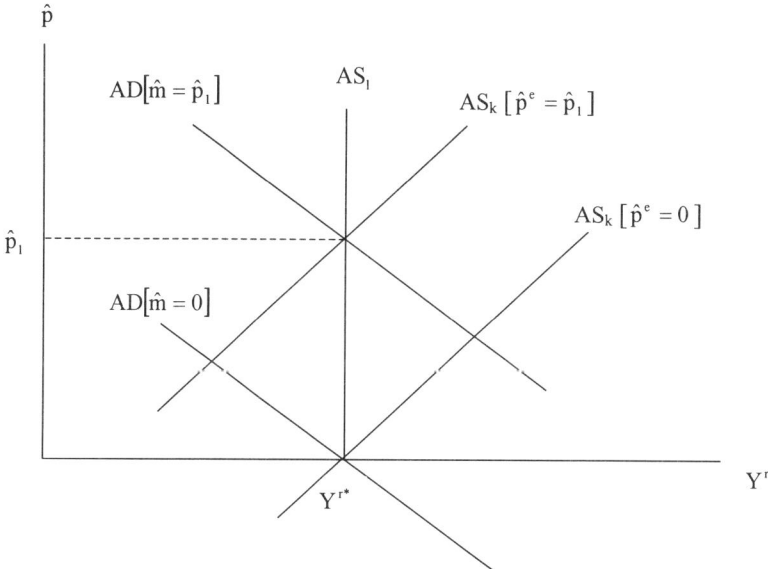

Abbildung 64

In Abbildung 64 und im folgenden wird unterstellt, daß das Vorperiodeneinkommen Y_{t-1}^r dem „natürlichen" Volkseinkommen Y^{r*} entspricht. Die Nachfragekurve AD[$\hat{m} = 0$], die ein Geldmengenwachstum von Null unterstellt, führt nur dann zu einem natürlichen Einkommen, wenn keine Inflation vorliegt. Demgegenüber bleibt das Volkseinkommen im Fall einer expansiven Geldpolitik (AD[$\hat{m} = \hat{p}_1$]) nur dann konstant, wenn die Inflationsrate richtig von den Privaten antizipiert wird ($\hat{p}^e = \hat{p}_1$).

---

[94] Vgl. ebenfalls Abschnitt 2.1.1.2.

Geht man davon aus, daß die privaten Wirtschaftssubjekte zu Beginn der betrachteten Periode bestimmte Inflationserwartungen haben, unter deren Einfluß sie dann Verträge – insbesondere auch Arbeitsverträge, die den Nominallohn festlegen – abschließen, die für den Rest der Periode Gültigkeit haben, so verfügt die Zentralbank nach Abschluß der Kontrakte über die Möglichkeit, die Geldmenge ihren Vorstellungen entsprechend zu variieren und damit das gleichgewichtige Volkseinkommen und die Inflationsrate entsprechend zu bestimmen.

Ein Beispiel: Erwarten die privaten Wirtschaftssubjekte beispielsweise eine Inflationsrate von Null, so werden insbesondere die Löhne derart bestimmt, daß die aggregierte Angebotskurve AS[$\hat{p}^e = 0$] gilt. Stimmen ihre Erwartungen mit der tatsächlichen Inflation überein, so wird das Volkseinkommen seinem „natürlichen" Niveau entsprechen. Übersteigt die realisierte Inflation hingegen die Inflationserwartungen ($\hat{p} > \hat{p}^e$), so sinkt das Reallohnniveau, die Unternehmen fragen vermehrt Arbeit nach, und Beschäftigung sowie Volkseinkommen übertreffen die entsprechenden „natürlichen" Werte. Es liegt nun in der Hand der Zentralbank, die gesamtwirtschaftliche Nachfrage entsprechend ihrer Präferenzen zu bestimmen. Durch eine Überraschungsinflation kann die Zentralbank eine aus ihrer Sicht zu bevorzugende Einkommens-Inflations-Kombination umsetzen.

Diese Vorstellung basiert auf der Annahme exogen vorgegebener Inflationserwartungen. So könnte die Zentralbank vor Abschluß der Lohnverträge eine Stagnation der Geldmenge und damit der Inflationsrate ($\hat{p} = 0$) angekündigt haben, der die Wirtschaftssubjekte Glauben schenken. Es stellt sich jedoch die Frage, weshalb die Bürger der Zentralbank vertrauen sollten. Schließlich liegt es in diesem Fall im Interesse der Notenbank, nach Abschluß der Tarifverträge von ihren ursprünglichen Versprechungen abzuweichen.

Man spricht in diesem Zusammenhang von einer *Zeitinkonsistenz* der angekündigten Geldpolitik. Zeitinkonsistenz einer Aktion liegt immer dann vor, wenn die Verlautbarung einer bestimmten künftigen Verhaltensweise im Zeitpunkt der Durchführung nicht mehr im Eigeninteresse des Handelnden liegt. Offensichtlich liegt genau ein solches Zeitinkonsistenzproblem bei der Ankündigung eines Nullwachstums der Geldmenge im obigen Beispiel vor. *Rationale* Akteure werden dieses Problem erkennen und das Verhalten der Zentralbank antizipieren. Damit ist klar, daß Inflationserwartungen in Höhe von Null im obigen Beispiel nicht rational sind.

Die in Abbildung 65 eingezeichneten Kreise stellen die Isokostenkurven der Zentralbank dar. Sie erreichen ihr Minimum im Punkt ($Y^{r^*} + z$, 0) mit Ko = 0. Je weiter die Kreise von diesem Idealwert entfernt liegen, desto höher sind die Kosten der jeweiligen Isokostenkreise. Hält sich die Zentralbank an ihre Ankündigung einer Preisniveausteigerungsrate $\hat{p} = 0$ und erwarten die privaten Wirtschaftssubjekte genau diese Inflationsrate, so ergäbe sich Punkt C, der Stabilitätsfall (*Commitment*).

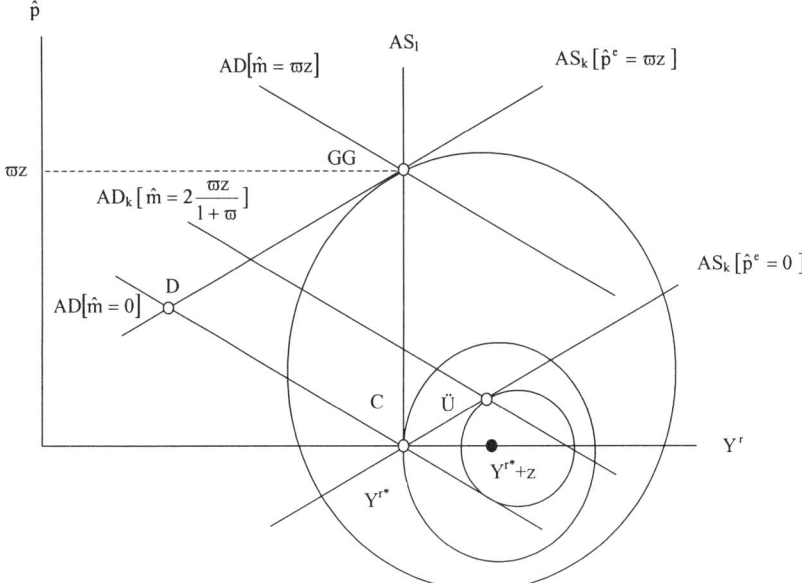

Abbildung 65

Die tatsächliche Inflationsrate und das realisierte Volkseinkommen in Punkt C lassen sich ermitteln, indem man die Kostenfunktion (Gleichung (1b) unter Berücksichtigung von Gleichung (2)

$$Ko = \hat{p}^2 + \varpi(\hat{p} - \hat{p}^e + Y^{r^*} - Y^{r^*} - z)^2 = \hat{p}^2 + \varpi(\hat{p} - \hat{p}^e - z)^2$$

minimiert, unter der Restriktion erfüllter Inflationserwartungen der Privaten ($\hat{p}=\hat{p}^e=0$):

$$\frac{\partial Ko}{\partial \hat{p}} = 2\hat{p} \overset{!}{=} 0 \Leftrightarrow \hat{p} = \hat{p}^e = 0.$$

Es ergäbe sich ein Volkseinkommen in Höhe von $Y^r = Y^{r^*}$.

Allerdings kann sich die Zentralbank gar nicht *glaubwürdig binden*, die eigenen Ankündigungen einzuhalten. Haben sich nämlich die privaten Haushalte erst einmal auf den Punkt C festgelegt, so hat die Notenbank gar kein eigenes Interesse mehr daran. Sie wird dann Punkt Ü wählen, in dem ihre Kosten bei gegebenen Inflationserwartungen $\hat{p}^e = 0$ minimiert werden. Dies ist der *Keynes*-Fall einer diskretionären Geldpolitik, der beim Vorliegen rationaler Erwartungen nur durch *Überraschungsinflation* erreicht werden könnte. Die mathematische Lösung für den Fall der Überraschungsinflation ergibt sich dementsprechend durch unbeschränkte Minimierung der Kostenfunktion ohne Berücksichtigung zu erfüllender Inflationserwartungen der Privaten:

$$\frac{\partial Ko}{\partial \hat{p}} = 2\hat{p} + 2\varpi(\hat{p} - \hat{p}^e - z) \overset{!}{=} 0$$

(4) $\qquad \Leftrightarrow \hat{p} = \dfrac{\varpi(\hat{p}^e + z)}{1 + \varpi}$

Bei gegebenen Inflationserwartungen der Privaten ($\hat{p}^e = 0$) ergäbe sich folgenden, die gesamtwirtschaftlichen Kosten minimierende Inflationsrate:

$$\hat{p} = \frac{\varpi z}{1 + \varpi} > \hat{p}^e = 0$$

und ein Volkseinkommen in Höhe von $Y^r = Y^{r^*} + \dfrac{\varpi z}{1 + \varpi}$.

Aber auch wenn die Privaten eine Politik des leichten Geldes erwarten ($\hat{p}^e > 0$), ist es für die Zentralbank rational eine Geldmengenexpansion durchzuführen ($\hat{p} > 0$). Zwar tritt kein Beschäftigungseffekt ein (Punkt GG), aber der schlechteste Fall einer *Disinflation* mit Beschäftigungsverlusten (Punkt D) wird vermieden. Wenn sich die Zentralbank nicht glaubwürdig binden kann, ergibt sich die gleichgewichtige Lösung durch eine unrestingierte Minimierung der Kostenfunktion. Im Gegensatz zur Überraschungsinflation werden die Privaten allerdings den Täuschungsanreiz der Zentralbank antizipieren und dementsprechend genau die Inflationsrate erwarten, die die Zentralbank realisieren wird. Es gilt also in Gleichung (4) $\hat{p}^e = \hat{p}$, und somit ist die kostenminimale Inflationsrate in diesem Fall $\hat{p} = wz = \hat{p}^e$ und das gleichgewichtige Volkseinkommen $Y^r = Y^{r^*}$.

Daraus folgt: Was immer die Privaten erwarten, stets ist es für die Zentralbank vorteilhaft, eine Politik des leichten Geldes zu wählen. Da die Privaten ein Interesse daran haben, keine Erwartungsfehler zu begehen, durchdenken sie die „Logik der Anreizsituation" und erkennen, daß die Zentralbank eine Inflationspolitik durchführen „muß". Damit kommt es zu dem Gleichgewicht GG, einer Situation, die durch eine gegenüber Punkt C höhere Inflationsrate bei unveränderter Beschäftigung gekennzeichnet ist. Ohne glaubwürdige Regelbindung kann die Zentralbank die Kosten der Inflation *nicht* vermeiden.

Eine glaubwürdige Bindung könnte jedoch durch eine gesetzlich vorgeschriebene Regelbindung der Geldpolitik umgesetzt werden. Schreibt man etwa in die Verfassung eines Staates, daß die Zentralbank keinesfalls eine Geldmengenerhöhung durchführen darf, die das reale Wirtschaftswachstum übersteigt, so kann theoretisch Punkt B in Abbildung 65 verwirklicht werden. Dieses Vorgehen führt allerdings zu Problemen bei stochastischen Schocks, die u.U. eine flexible Reaktion der Geldpolitik erfordern. Dann ergibt sich ein neuer Tradeoff zwischen Glaubwürdigkeit – durch Regelbindung – und Flexibilität der Geldpolitik. Eine theoretische Lösung für dieses Problem stellt z.B. der sogenannte „optimale Zentralbankkontrakt" dar, der eine erfolgsabhängige Entlohnung des Zentralbankchefs vorsieht.[95]

3.2.2 Das Mehrperiodenproblem

Im vorangehenden Abschnitt wurde ein Einperioden-Planungshorizont unterstellt. Diese Annahme wäre etwa dann plausibel, wenn das Management der Zentralbank periodisch und jeweils vollständig ausgewechselt würde. Im allgemeinen kann man jedoch davon ausgehen, daß das Direktorium einer Notenbank über einen längeren Planungshorizont

---

[95] Vgl. *Walsh* (1995).

verfügt, insbesondere wenn es revolvierend neubesetzt wird. In diesem Fall besteht für die Zentralbank die Möglichkeit, eine Reputation zur Durchführung einer an der Preisniveaustabilität ausgerichteten Geldpolitik aufzubauen. Sofern diese Reputation einen für die Zentralbank hinreichend großen ökonomischen Wert (mittel- oder langfristige Realisierung von Punkt C) aufweist, wird sie diese Reputation auch nicht durch die Aussicht auf kurzfristig erzielbare Gewinne (Verwirklichung des Punktes Ü) aufs Spiel setzen. Auf diese Weise ist es unter Umständen möglich, ohne gesetzliche Regelbindung den Punkt C in Abbildung 65 zumindest zeitweise zu verwirklichen.

Eine Möglichkeit, das Zeitinkonsistenzproblem zu lösen, besteht in der Annahme eines unendlichen Planungshorizonts. Hierunter wird entgegen eines weit verbreiteten Irrtums nicht verstanden, daß alle Akteure unendlich lange leben und ihren wirtschaftlichen Aktivitäten nachgehen werden, sondern es wird nur behauptet, daß es *keine definitiv letzte Periode* gibt. Dies läßt sich zum Beispiel dadurch modellieren, daß man eine über alle Perioden konstante Wahrscheinlichkeit $\theta \in [0, 1]$ unterstellt, daß die laufende Periode die letzte sei. Die ex ante Wahrscheinlichkeit, daß Periode t tatsächlich erreicht wird, beträgt $W[t] = (1 - \theta)^t$. Mit steigendem t strebt diese Wahrscheinlichkeit gegen Null. Wichtig ist jedoch, daß für den seltenen Fall, in dem eine entfernte Periode erreicht wird, diese niemals die *definitiv* letzte ist. Im Gegenteil: Die bedingte Wahrscheinlichkeit, daß alle Akteure auch in Periode t+1 aktiv sein werden, wenn sie sich in Periode t befinden, beträgt unverändert $W[t + 1 | t] = \theta$.

Berücksichtigt man die Abzinsung der entstehenden Kosten in künftigen Perioden, so werden die Kosten der Periode t zur Bestimmung des erwarteten Gegenwartswertes mit dem Diskontierungsfaktor

$$\delta^t = \left(\frac{1 - \theta}{1 + r}\right)^t$$

multipliziert. Der Zähler stellt die Wahrscheinlichkeit dar, daß Periode t erreicht wird, während der Nenner die übliche Abzinsung der Kosten darstellt.

Geht man von einem solchen unendlichen Planungshorizont aus, so ist die Struktur des Entscheidungsproblems der Akteure in allen folgenden Perioden exakt identisch mit der in der Anfangsperiode.

Wenn die Notenbank sich dazu entscheidet, die angekündigte stabile Geldpolitik in der laufenden und den folgenden Perioden einzuhalten und auf jede Form der Überraschungsinflation zu verzichten, und wenn die private Wirtschaft dem Versprechen der Zentralbank solange Glauben schenkt, bis sie erstmals ihre Zusage bricht, so beträgt der erwartete Gegenwartswert aller zukünftigen Kosten der Zentralbank

$$(5) \quad Ko_0 = Ko_C\left(1 + \delta + \delta^2 + \delta^3 + ... + \delta^t + ...\right) = \frac{Ko_C}{1 - \delta}.$$

Dabei entspricht Ko_C den Kosten der Zentralbank im Punkt C der Abbildung 65. Entscheidet sich die Zentralbank demgegenüber für eine Überraschungsinflation in der Anfangsperiode (t = 0), so sei hier die schlimmst mögliche Reaktion („Strafe") durch die Wirtschaft unterstellt: Sie schenkt den Ankündigungen der Zentralbank niemals wieder Glauben. Diese Verhaltensweise ist zwar relativ extrem, doch stellt sie vor allem einen

Referenzpunkt dar. Gelingt es nämlich nicht, einmal mit einer solch heftigen „Strafe" die Zentralbank von der Durchführung einer Überraschungsinflation abzuhalten, so wird es auch mit milderen „Strafen" nicht möglich sein.

Die Überraschungsinflation führt von Punkt C zu Punkt Ü in Abbildung 65, wodurch sich die gesamtwirtschaftliche Nachfrage AD nach rechts verlagert ($\hat{m} > 0$). Dies führt zu Preisniveausteigerungen ($\hat{p} > 0$) und solange zu weiteren Anpassungen, bis mit $\hat{p} = \varpi z$ und $\hat{m} = \varpi z$ in Punkt GG ein neues Gleichgewicht erreicht wird, in dem wieder das ursprünglich „natürliche Volkseinkommen" Y^{r^*} realisiert wird.

Der erwartete Gegenwartswert der Kosten der Zentralbank beträgt in diesem Fall

$$(6) \quad Ko_1 = Ko_{\ddot{U}} + Ko_{GG}\left(\delta + \delta^2 + \delta^3 + \ldots\right) = Ko_{\ddot{U}} + \frac{\delta}{1-\delta}Ko_{GG};$$

$Ko_{\ddot{U}}$ bzw. Ko_{GG} stellen hierbei die Kosten der Zentralbank im Punkt Ü bzw. im Punkt GG dar. Anhand von Abbildung 65 wird deutlich, daß in diesem Fall die Notenbank in der ersten Periode zwar niedrigere Kosten erleidet, während sie in allen darauf folgenden Perioden höhere Kosten hinnehmen muß. Da diese jedoch abdiskontiert werden, ist nicht unmittelbar klar, ob eine Überraschungsinflation für die Zentralbank lohnend ist oder nicht.

Allgemein gilt: Der Verzicht auf eine Überraschungsinflation ist aus Sicht der Zentralbank genau dann vorteilhaft, wenn:

$$(7) \quad Ko_0 \leq Ko_1$$

$$\Leftrightarrow \quad \frac{Ko_C}{1-\delta} \leq Ko_{\ddot{U}} + \frac{\delta}{1-\delta}Ko_{GG}.$$

Löst man Ungleichung (7) nach δ auf, so erhält man

$$(8)\, \delta \geq \frac{Ko_C - Ko_{\ddot{U}}}{Ko_{GG} - Ko_{\ddot{U}}}.$$

Ungleichung (8) läßt sich wie folgt interpretieren: Wenn das Management der Zentralbank die künftigen Erträge nicht zu stark abdiskontiert, dann sind ihre Ankündigungen einer an der Preisniveaustabilität ausgerichteten Geldpolitik glaubhaft. Ist der Diskontierungsfaktor δ strikt größer als die rechte Seite der Ungleichung (8), so reichen endlich lang andauernde „Strafintervalle" durchaus zur Disziplinierung der Notenbank aus.

3.3 Der Aussagegehalt der Theorie

Einem grundlegenden Problem ist in der obigen Darstellung ausgewichen worden. Die Zielfunktion der Zentralbank wurde im Originalbetrag von *Barro* und *Gordon* als „soziale Kostenfunktion" eingeführt. Wie die nachfolgende Diskussion jedoch zeigte, ist eine solche Interpretation fragwürdig. Aus diesem Grund wurde hier einfach nur auf eine vom privaten Sektor abweichende Zielfunktion der Zentralbank abgestellt. Hieran schließt sich direkt die Frage an, warum die Zielfunktion der Zentralbank die oben skizzierte Struktur aufweisen sollte. Man kann sich ohne große Schwierigkeiten auch ein

Management der Notenbank vorstellen, das sich in der Tat nur von der Bekämpfung der Inflation leiten läßt.[96]

Grundsätzlich stellt sich die Frage, ob die Annahme rationaler Erwartungen in makroökonomischen Modellen sinnvoll ist. Die individuellen Akteure müssen über eine Vielzahl mikro- und makroökonomischer Informationen verfügen, um solche Erwartungen überhaupt bilden zu können. Geht man des weiteren davon aus, daß die Beschaffung und Verarbeitung von Informationen Kosten verursacht, so kann es durchaus rational sein, auf kostengünstigere Formen der Erwartungsbildung, wie etwa adaptive Erwartungen, zurückzugreifen. Dennoch muß auch eingestanden werden, daß es natürlich immer problematisch ist, den wirtschaftlichen Akteuren systematische Fehler zu unterstellen, was bei einfacheren Formen der Erwartungsbildungshypothesen regelmäßig der Fall ist.

Ganz im Sinne der *keynesianischen* Theorie kann man auch die unterstellte Markträumungshypothese bezweifeln. Im oben betrachteten Modell gibt es keine konjunkturelle, sondern ausschließlich strukturelle Unterbeschäftigung, da als Ausgangspunkt stets die „natürliche" Arbeitslosenquote gewählt wurde. Eine Mehrbeschäftigung erfolgte ausschließlich dadurch, daß der private Sektor wissentlich getäuscht wird. Geht man demgegenüber von einem Ansatz wie der *neokeynesianischen Theorie* aus, in der erst eine langsame Anpassung der Preise über temporäre Gleichgewichte mit Mengenrationierung zu einer allgemeinen Markträumung führt, so wird deutlich, daß damit die wesentlichen Bestandteile einer die *Konjunktur* beeinflussenden Geldpolitik mit Hilfe der Markträumungshypothese schlicht wegdefiniert wurden.

Damit wird auch ersichtlich, daß das hier entwickelte Modell keinesfalls dazu in der Lage ist, die Frage „diskretionäre versus regelgebundene Geldpolitik" auch nur in ihren Grundzügen zu erfassen. Eine diskretionäre Geldpolitik, wie sie vor allem aus *keynesianischer* Sicht vertreten wird, hat im allgemeinen zum Ziel, den Anpassungsprozeß an das „natürliche" Volkseinkommen zu *beschleunigen*. Das bedeutet, eine derartig ausgerichtete Politikkonzeption geht davon aus, daß ein dem Markt allein überlassener Anpassungsprozeß einfach unnötig lange dauert und damit überflüssige Kosten verursacht. Eine antizyklische *keynesianische* Geldpolitik würde dementsprechend bei Vorliegen eines höheren (niedrigeren) Volkseinkommens als des „natürlichen" nach kontraktiven (expansiven) Maßnahmen drängen. Eine *diskretionäre* Geldpolitik zur Bekämpfung *struktureller Arbeitslosigkeit* erscheint beinahe als ein Widerspruch in sich.

Im Prinzip wird im oben diskutierten Modell das eigentliche Problem, das mit Hilfe der diskretionären Geldpolitik gelöst werden soll, durch die Markträumungshypothese als perfekt gelöst unterstellt. Anschließend wird ein neues Scheinproblem aufgebaut (Lösung struktureller Probleme durch Geldpolitik) und gezeigt, daß die diskretionäre Geldpolitik dieses Problem nicht oder nur bedingt zu lösen in der Lage ist.

Trotz dieser Kritik liefert die Analyse der Zeitkonsistenzproblematik einige neue, wichtige Einsichten. Zunächst wird eindrucksvoll verdeutlicht, welch verheerende Konsequenzen aus dem Versuch resultieren können, strukturelle Probleme mit Hilfe der Geldpolitik lösen zu wollen. Eine Überforderung des geldpolitischen Instrumentariums führt direkt in die Inflation.

---

[96] Vgl. dazu den Ansatz eines konservativen Zentralbankers von *Rogoff*.

Es lassen sich auch Aussagen über die Bedeutung der Unabhängigkeit der Zentralbank gewinnen. Eine unabhängige Zentralbank, die nur dem Ziel der Preisniveaustabilität verpflichtet ist, weist vermutlich eine andere Zielfunktion auf als eine dem Finanzministerium untergeordnete Notenbank. Letztere könnte durchaus der Verlockung unterliegen, durch eine Überraschungsinflation einen scheinbaren Wachstumsschub zum Wiederwahltermin anzuregen.

Schließlich – und dies ist vielleicht die wichtigste Erkenntnis – wird auch gezeigt, welch immense Bedeutung die Glaubwürdigkeit der Zentralbank, also ihre *Reputation*, für die Effektivität der Geldpolitik aufweist. Wenn der private Sektor der Zentralbank die Vertrauenswürdigkeit abspricht, so resultiert hieraus eine Inflation, selbst wenn die Notenbank tatsächlich dazu gewillt wäre, sich zu disziplinieren.

4. Inflation in Europa

4.1 Preisniveaustabilität in Westeuropa?

Bisher kam es zu einer außerordentlichen Anpassung der Preisniveau-Steigerungsraten (vgl. Abbildung 66a) in den Mitgliedsländern der *Europäischen Union* auf relativ niedrigem Niveau. Auffällig ist der hohe Beschäftigungsstand (vgl. Abbildung 66b) ausgerechnet in den Ländern – wie z.B. in Portugal –, die vormals unter relativ hohen Inflationsraten litten.

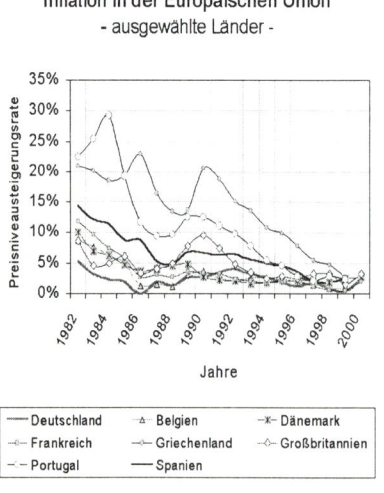

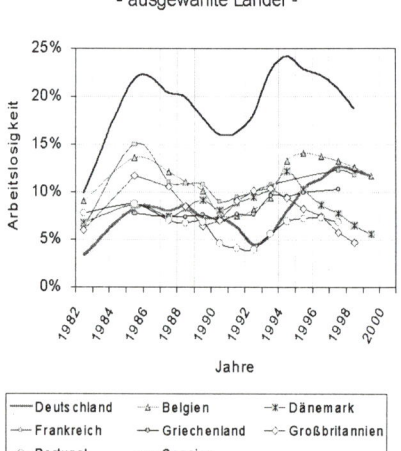

Abbildung 66a   Abbildung 66b

Der Grund für die ehemals hohen Inflationsraten waren öffentliche Beschäftigungspro-gramme, die durch Staatskredite bei der jeweiligen Zentralbank finanziert wurden; dies ist in der EWU nicht mehr möglich. Und gerade öffentliche Kredite – ohne oder mit nur längerfristiger Produktivitätswirkung – bewirken Preisniveausteigerungen. Private Inve-stitionskredite stellen einer Geldmengensteigerung immer auch entsprechende Produkti-onssteigerungen gegenüber (vgl. Abschnitt 2.2); eine laxe Geldmengenpolitik läßt aller-dings auch weniger produktive Investitionen zu, die dann moderate Preisniveausteige-rungen verursachen können. Private Konsumentenkredite dagegen sind relativ unbe-deutend.

Bis 1993 gab es nur in der Bundesrepublik Deutschland, in den Niederlanden, in Däne-mark und Österreich keine öffentlichen Kredite bei der Zentralbank; in allen anderen westeuropäischen Ländern galt dies nicht. Erst seit 1994/95 konnte keine nationale Re-gierung mehr Kredite bei ihrer jeweiligen Zentralbank aufnehmen. Die gegenwärtig re-lativ niedrigen Preisniveau-Steigerungsraten in Europa sind deshalb auch nicht auf be-sondere Anstrengungen der Regierungen zurückzuführen, sondern auf den Umstand ihrer stark eingeschränkten Verschuldungsmöglichkeiten.

4.2 Wirkungen eines europäischen Finanzausgleichs auf die Inflationsrate

Mit dem Einhalten des in Dublin vereinbarten Stabilitäspakts besteht auch nach dem Eintritt in die *Europäische Währungsunion EWU* wenig Spielraum für inflatorische Entwicklungen. Dennoch aber bleiben für staatliche Stellen deren Aufgaben in Wirt-schafts- und Finanzpolitik bestehen. Die Finanzierung zusätzlicher öffentlicher Ausga-ben ist dann fast ausschließlich durch nationale Steuern möglich. An die Stelle geldpo-litischer Maßnahmen der *Europäischen Zentralbank* sowie fiskalpolitischer Maßnahmen der nationalen Regierungen wird ein internationaler Mechanismus treten, der die geld-budgetpolitische Abstinenz ersetzt

Die bisherigen Ausgaben an die *Europäische Union* beruhen *nicht* auf einem internatio-nalen Finanzausgleich. Sie wurden durch Zahlungen überwiegend aus dem Mehrwert-steuer-Aufkommen der Mitgliedsländer finanziert und direkt an die geförderten Wirt-schaftssubjekte ausgezahlt. So leistete z.B. die Bundesrepublik Deutschland im Jahr 1995 Zahlungen in Höhe von DM 41 Mrd., die an deutsche Anspruchsberechtigte im Gesamtvolumen von ungefähr DM 15 Mrd. zurückflossen; Deutschland war mithin *Nettozahler* im Umfang von ca. DM 25 Mrd. ($\hat{=}$ 13 Mrd. €).

Im Rahmen eines internationalen Finanzausgleichs könnte man diese Nettozahlungen Deutschlands in einen *Europäischen Kompensationsfonds* einbringen und die bis dahin von der EU zurückfließenden Zahlungen selbst an die Anspruchsberechtigten in Deutschland verteilen. *Zusätzlich* wären in diesen Kompensationsfonds Mittel einzu-bringen, die den konjunktur- und strukturpolitischen Aufgaben der Nationalstaaten die-nen. Dies führte zu einem echten Europäischen Finanzausgleich.

Dieser Finanzausgleich könnte z.B. von der *Finanzkraft-Meßzahl FKM* eines Landes i

(1) $FKM_i = t \cdot BIP_i$

mit t = Steuersatz und BIP_i = Bruttoinlandsprodukt des Landes i ausgehen.

Die *Ausgleichs-Meßzahl AMZ* dieses Landes sei durch

$$(2) \quad AMZ_i = t \frac{\sum_j BIP_j}{\sum_j Bev_j} \cdot Bev_i$$

gegeben mit j = Mitgliedsländer der EWU und Bev_j = Anzahl der Bevölkerung in den Mitgliedsländern j.

Die *Finanzausgleichs-Funktion FAF* für Zahlungen des Landes i an die Gemeinschaft aller Mitgliedsländer könnte dann

$$(3) \quad FAF_i = a \cdot (AMZ_i - FKM_i)$$

sein, mit a = Ausgleichsintensität (eines theoretisch willkürlich gewählten, in der Realität politisch auszuhandelnden Parameters). Würde man z.B. den *nationalen* Finanzausgleich zwischen den Bundesländern Deutschlands – anders als tatsächlich – mit dem hier gerade beschriebenen Vorgehen durchführen, ergäbe sich bei dem aktuellen Mehrwertsteuersatz von t = 15% eine Ausgleichsintensität von a ~ 0,9.

Ermittelt man so das Zahlungsvolumen der Bundesrepublik Deutschland an die *EU*, also die jährlichen Nettozahlungen an die Gemeinschaft der Mitgliedsländer, so ergeben sich je nach Annahme über deren Mitgliederzahl und die sog. Ausgleichsintensität a alternative Werte für das Jahr 1999.

In der Abbildung 67 wird noch davon ausgegangen, daß alternativ für jeden möglichen Umfang an Mitgliedsländern der *Europäischen Union* – neben den 12 Mitgliedsländern der *EWU* auch Dänemark, Schweden und Großbritannien – auch die osteuropäischen Länder potentielle Mitglieder sein können. Da bereits gegenwärtig in der *EU* Zahlungen an die Gemeinschaft erfolgen, ist hier nicht auf die *EWU* abgestellt worden. Allerdings wird ein internationaler Finanzausgleich innerhalb der *EWU* noch dringlicher, weil auf nationale Kompetenzen der Geld-, aber auch teilweise der Fiskalpolitik verzichtet wurde.

Der Verlauf der Kurven ist so zu interpretieren, daß die Währungsunion bei jedem angeführten Land alle zuvor genannten Länder als Mitgliedsländer einschließt: Wählt man z.B. die Niederlande als Referenzland auf der Abszisse, so besteht die hier unterstellte Währungsunion aus den Ländern Luxemburg, Dänemark, Schweden, Großbritannien, Deutschland, Österreich, Irland und den Niederlanden.

Die obere Kurve der Abbildung 67 repräsentiert mit dem Land Griechenland sämtliche 15 Mitgliedsländer der *EU*. Innerhalb einer solchen Währungsunion fallen für Deutschland Nettozahlungen in fast genau demselben Umfang an wie es 1994 bei dem in der *EU* geltenden Verfahren auch der Fall war, um die zu dieser Zeit bestehenden Aufgaben der *EU* (Landwirtschaft, Strukturpolitik) zu finanzieren.

Internationaler Finanzausgleich in Europa
bei alternativer Anzahl an Mitgliedsländern und fiktivem Verfahren im Jahr 1999
Netto-Zahlungen Deutschlands an die Gemeinschaft
(bei sukzessiv kumulierter Länderzahl)

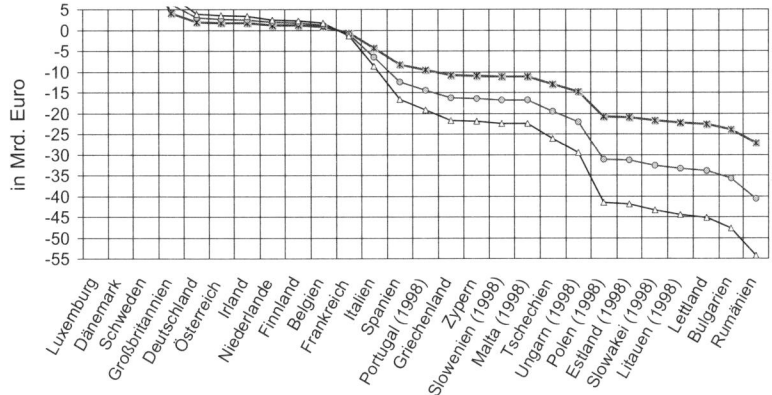

nach Pro-Kopf-Einkommen geordnete Länder

| —*— Steuersatz t = 25%; a = 0,2   —◦— a = 0,3   —△— a = 0,4 |

Quelle: Eigene Berechnungen nach Daten der *International Financial Statistics*, September 2000.

Abbildung 67

Die gegenwärtigen 12 Mitgliedsländer der *Europäischen Währungsunion* würden nach dieser Berechnung im günstigsten Fall ungefähr 10 Mrd. an Finanztransfers verursachen, im ungünstigeren Fall ungefähr 22 Mrd. . Bei erweiterten Aufgaben erhöhen sich natürlich die Zahlungen Deutschlands. Gegenwärtig ist die Einkommensverteilung in Europa höchst unterschiedlich, wie Abbildung 68 zeigt.

Einkommensverteilung in Europa 1999
jährliches Pro-Kopf-Einkommen in 1000 Euro

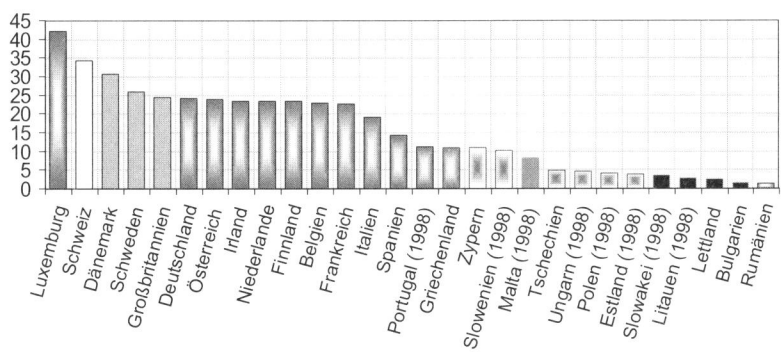

Quelle: Eigene Berechnungen nach Daten der *Intenational Financial Statistics*, September 2000.

Abbildung 68

Die Pro-Kopf-Einkommen z.B. in Ungarn und der Tschechischen Republik entsprechen einem Drittel des Pro-Kopf-Einkommens in Portugal oder Griechenland. Zypern und Slowenien sind relativ reiche Länder verglichen mit den gerade erwähnten Ländern. Eine *Große Währungsunion* mit 26 Mitgliedsländern vervielfacht die nationalen Seitenzahlungen (Europäischer Finanzausgleich) der reicheren Länder an die ärmeren. Ohne eine Quanitifizierung des Nutzens (der Erträge) einer Währungsunion kann ihr Optimum allerdings nicht dargestellt werden.

In einer *Großen Währungsunion* gibt es nur zwei ernstzunehmende Optionen: Entweder man läßt als Regulativ Migration zu (dies führte zu kaum vorstellbaren Belastungen des nationalen Sozialbudgets) *oder* man leistet Transfers (mit fast ähnlich hohen Abgaben). Wer beides nicht will, wird ein Aufweichen der Kriterien des *Vertrags von Maastricht* akzeptieren müssen, damit die Mitgliedsländer ihre öffentlichen Aufgaben erfüllen können: eine gewisse Inflation wäre vorprogrammiert!

Literatur zum VI. Kapitel

1. Abschnitt

Bofinger, Peter/Reischle, Julian/Schächter, Andrea: Geldpolitik – Ziele, Institutionen, Strategien und Instrumente, München 1996.

Leschke, Martin: Geldmengenpolitik in Deutschland und Europa, Wiesbaden 1999.

Ströbele, Wolfgang: Inflation – Einführung in Theorie und Politik, 4. Aufl., München u.a.O. 1995.

2. Abschnitt

Borchert, Manfred: Die Geldmengenkonzeption der Deutschen Bundesbank, in: wisu, 22. Jg. (1993), S. 719-725.

Cezanne, Wolfgang: Inflationstheorien - ein Überblick, in: wisu, 20. Jg. (1991), S. 56-62.

Duwendag, Dieter u.a.: Geldtheorie und Geldpolitik in Europa, 5. Aufl., Berlin u.a.O. 1993.

Hahn, Frank H.: On Money and Growth, in: Journal of Money, Credit, and Banking, Vol. 1 (1969), S. 172-187.

Heubes, Jürgen: Inflationstheorie, München 1989.

Issing, Otmar: Einführung in die Geldtheorie, 11. Aufl., München 1998.

Jarchow, Hans-Joachim: Theorie und Politik des Geldes 1, 10. Aufl., Göttingen 1998.

Menkhoff, Lukas: Nicht-monetäre Inflationstheorie, in: WiSt, 20. Jg. (1991), S. 114-121.

Stein, Jerome L.: Monetäre Wachstumstheorie im Überblick, in: *K. Brunner* [u.a.] (Hrsg.), Geldtheorie, Köln 1974, S. 292-313.

Ströbele, Wolfgang: Inflation – Einführung in Theorie und Politik, 4. Aufl., München 1995.

Stützel, Wolfgang: Über einige Nachlässigkeiten beim ersten Aufriß der Struktur des Inflationsproblems am Beispiel gängiger Inflationstheorien, in: *A. Woll* (Hrsg.), Inflation – Definition, Ursachen, Wirkungen und Bekämpfungsmöglichkeiten, München 1979, S. 38-67.

Thieme, Jörg: Geldtheorie - Stand, neuere Entwicklung und geldpolitische Konsequenzen, in: WiSt, 22. Jg. (1993), S. 171-180.

Willms, Manfred: Inflationsursachen, in: *A. Woll* (Hrsg.), Inflation – Definitionen, Ursachen, Wirkungen und Bekämpfungsmöglichkeiten, München 1979, S. 19-37.

3. Abschnitt

Barro, Robert J./Gordon, David B.: A Positive Theory of Monetary Policy in a Natural Rate Model, in: Journal of Political Economy, Vol. 91 (1983), S. 589-610.

Barro, Robert J./Gordon, David B.: Rules, Discretion and Reputation in a Model of Monetary Policy, in: Journal of Monetary Economics, Vol. 12 (1983), S. 101ff.

Barro, Robert J./Gordon, David B.: Rules, Discretion and Reputation in a Model of Monetary Policy in: Journal of Monetary Economics, Vol. 12 (1983), S. 101-120.

Bofinger, Peter/Frenkel, Michael: Zeitinkonsistenz und Geldpolitik, in: WiSt, 20. Jg. (1991), S. 171ff.

Bofinger, Peter/Frenkel, Michael: Zeitinkonsistenz und Geldpolitik, in: WiSt, 20. Jg. (1991), S. 171– 75.

Bofinger, Peter/Reischle, Julian/Schächter, Andrea: Geldpolitik – Ziele, Institutionen, Strategien und Instrumente, München 1996.

Clausen, Volker/Willms, Manfred: Unabhängigkeit der Zentralbank, in: WiSt, 12. Jg. (1993), S. 605-610.

Illing, Gerhard: Theorie der Geldpolitik – eine spieltheoretische Einführung, Berlin u.a.O. 1997.

Jarchow, Hans-Joachim: Diskretionäre Geldpolitik, Zeitinkonsistenz und Politikglaubwürdigkeit, in: wisu, 22 Jg. (1993), S. 145ff.

Jarchow, Hans-Joachim: Diskretionäre Geldpolitik, Zeitinkonsistenz und Politikglaubwürdigkeit, in WISU, 12. Jg. (1993), S. 145-151.

Kydland, Finn E./Prescott, Edward C.: Rules rather than Discretion – the Inconsistency of Optimal Plans, in: Journal of Political Economy, Vol. 85 (1977), S. 473-491.

Rogoff, Kenneth: The Optimal Degree of Commitment to an Intermediate Monetary Target, in: Quarterly Journal of Economics, Vol. 100 (1985), S. 1169-1190.

Walsh, Carl E.: Optimal Contracts for Central Bankers, in: American Economic Journal, Vol. 85 (1995), S. 150-167.

4. Abschnitt

Bofinger, Peter/Duwendag, Dieter (Hrsg.): Europa vor dem Eintritt in die Wirtschafts- und Währungsunion, Berlin 1993.

Borchert, Manfred/Ohr, Renate: Europäische Währungsunion - Pro und Contra, in: wisu, 24. Jg. (1995), S. 424-425.

Cichy, E. Ulrich: EU-Osterweiterung – Chancen, Risiken, Konvergenzkriterien, in: Wirtschaftsdienst, 75. Jg. (1995), S. 662-668.

Deutsche Bundesbank: Geschäftsbericht 1994, Frankfurt a.M.1994, S. 98-109.

Deutsche Bundesbank: Geschäftsbericht 1995, Frankfurt a.M. 1995, S. 100-111.

Deutsche Bundesbank: Internationale Organisationen und Gremien im Bereich von Währung und Wirtschaft, Sonderdruck Nr. 3, 4. Aufl., Frankfurt 1992.

Erlei, Mathias: Finanzausgleich in der Europäischen Union, in: *H.-D. Ortlieb* (Hrsg.), Hamburger Jahrbuch für Wirtschafts- und Gesellschaftspolitik 1998, S. 215-243.

Europäische Kommission: Eine Währung für Europa, Grünbuch über die praktischen Verfahren zur Einführung der Einheitswährung, Luxemburg 1995.

EUROSTAT - Statistisches Amt der Europäischen Gemeinschaft: Europa in Zahlen, 4. Ausgabe, Brüssel-Luxemburg 1995.

EWI - Europäisches Währungsinstitut: Der Übergang zur einheitlichen Währung, Frankfurt a.M. 1995.

Heinemann, Friedrich: Bailout- und Bonitätseffekte in der Wirtschafts- und Währungsunion, in: Zeitschrift für Wirtschafts- und Sozialwissenschaften, 115. Jg. (1995), S. 605-622.

Welfens, Paul J.: Binnenmarkt und Währungsintegration: theoretische Aspekte und wirtschaftspolitische Optionen, in: *H.-D. Ortlieb* (Hrsg.), Hamburger Jahrbuch für Wirtschafts- und Gesellschaftspolitik, 39. Jg. (1994), S. 307-337.

Welfens, Paul J.: Die Europäische Union und die mittelosteuropäischen Länder: Entwicklungen und wirtschaftspolitische Optionen, in: Aus Politik und Zeitgeschichte, 45. Jg. (1995), S. 22-31.

VII. Ansatzpunkte und Instrumente der Geldpolitik

Unter Geldpolitik versteht man eine Politik, mit der die Träger der Geldpolitik – in der Regel die Zentralbank – durch eine Kontrolle des Geldangebotes, aber auch der Geld- und Kreditnachfrage, das Erreichen von Zielen der allgemeinen Wirtschaftspolitik zu unterstützen beabsichtigen. Dabei ist die Vorstellung über die Wirkungsweise einer geldpolitischen Maßnahme auf vorgegebene Ziele – den sogenannten Transmissionsmechanismus – von besonderer Bedeutung. Unterschiedliche transmissionstheoretische Vorstellungen waren bereits Bestandteil der Kapitel V und VI. Im folgenden wird politikbezogen auf sie eingegangen (vgl. Abschnitt 2).

Im Rahmen der Geldpolitik kann zwischen einer *Ordnungspolitik* und einer *Prozeßpolitik* unterschieden werden. Die *Ordnungspolitik* will die *Geldverfassung* (Währung) bzw. die *Geldordnung* beeinflussen und ist deshalb Aufgabe der Regierung oder des Parlaments. Die *Prozeßpolitik* ist die traditionelle Aufgabe der Geldpolitik, in ihrer weitesten Fassung wird sie zu einem *debt management* (vgl. Abschnitt 1.1).

Ihre Ziele (vgl. Abschnitt 1.2 und 3.1) versucht die Geldpolitik mit einer Veränderung der Geldmenge, der Liquidität und des Zinssatzes zu erreichen. Der Einsatz *geldpolitischer Instrumente* (vgl. Abschnitt 4) kann sich somit grundsätzlich auf eine Beeinflussung der Menge, aber auch auf eine solche des Preises (Zinssatz) für Geld beziehen. Die Ansatzpunkte einer *Mengenpolitik* lassen sich an den Aktivpositionen der Bilanz der Zentralbank, die unmittelbare Wirkungsweise dieser Mengenpolitik an ihrer Passivseite ablesen. Mit ihrer Zinspolitik (*Refinanzierungspolitik*) beeinflußt die Notenbank den Preis für Kredite und überläßt es Geschäftsbanken und Publikum, darauf mengenmäßig zu reagieren; sofern die Zentralbank die Zinsen unmittelbar beeinflußt (*Preispolitik*), so steuert sie eine für Investitionen, Nachfrage, Preise und Wechselkurse entscheidende Größe direkt.

1. Aufgaben und Ziele der Geldpolitik

1.1 Geldpolitik als debt management

Als *debt management* bezeichnet man die *staatliche Schuldenstrukturpolitik*, die auf eine Regulierung der Struktur öffentlicher Schulden (*national debt, public debt*) angelegt ist. Dabei gibt es unterschiedliche Auffassungen darüber, welche Verbindlichkeiten der öffentlichen Hand als Verschuldung im Sinne des debt management gelten sollen:

(1) nur die verzinsliche, marktfähige Staatsschuld *(marketability Prinzip),*
(2) auch nicht-marktfähige (beschränkt marktfähige) Schuldtitel *(eligibility-Prinzip),*
(3) die Zentralbankgeldmenge.

Mit der umfassenderen Begriffsbestimmung (3) enthält die staatliche Schuld neben öffentlichen Wertpapieren auch das staatliche Geld; als Institutionen des *debt management* gelten deshalb sowohl die Regierung wie die Zentralbank. Insbesondere die Offenmarktpolitik, bei der staatliche Wertpapiere gegen staatliches Geld – Zentralbankgeld – gehandelt werden, ist deshalb ein Beispiel für *staatliche Schuldenstrukturpolitik.*

Debt management kann keine isolierten Ziele verfolgen, sondern ist Teil der allgemeinen Wirtschaftspolitik und deren Zielsetzung. Dies bedeutet auch, daß debt management nicht die Zinslast öffentlicher Schulden durch eine Änderung der Schulden*struktur* bei gegebenen Schulden*niveau* zu minimieren hat, sondern selbst als Teil aller wirtschaftspolitischen Instrumente eine prozyklische, antizyklische oder neutrale Politik im Hinblick auf die gesetzten Ziele verfolgt. Dabei sollten *Geldpolitik* und *debt management* eine untrennbare Einheit bilden, um die Effizienz der Wirtschaftspolitik zu optimieren.

1.2 Ziele und Zielkonflikte

Die allgemeinen *Ziele der Geldpolitik*[97] sind die gleichen wie die der Konjunktur- und Wachstumspolitik, also der Wirtschafts- und Fiskalpolitik. Sie werden in der Regel mit sogenannten *magischen Vielecken* beschrieben. *Ziele der allgemeinen Wirtschaftspolitik* sind u.a. *Preisniveaustabilität, Vollbeschäftigung, „angemessenes"* Wirtschaftswachstum und *Zahlungsbilanzgleichgewicht.* Außerdem soll die Geldpolitik die staatliche Fiskal- und Schuldenpolitik unterstützen.

Der Einsatz global wirkender, geldpolitischer Instrumente zum Erreichen eines gesamtwirtschaftlichen Gleichgewichtes, also der allgemeinen wirtschaftspolitischen Ziele, kann auch zu einigen Zielkonflikten führen, z.B.

- führt in einer Rezessionsphase eine außenwirtschaftlich bedingte Hochzinspolitik zur Abwehr von Kapitalexporten in Länder mit noch höherem Zinsniveau zu einer Dämpfung der Kreditnachfrage im Inland.
- führt in einer Boomphase eine die staatliche Schuldenpolitik finanzierende Geldpolitik zu einer Gefährdung binnen- und außenwirtschaftlicher Stabilisierungsbemühungen.

Offensichtlich bedarf es einer optimalen Aufeinanderabstimmung aller Wirtschaftspolitiken, d.h. der Geld-, Fiskal- und sonstiger Wirtschaftspolitik, um aktuelle Ziele der Wirtschaftspolitik zu erreichen.

Für die Geldpolitik ergeben sich unabhängig davon weitere Probleme. Der Zielerreichungsgrad der Geldpolitik wird nämlich durch eine Reihe von Faktoren beeinträchtigt, die von geldpolitischen Institutionen nicht unmittelbar beeinflußt werden können. Solche Faktoren liegen

- im monetären Bereich,
- im realwirtschaftlichen Bereich und
- in Wirkungsverzögerungen (vgl. Abschnitt 1.3) begründet,

die der Geldpolitik zugleich Grenzen für ihre Zielerreichung setzen. Im *monetären Bereich* werden diese *Grenzen der Geldpolitik*

---

[97] Vgl. zu den konkreten Zielen der europäischen Geldpolitik Abschnitt 3.1.

- durch das Verhalten der Geschäftsbanken gesetzt, die durch einen Aktivtausch, also der Substitution von Wertpapieren und monetärer Basis, in einer Boomphase den Kreditspielraum entgegen den geldpolitischen Zielen erweitern können.

- durch das Verhalten der Nichtbanken gesetzt, die durch Auflösen ruhender Kassenbestände (*idle money*) und durch *Lieferantenkredite* die Umlaufgeschwindigkeit des Geldes beeinflussen können.

Im *realwirtschaftlichen Bereich* werden solchen Grenzen für die Geldpolitik

- durch das Verhalten von Investoren gesetzt, die selbst bei relativ niedrigen Zinssätzen in geringem Umfange investieren und damit wenig Kredite nachfragen, wenn ihre Zukunftserwartungen pessimistisch sind.

- durch das Verhalten der Konsumenten gesetzt, die bei pessimistischen Zukunftserwartungen über die Sicherheit ihrer Arbeitsplätze kaum Kredite nachfragen und u.U. ihre Sparneigung sogar noch erhöhen.

- durch das Verhalten von Tarifpartnern gesetzt, deren Lohn- und Gehaltsabschlüsse von der Geldpolitik finanziert werden müssen, um eine Beschäftigungsminderung zu vermeiden.

1.3 Zielerreichungsprobleme: Wirkungsverzögerungen-, vorwegnahmen und Rückkopplungseffekte

Wirkungsverzögerungen monetärer Impulse beeinträchtigen das Erreichen der geldpolitischen Ziele durch den Zeitverlust, der bis zum tatsächlichen Greifen der geldpolitischen Maßnahmen vergeht; u.U. wirken dann sogar die geldpolitischen Instrumente zur „Unzeit", d.h. prozyklisch.

Solche Wirkungsverzögerungen (*time lags*) spielen bei allgemein wirtschaftspolitischen wie bei speziell geldpolitischen Maßnahmen für die Übertragung (*Transmissionsmechanismus*, vgl. Abschnitt 2.3.1) von Impulsen auf die angesteuerten Ziele eine erhebliche Rolle. Dabei wird zwischen dem sog. *inside lag* und dem sog. *outside lag* unterschieden.

Der *inside lag* stellt praktisch eine zentralbankinterne Verzögerung beim Einsatz von politischen Maßnahmen dar, ist also nicht eigentlich eine Verzögerung während des Transmissionsmechanismus selbst. So vergeht Zeit, bis eine wirtschaftliche Fehlentwicklung diagnostiziert (*recognition lag*) und eine wirtschaftspolitische bzw. geldpolitische Entscheidung (*decision lag*) vorbereitet ist, weiterhin, bis die entsprechende wirtschafts- und geldpolitische Maßnahme administrativ bis zur Einsatzfähigkeit gestalt wurde (*administration lag*).

Nachdem ein geldpolitischer Impuls gegeben wurde, vergeht wiederum Zeit, bis eine spürbare Wirkung auf das Kreditangebot innerhalb des monetären Bereichs (Transmissionsmechanismus) erfolgt; hier kommt es zu einem inside lag im Bankensystem. Für die Geldpolitik ist diese Wirkungsverzögerung ihres Impulses ein *intermediate lag*.

Für den weiteren Übertragungsmechanismus des geldpolitischen Impulses innerhalb des monetären Bereichs bis auf die Zielgröße im realwirtschaftlichen Bereich – z.B. reales Volkseinkommen, Beschäftigung oder Preisniveau – vergeht wiederum Zeit; es kommt zu einem *outside lag* aus der Sicht der geldpolitischen Instanz.

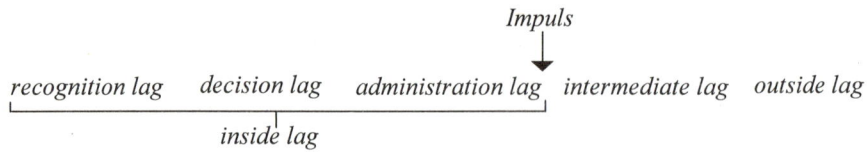

Diese zeitlichen Wirkungsverzögerungen resultieren aus dem indirekten Übertragungsmechanismus der Geldpolitik. Neben den lags werden teilweise auch *leads* (*Wirkungsvorwegnahmen*) angeführt, wie sie sich bereits durch die Ankündigung einer geldpolitischen Maßnahme auf Aktivitäten von Wirtschaftssubjekten auswirken können. In diesem Falle eilen die Konsequenzen der Wirtschaftssubjekte auf die angekündigten Maßnahmen den dann möglicherweise tatsächlich eingeleiteten Impulsen voraus. Schließlich sind *feed back-Effekte* (*Rückkoppelungseffekte*) zu berücksichtigen, die sich durch die Annahme des geldpolitischen Impulses bei den Wirtschaftssubjekten ergeben: Wird z.B. durch eine expansive Geldpolitik das Zinsniveau gesenkt und steigt daraufhin das Investitionsvolumen, so muß bei steigender Kreditnachfrage der Investoren das Zinsniveau wieder steigen. Es kommt zu einer Wirkungsumkehr, wenn auch nicht auf das ursprüngliche Niveau vor dem Impuls.

Der Geldpolitik wäre es daher sehr dienlich, wenn sie zum einen bereits sehr frühzeitig den Erfolg bzw. die Wirkung ihrer eigenen Politik – die u.U. von anderen wirtschaftspolitischen Maßnahmen konterkariert wird – erkennen und zum anderen zumindest auch die Wirkungsrichtung sowie die ausreichende Dosierung ihres Mitteleinsatzes erkennen könnte. Dazu sind Vorstellungen über den sogenannten Transmissionsmechanismus notwendig.

1.4 Zielerreichungsmechanismus: Vorstellung und Hilfsvariablen

1.4.1 Der Transmissionsmechanismus

Als *Transmissionsmechanismus* bezeichnet man den Weg, den ein Impuls der Geldpolitik in Form einer Wirkungskette nimmt, um die allgemeinen Ziele der Wirtschaftspolitik im realwirtschaftlichen Bereich zu realisieren. Dabei integriert der Transmissionsmechanismus die Wirkungsketten des Geldangebotes mit denen der Geldnachfrage.

Die *Theorie des Geldangebotes* (vgl. Kapitel III) beschreibt den Wirkungsablauf vom geldpolitischen Impuls über die Zentralbankgeldmenge oder monetäre Basis B auf die von den Banken angebotene Zahlungsmittelmenge M.

Die *Theorie der Geldnachfrage* (vgl. Kapitel IV) beschreibt die für die Wirtschaftssubjekte erforderliche (nachgefragte) Geldmenge L, um ein bestimmtes reales Handelsvolumen oder reales Volkseinkommen Y^r bei gegebenem Preisniveau P umsetzen zu können; dabei gilt $L = 1/u \cdot Y^r \cdot P$, mit u als der Umlaufgeschwindigkeit des Geldes.

Für die Übertragung des geldpolitischen Impulses vom monetären Bereich in den realwirtschaftlichen Bereich, also die Einbeziehung der Geldnachfrage, gibt es unterschiedliche Einflußkomponenten:

- Erwartungen
- Kreditkosten (*Kreditkostenmechanismus*),
- Kreditverfügbarkeit (*Kreditverfügbarkeitsmechanismus*, credit availability Doktrin),
- Einschätzung des Liquiditätsspielraums (*Liquiditätsmechanismus*).

Um möglichst frühzeitig erkennen zu können, ob die aktuelle Geldpolitik das angestrebte Ziel tatsächlich erreichen wird, beobachten Zentralbanken häufig sog. *Zwischenziele* im monetären Bereich und messen an ihnen durch *Indikatoren* den Effizienzgrad ihrer Politik.

1.4.2 Indikatoren und Zwischenziele der Geldpolitik

Da über die Struktur der Wirtschaft und die zeitliche Verzögerung von Wirkungen monetärer Impulse nur Vermutungen bestehen, müssen *Zwischenziele* angestrebt werden. Diese werden als endogene Größen außer von der Geldpolitik auch von sämtlichen übrigen exogenen Einflußfaktoren der Wirtschaft beeinflußt. *Zwischenziele* werden also von der Geldpolitik während der Übertragung ihrer Impulse in den realwirtschaftlichen Sektor einer Volkswirtschaft auf die wirtschaftspolitischen (End-)Ziele Produktion, Beschäftigung und Preisniveau beobachtet, weil im Laufe dieses Übertragungsmechanismus Wirkungsverzögerungen auftreten; außerdem könnte eine geldpolitische Maßnahme von den Wirtschaftssubjekten nicht angenommen – sinkende Zinssätze brauchen z.B. die Investitionen nicht unbedingt anzuregen – oder auch durch Ausweichaktionen unterlaufen werden. Diese Konzeption geht auf *Karl Brunner* und *Allan Meltzer* zurück.

In der Theorie und Praxis der Geldpolitik sollen *Indikatoren* die Effizienz von geldpolitischen Maßnahmen messen. Mit ihnen wird ermittelt, ob das von der Zentralbank angestrebte monetäre Zwischenziele adäquat und in ausreichendem Umfang beeinflußt werden konnte. Ein Indikator hat *Diagnosefunktion*: Er gibt an, ob ein monetärer Impuls unabhängig von realwirtschaftlichen Einflüssen einen restriktiven oder expansiven Kurs signalisiert. Man unterscheidet dabei zwischen *quantitativen (exakten)* und *klassifikatorischen (richtungsgebunden*: expansiv/kontraktiv) Indikatoren. Als Indikator ist somit eine endogene Größe im Transmissionsweg zu wählen, auf die allein der monetäre Bereich einwirkt. Er soll unabhängig von realwirtschaftlichen Einflüssen den geldpolitischen Einfluß auf das Zwischenziel messen.

Allerdings darf rein theoretisch *nur eine einzige Variable* als Indikator verwendet werden. Bei einer Verwendung mehrerer Indikatoren sind nämlich widersprüchliche Interpretationen möglich und dies gerade dann, wenn bei Konjunkturänderungen ein zuverlässiger Indikator besonders wichtig ist. Bereits bei Verwendung von zwei Indikatoren kommt es zu logischen Problemen bei ihrer Beurteilung. Entweder zeigen beide Indikatoren in die gleiche Richtung, dann ist einer von ihnen überflüssig. Oder beide Indikatoren zeigen in entgegengesetzte Richtungen, dann besteht das Beurteilungsproblem darüber, welcher Indikator eigentlich der relevante ist. Unerheblich ist eine gleichzeitige Verwendung mehrerer Indikatoren nur dann, wenn eine bekannte Beziehung zwischen ihnen besteht. Dann jedoch genügte wiederum ein einziger Indikator.

Man könnte natürlich auch ein *Indikatorenprofil* aus einer ganzen Reihe unterschiedlicher Indikatoren wählen. Dies kann allenfalls zu einer – nützlichen – Beschreibung der realen Phänomene führen, nicht aber als Indikatorkonzept dienen. Denn in diesem Falle bliebe entweder das logische Beurteilungsproblem weiterhin bestehen, oder aber man hätte durch eine funktionale Verknüpfung der Indikatormenge den Ablaufmechanismus geldpolitischer Impulse bereits zuvor gelöst, so daß Indikatoren prinzipiell überflüssig würden.

Die möglichen Auswirkungen eines montären Impulses und mögliche Zwischenziele bzw. Indikatoren sollen im Folgenden anhand eines expanisven montären Impulses dargestellt werden: In der Wirkungskette eines expansiven monetären Impulses werde zunächst die monetäre Basis beeinflußt. In der Folge gibt es drei Möglichkeiten für die Geschäftsbanken, diese Liquiditätsänderung weiterzugeben:

- Schuldenabbau bei der Zentralbank $(-\Delta Sch)$,
- Erhöhung des Kreditangebotes (ΔKr^A),
- Erhöhung der Wertpapiernachfrage bei Nichtbanken (ΔWP^N).

Eine Erhöhung des Kreditangebotes oder der Wertpapiernachfrage führt zu einer tendenziellen Senkung des Zinsniveaus. Werden dadurch auch die langfristigen Zinssätze reduziert, so ist es möglich, daß Unternehmen und Haushalte bereit sind, sich zusätzlich zu verschulden und somit zusätzliche Nachfrage auf den Gütermärkten zu entfalten.

Sollte die Kreditnachfrage Kr^N zunehmen, steigt dann auch das Kreditvolumen Kr. Damit erhöht sich die Geldmenge M1. Zunächst bestehende freie Liquidität der Geschäftsbanken wird in eine gebundene Zentralbankeinlage *(Mindestreservesoll) MR* umgewandelt. Uno actu geht der monetäre Impuls über eine Änderung der Geldmenge M1 weiter in den realwirtschaftlichen Bereich.

Die beschriebenen Wirkungen sind in der folgenden Skizze zusammengefaßt; natürlich können auch sämtliche Wirkungsketten miteinander kombiniert erscheinen:

$$Impuls \rightarrow B\uparrow, Liq\uparrow \begin{cases} \rightarrow \text{Schuldenabbau bei der Zentralbank} \\ \rightarrow Kr^A\uparrow, i\downarrow, Kr^N, Kr\uparrow, M1\uparrow, MR\uparrow (ZBG\uparrow), M2\uparrow, M3\uparrow \\ \rightarrow WP^N\uparrow \end{cases}$$

Innerhalb dieses monetären Bereichs ist eine Größe als *Zwischenziel* auszuwählen, auf die bereits der reale Bereich – z.B. die zinsabhängige Kreditnachfrage der Investoren – einwirkt, und eine solche *Indikatorvariable*, die allein vom monetären Bereich tangiert wird.

Nach einer ökonometrischen Untersuchung von *Brunner* und *Meltzer* soll sich die Änderungsrate der Geldmenge als zuverlässigster Indikator herausgestellt haben. Nach *Zecher* aber ist die Geldmenge nur solange ein zuverlässiger Indikator, wie Geldpolitik (gemessen an der Geldbasis) und Fiskalpolitik (gemessen an den Staatsausgaben) sich in derselben Richtung bewegen. Der Zins dagegen informierte zutreffender, wenn sich Geld- und Fiskalpolitik in entgegengesetzter Richtung bewegten; in diesem Falle lieferte die Geldmenge eine falsche Information.

Auf bestimmte Maßnahmen der Geldpolitik, so auf Änderungen des Mindestreservesatzes, reagiert der Umfang der monetären Basis nicht. Die *Zentralbankgeldmenge in der Definition der Deutschen Bundesbank* berücksichtigte früher daher den Einfluß einer Mindestreservesatzänderung auf die Geldmenge in der Weise, daß sie rechnerisch den Umfang auswies, der nötig gewesen wäre, wenn die Mindestreservesätze konstant geblieben wären[98]. Die *Zentralbankgeldmenge (ZBG) in der Definition der Deutschen Bundesbank* umfaßte die Bargeldhaltung der Banken sowie das Mindestreservesoll für Einlagen inländischer Nichtbanken; wesentlich war, daß *„die Veränderung des Inlands-Solls bei kreditpolitischer Variation der Reservesätze ausgeschaltet wurde, da nur die auf dem Wachstum der Bankverbindlichkeiten beruhende Schaffung von Zentralbankgeld angezeigt werden soll".*

2. Konzeptionen der Geldpolitik

Innerhalb des monetären Bereichs werden bei der Verfolgung geldpolitischer Ziele ganz bestimmte geldpolitische Konzeptionen zu Grunde gelegt, die auf spezifischen Vorstellungen über gesamtwirtschaftliche Wirkungszusammenhänge beruhen.[99] Die praktisch wichtigsten Konzeptionen sind dabei die (post-)*keynesianisch* und die *monetaristisch* geprägte Geldpolitik.

2.1 Geldpolitik aus postkeynesianischer Sicht

Keynesianische Konjunkturpolitik wurde häufig vereinfachend mit einer Fiskalpolitik identifiziert, da geldpolitische Impulse möglicherweise in der Liquiditätsfalle versickerten. Die systematische Einbeziehung von Portfolio-Überlegungen erhöhte allerdings den Erklärungsgehalt der *keynesianischen* Geldpolitik erheblich.

Da Transaktionen freiwillig durchgeführt werden, steht dem Angebot an bestimmten Aktiva immer ein gleichwertiges Nachfragevolumen gegenüber, wie z.B. bei einer Offenmarktpolitik. Bestandseffekte führen zu Umbewertungen auf Grund des variierenden Zinsniveaus.

Eine expansive Geldpolitik wird damit über Portfolioeffekte, Vermögensvolumeneffekte und Kreditverfügbarkeitseffekte die Nachfrage nach Konsumgütern sowie Investitionsgütern steigern. Es kommt zu einem *Multiplikator-* und *Akzeleratoreffekt*[100], dem sich schließlich wieder *feed-back-Effekte* anschließen können (vgl. Abschnitt 1.3), wenn die

---

[98] In dieser Definition wird die monetäre Basis als erweiterte monetäre Basis bezeichnet. Wird die erweiterte monetäre Basis in Geldmarktpapiere in den Händen der Geschäftsbanken korrigiert, so erhält man die bereinigte monetäre Basis. Vgl. zur korrigierten Geldbasis Abschnitt III.1.1.2.

[99] Vgl. zu unterschiedlichen transmissionstheoretischen Vorstellungen insbesondere Kapitel V und VI.

[100] Vgl. zum Zusammenspiel von Multiplikator- und Akzeleratoreffekten auch Abschnitt VI.2.2.

steigende Kreditnachfrage im Verlauf eines stimulierten Konjunkturaufschwunges auch das Zinsniveau wieder ansteigen läßt.

Dies führt dann unmittelbar zu der Frage, ob die Zentralbank eher eine Geldmengen- oder aber eine Zinspolitik betreiben sollte. Sofern zwischen beiden Variablen eine enge Beziehung bestünde, wäre eine solche Differenzierung belanglos, denn das Geldmengenziel würde ein Zinsniveau-Ziel implizieren. Diese Beziehung jedoch stellt geldpolitisch ein gewisses Problem dar (vgl. Abschnitt 2.2.3).

2.2 Geldpolitik aus monetaristischer Sicht

2.2.1 Die long-lag-Hypothese Friedmans

Die *monetaristische* Geldpolitik beruht hauptsächlich auf empirischen Ergebnissen über den Zusammenhang zwischen Geldmenge und Preisniveau. Auf Grund dieses - wie man glaubt: festgestellten - Zusammenhangs sollte die Geldpolitik vermeiden, daß monetäre Faktoren den Wirtschaftsablauf stören. Denn wegen beträchtlicher Wirkungsverzögerungen (lags) monetärer Maßnahmen (vgl. Abschnitt 1.3) besteht die Gefahr, daß geldpolitische Maßnahmen nach Durchlaufen des Transmissionsweges schließlich prozyklisch wirken. Dies um so mehr, als sich eine diskretionäre Geldpolitik immer an der aktuellen Konjunkturlage orientiert.

Für die Dauer der lags wurden in ökonometrischen Untersuchungen unterschiedliche Ergebnisse erzielt. Nach der sog. *long-lag-Hypothese* von *Milton Friedman* beträgt der Zeitraum des *intermediate lag* und des *outside lag*, also die gesamte Wirkungsverzögerung, ungefähr 2 Jahre. Dies bedeutet, daß bei einem angenommenen Konjunkturzyklus von ungefähr vier Jahren jede wirtschaftspolitische Maßnahme *prozyklisch* wirken müßte: Wird z.B. in einer Rezession (Boomphase) ein expansiver (restriktiver) Impuls gesetzt, so würde er nach der *long-lag-Hypothese* erst im Boom (Rezession) wirken, also zu einer Zeit, in der die ursprünglich beabsichtigte Wirkungsrichtung nicht nur nicht benötigt wird, sondern sogar einen negativen konjunkturellen Verstärkungseffekt aufweist. Geldpolitische Maßnahmen könnten deshalb eigentlich für stärkere Konjunkturschwankungen mitverantwortlich sein und sollten deshalb besser unterbleiben. Nach Auffassung des Monetarismus sollte aus diesem Grunde vollständig auf eine konjunkturell angelegte Geldpolitik verzichtet werden und statt dessen eine langfristige (trendmäßig angelegte) Geld*mengen*politik durchgeführt werden.

Bei einer stetigen Geldmengenentwicklung könnte die Geldpolitik auch auf die Preiserwartungen der Wirtschaftseinheiten einwirken: Eine im voraus festgelegte und publizierte Regel über eine konstante Geldmengenzuwachsrate würde bei Produzenten und Konsumenten wie den Tarifpartnern die Entwicklung des künftigen Preisniveaus antizipieren lassen. Damit könnte die konjunkturelle Entwicklung stabilisiert werden.[101]

---

[101] Vgl. zur Bedeutung von Inflationserwartungen für eine stabiltätsorientierte Geldpolitik die Abschnitte VI.3.2 und 2.3.2.

Gegen die *long-lag-Hypothese* wurden verschiedene Vorbehalte vorgebracht, insbesondere zur verwendeten, ökonometrischen Methode. Es wird heute überwiegend auf Grund ökonometrischer Untersuchungen eine sog. *short-lag-Hypothese* akzeptiert, nach der von einer Wirkungsverzögerung zwischen 3 bis 6 Monaten auszugehen ist (vgl. Abschnitt 1.3).

2.2.2 Die Geldmengenpolitik

Die *Friedman*sche long-lag-Doktrin stellt eine kurzfristige, monetäre Stabilisierungspolitik in Frage. Dafür entscheidend ist natürlich die behauptete Länge dieser Verzögerung von durchschnittlich mehr als einem Jahr.

John M. Culbertson, J. Kareken und *Robert M. Solow* wiesen allerdings nach, daß *Friedmans* „long-lag"-Hypothese auf einem irreführenden Vergleich von Zeitreihen beruht, nämlich dem time-lag aus einem Vergleich der *höchsten Wachstumsrate* der Geldmenge mit dem *absoluten Höchststand* der Produktion. Bei einem „normalen" zyklischen Verlauf einer Zeitreihe folgt so selbst bei völligem Gleichlauf von Geldmenge und Produktion ein lag zwischen höchster Wachstumsrate (Wendepunkt) und höchstem Niveauabstand (Maximum) innerhalb eines Konjunkturzyklus.

Culbertson stellte der *Friedman*schen Behauptung eine „short-lag"-Hypothese gegenüber, nach der sich antizyklische Maßnahmen der Zentralbank in der Regel innerhalb von drei bis sechs Monaten auswirken. *J. Ernest Tanner* kam ebenfalls in einer Untersuchung über die Länge von zeitlichen Verzögerungen zu dem Ergebnis, daß innerhalb von 3 bis 6 Monaten nach Änderung der Geldmenge deutliche Auswirkungen auf die volkswirtschaftliche Gesamtnachfrage eintreten. In ökonometrischen Untersuchungen von *Paul S. Anderson* und *Jerry L. Jordan* trat die Auswirkung einer Erhöhung des Geldvolumens auf das Bruttosozialprodukt ebenfalls nach zwei Quartalen ein.

Die Höhe der jährlichen Zuwachsrate des Geldvolumens sollte nach monetaristischer Auffassung deshalb so gewählt werden, daß sie im Durchschnitt eine langfristige Stabilität der Endproduktpreise gewährleistet. Um die Effizienz einer solchen langfristig konzipierten Geldmengenpolitik zu erhöhen, sind institutionelle Vorkehrungen zu treffen:

- Einführung flexibler Wechselkurse, um außenwirtschaftliche Einflüsse abzublocken (bei Geldmengenerhöhungen auf Grund von Devisenzuflüssen).
- Beschränkung auf Offenmarktoperationen, um die Geldmenge M feinsteuern zu können und marktkonforme Maßnahmen anzuwenden. Empirische Untersuchungen scheinen zu belegen, daß der Geldmengenmultiplikator m in der Definition $M = m \cdot B$, mit B als monetärer Basis, im Zeitablauf relativ stabil ist; er schwankte in den USA z.B. zwischen 2,5 und 2,8. Damit ließe sich die Geldmengenentwicklung von M weitgehend durch eine Steuerung der monetären Basis kontrollieren.
- Einführung einer 100%igen, verzinslichen Mindestreservepflicht der Geschäftsbanken, um die Geldschöpfungsmöglichkeit zu beschränken und als Ausgleich dafür eine zusätzliche Einnahmequelle durch Verzinsung der Zentralbankeinlagen zu sichern.

Der Vorschlag *Friedmans* zur Einführung einer Mindestreservepflicht von 100 % ist nicht gerade liberal und steht im Gegensatz zu der von Monetaristen sonst vertretenen Politik.

2.2.3 Zusammenhang von Geldmenge und Zinssatz aus monetaristischer Sicht

Monetaristen bestreiten zwar nicht den möglichen Wirkungszusammenhang zwischen einer Veränderung des Zinsniveaus und Reaktionen auf realwirtschaftliche Variable, auch nicht, daß die Investitionsentscheidungen der Unternehmer durch ein Sinken der Kreditkosten begünstigt werden könnten. Sie bezweifeln jedoch, daß die Zentralbank das Zinsniveau adäquat kontrollieren kann.

Wenn bei erfolgreicher Konjunkturpolitik das Einkommen steigt, und damit tendenziell Kreditnachfrage und Preise, so werden sich auch die Zinsen erhöhen. Nicht ein sinkendes, sondern ein steigendes Zinsniveau resultiert also letztlich aus einer erfolgreichen Expansionspolitik; dies ist das sogenannte *„Gibson-Paradoxon"*. In Anlehnung an die *Phillips-Kurve* (vgl. Abschnitt VI.3.1) könnte somit auch für die Investitionstätigkeit eine positive Korrelation zwischen nominellem Zinssatz und Investitionsvolumen – wie in Abbildung 69 – dargestellt werden.

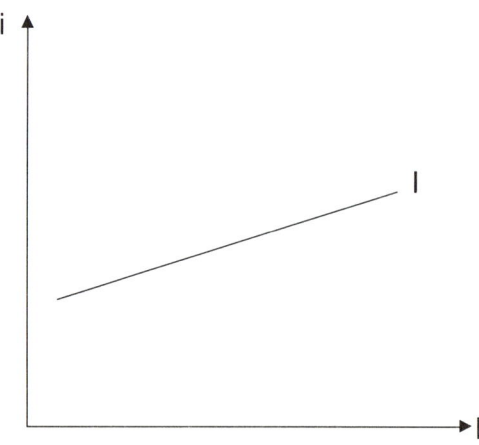

Abbildung 69

Die übliche negative Korrelation zwischen Zinssatz und Investitionsvolumen gilt ceteris paribus nur für einen bestimmten Zeitpunkt. Die oben dargestellte positive Korrelation zwischen Zinssatz und Investitionsvolumen zeigt dagegen i/I-Kombinationen in unterschiedlichen konjunkturellen Situationen. So wie die *Phillips-Kurve* besagt, daß in Boomphasen hohe Lohnsätze und hohe Preisniveaus mit geringer Unterbeschäftigung verknüpft sind, besagt diese Investitionskurve in Abbildung 69, daß in Boomphasen bei inflationären Tendenzen hohe Nominalzinssätze mit einem hohen Investitionsvolumen korreliert sein können.

2.3 Alternativen zur Geldmengenpolitik

2.3.1 Money view versus Credit view

Eine monetäre Konzeption, die auf eine Steuerung der Geldmenge M3 abstellt, zielt letztlich auch auf eine Beeinflussung der Zahlungsmittelmenge M1 ab und zeigt zugleich als Reflex die von Banken initiierte, kurzfristige Änderung der Umlaufgeschwindigkeit der Geldmenge M1 an.[102] Da zusätzliche Zahlungsmittel stets über eine zusätzliche Kreditgewährung bei Banken geschaffen werden, könnte man eine monetäre Steuerung natürlich auch über eine Beeinflussung des Kreditvolumens erreichen.

Damit ist jedoch nicht an direkte Eingriffe in das Kreditvolumen der einzelnen Geschäftsbanken gedacht, wie dies die USA in der Vergangenheit zeitweise praktizierten. Direkte Restriktionen bei Bankkrediten machen es für bestimmte Kreditnehmer schwieriger oder gar unmöglich, Kredite zu erhalten. Angemessener ist eine indirekte Beeinflussung über den Zinssatz oder aber eine Aktiv-Mindestreserve.

Es hat sich in der geldtheoretischen Diskussion inzwischen eingebürgert, zwischen einer *'Geldsicht'* und einer *'Kreditsicht'* zu unterscheiden. Die 'Geldsicht' stellt – vereinfacht ausgedrückt – auf das Zusammenwirken von Geld, Wertpapieren und Zinssatz ab (die übliche IS/LM-Darstellung), die 'Kreditsicht' dagegen auf die Interdependenz von Geld, Wertpapieren und Krediten. Ein Problem ergibt sich in diesem Zusammenhang aus der Tatsache, daß nicht alle Unternehmen Zugang zu Wertpapieremissionen haben.

Im Rahmen der Geldpolitik *(money view)* spielen Banken eine nur untergeordnete Rolle; die Geldsicht ist *household-centric* und basiert auf der Annahme, daß es der Zentralbank möglich sei, den Zinssatz für Offenmarktgeschäfte in der Art zu beeinflussen, daß die Geldnachfrage in der beabsichtigten Weise reagiert.

Im Gegensatz dazu stellt eine Kreditpolitik *(lending-view)* gerade auf die Möglichkeit der Zentralbank ab, das Zinsdifferential zwischen Offenmarktrendite und Kreditzins der Banken zu manipulieren. Die *Kreditsicht (credit view)* ist daher eher *bank-centric*. Dies führt dazu, daß – selbst dann, wenn eine restriktive Geldpolitik die Offenmarktrendite nur sehr geringfügig bewegt – ein signifikanter Einfluß auf das Zinsdifferential und damit auf das Kreditangebot der Banken ausgeübt wird.

Einen groben Überblick über die verschiedenen Transmissionswege der Geldpolitik gibt Abbildung 70, in der innerhalb des Kreditkanals auf die Rolle der Banken im monetären Übertragungsmechanismus abgestellt wird.

---

[102] Eine Umlaufgeschwindigkeit bei der Geldmenge M3 ergibt eigentlich keinen Sinn. Termin- und Spareinlagen laufen nicht um, sie stellen einen Leihvertrag von Zahlungsmitteln und haben daher zwangsläufig immer eine Umlaufgeschwindigkeit von u = 1. Jedoch auch der Board of Governors des US-amerikanischen Federal Reserve System beobachtet die Umlaufgeschwindigkeit der Geldmenge M2. Vgl. zu unterschiedlichen Geldmengendefinitionen Abschnitt III.2.1.2.

Monetäre Transmissionswege im Überlick
(1)　KEYNESIANISCHE SICHT 　　(a)　*einfache Version* 　　　　$M \uparrow \to i^r \downarrow \to I \uparrow \Rightarrow Y \uparrow$ 　　(b)　*erweiterte Version* 　　　　$M \uparrow \to P^e \uparrow \to \hat{p}^e \uparrow \Rightarrow i^r \downarrow \to I \uparrow \Rightarrow Y \uparrow$
(2)　MONETARISTISCHE SICHT *(money view)* 　　　$M(\text{outside}) \uparrow \to i^r, i(\text{kurzfr.}) \downarrow \to i(\text{langfr.}) \downarrow \Rightarrow N \uparrow, Y \uparrow$
(3)　WECHSELKURS-KANAL *(exchange rate channel, postkeynesianische Sicht)* 　　　$M \uparrow \to i^r \downarrow \to w \downarrow (\text{Abwertung}) \Rightarrow Ex \uparrow \Rightarrow Y \uparrow$
(4)　BESTANDSPREIS-KANAL *(equity price channel, postkeynesianische Sicht)* 　　　$M \uparrow \to i_{RK}, \ i_e \downarrow$ bzw. $P_{RK}, P_e \uparrow \Rightarrow q \uparrow \to I \uparrow \Rightarrow Y \uparrow$
(5)　KREDIT-KANAL *(credit channel)* 　　(a)　*bank lending channel* 　　　　$M \uparrow \to$ Bankdepositen, Kredite an KMUs $\uparrow \to I \uparrow \Rightarrow Y \uparrow$ 　　(b)　*balance sheet channel* 　　　　$M \uparrow \to i_e \downarrow$ bzw. $P_e \uparrow \Rightarrow$ *adverse selection* $\downarrow \to I \uparrow \Rightarrow Y \uparrow$
Legende: $M\uparrow$ = Geldmengensteigerung durch Offenmarktpolitik, i = nomineller Zinssatz, i^r = realer Zinssatz, i_e = Aktienrendite, i_{RK} = Rendite bestehenden Realkapitals, I = Investitionsvolumen, Y = Volkseinkommen, N = Nachfrage (Haushalte und Unternehmen), P^e = erwartetes Preisniveau, $\hat{p}^e$ = erwartete Inflationsrate, w = Wechselkurs, Ex = Exportvolumen, P_e = Aktienkurs, P_{RK} = Preis bestehenden Realkapitals, q = Tobin-q.
Quelle: Eigene Darstellung nach einem Übersichtsbeitrag von *Frederic S. Mishkin,* The Channels of monetary transmission: Lessons for monetary policy, in: NBER Working Paper Nr. 5464 (Februar 1996), S. 2 ff. und *R. Glenn Hubbard,* Is there a „credit channel" for monetary policy?, in: NBER Working Paper Nr. 4977 (Dezember 1994), S. 4.

Abbildung 70

Innerhalb des Kreditkanals sind nach der neuen Kredittheorie (*credit view*) zwei Effekte zu unterscheiden: Der *bank lending channel* stellt auf die Diskriminierung kleiner und mittlerer Unternehmen (KMUs) durch eine restriktive Geldpolitik bzw. deren Übervorteilung durch eine expansive Geldpolitik ab. Denn im Gegensatz zu Großunternehmen, denen die Möglichkeit einer Wertpapierfinanzierung offen steht, können KMUs geldpolitischen Maßnahmen nicht ausweichen – sie werden von Zinsänderungen vergleichsweise stark getroffen. Kreditzinsänderungen beeinflussen dementsprechend insbesondere das Investitionsvolumen der KMUs, das aber maßgebend für die Entwicklung des Volkseinkommens ist. Der *balance sheet channel* ist eigentlich ein Unterfall bzw. eine Verstärkung des *bank lending channel,* denn er erklärt das Kreditangebotsverhalten der Banken bei sich ändernder Kreditwürdigkeit ihrer Kunden in Abhängigkeit von der Geldpolitik: Eine restriktive Geldpolitik geht mit steigenden Zinssätzen und sinkenden Vermögenspreisen einher, die die Bewertung von Aktiva in der Bilanz von Kreditnehmern reduziert. Bei asymmetrischer Information[103] zwischen Banken und Kreditnehmern werden gleichzeitig die Informationskosten *(screening, evaluation* und *monitoring)* innerhalb des Kreditprozesses erhöht. Die Banken schränken ihr Kreditangebot ein. Bei einer expansiven Geldpolitik können Banken dagegen auch höhere Risiken ihrer Kreditnehmer akzeptieren; das Problem der *adversen selection* sinkt, und die Banken weiten Ihr Kreditangebot aus.

Die Existenz eines *credit channels* führt bei sich ändernder Geldpolitik

- zu einem signifikanten Einfluß auf das Investitionsvolumen und das Produktionsvolumen, selbst dann, wenn sich die langfristigen Zinssätze kaum ändern,
- zu Verteilungseffekten bei Krediten zwischen bankabhängigen (i.d.R. kleinere Firmen) und nicht-bankabhängigen Unternehmen,
- zu einem unterschiedlichen Einfluß auf das Kreditangebotsverhalten von Banken mit weniger liquiden Anlagen und solchen mit umfangreicheren, liquiden Bilanzpositionen.

Der unterstellte Transmissionsweg hat zudem einen Einfluß auf die zu wählende Zielgröße der Geldpolitik. Eine auf die Zahlungsmittelmenge M1 abstellende Geldmengenpolitik kann nur primäre Finanzintermediäre (Geschäftsbanken) treffen, während eine Kreditpolitik zusätzlich die sekundären Finanzintermediäre und auch Nichtbanken außerhalb des Kreditsektors beeinflußt[104]. Da die Geldpolitik aber ausschließlich Kreditinstitute beeinflussen kann, könnte ein geldpolitisches Ziel 'Kreditvolumen' immerhin den Kreis der von der Zentralbank zu beeinflussenden Institutionen erweitern. Die *Europäische Zentralbank* berücksichtigt dementsprechend in ihren Überlegungen die Einflüsse der auch von sekundären Finanzintermediären emittierten Geldmarktpapiere in der Geldmenge M3; sie wirkt auf alle *MFIs* ein.

Wenn man die geldpolitische Konzeption nicht direkt am Kreditvolumen ausrichten möchte, bietet sich auch an, pragmatisch auf die Geldmenge M1 sowie einen ausgewählten Zinssatz – der den Einfluß der Kreditgewährung repräsentiert – abzustellen. Vorteilhaft wäre dabei, allein die Sichteinlagen der Mindestreservepflicht zu unterwerfen, um den Einfluß von Einlagen-Umschichtungen auf die Geldmenge M1 zu umgehen[105]:

			Bk		
(1)			$Si(Nbk_1)$	- 100	(MR - 2)
			T	+ 100	
(2)	Kredite	+ 100	$Si(Nbk_2)$	+ 100	(MR + 2)

---

[103] Vgl. zum Problem asymmetrischer Information Abschnitt III.3.6.2.

[104] Vgl. zur Bedeutung von Finanzintermediären für die Geldpolitik Abschnitt IX.2.

[105] Vgl. zur Bedeutung von Einlagen-Umschichtungen insbesondere Abschnitt III.3.3.1.

Gleichgültig wie hoch der Mindestreservesatz r_{Si} gewählt wird (hier ist er $r_{Si} = 0,02$) führen Umschichtungen bei gleichbleibender Geldmenge M1 zu erhöhten Zinssätzen: Einleger müssen nämlich – bei bestehender, hoher Kreditnachfrage – mit höheren Zinsen zu Umschichtungen veranlaßt werden. Bei einer Mindestreserveverpflichtung auch der Termin- und Spareinlagen kommt es dagegen zu einer – trotz expansiver Kreditwirkung – sinkenden Geldmenge M1, weil ein Teil der Zentralbankgeldmenge zur Erfüllung der Mindestreserveverpflichtung der Termineinlagen (oder auch Spareinlagen) gebunden würde.

Verwendet man sowohl ein monetäres Aggregat wie auch ein Kredit-Aggregat, so erweitert dies den Rahmen an Information, insbesondere auch den über den geldpolitischen Einfluß nichtmonetärer (sekundärer) Finanzintermediäre, deren Verhalten bei der Wertpapier-Emission wie auch deren Erwerb von Aktiva.

Der geldpolitische Ansatz mit Informationsvariablen unterscheidet sich vom Zwischenziel-Ansatz insbesondere dadurch, daß er etwas über die Ursache der beobachteten Bewegung einer Variablen aussagt. Die 'Kreditsicht' ist dann keine Alternative zur konventionellen 'Geldsicht' der Geldpolitik, sie ist eine Ergänzung; indem man die Rolle der Kreditinstitute bei der Schaffung von Geld wie auch bei der Kreditvergabe stärker beachtet, kann der Einfluß der Informationsvariablen wie der der Finanzmarktinnovationen besser beurteilt werden.

2.3.2 Monetary targeting versus Inflation targeting

Als eine andere mögliche Alternative zur „traditionellen" Geldmengensteuerung, wie sie früher auch von der *Deutschen Bundesbank* betrieben wurde, wird häufig auch die Politik der direkten Inflationssteuerung (*inflation targeting*) in die Diskussion gebracht. Eine solche Politik wird bzw. wurde von den Notenbanken in Neuseeland (seit 1989) und Kanada (seit 1991) sowie von Großbritannien (seit 1992), Schweden (seit 1992), Finnland (1992 bis 1998) und Spanien (1994 bis 1998) durchgeführt. Neuseeland und Kanada führten das Konzept aufgrund ihrer schlechten Erfahrungen mit Geldmengenzielen ein, während die europäischen Länder – insbesondere durch die Währungsturbulenzen im EWS in den Jahren 1992 und 1993 – schlechte Erfahrungen mit ihren bis dato verfolgten Wechselkurszielen gemacht hatten.

Die Strategie einer Zentralbank im Rahmen des *inflation targeting* besteht darin, Inflationsziele zu verkünden und diese durch den Einsatz der ihr zur Verfügung stehenden Mittel anzustreben.

Die entscheidende Rolle im Transmissionsprozeß, der diesem Konzept zu Grunde liegt, spielen die Inflationserwartungen der Wirtschaftssubjekte. Diese Erwartungen beeinflussen letztlich ihr Nachfrage- und Preissetzungsverhalten. Die Zentralbank kann die Inflationserwartungen der Wirtschaftssubjekte durch zwei „Maßnahmen" beeinflussen: zum einen durch die Beeinflussung des Geldmarktzinses, zum anderen durch die Veröffentlichung von Inflationsprognosen. Gelingt es der Zentralbank, die Inflationserwartungen zu beeinflussen, so werden sie zu „*Self-Fullfilling-Prophecies*". Voraussetzung dafür ist eine nachvollziehbare Begründung der vergangenen sowie eine fundierte Prognose der zukünftigen Inflationsentwicklung, die jeweils in verständlicher Form und regelmäßig veröffentlicht werden. Der so skizzierte Transmissionsweg im Konzept des *inflation targeting* ist in Tabelle 12 dargestellt.

Der Vorteil des *inflation targeting* im Vergleich zur strengen Geldmengensteuerung besteht darin, daß die Träger der Geldpolitik nicht „gezwungen" sind, bei der Erklärung vergangener, gegenwärtiger und zukünftiger Inflationsraten auf nur einen Indikator zurückzugreifen. Vielmehr kann die Zentralbank eine Fülle von Informationen für die Begründung ihrer Inflationserklärungen und -prognosen heranziehen und ihre Analysen so auf eine breite Basis stellen. Das *inflation targeting* verschafft einer Zentralbank die Möglichkeit, frei von Ideologie nach den tatsächlichen Ursachen für Inflation zu forschen. Es stellt somit eine *Mantel-Strategie* dar. Die Aufgabe dieses Mantels besteht darin, die Erwartungen zu prägen und zu stabilisieren.

Phase	*1*	*2*	*3*	*4*	*5*
Akteur(e)	Zentralbank	Zentralbank	Wirtschaftssubjekte	Wirtschaftssubjekte	
Aktion	• erstellt Inflationsprognosen	• beeinflußt den nominalen und realen Geldmarktzins • verkündet Inflationsziel bzw. -prognose	• passen ihre Inflationserwartung an	• passen ihr Nachfrage- und Preissetzungsverhalten ihren geänderten Erwartungen an	
Ergebnis			Veränderung der Erwartungen	Veränderung des Verhaltens	Veränderung der Inflationsrate

Quelle: Eigene Darstellung in Anlehnung an Bofinger/Reischle/Schächter (1996, S. 369 ff.).

Tabelle 12

Kritiker dieser Konzeption bezweifeln allerdings, ob diese Beeinflussung der Erwartungen gelingen kann. Als Argument führen sie die Beliebigkeit der Begründung von Inflationsentwicklungen an: Da im Rahmen des *inflation targeting* kein konkreter Transmissionskanal und in Folge dessen auch kein eindeutiges, zu verfolgendes Zwischenziel angegeben wird, bleibt ex ante zunächst völlig offen, wie Inflationsprognosen und -erklärungen überhaupt erstellt werden sollen. Damit bleibt auch unklar, wie die Inflationserwartungen beeinflußt werden können. Die *Deutsche Bundesbank* hatte deshalb 1998 *gegen* die Einführung des *inflation targeting* auf europäischer Ebene plädiert.

Die empirisch belegbaren Erfahrungen mit der direkten Inflationssteuerung liefern bisher jedoch keinen Grund für eine Ablehnung des Konzepts. Ein Grund dafür kann allerdings auch sein, daß das *inflation targeting* bis dato noch keine kritischen Situationen zu überstehen hatte: Das realwirtschaftliche Umfeld war in den 90er Jahren des 20. Jahrhunderts günstig für jede Art von stabilitätsorientierter Geldpolitik. Daher ist seit 1992 die Entwicklung in fast allen Industrieländern durch niedrige Inflationsraten gekennzeichnet.

Bei der Diskussion um die Frage der „richtigen" geldpolitischen Konzeption wird in der Regel nach einer „Entweder-oder-Lösung" gesucht. Die Unterscheidung „Geldmengenpolitik *versus inflation targeting*" verstellt jedoch den Blick für eine produktive Lösung des Streits. Verändert man den Fokus der Diskussion, indem man nach einer sinnvollen *Kombination* der beiden Konzeptionen fragt, so ist die Antwort einfach und naheliegend: Das *inflation targeting* kann die Funktion der *Mantel-Konzeption* übernehmen, während die Geldmengenpolitik die *Strategie* darstellt, mit der sich dieser Mantel nach dem heutigen Kenntnisstand am sinnvollsten „füllen" ließe.

Folgt man dieser Interpretation, so hat die *Europäische Zentralbank* genau diese „Aufgabenteilung" gewählt: Sie stellt ihrem jeweiligen Geldmengenziel als langfristig zu erreichendes Ziel eine Inflationsrate von unter 2 Prozent voraus. Ein wesentlicher Vorteil dieser Lösung gegenüber der Strategie der reinen Geldmengensteuerung besteht darin, daß ein eventuell notwendig werdender Wechsel der Zwischenzielgröße nicht zwangsläufig mit dem Wechsel der geldpolitischen Strategie verbunden ist. Damit wird die Gefahr eines Reputationsverlustes der Zentralbank gering gehalten.

3. Geldpolitik in der Europäischen Währungsunion

3.1 Aufgaben und Ziele des ESZB

Das vertraglich fixierte vorrangige Ziel des *Europäischen Systems der Zentralbanken ESZB* ist nach Artikel 105 EWG-Vertrag – wie früher bei der *Deutschen Bundesbank* in § 3 BBankG geregelt – die Sicherstellung der Preisniveaustabilität im Euro-Raum. Dieses Ziel wird als erreicht angesehen, wenn die jährliche Steigerungsrate des harmonisierten Verbraucherpreisindex in der *EWU* mittelfristig unter 2 Prozent liegt. Nach Artikel 105 EWG-Vertrag unterstützt das *ESZB* die allgemeine Wirtschaftspolitik in der Europäischen Gemeinschaft, soweit dies ohne Beeinträchtigung des Ziels der Preisniveaustabilität möglich ist. Die in Artikel 2 EWG-Vertrag festgelegten allgemeinen Ziele der EWG lauten:

• harmonische und ausgewogene Entwicklung des Wirtschaftslebens

• beständiges, nichtinflationäres und umweltverträgliches Wachstum

• hoher Grad an Konvergenz der Wirtschaftsleistung

• hohes Beschäftigungsniveau

• hohes Maß an sozialen Schutz

• Hebung der Lebenshaltung und der Lebensqualität

• Förderung des wirtschaftlichen und sozialen Zusammenhalts und der Solidarität der Mitgliedstaaten.

Während der Europäische Rat Kompetenzen im Rahmen der Wechselkurspolitik besitzt, hat das *ESZB* die Verantwortung für die Geldwertstabilität.

Grundsätzlich soll das *ESZB* bei der Verfolgung seiner satzungsgemäßen Ziele versuchen, eine effiziente Allokation der knappen Ressourcen innerhalb der EWU zu fördern. Es soll sich dementsprechend am Grundsatz einer offenen Marktwirtschaft mit freiem Wettbewerb orientieren.

Darüber hinaus hat das *ESZB* gemäß Artikel 3 der Satzung von *ESZB* und *Europäischer Zentralbank* folgende Aufgaben[106]:

• die Geldpolitik der Währungsunion-Teilnehmer festzulegen und auszuführen,

• Devisengeschäfte durchzuführen,

• offizielle Währungsreserven der Teilnehmerstaaten zu halten und zu verwalten,

• reibungsloses Funktionieren der Zahlungssysteme zu fördern und

• zuständige Behörden auf den Gebieten der Bankenaufsicht und der Stabilität des Finanzsystems zu unterstützen.

3.2 Geldpolitische Konzeption des ESZB

Das *ESZB* versucht diese Aufgaben – insbesondere das Hauptziel Preisniveaustabilität – im Rahmen einer geldpolitischen Konzeption zu erreichen, die auf zwei Säulen fußt und in wesentlichen Teilen an die frühere Konzeption der *Deutschen Bundesbank* angelehnt ist. Im Vordergrund steht dabei die Steuerung der breit abgegrenzten Euro-Geldmenge M3, wie sie im Kapitel III.2.1.2 definiert wurde. In diesem Zusammenhang veröffentlicht das *ESZB* einen Referenzwert für das Jahreswachstum von M3. Grundlage für die Bestimmung des Referenzwertes sind 3 Faktoren[107]:

1. die angestrebte Inflationsrate (≤ 2 Prozent),

2. das geschätzte jährliche Wachstum des realen Bruttosozialprodukts im Euro-Währungsgebiet (2 bis 2 ½ Prozent für 1999) sowie

3. die geschätzte mittelfristige Entwicklung der Umlaufgeschwindigkeit von M3 (minus 0,5 bis 1 Prozent p.a.).

Aus diesen Größen ergab sich im ersten Jahr der Währungsunion (1999) ein Referenzwert für das Jahreswachstum von M3 von 4 ½ Prozent. Die *ESZB* beobachtet die monetäre Entwicklung in Bezug auf ihren Referenzwert auf der Basis des gleitenden 3-Monats-Durchschnitts des monatlichen 12-Monats-Wachstums.

Neben der Geldmenge M3 beobachtet das *ESZB* aber auch noch eine Vielzahl von anderen monetären und realwirtschaflichen Indikatorvariablen, wie etwa die Entwicklung des Preisniveaus und der Zinsen; seit Dezember 2000 publiziert die *EZB* eine Projektion der erwarteten Preisniveausteigerungsrate. Durch die Berücksichtigung dieser 2. Säule der Geldpolitik soll die einseitige Fixierung auf eine einzige Zielgröße und eine daraus möglicher Weise resultierende mechanistische Reaktion auf Verfehlungen der Zielgröße vermieden werden.

Zur Erfüllung der genannten Aufgaben steht dem *ESZB* laut Artikel 17 bis 24 des Statuts das in Marktwirtschaften übliche geldpolitische Instrumentarium zur Verfügung (vgl. dazu auch Abschnitt IX.4). Die geldpolitischen Maßnahmen des *ESZB* werden in

---

[106] Vgl. zu den Aufgaben des *ESZB* auch Abschnitt VIII.1.2.

[107] Das Geldmengenziel wird formal aus der Fisher'schen Verkehrsgleichung ($M = Y^r \cdot P : u$) abgeleitet. Dabei wird das reale Volkseinkommen Y^r durch das Produktionspotential ersetzt.

erster Linie in Form einer auf Pensionsgeschäfte gestützten Offenmarktpolitik durchgeführt. Darüber hinaus kann das *ESZB* eine dem früheren deutschen Lombard entsprechende ständige Kreditfazilität zur Spitzenlastrefinanzierung ebenso nutzen, wie eine ständige Einlagenfazilität. Letztere bildet – wie der ehemalige deutsche Diskontsatz (der von der *Deutschen Bundesbank* den Geschäftsbanken berechnete Zins für eine durch Handelswechsel gesicherte Kreditgewährung) – eine untere Auffanglinie für den Geldmarktzins im Euro-Währungsraum. Weiterhin verfügt das *ESZB* über das Instrument der Mindestreserve, um kurzfristige Zinsschwankungen am Geldmarkt zu glätten und die Nachfrage nach Zentralbankgeld zu stabilisieren.

Obwohl bei der Auswahl der entsprechenden Zwischenzielgrößen beachtet wurde, daß verläßliche Informationen über den Transmissionsweg der geldpolitischen Maßnahmen vorliegen sollten, ist nach der Übernahme der geldpolitischen Verantwortung in Europa durch das *ESZB* in einer Übergangsphase mit Reibungsverlusten bzw. Effizienzproblemen der Geldpolitik zu rechnen. Diese resultieren zum einen aus der Umstellung der Geldpolitik auf eine europaweit einheitliche Geldmengenkonzeption. Hier ist mit Anlaufschwierigkeiten insbesondere in den Ländern zu rechnen, die bis dahin eine andere Konzeption (z.B. Zins- oder Wechselkurskonzeption) verfolgt haben. Zum anderen ist auch das Portfolioverhalten der Anleger in den einzelnen Mitgliedstaaten unterschiedlich, so daß teilweise mit unterschiedlichen Transmissionswegen bzw. sogar mit unterschiedlichen Transmissionsergebnissen gerechnet wird.

Solche Friktionskosten treten typischerweise immer dann auf, wenn bestehende Regeln geändert werden und unter den neuen, hier: geldpolitischen Regeln, erst wieder neue, adäquate Verhaltensmuster entstehen müssen. Diese Verhaltensmuster bilden sich nur langsam heraus. Um einen nur möglichst geringen Friktionsverlust bei der Vereinheitlichung der Geldpolitik in Europa in Kauf nehmen zu müssen, waren schon in *Stufe 2* der Währungsunion entsprechende „Lernphasen" vorgesehen, um nicht erst mit dem Eintritt in *Stufe 3* abrupt den Übergang zur neuen Konzeption und zu – für einzelne Länder – neuen Instrumenten der Geldpolitik durchzuführen.

Die Geldpolitik der *Europäischen Zentralbank* soll mit einer *Grobsteuerung* (Liquiditäts- und Zinspolitik über das Hauptrefinanzierungsinstrument der Offenmarktoperationen sowie die längerfristigen Refinanzierungsinstrumente und die ständigen Fazilitäten für Spitzenrefinanzierung und Einlagen) längerfristige Orientierungsdaten setzen, mit einer *Feinsteuerung* – durch Feinsteuerungsoperationen wie etwa Schnelltender und Devisenswapgeschäfte – kurzfristige Liquiditätsengpässe der Geschäftsbanken auffangen.[108]

Die Mengenkomponente der Geldpolitik, also die monetäre Basis, zielt auf eine Beeinflussung der Liquidität der Geschäftsbanken und damit des Kreditangebotes ab; mit der Preiskomponente der Geldpolitik dagegen – dem Zinssatz – soll die Geld- und Kreditnachfrage der Geschäftsbanken wie des Publikums (Nichtbanken) beeinflußt werden. Die Ansatzpunkte der europäischen Geldpolitik lassen sich aus der Bilanz des *ESZB* entnehmen (vgl. Tabelle 13):

---

[108] Eine ausführliche Darstellung der Instrumente der europäischen Geldpolitik erfolgt in Abschnitt 4.

Konsolidierter Ausweis des Eurosystems *Juli 2000* *in Mrd. Euro*				
Aktiva		**Passiva**		
Währungsreserven	**401,2**	**Banknotenumlauf**		**358,8**
Forderungen an MFIs	**218,6**	**Einlagen der MFIs**		**114,2**
→ *Hauptrefinanzierungsgeschäfte*	*159,3*	→ *Mindestreserven*	*113,3*	
→ *längerfristige Refinanzierungs-geschäfte*	*58,7*	→ *Einlagenfazilitäten*	*1,0*	
→ *Feinsteuerungsgeschäfte*	*0*	→ *Termineinlagen*	*0*	
→ *befristete Transaktionen*	*0*	→ *befristete Transaktionen*	*0*	
→ *Spitzenrefinanzierungsfazilitäten*	*0,1*	**Inhaberschuldverschreibungen**		**6,3**
→ *sonstige*	*0,5*	**Einlagen von Nichtbanken**		**54,1**
Wertpapiere	**25,2**	**Einlagen des Auslands**		**18,8**
Forderungen an öffentliche Haushalte	**59,0**	**Kapital und Rücklagen**		**55,1**
sonstige	**89,0**	**sonstige und Ausgleichsposten**		**185,7**
Summe	**793,0**	**Summe**		**793,0**

Quelle: Monatsbericht der *Europäischen Zentralbank*, Oktober 2000, S. 6* ff.

Tabelle 13

Die Position 2 auf der Aktivseite der Bilanz in Tabelle 13 beschreibt die Währungsreserven, genauer die Auslandsposition des *ESZB*. Hier liegen die *außenwirtschaftlichen Ansatzpunkte* der europäischen Geldpolitik. Zu ihr zählten die *Interventionspolitik* und die *Swappolitik*. Die binnenwirtschaftlichen Ansatzpunkte der Geldpolitik (im Rahmen einer Mengenpolitik) sind in der Position „Forderungen an MFIs" enthalten. Auch auf der Passivseite lassen sich die Einflußgrößen einzelner geldpolitischer Instrumente wiederfinden. Bei den „Einlagen der MFIs" werden die jeweiligen Mindestreserveverpflichtungen gesondert ausgewiesen. Die übrigen Einlagen können von der *EZB* durch moral suasion beeinflußt werden. Auch die im Rahmen der ständigen Einlagefazilität beim *ESZB* angelegte Überschußliquidität der MFIs wird gesondert ausgewiesen.

4. Das geldpolitische Instrumentarium des *Europäischen Systems der Zentralbanken*

Mit der Übernahme der geldpolitischen Kompetenzen im Euro-Währungsgebiet stehen auch dem *Europäischen System der Zentralbanken ESZB* zur Erreichung seiner Ziele eine Reihe geldpolitischer Instrumente zur Verfügung. Zu diesen Instrumenten gehört eine *ständige Einlagenfazilität*, mit deren Hilfe die Geschäftspartner des *ESZB* überschüssige Liquidität bei der Zentralbank „parken" können. Im Rahmen seiner Refinazierungspolitik kann das *ESZB* auf *Offenmarktgeschäfte* sowie auf eine *ständige Fazilität zur Spitzenrefinanzierung* zurückgreifen. Weiterhin kann das *ESZB Mindestreserven* auf Einlagen, die Nichtbanken bei Geschäftsbanken halten, erheben.

Die ständigen Fazilitäten setzen Signale bezüglich des allgemeinen Kurses der Geldpolitik; gleichzeitig determinieren sie die Ober- und Untergrenze der Geldmarktsätze für Tagesgelder ab. Im Gegensatz zu den Offenmarktoperationen können die zugelassenen

Geschäftspartner des *ESZB* – sofern sie gewisse operationale Zugangskriterien erfüllen – die ständigen Fazilitäten auf eigene Initiative in Anspruch nehmen, d.h. sie sind auf keine zusätzlichen Maßnahmen der Zentralbank angewiesen. Die ständigen Fazilitäten werden dezentral von den nationalen Zentralbanken verwaltet.

4.1. Einlagenfazilität

Obwohl vom Namen her ähnlich wie die Einlagenpolitik der *Deutschen Bundesbank* ist die *ständige Einlagefazilität* des *ESZB* von gänzlich anderer geldpolitischer Qualität. Sie richtet sich nämlich nicht auf Einlagen des Staates bei der Zentralbank, sondern auf Einlagen von Geschäftsbanken.

Im Rahmen der Einlagefazilität können die Geschäftspartner des ESZB bei den nationalen Zentralbanken überschüssiges Zentralbankgeld bis zum nächsten Geschäftstag, d.h. über Nacht, anlegen. Betragsbegrenzungen für die entsprechenden Einlagekonten sind nicht vorgesehen, und die Inanspruchnahme dieser Fazilität unterliegt auch keinen sonstigen Beschränkungen.

Der Zinssatz für die Einlagefazilität bildet im allgemeinen die Untergrenze des Tagesgeldsatzes und übernimmt damit die Rolle, die im Rahmen der Politik der *Deutschen Bundesbank* der Diskonsatz innehattte. Zu Beginn seiner Tätigkeit hat das *ESZB* den Zinssatz für die Einlagefazilität auf 2 Prozent festgelegt. Um den Übergang auf den Euro möglichst „sanft" zu gestalten und die daraus resultierenden Reibungsverluste gering zu halten, wurde während der ersten drei Wochen der EWU der Einlagezinssatz auf 2,75 Prozent erhöht. Die Entwicklung des Satzes der Einlagenfazilität ist in Tabelle 14 dargestellt.

Tabelle 14: Aktuelle Zinssätze des *ESZB* (Stand: 8. November 2000)

Gültig ab	Satz der Einlagefazilität	Satz der Hauptrefinanzierungsgeschäfte	Satz der Spitzenrefinanzierungsfazilität	Basiszinsatz
06.10.2000	3,75 %		5,75 %	
01.09.2000	3,50 %		5,50 %	
01.09.2000				4,26 %
15.06.2000		4,25 %		
09.06.2000	3,25 %		5,25 %	
04.05.2000		3,75 %		
01.05.2000				3,42 %
28.04.2000	2,75 %		4,75 %	
22.03.2000		3,50 %		
17.03.2000	2,50 %		4,50 %	
09.02.2000		3,25 %		
04.02.2000	2,25 %		4,25 %	
01.01.2000				2,68 %
10.11.1999		3,00 %		
05.11.1999	2,00 %		4,00 %	
01.05.1999				1,95 %
14.04.1999		2,50 %		
09.04.1999	1,50 %		3,50 %	
22.01.1999	2,00 %		4,50 %	
07.01.1999		3,00 %		
04.01.1999	2,75 %		3,25 %	
01.01.1999	2,00 %		4,50 %	2,50 %

Quelle: Homepage der Deutschen Bundesbank, http://www.bundesbank.de/index.htm

4.2. Refinanzierungspolitik

Die Refinzierung der Geschäftsbanken in der EWU erfolgt in erster Linie über *Offen-marktoperationen* des *ESZB*. Daneben steht den Geschäftsbanken aber auch eine ständige *Spitzenrefinanzierungsfazilität* zur Verfügung.

Die Wirkungsweise der Refinanzierungspolitik zeigt sich in den Bilanzen der betrachteten Marktpartner:

EZB		Geschäftsbank	
(1) Wertpapiere +	Einlagen der Banken +	(2) Guthaben bei der EZB +	
		(1) Wertpapiere −	

Übernimmt die Zentralbank z.B. Wechsel aus dem Portefeuille der Geschäftsbanken (1), so hat sie diesen als Gegenleistung eine Einlage einzuräumen (2). Damit steigt die monetäre Basis im Besitz der Geschäftsbanken, mit der diese dann zusätzliche Kredite anbieten können. Das Geldangebot steigt; bei gegebener Geldnachfrage wird damit zugleich der Zinssatz sinken.

4.2.1 Offenmarktpolitik

Offenmarktgeschäfte werden vom *ESZB* eingesetzt, um die Zinssätze und Liquidität am Markt zu steuern und Signale bezüglich seines geldpolitischen Kurses zu geben. Bei Offenmarktgeschäften geht die Initiative von der Europäischen Zentralbank aus, die auch über das einzusetzende Instrument und die Bedingungen für die Durchführung der Geschäfte entscheidet. Dem *ESZB* stehen fünf Arten von Instrumenten zur Durchführung von Offenmarktgeschäften zur Verfügung: befristete Transaktionen, definitive Käufe und Verkäufe, die Emission von Schuldverschreibungen, Devisenswapgeschäfte sowie die Hereinnahme von Termineinlagen.

Das wichtigste Instrument bei den Offenmarktoperationen sind die *befristeten Transaktionen* (in Form von Pensionsgeschäften oder Pfandkrediten), bei denen das *ESZB* refinanzierungsfähige Sicherheiten im Rahmen von Rückkaufvereinbarungen kauft oder verkauft oder Kreditgeschäfte gegen Verpfändung refinanzierungsfähiger Sicherheiten durchführt. Solche Transaktionen werden im Rahmen der Hauptrefinanzierung und der längerfristigen Refinanzierung genutzt. Darüber hinaus kann das *ESZB* auch bei strukturellen Operationen und Feinsteuerungsoperationen befristete Transaktionen einsetzen.

Definitive Offenmarkttransaktionen sind solche Transaktionen, bei denen das *ESZB* refinanzierungsfähige Aktiva endgültig am Markt kauft oder verkauft. Sie werden nur zur Beeinflussung der strukturellen Liquidität und zur Feinsteuerung eingesetzt.

Darüber hinaus kann die *EZB* auch eigene *Schuldverschreibungen emittieren*, um die strukturelle Position des *ESZB* gegenüber dem Finanzsektor zu beeinflussen, indem sie am Markt einen Liquiditätsbedarf herbeiführt oder vergrößert.

Bei den *Devisenswapgeschäften,* handelt es sich um den zeitgleichen Abschluß einer Kassa- und einer Termintransaktion in Euro gegen Fremdwährung. Diese Swapgeschäfte werden zur Feinsteuerung eingesetzt und steuern im wesentlichen die Liquidität und die Zinssätze am Markt.

Schließlich kann das *ESZB* zur geldpolitischen Feinsteuerung seinen Geschäftspartnern die *Hereinnahme verzinslicher Termineinlagen* bei der jeweiligen nationalen Zentralbank des Mitgliedstaates anbieten, in dem sich die Niederlassung des Geschäftspartners befindet. Die Termineinlagen haben eine feste Laufzeit und einen festen Zinssatz und sollen nur eingesetzt werden, um Liquidität am Markt abzuschöpfen.

Alle Offenmarktgeschäfte können in Form von Standardtendern, Schnelltendern oder bilateralen Geschäften durchgeführt werden.[109] Grundsätzlich lassen sich die Offenmarktgeschäfte des *ESZB* in die schon erwähnten Kategorien Hauptrefinanzierung, längerfristige Refinanzierung, Feinsteuerung sowie strukturelle Operationen unterteilen.

4.2.1.1 Hauptrefinanzierung

Das *Hauptrefinanzierungsinstrument* des *ESZB* besteht aus regelmäßig stattfindenden liquiditätszuführenden Transaktionen, die wöchentlich von den nationalen Zentralbanken im Rahmen von Standardtendern durchgeführt werden. Die Laufzeit dieser Tender beträgt zwei Wochen. Diesem Hauptrefinanzierungsinstrument kommt bei der Verfolgung der Ziele der Offenmarktgeschäfte des *ESZB* eine Schlüsselrolle zu, weil über sie dem Finanzsektor der größte Teil des Refinanzierungsvolumens zur Verfügung gestellt wird.

Das erste Hauptrefinanzierungsgeschäft des *ESZB*, das am 7. Januar 1999 abgewickelt wurde, hatte eine Laufzeit von 13 Tagen und einen Festzins von 3 Prozent. Im Rahmen dieses Tenders wurden dem Finanzsektor 75 Milliarden Euro zugeteilt. Seit dem 28. Juni 2000 werden die Hauptrefinanzierungsgeschäfte des Eurosystems als Zinstender nach dem amerikanischen Zuteilungsverfahren (*multiple rate auction*) mit einem Mindestbietungssatz von 4.25 % durchgeführt. Diese Umstellung geschieht als eine Reaktion auf die massiven Überbietungen, die sich im Rahmen des zuvor gültigen Mengentenderverfahrens ergeben haben. Die Entwicklung dieses Satzes der Hauptrefinanzierungsgeschäfte ist in Tabelle 14, Abschnitt 4.1, dargestellt.

Bei einem *Mengentender* bietet die Zentralbank den Kreditinstituten Zentralbankgeld gegen die *Pensionierung* von Wertpapieren für einen festen Zinssatz an (*Festzinstender*). Dieser Zins gilt für alle Banken. Die Kreditinstitute ihrerseits sind nun aufgefordert, ihren Bedarf anzumelden, den sie zu diesen Konditionen befriedigen wollen. In aller Regel kommt es zu einer *Repartierung*, da das angemeldete Volumen die intern gebildete Vorstellung der Zentralbank um ein mehrfaches übersteigt. Liegen z.B. wie in Abbildung 71 insgesamt Gebote der Banken über 40 Mrd. Euro vor, und die Zentralbank will lediglich 20 Mrd. Euro bereitstellen, erfolgt eine Repartierung von 50 v.H. Jedes an der Ausschreibung teilnehmende Institut erhält die *gleiche Zuteilungsquote*. Der Erfolg eines *Mengentenders* ist vom vorgegebenen Zinssatz abhängig. Ist er zu hoch, so ist die angestrebte Zentralbankgeldbereitstellung nicht realisierbar. Im umge-

---

[109] Vgl. zu unterschiedlichen Tenderverfahren Abschnitt 4.2.1.1.

kehrten Fall – Zentralbankgeld wird dann unter dem Marktpreis angeboten – sinkt der Zuteilungssatz erheblich.

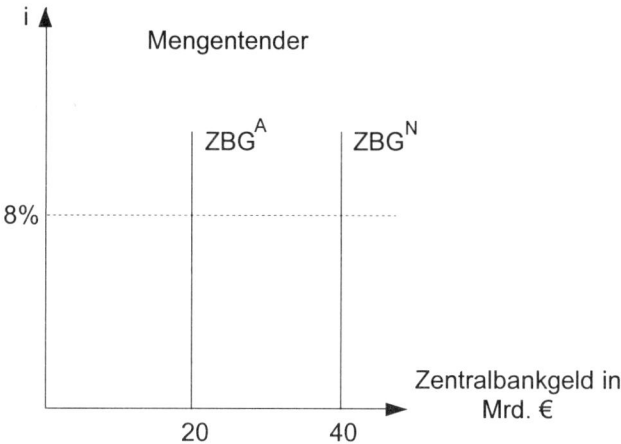

Abbildung 71

Der spezifische Vorteil des *Festzinstenders* ist darin zu sehen, daß die Notenbank den Geldmarktakteuren Informationen über die von ihr angestrebte Zinsentwicklung zukommen läßt. Die Kreditinstitute sind an der Zinsfindung nicht beteiligt.

Bei einem *Zinstender* stehen der Zentralbank zwei Versteigerungsverfahren, die *holländische* und die *amerikanische Methode*, zur Verfügung. Gemeinsam ist beiden die Bekanntgabe der vorgegebenen Laufzeit. Unterschiede liegen zum einen in der Vorgabe eines *Mindestbietungszinses* und zum anderen in den *Zuteilungszinssätzen*.

Die Banken sind ihrerseits aufgefordert, Gebote bezüglich des Volumens und des Preises abzugeben. Diese Gebote sind in 0,05 Prozentpunkten staffelbar. Mehrfachgebote einer Bank zu unterschiedlichen Zinssätzen sind zulässig. Unzulässig sind *Billigstgebote* und das Unterschreiten eines eventuell vorgegebenen Mindestzinses. Auch beim *Zinstender* verfügt die Zentralbank über eine interne Mengenvorstellung, die sie realisieren will. Die Preisfindung bleibt aber, unter Beteiligung der Kreditinstitute, den Knappheitsverhältnissen des Marktes überlassen.

Kündigt die Notenbank eine Versteigerung nach der *holländischen Methode* an, gibt sie einen Mindestbietungssatz vor, der nicht unterschritten werden darf (vgl. Abbildung 72). Die Zuteilung erfolgt *von oben*, beginnend mit dem höchsten Gebot, *nach unten*. Wenn das angestrebte Volumen erreicht ist, wird die Zuteilung ausgesetzt. Das Gebot, das gerade noch zum Zuge kommt, determiniert den Zins für den gesamten *Tender*. Alle berücksichtigten Gebote werden zu diesem Einheitszins befriedigt. *Repartiert* werden kann maximal das gerade noch berücksichtigte Gebot, wenn es nicht mehr vollständig in das Mengenkontingent hineinpaßt. Gebote, die mit höheren Zinsen ausgestaltet waren, werden vollständig bedient. Den Einheitszinssatz unterschreitende Gebote erhalten keine Zuteilung. Die Wahrscheinlichkeit für ein einzelnes Institut, bei diesem Verfahren im relevanten Zinsbereich zu liegen und damit eine Zuteilung zu erhalten, korreliert positiv mit der Höhe der gebotenen Sätze. Diese Politik betreiben insbesondere kleinere Institute, d.h. sie bieten sehr hohe Zinsen, da sie sich sicher sein können, daß ihre überhöhten

Gebote den Zuteilungssatz nicht wesentlich beeinflussen. So sichern sie sich den Zugriff auf Zentralbankgeld, ohne ihre marginale Zahlungsbereitschaft offen zu legen.

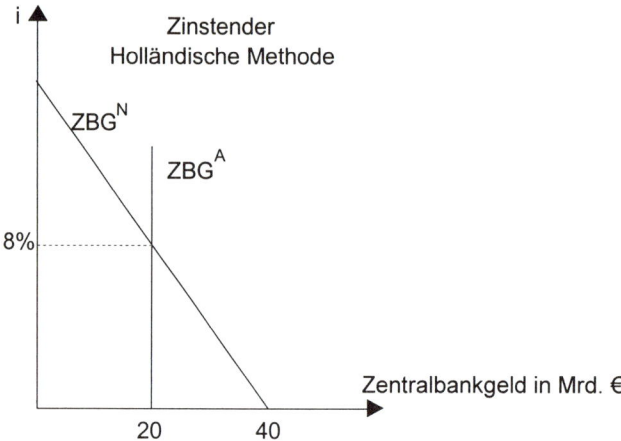

Abbildung 72

Um diesem „*Schwarzfahrerverhalten" (free rider)* einiger Kreditinstitute vorzubeugen, kann eine Zentralbank nun – wie in Abbildung 73 dargestellt – *amerikanisch* versteigern, d.h. ohne Vorgabe eines Mindestbietungssatz. Auch hier erfolgt die Zuteilung von oben nach unten. Eine Repartierung kann nur das marginale Gebot erfahren. Zugeteilt wird jedoch nicht mehr zu einem einheitlichen Satz, sondern jedes Institut muß den von ihm gebotenen Zins zahlen.

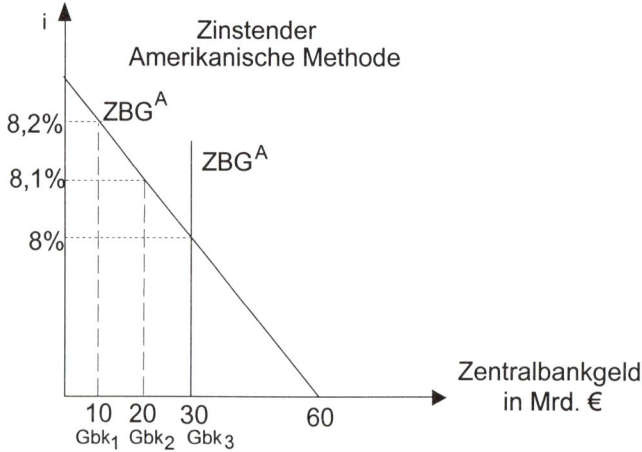

Abbildung 73

Diese Vorgehensweise diszipliniert das Gebotsverhalten der Banken, da sie jetzt damit rechnen müssen, den gebotenen Zins tatsächlich zahlen zu müssen. Die Zuteilungssätze reflektieren jetzt die aktuelle Geldmarktverfassung, *Mondpreise* werden nicht mehr genannt.

Die Kreditwirtschaft steht der Zentralbankgeldbereitstellung über *Pensionsgeschäfte* positiv gegenüber. Als vorteilhaft werden von ihnen folgende Punkte eingestuft:

• Die *verfeinerte Geldmarktsteuerung* ermöglicht eine stetigere Zinsentwicklung, da Engpässe beseitigt und Überschüsse abgeschöpft werden. Dispositionsprobleme zum Ultimo verringern sich.

• Die Teilnahme ist frei vom gesetzlichen Zwang und bei der Anreizstruktur kann sich der Preis(Zins-)mechanismus entfalten. Ein marktkonformes Instrument reduziert somit den Einsatz des administrativen Instruments Mindestreserve.

• *Wertpapierpensionsgeschäfte* sind für die Banken mit einem geringeren technischen Abwicklungsaufwand verbunden. Ihre Wertpapierbestände werden bei der *Zentralbank* hinterlegt und brauchen nur abgerufen zu werden.

Wertpapierpensionsgeschäfte sind *wettbewerbsneutral,* da sie allen Instituten, unabhängig von Bilanzstruktur oder Eigenkapital, offenstehen.

4.2.1.2 Längerfristige Refinanzierung

Die *längerfristigen Refinanzierungsgeschäfte* sind ebenfalls liquiditätszuführende, befristete Transaktionen. Sie werden in monatlichem Abstand und mit einer Laufzeit von drei Monaten zugeteilt. Über diese Geschäfte sollen den Geschäftspartnern zusätzliche längerfristige Refinanzierungsmittel zur Verfügung gestellt werden. Auch sie werden von den nationalen Zentralbanken im Wege von Standardtendern durchgeführt. Im allgemeinen will das *ESZB* mit diesen Geschäften dem Markt keine Zinssignale geben, und tritt deshalb im Regelfall als Preisnehmer auf.

Das erste längerfristige Refinanzierungsgeschäft des *ESZB* wurde auf Beschluß des *EZB-Rats* in Form eines Zinstenders nach dem holländischen Zuteilungsverfahren ausgeschrieben. Es wurde am 14. Januar 1999 durchgeführt. Am 21. Juni 2000 kündigte der EZB-Rat an, daß das Eurosystem beabsichtigte, bei den längerfristigen Refinanzierungsgeschäften, die in der zweiten Jahreshälfte 2000 durchgeführt werden, einen Betrag von 15 Mrd. € pro Geschäft zuzuteilen. Dieser Betrag berücksichtigt den erwarteten Liquiditätsbedarf des Bankensystems im Euro-Währungsgebiet in der zweiten Jahreshälfte 2000 und den Wunsch des Eurosystems, den größten Teil seiner Refinanzierung des Finanzsektors weiterhin über seine Hauptrefinanzierungsgeschäfte zur Verfügung zu stellen.

4.2.1.3 Feinsteuerung

Feinsteuerungsoperationen werden nur bei Bedarf zur Steuerung der Marktliquidität und der Zinssätze durchgeführt. Ein solcher Bedarf entsteht insbesondere dann, wenn unerwartete marktmäßige Liquiditätsschwankungen unerwünscht auf die Zinssätze wirken und daher ausgeglichen werden sollen. Die Feinsteuerung erfolgt in erster Linie über befristete Transaktionen; sie kann aber auch in Form von definitiven Käufen bzw. Verkäufen, Devisenswapgeschäften und der Hereinnahme von Termineinlagen durchgeführt werden. Auch die Auswahl der Feinsteuerungsinstrumente und -verfahren erfolgt fallweise unter Berücksichtigung der dabei verfolgten speziellen Ziele. Feinsteuerungsoperationen werden üblicherweise von den nationalen Zentralbanken über Schnelltender oder bilaterale Geschäfte durchgeführt. Jedoch kann die *EZB* – auf Beschluß des *EZB-Rats* – in Ausnahmefällen auch selbst Feinsteuerungsoperationen durchführen.

4.2.1.4 Strukturelle Operationen

Über die Emission von Schuldverschreibungen, befristete Transaktionen und definitive Käufe bzw. Verkäufe kann das *ESZB strukturelle Operationen* durchführen, wenn die *EZB* die strukturelle Liquiditätsposition des Finanzsektors gegenüber dem *ESZB* (in regelmäßigen oder unregelmäßigen Abständen) anpassen will. Werden strukturelle Operationen in Form von befristeten Transaktionen oder im Wege der Emission von Schuldtiteln durchgeführt, werden sie von den nationalen Zentralbanken über Standardtender abgewickelt. Hingegen erfolgen strukturelle Operationen mittels definitiver Käufe bzw. Verkäufe regelmäßig auf dem Wege bilateraler Geschäfte.

4.2.2 Spitzenrefinanzierungsfazilität

Die Geschäftspartner des *ESZB* können die ständige *Spitzenrefinanzierungsfazilität* nutzen, um sich von den nationalen Zentralbanken Übernachtliquidität zu beschaffen. Die Bereitstellung der Liquidität erfolgt zu einem vorgegebenen Zinssatz. Um diesen kurzfristigen Kredit zu erhalten, müssen die Geschäftspartner refinanzierungsfähige Sicherheiten hinterlegen. In der Regel gibt es keine Kredithöchstgrenzen, und die Inanspruchnahme dieser Fazilität durch die Geschäftspartner unterliegt – abgesehen von der ausreichenden Besicherung – auch keinen sonstigen Beschränkungen.

Der Zinssatz für die Spitzenrefinanzierungsfazilität bildet im allgemeinen die Obergrenze des Tagesgeldsatzes bzw. desjenigen Zinssatzes, den die Kreditinstitute auf dem Interbanken-Geldmarkt für Übernachtliquidität zahlen müssen. Dieser Satz wir im Euro-Raum als *Eonia* (*Euro Over Night Index Average*) festgestellt. Der Zinssatz für die Spitzenrefinanzierungsfazilität nimmt damit die Funktion ein, die der Lombardsatz in der Geldpolitik der *Deutschen Bundesbank* hatte.

Auf Beschluß des Rats der *EZB* wurde der Spitzenrefinanzierungssatz zu Beginn der Währungsunion auf 4,5 Prozent festgelegt. Wie bei der anderen ständigen Fazilität – der Einlagefazilität – wurde jedoch auch hier für die ersten drei Wochen ein Übergangszins in Höhe von 3,25 Prozent erhoben. Die Entwicklung des Satzes der Spitzenfinanzierungsfazilität ist in Tabelle 14, Abschnitt 4.1, dargestellt.

4.2.3 Die Refinanzierungsinstrumente und ihre Besicherung im Überblick

Wie in den vorangegangenen Punkten erwähnt, setzt das *ESZB* die ihm zur Verfügung stehenden geldpolitischen Instrumente gegenüber seinen „Geschäftspartnern" ein. Der Kreis dieser Geschäftspartner variiert jedoch in Abhängigkeit vom eingesetzten Instrument.

Alle mindestreservepflichtigen Institute, die in Artikel 19.1 der *ESZB/EZB*-Satzung definiert sind, können die *ständigen Fazilitäten* in Anspruch nehmen und an *Offenmarkt-*

geschäften über Standardtender teilnehmen. Die Teilnahme an *Feinsteuerungsgeschäften* kann das *ESZB* jedoch auf eine begrenzte Anzahl von Geschäftspartnern beschränken. Bei den *definitiven Käufen bzw. Verkäufen* ist generell keine Beschränkung des Kreises der Geschäftspartner vorgesehen. Hingegen werden *Devisenswapgeschäfte*, die aus geldpolitischen Gründen durchgeführt werden, nur mit devisenmarktaktiven Instituten abgeschlossen. Das sind diejenigen Institute, die aufgrund ihrer Größe für Devisenmarktinterventionen des *ESZB* ausgewählt wurden und ihren Sitz im Euro-Währungsraum haben.

Die genaue technische Ausgestaltung der einzelnen Refinanzierungsinstrumente des *ESZB* sind in Tabelle 15 nochmals zusammengefaßt.

Tabelle 15: Geldpolitisches Instrumentarium des *ESZB*

Geldpolitische Geschäfte	Transaktionsart		Laufzeit	Rhythmus	Verfahren
	Liquiditäts-bereitstellung	Liquiditäts-abschöpfung			
OFFENMARKTGESCHÄFTE					
Hauptrefinanzierungs-instrument	Befristete Transaktionen	–	Zwei Wochen	Wöchentlich	Standardtender
Längerfristige Refinanzierungs-geschäfte	Befristete Transaktionen	–	Drei Monate	Monatlich	Standardtender
Feinsteuerungs-operationen	Befristete Transaktionen Devisenswaps	Devisenswaps Hereinnahme von Termin-einlagen Befristete Transaktionen	Nicht standardisiert	Unregelmäßig	Schnelltender Bilaterale Geschäfte
	Definitive Käufe	Definitive Verkäufe	–	Unregelmäßig	Bilaterale Geschäfte
Strukturelle Operationen	Befristete Transaktionen	Emission von Schuldver-schreibungen	Standardisiert/ nicht stan-dardisiert	Regelmäßig und unregel-mäßig	Standardtender
	Definitive Käufe	Definitive Verkäufe	–	Unregelmäßig	Bilaterale Geschäfte
STÄNDIGE FAZILITÄTEN					
Spitzenre-finanzierungs-fazilität	Befristete Transaktionen	–	Über Nacht		Inanspruchnahme auf Initiative der Geschäftspartner
Einlagefazilität	–	Einlagean-nahme	Über Nacht		Inanspruchnahme auf Initiative der Geschäftspartner

Quelle: *Europäische Zentralbank*, Die einheitliche Geldpolitik in Stufe 3, November 2000, S.7.

Der Artikel 18.1 der *ESZB/EZB*-Satzung verlangt, daß die Geschäftspartner für alle Refinanzierungsgeschäfte des *ESZB* ausreichende Sicherheiten zu stellen haben. Um keinen Geschäftspartner aufgrund seines Herkunftslands zu diskriminieren, akzeptiert das ESZB ein breites Spektrum von Sicherheiten, die in Kategorie-1-Sicherheiten und Kategorie-2-Sicherheiten unterschieden werden. *Kategorie-1-Sicherheiten* sind marktfähige Schuldtitel. Sie müssen einheitliche, von der *EZB* festgelegte und im gesamten Euro-Währungsraum geltende Zulassungskriterien erfüllen. Die *Sicherheiten der Kategorie 2* umfassen – aus dem schon genannten Motiv – zusätzliche marktfähige und nicht marktfähige Sicherheiten, die für die nationalen Finanzmärkte und Bankensysteme von besonderer Bedeutung sind. Die Zulassungskriterien für diese Sicherheiten werden – wenn die *EZB* zustimmt – von den nationalen Zentralbanken festgelegt.

Diese Möglichkeit hat die *Deutsche Bundesbank* genutzt, um z.B. die „guten Handelswechsel", die früher im Rahmen ihrer Diskontpolitik eine wichtige Rolle gespielt haben, als Kategorie-2-Sicherheiten zu deklarieren. Die Handelswechsel behalten damit trotz des Wegfalls der Diskontpolitik in der *Europäischen Währungsunion* ihre Bedeutung für das deutsche Finanzsystem.

Die Qualifikationskriterien für die refinanzierungsfähigen Sicherheiten sind in Tabelle 16 dargestellt.

Tabelle 16: Refinanzierungsfähige Sicherheiten

Kriterien	Kategorie 1	Kategorie 2
Art der Sicherheit	• EZB-Schuldverschreibungen • Sonstige marktfähige Schuldtitel (außer „hybride" Sicherheiten)	• Markfähige Schuldtitel • Nicht marktfähige Schuldtitel • An einem geregelten Markt gehandelte Aktien
Abwicklungsverfahren	Die Sicherheiten müssen zentral in girosammelverwahrfähiger Form bei nationalen Zentralbanken oder einer zentralen Wertpapierverwahrstelle hinterlegt werden, die den EZB-Mindeststandards entspricht.	Die Sicherheiten müssen der nationalen Zentralbank, die die Sicherheit in ihr Kategorie-2-Verzeichnis aufgenommen hat, leicht zugänglich sein.
Emittenten	• ESZB • Öffentliche Hand • Privater Sektor • Internationale und supranationale Institutionen	• Öffentliche Hand • Privater Sektor
Bonitätsanforderung	Der Emittent (Garant) muß von der EZB als bonitätsmäßig einwandfrei eingestuft worden sein.	Der Emittent/Schuldner (Garant) muß von der nationalen Zentralbank, der die Sicherheit in ihr Kategorie-2-Verzeichnis aufgenommen hat, als bonitätsmäßig einwandfrei eingestuft worden sein.
Sitz des Emittenten (oder des Garanten)	• Euro-Währungsraum	• Euro-Währungsraum
Hinterlegung der Sicherheit	• Euro-Währungsraum	• Euro-Währungsraum
Währung	• Euro	• Euro
Nachrichlich: Grenzüberschreitende Nutzung	• Ja	• Ja

Quelle: *EZB*, Die einheitliche Geldpolitik in Stufe 3, November 2000, S. 43.

Hinsichtlich der Besicherung verschiedenen Arten von geldpolitischen Geschäften des *ESZB* wird zwischen den beiden Sicherheiten-Kategorien grundsätzlich nicht differenziert. Allerdings verwendet das *ESZB* bei definitiven Käufen bzw. Verkäufen übliche Weise keine Kategorie-2-Titel. Alle refinanzierungsfähigen Sicherheiten können auch zur Besicherung der Spitzenrefinanzierung eingesetzt werden. Die Geschäftspartner des *ESZB* können refinanzierungsfähige Sicherheiten auch grenzüberschreitend nutzen. Dann können der Ort der Refinanzierung und der Ort der Sicherheitenhinterlegung auseinanderfallen: In diesem Fall können sich die Geschäftspartner bei der Zentralbank des Mitgliedstaats, in dem sie ihren Sitz haben, refinanzieren und zur Besicherung Sicherheiten verwenden, die in einem anderen Mitgliedstaat hinterlegt sind.

4.3 Mindestreservepolitik

Der rechtliche Rahmen für das *ESZB*-Mindestreservesystem ist in Artikel 19 der *ESZB/EZB*-Satzung sowie in der Verordnung des Rats der EU über die Anwendung von Mindestreserven durch die *Europäische Zentralbank* und in der *EZB*-Verordnung über Mindestreserven verankert. Damit ist gewährleistet, daß für das Mindestreservesystem des *ESZB* in der EWU einheitliche Bedingungen gelten und wiederum kein Geschäftspartner des *Europäischen Systems der Zentralbanken* aufgrund seines Herkunftslands diskriminiert wird.

Das Mindestreservesystem des *ESZB* erfüllt in erster Linie zwei geldpolitischen Funktionen :

1. Die Durchschnittserfüllung im Mindestreservesystem des *ESZB* soll zur *Stabilisierung der Geldmarktsätze* beitragen. Daher ist sie so ausgestaltet, daß sie den Instituten einen Anreiz gibt, die Auswirkungen von zeitweiligen Liquiditätsschwankungen abzufedern.

2. Das Mindestreservesystem soll dem *ESZB* die Herbeiführung oder Vergrößerung einer strukturellen Liquiditätsknappheit erleichtern. Auf diese Weise kann das *ESZB* besser als effizienter Liquiditätsbereitsteller operieren.

Die *EZB* soll bei der Anwendung der Mindestreserve nicht gegen die in Artikel 105 Abs. 1 des Vertrages und in Artikel 2 der *ESZB/EZB*-Satzung festgelegten Ziele des *ESZB* verstoßen. Daraus folgt u.a., daß von der Mindestreserve keine Anreize für unerwünschte Umschichtungen zwischen verschiedenen Einlagearten der Kreditinstitute oder für eine Disintermediation ausgehen sollen. Aus diesem Grund werden einheitliche Mindestreservesätze auf alle mindestreservepflichtige Einlagen erhoben .

4.3.1 Mindestreservepflichtige Institute

Nach Artikel 19.1 der *ESZB/EZB*-Satzung müssen alle in einem Mitgliedstaat der Währungsunion niedergelassenen Kreditinstitute Mindestreserven unterhalten. Damit sind auch die Zweigstellen von Instituten, die ihren eingetragenen Sitz außerhalb der EWU haben (z.B. US-Auslandsbanken), mindestreservepflichtig. Hingegen fallen die sich außerhalb der EWU befindlichen Zweigstellen von Kreditinstituten der EWU nicht unter die Vorschriften des Mindestreservesystems des *ESZB*; sie sind daher gegenüber dem *ESZB* nicht reservepflichtig (z.B. deutsche Banken in den USA).

Grundsätzlich kann die *EZB* auch Gruppen anderer Institute von ihren aus dem Mindestreservesystem des *ESZB* resultierenden Verpflichtungen freistellen, wenn eine Mindestreservepflicht dieser Institute nicht zweckmäßig erscheint. Dies ist in der Regel dann der

Fall, wenn die Mindestreserveverpflichtung die betreffenden Institute „ungerechtfertig-
terweise" diskriminieren würde. Die *EZB* trifft ihre Entscheidung über eine Freistellung
von der Mindestreservepflicht anhand der folgenden Kriterien:

• es handelt sich um ein Spezialinstitut;

• das Institut übt keine Bankfunktionen im Wettbewerb mit anderen Kreditinstituten
  aus;

• alle Einlagen des Instituts sind für regionale und/oder internationale Entwicklungshil-
  fe zweckgebunden.

Ist mindestens eines dieser Kriterien erfüllt, kann die Befreiung von der Mindestreservepflicht erfolgen.

Die *EZB* führt zwei öffentlich zugängliche Verzeichnisse: in dem einen sind diejenigen
Institute enthalten, die den Mindestreservevorschriften des *ESZB* unterliegen; in dem
anderen sind diejenigen Institute enthalten, die von ihren Verpflichtungen gemäß dem
Mindestreservesystem des *ESZB* – aus anderen Gründen als ihrer Sanierung – befreit
sind. Auf der Grundlage dieser Listen können die Geschäftspartner feststellen, ob sie
Verbindlichkeiten gegenüber einem anderen Institut haben, das selbst mindestreservepflichtig ist.

4.3.2 Parameter der Mindestreservepolitik

Das Mindestreservesoll wird aus der Mindestreservebasis und den jeweiligen Mindestreservesätzen ermittelt. Die Mindestreservepflicht ist erfüllt, wenn das durchschnittliche
Kalendertagesendguthaben auf den Reservekonten der Geschäftspartner innerhalb einer
einmonatigen Erfüllungsperiode dem Sollwert entspricht (Durchschnittserfüllung).

Tabelle 17:

A. Mindestreservebasis I: Verbindlichkeiten mit positivem Mindestreservesatz
Einlagen
• täglich fällige
• mit vereinbarter Laufzeit von bis zu zwei Jahren
• mit vereinbarter Kündigungsfrist von bis zu zwei Jahren
Ausgegebene Schuldverschreibungen
• mit vereinbarter Laufzeit von bis zu zwei Jahren
Geldmarktpapiere
• Geldmarktpapiere
B. Mindestreservebasis II: Verbindlichkeiten mit einem Reservesatz von 0 %
Einlagen
• mit vereinbarter Laufzeit von über zwei Jahren
• mit vereinbarter Kündigungsfrist von über zwei Jahren
• Repogeschäfte
Ausgegebene Schuldverschreibungen
• mit vereinbarter Laufzeit von über zwei Jahren
Nicht in die Mindestreservebasis einbezogene Verbindlichkeiten
• Verbindlichkeiten gegenüber Instituten, die selbst den ESZB-Mindestreservevorschriften unterliegen
• Verbindlichkeiten gegenüber der EZB und den nationalen Zentralbanken

Quelle: *EZB*, Die einheitliche Geldpolitik in Stufe 3, November 2000, S. 58.

Die *Mindestreservebasis* eines Instituts wird aus den in Tabelle 17 enthaltenen Positionen der Passivseite seiner Bilanz ermittelt. Die *Reservesätze* werden vom Rat der *EZB* bestimmt. Die *EZB* schreibt für die meisten in die Reservebasis einbezogenen Positionen einen einheitlichen, positiven Reservesatz vor. Die Verbindlichkeitenkategorien „Einlagen mit vereinbarter Laufzeit von über zwei Jahren", „Einlagen mit vereinbarter Kündigungsfrist von über zwei Jahren", „Repogeschäfte" und „Schuldverschreibungen mit vereinbarter Laufzeit von über zwei Jahren" werden von der *EZB* jedoch mit einem Reservesatz von Null Prozent belegt.

Das Mindestreserve-Soll jedes einzelnen Instituts wird durch die Anwendung der entsprechenden Reservesätze auf den Betrag der reservepflichtigen Verbindlichkeiten in der jeweiligen Verbindlichkeitenkategorien ermittelt. Von diesem Reserve-Soll kann jedes Institut in jedem Mitgliedstaat, in dem es niedergelassen ist, einen einheitlichen Freibetrag in Höhe von 100.000 Euro abziehen. Die Höhe dieses Freibetrags wird in der *EZB*-Verordnung über Mindestreserven festgelegt.

Die Mindestreserveerfüllungsperiode umfaßt einen Monat; sie beginnt am 24. Kalendertag eines jeden Monats und endet am 23. Kalendertag des Folgemonats.

Die Mindestreserven müssen auf mindestens einem Reservekonto bei der nationalen Zentralbank des Mitgliedstaates unterhalten werden, in dem das Institut niedergelassen ist. Als Reservekonten können die für den Zahlungsverkehr (Clearing, vgl. Abschnitt III.1.2.2) eingerichteten Konten der Institute bei den nationalen Zentralbanken verwendet werden.

Wenn ein Institut die Reservepflicht ganz oder teilweise nicht erfüllt, kann die *EZB*

- eine Zahlung von bis zu fünf Prozentpunkten über dem Satz für die Spitzenrefinanzierungsfazilität auf den Mindestreservefehlbetrag des betreffenden Instituts, oder

- eine Zahlung in Höhe von bis zur doppelten Höhe des Satzes für die Spitzenrefinanzierungsfazilität auf den Mindestreservefehlbetrag des betreffenden Instituts als Strafe verlangen, oder

- dem betreffenden Institut die Auflage machen, unverzinsliche Einlagen bei der *EZB* oder den nationalen Zentralbanken in bis zu dreifacher Höhe des Mindestreservefehlbetrages des betreffenden Instituts zu bilden. Die Laufzeit einer solchen Strafeinlage darf den Zeitraum, in dem das Institut die Mindestreservepflicht nicht erfüllt hat, nicht überschreiten.

Auch für den Fall, daß ein Institut andere Verpflichtungen nach den *EZB*-Verordnungen – wie etwa die pünktliche Übermittlung von Daten – und Entscheidungen der *EZB* im Zusammenhang mit dem *ESZB*-Mindestreservesystem nicht einhält ist die *EZB* befugt, Sanktionen zu verhängen.

Als „Höchststrafe" kann das *ESZB* bei Nichteinhaltung der Verpflichtungen nach dem *ESZB*-Mindestreservesystem den Zugang der Geschäftspartner zu den ständigen Fazilitäten und Offenmarktoperationen des *ESZB* aussetzen. Das *ESZB* kann von Instituten, die diese Verpflichtungen nicht erfüllen, außerdem verlangen, daß sie ihr Reserve-Soll täglich einhalten, und so die Möglichkeit der Durchschnittserfüllung aussetzen.

Im Gegensatz zur früheren Mindestreservekonzeption der *Deutschen Bundesbank* werden die Mindestreserveguthaben der pflichtigen Institute beim *Europäischen System der Zentralbanken ESZB* verzinst. Die Einlagen in Höhe der Mindestreservepflicht werden mit dem jeweils gültigen Satz des Hauptrefinanzierungsinstruments verzinst. Alle Guthaben, die die erforderlichen Mindestreserven übersteigen, werden nicht verzinst.

Eine weitere wesentliche Veränderung im Vergleich zu den Mindestreservevorschriften der *Deutschen Bundesbank* besteht darin, daß ein Institut bei seiner nationalen Zentralbank die Erlaubnis beantragen kann, seine gesamten Mindestreserven indirekt durch einen Mittler zu halten. Damit können z.b. Sparkassen und Genossenschaftsbanken ihre Reservehaltung bei ihren jeweiligen Zentralbanken (z.b. WestLB, WGZ) zentralisieren und auch minimieren.

Am Beginn der Währungsunion wurde in der *EZB*-Mindestreserveverordnung festgelegt, daß ein einheitlicher Mindesreservesatz von 2 Prozent auf die Positionen, die in Tabelle 17 unter Mindestverservebasis I aufgeführt sind. Damit hat die *EZB* darauf verzichtet, eine Mindestreservetreppe zwischen Sicht- und/oder Termin- und/oder Spareinlagen einzuführen.

Die *US-amerikanische Geldpolitik* z.B. stellt dagegen seit 12. Dezember 1992 bei ihrer Mindestreserveregelung ausschließlich auf Zahlungsmittel (*net transaction accounts*) - Sichteinlagen und alle bis zu 7 Tagen befristeten Einlagen, ebenso in den USA als Zahlungsmittel dienende Schecks - ab (*regulation D, § 204.2*). Allerdings gelten dort die Mindestreservesätze $r \sim 10 \%$ (bis $ 46.8 Mio. gilt $r = 3 \%$; darüber hinaus $r = 10 \%$). Termin-, Spareinlagen wie Eurowährungsverbindlichkeiten der Banken unterliegen nicht mehr der Mindestreserve. Das US-amerikanische *Federal Reserve System* stellt bei seiner Geldpolitik also auf eine Zahlungsmittelmenge M1-erweitert ab.

4.4 Außenwirtschaftliche Instrumente der Geldpolitik

4.4.1 Swapsatzpolitik

Die *Swapsatzpolitik* ist ein außenwirtschaftlicher Ansatzpunkt der Geldpolitik, um indirekt die Geldmenge und/oder den Zins in einer Volkswirtschaft zu beeinflussen. Dabei sollen Einflüsse aus dem Ausland auf das Inland abgeschirmt werden. Mit der Swappolitik werden die Konditionen an der Devisenbörse beeinflußt, um einen nichterwünschten Devisenzufluß oder -abfluß einzudämmen, der die inländische Geldmenge und den Wechselkurs verändert.

An der Devisenbörse unterscheidet man grundsätzlich zwischen einem *Devisenkassamarkt* (Kontrakt mit Festlegung des Wechselkurses und Abwicklung des Devisengeschäfts heute) und einem *Devisenterminmarkt* (Kontrakt mit Festlegung des Wechselkurses heute und Abwicklung des Geschäfts per Termin, in der Regel nach 3 Monaten). Der *Devisenkassakurs* und der *Devisenterminkurs* können dabei voneinander abweichen.

Abweichungen zwischen dem Devisenkassakurs w_K und dem Devisenterminkurs w_T gleicht die *Arbitrage* aus. Ist z.B. das ausländische Zinsniveau niedriger als das inländische, dann wird Geldkapital aus dem Ausland zur Anlage im Inland angelockt, so daß ins Inland hereinströmende Devisen insbesondere bei festen Wechselkursen in inländisches Geld bzw. Zentralbankgeld *konvertiert* werden müssen. Die inländische Geldmenge steigt damit von der Zentralbank unkontrolliert an.

Da aber auch bei im Prinzip festen, jedoch anpassungsfähigen Wechselkursen ein Kursrisiko besteht, werden sich die Kapitalimporteure gegen dieses Wechselkursrisiko absichern. Sie werden deshalb zum Zeitpunkt des Geldimportes bereits einen Kontrakt abschließen, durch den der spätere Verkauf des im Inland angelegten Geldes zu einem heute ausgehandelten Wechselkurs, dem Devisenterminkurs w_T, geregelt wird. Die Kapitalimporteure konvertieren also heute Devisen zum Devisenkassakurs (*spot rate of exchange*) in inländische Währung und *kontrahieren* den im Inland angelegten Betrag einschließlich der anfallenden Zinserträge wieder zum Devisenterminkurs (*forward rate of exchange*) in ausländische Währung. Das Wechselkursrisiko ist damit ausgeschaltet.

Bei international gleich hohen Zinssätzen ist es für Arbitrageure solange sinnvoll, Devisen gegen DM auf dem Kassamarkt und gleichzeitig diese DM wieder gegen Devisen auf dem Terminmarkt anzubieten, wie $w_K > w_T$ gilt; bei $w_K < w_T$ gilt das analog umgekehrte.

Bei international unterschiedlichen Zinssätzen gilt, daß eine *Arbitrage* solange rentabel ist, wie eine Kursdifferenz zwischen w_K und w_T nicht durch die Differenz zwischen inländischem Zinsniveau i und dem ausländischen Zinsniveau i_a ausgeglichen wird. Ein solches Geschäft ist für den *Kapitalimporteur* daher solange sinnvoll, wie der Anlagebetrag x (in ausländischer Währung) einschließlich des Zinsertrages und der Berücksichtigung der Wechselkurse bei einer Anlage im Inland einen höheren Ertrag bringt als bei einer solchen im Ausland, also

$$x \cdot w_K (1+i) \cdot \frac{1}{w_T} > x(1+i_a),$$

mit w_K, w_T = Wechselkurse in der Definition „*inländische Währung bezogen auf die ausländische Währung*"(Preisnotierung, vgl. Abschnitt II.1.2.2).

Aus dieser Bedingung für Kapitalimporte ins Inland folgt nach einigen Umformungen

$$\underbrace{\frac{w_K - w_T}{w_T}}_{\text{Swapsatz}} > \underbrace{\frac{i_a - i}{1+i}}_{\text{Nettozinsdifferenz}},$$

wobei der sich auf die Wechselkursrelation beziehende Ausdruck als *Swapsatz* (sw) bezeichnet wird; der Ausdruck auf der rechten Seite der Gleichung ist die *Nettozinsdifferenz*.

Eine *Arbitrage* ist dann nicht mehr lohnend, wenn

$$\frac{w_K - w_T}{w_T} = \frac{i_a - i}{1+i}$$

gilt.

Die Zentralbank kann nun eine *Swapsatzpolitik* betreiben, indem sie einen *offiziellen Swapsatz* fixiert, der über oder unter dem *freien Marktswapsatz* liegt. Ist der offizielle Swapsatz höher (niedriger) als der Marktsatz, so wird der Kapitalimport verstärkt (eingeschränkt oder in einen Kapitalexport gewandelt).

Formal wird zwar ein Swapsatz genannt und publiziert, *praktisch* schließt dabei die Zentralbank als Partner von Arbitrageuren auf der Marktgegenseite zwei gleichzeitige Geschäfte ab, ein Devisenkassa- und ein Devisentermingeschäft. Gilt dabei $w_T > w_K$, so wird von ihr ein *Report* (Aufschlag, *premium*) gegenüber dem Devisenkassakurs gezahlt; gilt $w_T < w_K$, so berechnet die Zentralbank einen *Deport* (Abschlag, *discount*) auf den Devisenkassakurs.

Die Effizienz einer solchen Swapsatzpolitik ist begrenzt, da die Geschäftsbanken bei einem Abweichen des offiziellen vom freien Swapsatz sog. *Karussellgeschäfte* durchführen: Liegt z.B. der offizielle über dem freien Swapsatz, werden Geschäftsbanken Kapital auf kurze Frist importieren und den offiziellen Swapsatz in Anspruch nehmen; gleichzeitig werden sie in gleichem Umfang Kapital exportieren und dabei den freien Swapsatz in Anspruch nehmen. *Per saldo* findet mit diesem Karussellgeschäft überhaupt kein Nettokapitalverkehr statt und die Geschäftsbanken erzielen Gewinne in Höhe der Differenz der Umsätze mit der Zentralbank und der Umsätze am freien Markt.

Wird ein Devisentermingeschäft ohne ein gleichzeitiges Devisenkassageschäft (*Sologeschäft*) durchgeführt, so spricht man von einem *Outright-Termingeschäft* und einer *Outright-Transaktion* bzw. *Outright-Geschäft*. Eine solche *Outright-Operation* ist nur als Kurssicherung für Exporteure oder Importeure sinnvoll, die in ausländischer Währung fakturieren, oder aber für Spekulanten, die eine Änderung des *künftigen Devisenkassakurses* erwarten. Spekulanten betreiben eine „Arbitrage" zwischen *gegenwärtigem* Devisenterminkurs und *künftigem* Devisenkassakurs; sie haben also *offene Positionen*, da das künftige Geschäft heute ja noch nicht fixiert werden kann.

Zwischen den Zentralbanken verschiedener Volkswirtschaften werden manchmal auch *Swapabkommen* vereinbart, bei denen sich die Zentralbanken gegenseitig sog. *Swaplinien* einräumen. Damit kann eine beteiligte Zentralbank vorübergehend einen Kredit in der Währung der Partner-Zentralbank in Anspruch nehmen.

4.4.2 Devisenmarktinterventionen

In einem Währungssystem mit vereinbarungsgemäß festen Wechselkursen hat die Notenbank eine *Interventionspflicht*, sobald der Wechselkurs an der Devisenbörse einen bestimmten *Interventionspunkt* erreicht hat.

Sie tritt dabei an der Devisenbörse als Nachfrager nach oder Anbieter von Devisen auf, um den von ihr angestrebten Kurs zu erreichen. Eine solche Interventionspolitik ist bei festen Wechselkursen zwingend vorgesehen, bei freien, aber manipulierbaren Wechselkursen nicht. Die Intervention der Zentralbank an der Devisenbörse hat aber gravierende Auswirkungen auf die Geldmengenentwicklung im Inland.

Besteht z.B. ein Nachfrageüberhang $D^N_0 - D^A_0$ nach Devisen zum bestehenden Kurs w_0 an der Devisenbörse (vgl. Abbildung 74), so kann dieser Kurs nur dann gehalten werden, wenn die Zentralbank diesen Nachfrageüberhang durch ein zusätzliches Angebot an Devisen befriedigt.

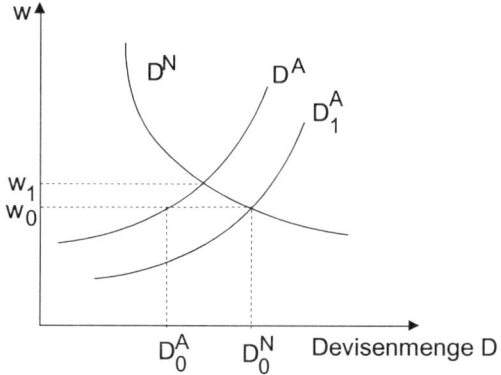

Abbildung 74

Diese Intervention der Zentralbank führt in Abbildung 74 praktisch zu einer Devisenangebotskurve D_1^A, die neben dem privaten Devisenangebot D_0^A noch das Interventionspotential der Zentralbank enthält. Ohne diese Intervention müßte der Wechselkurs auf w_1 steigen, also die inländische Währung *abwerten*.

Mit dem zusätzlichen Devisenangebot erhält die Zentralbank als Gegenleistung von den die Devisen nachfragenden Geschäftsbanken Liquidität in inländischer Währung übertragen; die Einlagen der Geschäftsbanken bei der Zentralbank werden reduziert, damit sinkt die monetäre Basis. Die *Stützung* eines abwertungsverdächtigen Wechselkurses durch die Zentralbank führt also zu kontraktiven Geldmengenwirkungen im Inland. Die Stützung eines aufwertungsverdächtigen Wechselkurses hat genau die umgekehrte Folge. Devisenmarktinterventionen haben also die gleiche Wirkung wie eine Offenmarktpolitik.

Literatur zum VII. Kapitel

1. Abschnitt

Borchert, Manfred: Zwischenziele und Indikatoren der Geldpolitik in einer offenen Volkswirtschaft - eine theoretische Analyse, in: Kredit und Kapital, 11. Jg. (1978), S. 465ff.

Brunner, Karl/Meltzer, Allan H.: Die Bedeutung monetärer Indikatoren, in: *J.R.Badura* [u.a.] (Hrsg.), Geldpolitik, Stuttgart u.a.O. 1980, S. 73ff.

Duwendag, Dieter u.a.: Geldtheorie und Geldpolitik in Europa, 5. Aufl., Berlin u.a.O. 1999.

Duwendag, Dieter: Ansatzpunkte der monetären Konjunkturpolitik, in: wisu, 2. Jg. (1973), S. 372ff.

Issing, Otmar: Einführung in die Geldpolitik, 6. Aufl., München 1996.

Jarchow, Hans-Joachim: Theorie und Politik des Geldes, Bd. II: Geldmarkt, Bundesbank und geldpolitisches Instrumentarium 6. Aufl., Göttingen 1992.

Köhler, Claus: Geldwirtschaft, Bd. 1: Geldversorgung und Kreditpolitik, 2. Aufl., Berlin 1977.

Lipfert, Helmut: Einführung in die Währungspolitik, 8. Aufl., München 1974, S. 115ff.

Meltzer, Allan H.: Kontrolle der Geldmenge, in: *Brunner* [u.a.] (Hrsg.), Geldtheorie, Köln 1974, S. 378ff.

Neumann, Manfred J.M.: Zwischenziele und Indikatoren der Geldpolitik, in: Kredit und Kapital, 4. Jg. (1971), S. 398ff.

Neumann, Manfred J.M.: Zwischenziele und Indikatoren als geldpolitische Entscheidungen, in: WiSt, 3. Jg. (1974), S. 421ff.

Schmahl, Hans-Jürgen: Globalsteuerung des Wirtschaftsablaufs, in: WiSt, 2. Jg. (1973), S. 217ff.

Siebke, Jürgen/Willms, Manfred: Theorie der Geldpolitik, Berlin u.a.O. 1974, S. 168ff.

2. Abschnitt

Adebahr, Hubertus: Währungstheorie und Währungspolitik – Einführung in die monetäre Außenwirtschaftslehre, Berlin 1978, S. 83ff.

Alexander, Volbert: Time-lags in der Geldpolitik, in: wisu, 3. Jg. (1974), S. 586ff.

Alexander, William E./Caramazza, Francesco: Money versus Credit – the Role of Banks in the Monetary Transmission Process, in: *T.J.T. Balino* [u.a.] (Hrsg.), Frameworks for Monetary Stability, Policy Issues and Country Experiences, Washington, D.C. 1994, S. 416 f.

Ammer, John M/Freeman, Richard T.: Inflation Targeting in the 1990s – the Experience of New Zealand, Canada and the United Kingdom, in: Journal of Economics and Business, Vol. 47 (1995), S. 165–192.

Badura, Jürgen R.: Der Fischersche Preiserwartungseffekt als Erklärungsansatz für das Gibson-Paradoxon, Berlin 1977.

Bernanke, Ben S./Blinder, Alan S.: Credit, Money, and Aggregate Demand, in: American Economic Review, Papers and Proceedings, Vol. 78 (1988), S. 439ff.

Bernanke, Ben S./Blinder, Alan S.: The Federal Funds Rate and the Channels of Monetary Transmission, in: American Economic Review, Vol. 82 (1992), S. 919ff.

Bernanke, Ben S./Mihov, Ilian: Measuring Monetary Policy, NBER Working Paper Series 5145, Cambridge/Mass. 1995, S. 20ff.

Bingham, T.R.G.: Banking und Monetary Policy, Paris 1985.

Bofinger, P. / Reischle, J. / Schächter, A.: Geldpolitik – Ziele, Institutionen, Strategien und Instrumente, München 1996.

Borchert, Manfred/Schulz, Heino: Zur Finanzierung staatlicher Defizite, in: Wirtschaftsdienst, 53. Jg. (1975), S. 615ff.

Borchert, Manfred: Außenwirtschaftslehre - Theorie und Politik, 6. Aufl., Wiesbaden 1999.

Borchert, Manfred: Mindestreservekonzeptionen, Wiesbaden 1987.

Borchert, Manfred: Zwischenziele und Indikatoren der Geldpolitik in einer offenen Volkswirtschaft - eine theoretische Analyse, in: Kredit und Kapital, 11. Jg. (1978), S. 465ff.

Brunner, Karl/Meltzer, Allan H.: Money and the Economy, Issues in Monetary Analysis, Cambridge/Mass. 1997.

Büschgen, Hans E.: Finanzinnovationen, in: Zeitschrift für Betriebswirtschaft, 56. Jg. (1986), S. 301ff.

Caspritz, Klaus: Debt Management als Instrument monetärer Stabilisierungspolitik, Hamburg 1972.

Cohen, Jacob: The Flow of Funds in Theory and Policy – a Flow-Constrained Approach to Monetary Theory and Policy, Dordrecht u.a.O. 1987.

Dickertmann, Dietrich/Siedenberg, Axel: Instrumentarium der Geldpolitik, 5. Aufl., Düsseldorf 1993.

Dieckheuer, Gustav: Der Crowding-out-Effekt, in: DIW-Vierteljahresheft, 2/1980, S. 126ff.

Dudler, Hermann-Josef: Geldpolitik und ihre theoretischen Grundlagen, Frankfurt a.M. 1984.

Dürr, Ernst: Time lags der Geldpolitik - Systematik der Zusammenhänge, Ursachen und Verkürzungsmöglichkeiten, in: Kredit und Kapital, 3. Jg. (1970), S. 129ff.

Duwendag, Dieter: Staatsschulden und Zentralbankgeldmengensteuerung (II), in: wisu, 7. Jg. (1978), S. 184ff.

Earl, Peter E.: Monetary Scenarios – a Modern Approach to Financial Systems, Aldershot u.a.O. 1990.

Early, J./Evans, G.: The Problem Is Bank Liability Management, in: *R. Guttmann* (Hrsg.), Reforming Money and Finance, Institutions and Markets in Flux, Armonk-New u.a.O. 1994, S. 63ff.

Fautz, Wolfgang M.: Potential- und aktualanalytische Ansätze in der Entwicklung der Geld- und Kredittheorie, in: Schweizerische Zeitschrift für Volkswirtschaft und Statistik, Bd. 111 (1975), S. 205ff.

Förterer, Jürgen: Die stabilitätspolitischen Vorschläge Milton Friedmans, Berlin 1979.

Friedman, Benjamin M· Intermediate Targets versus Information Variables as Operating Guides for Monetary Policy, in: *J.O. de Beaufort Wijnholds* [u.a.] (Hrsg.), A Framework for Monetary Stability, Dordrecht u.a.O. 1994, S. 121ff.

Friedman, Milton/Schwartz, Anna Jacobsen: A Monetary history of the United States 1870-1960, Princeton 1963, S. 676ff.

Friedman, Milton: A program for monetary stability, New York 1959.

Friedman, Milton: Die Rolle der Geldpolitik, in: *K. Brunner* [u.a.] (Hrsg.), Geldtheorie, Köln 1974, S. 314ff.

Gertler, Mark L./Hubbard, R.G./Kashyap, Anil K.: Interest Rate Spreads, Credit Constraints, and Investment Fluctuations – an Empirical Investigation, in: Finance and Economics Discussion Series 137, Division of Research and Statistics, Division of Monetary Affairs, *Federal Reserve Board*, Washington/D.C. 1990, S. 22.

Gibson, A.H.: The Future Course of High-Class Investiment Values, in: Bankers' Insurance Managers' and Argents' Magazine, 1923, S. 15ff.

Gibson, A.H.: The Road of Economic Recovery, in: Bankers', Insurance Managers' and Agents' Magazine, 1926, S. 595ff.

Glöggler, Axel: Der Friedman-Plan – eine Alternative zu Ermessensentscheidungen im Bereich der Geldpolitik?, in: *Badura, J.R.* [u.a.] (Hrsg.), Geldpolitik, Stuttgart u.a.O. 1980, S. 38ff.

Green, J.H. (1996): Inflation Targeting – Theory and Policy Implications, in: IMF Staff Papers 43, S. 779–795.

Herrmann, Armin: Die Geldmarktgeschäfte, 3. Aufl., Frankfurt a.M. 1986.

Jarchow, Hans-Joachim: Theorie und Politik des Geldes, Bd. II: Geldmarkt, Bundesbank und geldpolitisches Instrumentarium, 6. Aufl., Göttingen 1992.

Kareken, John/Solow, Robert M.: Lags in monetary policy – a Summary, in: *W.L. Smith* [u.a.] (Hrsg.), Readings in Money, National Income and Stabilization policy, Homewood 1978, S. 76ff.

Kashyap, Anil K./Stein, Jeremy C./Wilcox, David W.: Monetary Policy and Credit Conditions – Evidence from the Composition of External Finance, in: Finance and Economics Discussion Series 154, Division of Research and Statistics, Division of Monetary Affairs, *Federal Reserve Board*, Washington/D.C. 1991, S. 31.

Kath, Dietmar: Aktiva- Reserve- und Offenmarktpolitik in kontroversen geldpolitischen Konzepten, in: Kredit und Kapital, 6. Jg. (1973), S. 444ff.

Kath, Dietmar: Die theoretischen Grundlagen geldpolitischer Steuerungskonzepte, in: *S. Klatt* [u.a.] (Hrsg.), Strukturwandel und makroökonomische Steuerung, Berlin 1975, S. 341ff.

Kenen, Peter B.: EMU After Maastricht, Washington/D.C. 1992, S. 46.

Ketterer, Karl H./Pohl, Rüdiger: Das Konzept der potentialorientierten Kreditpolitik – zu einem kritischen Ansatz von H.G. Monissen, in: Kredit und Kapital, 6. Jg. (1973), S. 157ff.

King, M.: Direct Inflation Targets, in: *Deutsche Bundesbank* (Hrsg.), Monetary Strategies in Europe, München 1996, S. 45–75.

Kloten, Norbert: Geldpolitik – diskretionär oder regelgebunden?, in: Beiträge zur Geldtheorie, Königstein 1980, S. 1ff.

Köhler, Claus: Geldwirtschaft, Bd. 1: Geldversorgung und Kreditpolitik, 2. Aufl., Berlin 1977, S. 319ff.

Lachmann, Werner: Crowding-out und die Frage nach der neutralen Geldpolitik, in: Kredit und Kapital, 11. Jg. (1978), S. 451ff.

Leschke, Martin: Geldmengenpolitik in Deutschland und Europa, Wiesbaden 1999.

Milbradt, Georg H.: Ziele und Strategien des debt managements - Ein Beitrag zur Theorie der optimalen Schuldenstruktur des Staates unter Einbeziehung der Notenbank, Baden-Baden 1975.

Mishkin, F.S. / Posen, A.S.: Inflation Targeting – Lessons from Four Countries, in: Economic Policy Review, Vol. 3 (3) (1997), S. 9–110.

Mishkin, Frederic S.: Money, Interest Rates and Inflation, Aldershot u.a.O. 1993.

Mussel, Gerhard: Zur Problematik der Beurteilung der Zentralbankpolitik, in: Konjunkturpolitik, 22. Jg. (1976), S. 61ff.

Neubauer, Werner: Strategien, Techniken und Wirkungen der Geld- und Kreditpolitik – eine theoretische und empirische Untersuchung für die Bundesrepublik Deutschland, Göttingen 1972.

Pohl, Rüdiger: Geldbasis versus Liquiditätssaldo - Ein Vergleich zweier geldtheoretischer Konzepte, in: *C. Köhler* (Hrsg.), Geldpolitik – kontrovers, Köln 1973, S. 94ff.

Robert, Dieter: Makroökonomische Konzeptionen im Meinungsstreit – zur Auseinandersetzung zwischen Monetaristen und Fiskalisten, Baden-Baden 1978.

Rose, Klaus/Sauernheimer, Karlhans: Theorie der Außenwirtschaft, 13. Aufl., München 1999.

Siebke, Jürgen/Willms, Manfred: Theorie der Geldpolitik, Berlin u.a.O. 1974.

Simmert, Diethard B.: Alternative Stabilisierungskonzepte – Fiskalismus kontra Monetarismus, in: *C. Köhler* (Hrsg.), Geldpolitik – kontrovers, Köln 1973, S. 10ff.

Smith, Warren L.: Geldpolitik aus neo-keynesianischer Sicht, in: *P. Kalmbach* (Hrsg.), Der neue Monetarismus, München 1973, S. 104-129.

Steeb, Guido: Time lags der Geldpolitik – Ursachenanalyse und wirtschaftspolitische Implikationen, Frankfurt a.M. u.a.O. 1978.

Svensson, L.E.O. (1997): Inflation Forecast Targeting – Implementing and Monitoring Inflation Targets, in: European Economic Review 41, S. 1111–1146.

Svindland, Eiric: Staatsausgaben und ihre Finanzierung, in: DIW-Vierteljahresheft, 2/1980, S. 148ff.

Tanner, J. Ernest: Lags in the Effect of monetary policy, in: American economic Review, Vol. 59 (1969), S. 794ff.

Tobin, James: Grundsätze der Geld- und Staatsschuldenpolitik, Baden-Baden 1978.

3. Abschnitt

Akhtar, M.A.: Financial Innovations and their Implications for Monetary Policy – an International Perspective, in: BIS Economic Papers, Vol. 9 (1983), Basel, S. 29 f.

Basler, Hans-Peter: Die wirtschaftspolitischen Zielpräferenzen der Deutschen Bundesbank – eine empirische Analyse des Zentralbankverhaltens für die Zeit von 1958-1974, in: Kredit und Kapital, 11. Jg. (1978), S. 84ff.

Blohm, Bernhard: Die neue Geldpolitik der Bundesbank und ihre Beziehungen zur Fiskalpolitik, München 1978.

Bockelmann, Horst: Hauptsachen und Nebensachen - der Kurswechsel in der Geldpolitik der Bundesbank 1973/74, in: *N. Bub* [u.a.] (Hrsg.), Geldwertsicherung und Wirtschaftsstabilität, Frankfurt a.M. 1989, S. 191ff.

Booms, Helmut: Geldtheorie und geldpolitische Konzepte der Deutschen Bundesbank – Ermittlung und Kritik, Bochum 1980.

Borchert, Manfred: Kreditvolumen vs. Geldmenge - Kredittheoretische Determinanten der Inflation, in: *H. Sautter* (Hrsg.), Wirtschaftspolitik in offenen Volkswirtschaften, Göttingen 1994, S. 23 ff.

Brunner, Karl/Meltzer, Allan H.: Die Bedeutung monetärer Indikatoren, in: *J. Badura* [u.a.] (Hrsg.), Geldpolitik, Stuttgart u.a.O. 1980, S. 73ff.

Culbertson, John M.: Friedman on the lay in Effect of monetary policy, in: Journal of political economy, Vol. 68 (1960), S. 617ff.

Dickertmann, Dietrich/Siedenberg, Axel: Instrumentarium der Geldpolitik, 4. Aufl., Düsseldorf 1984.

Duwendag, Dieter u.a.: Geldtheorie und Geldpolitik in Europa, 5. Auflage, Berlin u.a.O 1999.

Duwendag, Dieter: Die neue Geldpolitik der Deutschen Bundesbank – Interpretation und kritische Anmerkungen, in: Konjunkturpolitik, 22. Jg. (1976), S. 265ff.

EZB-Europäische Zentralbank: Die einheitliche Geldpolitik in Stufe 3 – allgemeine Regelungen für die geldpolitischen Instrumente und Verfahren des ESZB, Frankfurt a.M. September 1998.

EZB-Europäische Zentralbank: Monatsberichte, 1999 und 2000.

EZB-Europäische Zentralbank: The quantitative reference value for monetary growth, Pressemitteilung vom 1. Dezember 1998.

Feldstein, Martin/Stock, James H.: The Use of Monetary Aggregate to Target Nominal GDP, NBER Working Paper Series 4304, Cambridge/Mass. 1993, S. 37 f.

Hagen, Jürgen von/Neumann, Manfred: Theoretische und empirische Grundlagen von Geldmengenzielen und ihre Realisierung, Berlin 1988.

Honeck, Gerhard: Friedman-Plan und potentialorientierte Kreditpolitik, Berlin 1975.

Irmler, Heinrich: Deutsche Geldpolitik bei festen und flexiblen Wechselkursen, in: *N. Bub* (Hrsg.), Geldwertsicherung und Wirtschaftsstabilität, Frankfurt a.M. 1989, S. 225-241.

Jarchow, Hans Joachim: Theorie und Politik des Geldes 1, 10. Aufl., Göttingen 1998.

Kath, Dietmar: Das Geldmengenziel der Deutschen Bundesbank, in: WiSt, 8. Jg. (1979), S. 455ff.

Kath, Dietmar: Das monetäre Interpretations- und Steuerungskonzept der Deutschen Bundesbank, in: WiSt, 5. Jg. (1976), S. 356ff.

Kath, Dietmar: Die Bedeutung neuer Finanzierungsinstrumente für den Wandel der finanziellen Struktur in der Bundesrepublik Deutschland, in: *J. Becker* [u.a.] (Hrsg.), Neue Instrumente an den Finanzmärkten – Geldpolitische und bankenaufsichtsrechtliche Aspekte, Berlin 1988, S. 67.

Kneeshaw, John T./Van den Bergh, P.: Changes in Central Bank Money Market Operating Procedures in the 1980s, in: BIS Economic Papers, Vol. 23 (1989), S. 76.

Köhler, Claus: Volkswirtschaftlicher Kurzkommentar – Beschlüsse zu einer fehlentwicklungsfreien wirtschaftlichen Entwicklung in der EWU, Berlin 2000.

Menkhoff, Lukas: Makroökonomische Wirkungen der Einführung von DM-Geldmarktfonds in der Bundesrepublik Deutschland, in: Konjunkturpolitik, 36. Jg. (1990), S. 378ff.

Monissen, Hans G.: Geldversorgung und Kreditpolitik – kritische Anmerkungen zur monetären Konzeption von Claus Köhler, in: Kredit und Kapital, 6. Jg. (1973), S. 134ff.

Mussel, Gerhard: Von der Zentralbankgeldmenge zur Geldmenge M3 – einige Überlegungen zur neuen Zielgröße der Deutschen Bundesbank, in: Diskussionsbeiträge aus dem Institut für Volkswirtschaftslehre, Bd. 35, Hohenheim 1988.

Neumann, Manfred J.M.: Zwischenziele und Indikatoren der Geldpolitik, in: *K. Brunner* [u.a.] (Hrsg.), Geldtheorie, Köln 1974, S. 360ff.

Reinhard, Peter: Der Euronotenmarkt als internationale Finanzierungsquelle, in: Zeitschrift für das gesamte Kreditwesen, 38. Jg. (1985), S. 380ff.

Schlesinger, Helmut: Das Konzept der Deutschen Bundesbank, in: Kredit und Kapital, Beiheft 10, Berlin 1988, S. 3ff.

Schlesinger, Helmut: Die Geldpolitik der Deutschen Bundesbank 1967-1977, in: Kredit und Kapital, 11. Jg. (1978), S. 3ff.

Schlesinger, Helmut: Geldpolitik in der Phase des Wiederaufbaus (1950-1958) in: *Deutsche Bundesbank* (Hrsg.), Währung und Wirtschaft in Deutschland 1876-1975, Frankfurt a.M. 1976, S. 555ff.

Schlesinger, Helmut: Neue Erfahrungen der Geldpolitik in der Bundesrepublik Deutschland, in: Kredit und Kapital, 9. Jg. (1976), S. 433ff.

Schlesinger, Helmut: Neuere Erfahrungen der Geldpolitik in der Bundesrepublik Deutschland, in: *Badura, J.R.* [u.a.] (Hrsg.), Geldpolitik, Stuttgart u.a.O. 1980, S. 101ff.

Schulz, Heino: Zur Aussagefähigkeit der Zentralbankgeldmenge als Indikator im geldpolitischen Konzept der Deutschen Bundesbank, in: Kredit und Kapital, 13. Jg. (1980), S. 263ff.

Schwebler, Robert: Geldpolitik und Finanzintermediäre – dargestellt am Beispiel der Versicherungswirtschaft, in: Kredit und Kapital, Beiheft 10, Berlin 1988, S. 241ff.

van Suntum, Ulrich: Geldpolitik und Konjunktur: ein monetaristischer Prognoseansatz für die Bundesrepublik Deutschland, in: Zeitschrift für Wirtschaftspolitik, 39. Jg. (1990), S. 263-285.

Willms, Manfred: 25 Jahre Geldpolitik der Bundesbank, in: Wirtschaftsdienst, 54 Jg. (1974), S. 245ff.

Willms, Manfred: Der Einsatz der Staatsschuld als geldpolitisches Instrument, in: Kredit und Kapital, 1. Jg. (1968), S. 405ff.

4. Abschnitt

Badura, Jürgen R.: Time lags der Geldpolitik, in: WiSt, 4. Jg. (1975), S. 557ff.

Basler, Hans-Peter: Die Bundesbank zwischen Autonomiesicherung und effizientem Instrumenteneinsatz, in: Wirtschaftsdienst, 59. Jg. (1979), S. 514ff.

Bechler, Ekkehard: Geld und Währung, Bd. 1: Theorie des Geldes und der Geldpolitik, München 1978.

Bockelmann, Horst: Hauptsachen und Nebensachen - der Kurswechsel in der Geldpolitik der Bundesbank 1973/74, in: *N. Bub* [u.a.] (Hrsg.), Geldwertsicherung und Wirtschaftsstabilität, Frankfurt a.M. 1989, S. 191ff.

Bofinger, Peter/Kloten, Norbert: Geldpolitik in einem europäischen Finanz- und Binnenmarkt, in: Kredit und Kapital, Beiheft 10, Berlin 1988, S. 277ff.

Borchert, Manfred: Außenwirtschaftslehre, 6. Aufl., Wiesbaden 1999.

Borchert, Manfred: Mindestreservekonzeptionen, Wiesbaden 1987.

Bräuer, Norbert: Sektorale Geldpolitik, Konzeption eines sektor-monetären Stabilisierungssystems – Entstehungsgründe, Strategien, Instrumentarium, Frankfurt a.M. u.a.O. 1979.

Caesar, Rolf: Kontrollierbarkeit der Geldversorgung bei festen Wechselkursen, in: *C. Köhler* [u.a.] (Hrsg.), Aspekte der Geldpolitik in offenen Volkswirtschaften, Berlin 1987, S. 119ff.

Carstensen, Meinhard: Gedanken zur Mindestreservepolitik aus Sicht der Geschäftsbanken, in: Kredit und Kapital, Beiheft 10, Berlin 1988, S. 93ff.

Dickertmann, Dietrich/Siedenberg, Axel: Instrumentarium der Geldpolitik, 5. Aufl., Düsseldorf 1993.

Dickertmann, Dietrich: Liquiditätspolitik durch Offenmarktpolitik I, in: wisu, 2. Jg. (1973), S. 11ff.

Dickertmann, Dietrich: Liquiditätspolitik durch Offenmarktpolitik II, in: wisu, 2. Jg. (1973), S. 65ff.

Dudler, Hermann-Josef: Geldpolitik und ihre theoretischen Grundlagen, Frankfurt a.M. 1984.

Dudler, Hermann-Josef: Instrumente und quantitative Hilfsmittel der kurzfristigen Geldmengenkontrolle, Berlin 1983.

Dürr, Ernst: Die Wirkungsverzögerung der Notenbankpolitik, in: *H.E. Büschgen* (Hrsg.), Geld, Kapital und Kredit, Stuttgart 1968, S. 99ff.

Duwendag, Dieter u.a.: Geldtheorie und Geldpolitik in Europa, 5. Aufl., Berlin u.a.O. 1999.

Engels, Wolfram: Notenbanktechnik, Instrumente und Verfahren der monetären Stabilitätspolitik, Frankfurt a.M. u.a.O. 1979.

EZB-Europäische Zentralbank: Die einheitliche Geldpolitik in Stufe 3 – Allgemeine Regelungen für die geldpolitischen Instrumente und Verfahren des ESZB, Frankfurt September 1998.

EZB-Europäische Zentralbank: Pressenotizen, Frankfurt 1999.

Filc, Wolfgang: Devisenmarkt und Geldpolitik, Berlin 1981.

Friedmann, Willy: Die Mindestreserve im deutschen Finanzsystem, in: Kredit und Kapital, Beiheft 10, Berlin 1988, S. 79ff.

Gaude, Bernhard: Die Mechanismen der Zentralbankgeldschöpfung und ihre Kontrollierbarkeit durch die Zentralbank, Berlin 1969.

Gehrig, Bruno: Geldmenge und Mindestreserven - Aktiven und Passiven als Bemessungsgrundlage?, Bern u.a.O. 1976.

Geiger, Helmut: Das Verhältnis von Refinanzierungs- und Offenmarktpolitik, in: Kredit und Kapital, Beiheft 10, Berlin 1988, S. 129ff.

Geiger, Helmut: Instrumentelle Aspekte der Geldpolitik, in: Kredit und Kapital, Beiheft 7, Berlin 1982, S. 195ff.

Giersch, Herbert: Konjunktur- und Wachstumspolitik in der offenen Wirtschaft, Bd.2: Allgemeine Wirtschaftspolitik, Wiesbaden 1983.

Gleske, Leonhard: Wandlungen in der Geldpolitik, in: AaPA, Nr. 42, vom 13.6.1986, Frankfurt a.M. 1986.

Hein, Manfred: Die internationalen Geldmarktgeschäfte westdeutscher Banken, Berlin 1966.

Herz, Bernhard: Geldpolitik bei finanziellen Innovationen, Frankfurt a.M. 1988.

Issing, Otmar: Das geldpolitische Instrumentarium unter dem Aspekt der Wettbewerbsneutralität, in: Kredit und Kapital, Beiheft 10, Berlin 1988, S. 219ff.

Issing, Otmar: Die Unabhängigkeit der Bundesbank – Bemerkungen zur geplanten Novellierung des Bundesbankgesetzes, in: *S. Klatt* [u.a.] (Hrsg.), Strukturwandel und makroökonomische Steuerung, Berlin 1975, S. 365ff.

Issing, Otmar: Einführung in die Geldpolitik, 6. Aufl., München 1996.

Issing, Otmar: Geldpolitik für einen stabilen Euro, in: FAZ vom 2. Januar 1999, S. 13.

Jacob, Klaus-Dieter: Geldlehre – Theorie und Politik, Wiesbaden 1981.

Jarchow, Hans-Joachim: Theorie und Politik des Geldes 1, 10. Auflage, Göttingen 1998.

Jarchow, Hans-Joachim: Theorie und Politik des Geldes, Bd. II: Geldmarkt, Bundesbank und geldpolitisches Instrumentarium, 6. Aufl., Göttingen 1992.

Kath, Dietmar: Aktiva-Reserve und Offenmarktpolitik in kontroversen geldtheoretischen Konzepten, in: Kredit und Kapital, 6. Jg. (1973), S. 444ff.

Kloten, Norbert: Das Europäische Währungssystem - eine europapolitische Grundentscheidung im Rückblick, Opladen 1980.

Kloten, Norbert: Maximen einer europäischen Geldpolitik, in: *N. Bub* [u.a.] (Hrsg.), Geldwertsicherung und Wirtschaftsstabilität, Frankfurt a.M. 1989, S. 317ff.

Köhler, Claus: Geldwirtschaft, Bd. 1: Geldversorgung und Kreditpolitik, 2. Aufl., Berlin 1977, S. 232ff.

Maier, Gerhard: Die neue Offenmarktpolitik der Bundesbank, in: Wirtschaftsdienst, 61. Jg. (1981), S. 335ff.

Müller, Heinz: Die Bedeutung der time lags für die Wirksamkeit der Geld- und Kreditpolitik in der Bundesrepublik Deutschland, in: Weltwirtschaftliches Archiv, Bd. 100 (1968), S. 272ff.

Neldner, Manfred: Die Kursbildung auf dem Devisenterminmarkt und die Devisenterminpolitik der Zentralbanken, Berlin 1970.

Pohl, Reinhard: Geldtheoretische Analysen der Deutschen Bundesbank als Elemente einer Strategie der Überredung – ein Beitrag zur Theorie und Praxis nationalökonomischer Sprachkritik, Berlin 1971.

Rhode, Armin/Simmert, Diethard: Mindestreserven – ein überflüssiges Instrument, in: Wirtschaftsdienst, 66. Jg. (1986), S. 404ff.

Ruckriegel, Karlheinz: Finanzinnovationen und nationale Geldpolitik – Neuerungen im finanziellen Sektor, Bayreuth 1989.

Schanz, Gerhard: Wäre die Einbeziehung der Versicherungswirtschaft in die Mindestreservepolitik kredittheoretisch gerechtfertigt?, in: Kredit und Kapital, 14. Jg. (1981), S. 52ff.

Schirmer, Ulrich: Der Einfluß paramonetärer Institutionen auf die Vermögensbildung, das Kreditangebot und die Geldpolitik, Berlin 1971.

Schröder, Jürgen: Zur Theorie der Devisenterminmärkte, Berlin 1969.

Siebke, Jürgen/Willms, Manfred: Theorie der Geldpolitik, Berlin u.a.O. 1974, S. 145ff.

Simmert, Diethard B./Zweig, Gerhard: Instrumente auf dem Prüfstand, in: Wirtschaftsdienst, 60. Jg. (1980), S. 226ff.

Steeb, Guido: Time lags der Geldpolitik – Ursachenanalyse und wirtschaftspolitische Implikationen, Frankfurt a.M. u.a.O. 1978.

Thomas, Karl: Das Verhältnis von Refinanzierungs- und Offenmarktpolitik, in: Kredit und Kapital, Beiheft 10, Berlin 1988, S. 109ff.

Veit, Otto: Grundriß der Währungspolitik, 3. Aufl., Frankfurt 1969.

Voß, Peter: Zielkonforme Ausgestaltung der Mindestreservenpolitik – neuere Vorschläge zur Reform des traditionellen Systems, Berlin 1972.

Woll, Artur/Vogl, Gerald: Geldpolitik, Stuttgart 1976, S. 92ff

Aktuelle Informationen über die Entwicklung der Geldpolitik der *Europäischen Zentralbank* erhält man im Internet unter der Adresse www.ecb.int oder über die *Deutsche Bundesbank* unter www.bundesbank.de. Dort sind auch jeweils aktuelle Veröffentlichungen der EZB zu laden oder zu bestellen.

VIII. Träger und Institutionen der Geldpolitik

Instrumente der Geldpolitik werden von deren Subjekten eingesetzt, um deren unmittelbare Objekte (MFIs) nach geldpolitischen Erfordernissen zu beeinflussen. In Abschnitt 1 werden daher der Aufbau der Zentralbank, in Abschnitt 2 die Banken und in Abschnitt 3 die Finanzmärkte beschrieben.

1. Die Stellung der Zentralbank

Aufgaben und Stellung einer Zentralbank leiten sich aus den allgemeinen Zielen der Wirtschaftspolitik ab (vgl. Abschnitt VII.1.2). Inwieweit die Zentralbank dabei nach eigenem Willen Ziele der Wirtschaftspolitik verfolgen kann, wird bedingt durch ihre Autonomie, d.h. ihrer Unabhängigkeit gegenüber der Regierung[110].

1.1 Fundamentale Funktionen einer Zentralbank

Die Notenbank (*Zentralbank, Währungsbank, Zentralnotenbank*) ist die zentrale geldpolitische Institution einer Volkswirtschaft, die

- die Ziele der Geldpolitik aktiv verfolgt und
- den Zahlungsverkehr in einer Volkswirtschaft sicherstellt.

Aus diesen Aufgaben ergeben sich die beiden *fundamentalen Funktionen* einer Notenbank, die

- der *Hüterin der Währung* (-sstabilität, der Geldwertstabilität, des Geldes) und
- eines *lenders of last resort* (letztinstanzlicher Kreditgeber, letzte Quelle liquider Mittel).

Notenbanken gingen im 18. Jh. aus Staatsbanken und solchen privaten Banken hervor, die die Ausgaben von Regierungen durch Kredite finanzierten und deshalb das Privileg der Notenemission eingeräumt bekamen. Mit der *Peelschen Bankakte* (*Currency-Theorie*, vgl. Abschnitt III.2.1.1) von 1844 wurde der Notenumlauf durch Golddeckungsvorschriften gesetzlich geregelt; Ziel war, mit der Regelung des Geldumlaufs den Geldwert zu stabilisieren.

Die starke Geldmengenregulierung bedingte bei wirtschaftlichen Krisen panikartige Liquiditätsabzüge, so daß die *Peelsche Bankakte* immer wieder suspendiert werden mußte (1847, 1857 und 1866). Durch *Walter Bagehot* (*Lombard Street*, 1873) wurde deshalb das praktische Bedürfnis eines *lenders of last resort* begründet, der in wirtschaftlichen Krisensituationen – bei Gefahr eines *runs* auf Geschäftsbanken – Liquidität zur Abwehr eines Vertrauensverlustes in das Kreditwesen und das Bankensystem zur Verfügung stellen sollte.

---

[110] Die Bedeutung der Zentralbankunabhängigkeit wurde bereits in Abschnitt VI.3, im Zusammenhang mit dem Problem der Zeitinkonsistenz, diskutiert.

Geschäftsbanken gehen dementsprechend bei ihrer Geldschöpfung stets ein Liquiditätsrisiko ein; alle potentiellen Zahlungswünsche können nicht zur gleichen Zeit - wie in einer *run-Situation* gewünscht - erfüllt werden. Dies wäre nur bei völliger Fristenkongruenz von Ausleihungen und Einlagen, also bei Erfüllung der *Goldenen Bankregel* (vgl. Abschnitt 3.3), der Fall. Kommt es zu einem *run* des Publikums auf Auszahlungen von Bankeinlagen, werden einige Banken illiquide und ziehen die anderen mit. Diese Situation kann nur durch Bereitstellung zusätzlicher Liquidität eines *letztinstanzlichen Kreditgebers* bereinigt werden.

Daher ist wesentliche Aufgabe einer Notenbank die eines *lenders of last resort* (*Geld-Verleiher der letzten Instanz*). Dieser steht dabei vor einem grundlegenden Dilemma (*Walter Bagehot*): Besteht ein *lender of last resort*, so sinkt die private Eigenverantwortlichkeit (der Banken, des Publikums) für Währungsstabilität; gibt es keinen *lender of last resort*, so kann man sich über die potentielle Gefahr und Konsequenzen eines *Bank-runs* täuschen. Deshalb gilt als Voraussetzung für das Eingreifen eines *lenders of last resort* mit zusätzlicher Liquidität: *discounting freely but at a penalty rate*, also unbedingte Zurverfügungstellung von Zahlungsmitteln, allerdings zu hohen Zinssätzen, um nur den notwendigen Bedarf zu decken. Es sollen jedoch nicht diejenigen Institutionen (Banken) geschützt werden, die grob fahrlässig eine Bankkrise verursacht haben, sondern die ohne eigenes Fehlverhalten in Mitleidenschaft gezogenen Geschäftsbanken.

Manchmal wird dem *lender of last resort* auch die Funktion einer normalen Refinanzierung zugeschrieben, also nicht nur in Krisensituationen. Er hat damit zum einen für ausreichende

- *Trendliquidität (trend liquidity)*, also zur reibungslosen Abwicklung des normalen Zahlungsverkehrs, und
- *Krisenliquidität (crisis liquidity)*, also zur Beeinflussung von run-Situationen,

zu sorgen.

Diese Vorstellungen eines *nationalen lenders of last resort* können auch international angewendet werden. Wenn Notenbanken die Nachfrage nach Währungsreserven aus ihrem Bestand nicht mehr erfüllen können, besteht der Bedarf eines *internationalen lenders of last resort*, der

- *Trendliquidität* in Form von Gold und Sonderziehungsrechten des *Internationalen Währungsfonds* und
- *Krisenliquidität* in Form von Kreditfazilitäten

zur Verfügung stellt. Solche Krisensituationen bestehen insbesondere bei einer umfangreichen, einseitigen Devisennachfrage (Spekulation), u.U. mit selbstverstärkenden (*band waggon*) Effekten. Die Funktion eines solchen *internationalen lenders of last resort* nimmt gegenwärtig, zumindest teilweise, der *Internationale Währungsfonds* wahr.

Die beschriebenen *fundamentalen Funktionen* führen zu den allgemeinen Aufgaben einer Notenbank, nämlich

- den Umlauf an Bargeld sicherzustellen; dazu besitzt die Notenbank ein *Notenausgabemonopol*.

- den Zahlungsverkehr zwischen Geschäftsbanken als *Clearingstelle* abzuwickeln[111].
- eine *Refinanzierung* der Geschäftsbanken zu ermöglichen.
- *Einlagen wie Schulden* der öffentlichen Haushalte zu verwalten und Kredite zu gewähren.
- die offiziellen Währungsreserven zu verwalten.

Notenbanken haben daher nicht die Aufgabe, ihre Geschäftspolitik nach Rentabilität auszurichten, sondern nach Effizienz in der Wahrnehmung ihrer (volkswirtschaftlichen) Funktionen.

Institutionell kann sie von Weisungen der Regierung unabhängig sein (*Deutsche Bundesbank* und das US-amerikanische *Federal Reserve System*), sie kann aber auch vom *Schatzamt* (der Staatsregierung) weisungsgebunden sein (bis 1995: *Bank of England*).

Die Effizienz der Geldpolitik ist entscheidend von der institutionellen Ausgestaltung des monetären Systems abhängig. Daher soll im folgenden die Struktur der monetären Institutionen vorgestellt werden. Zunächst wird der Aufbau unterschiedlicher Zentralbanken dargestellt, um anschließend das europäische bzw. deutsche Bankensystem genauer zu analysieren.

1.2 Das Europäische System der Zentralbanken

Der institutionelle Aufbau des Eurosystems setzt sich aus den 12 rechtlich selbständigen nationalen Zentralbanken (*NZB*) der *EWU* (vgl. Tabelle 3) und der rechtlich selbständigen *Europäischen Zentralbank* (*EZB*) zusammen. Dem *Europäischen System der Zentralbanken* (*ESZB*) gehören neben der *EZB* alle 15 Zentralbanken der EU-Mitgliedstaaten an (vgl. Abbildung 75).

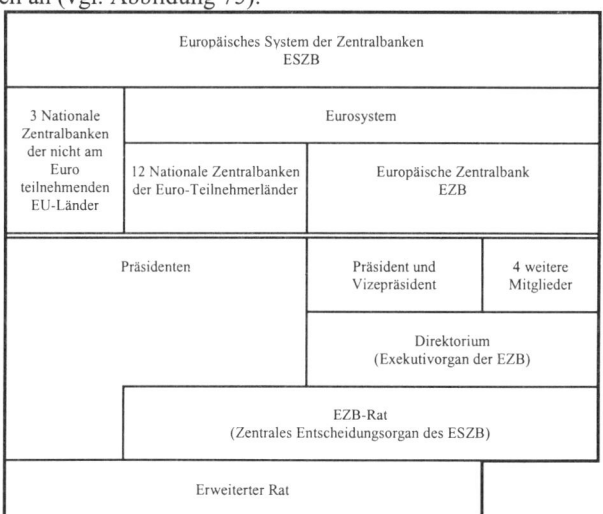

Abbildung 75: Der institutionelle Aufbau des ESZB

---

[111] Vgl. zum Clearing Abschnitt III.1.2.2.

Die drei Beschlußorgane des *ESZB* sind

- das Direktorium (*Executive Board*),

- der *EZB-Rat* (*Governing Council*) und

- der erweiterte Rat (*General Council*).

Das zentrale Entscheidungsgremium des Eurosystems ist der *Rat der EZB*, der sich aus den sechs Direktoriumsmitgliedern der *EZB* und den Präsidenten der 12 nationalen Zentralbanken zusammensetzt. Das Direktorium besteht aus dem Präsidenten, dem Vizepräsidenten und vier weiteren Mitgliedern. Sie sind für die Umsetzung der geldpolitischen Beschlüsse des *EZB-Rats* zuständig. Die Amtszeit der Direktoriumsmitglieder beträgt 8 Jahre; eine Wiederwahl ist ausgeschlossen. Mit dieser Regel soll die Unabhängigkeit des *ESZB* vom politischen Sektor ebenso sichergestellt werden, wie durch die Forderung nach Autonomie der nationalen Zentralbanken, die bereits in der *Stufe 2* der Währungsunion durchgesetzt werden sollte.[112]

Solange nicht alle EU-Mitgliedstaaten der Währungsunion beigetreten sind, wird der *Erweiterte Rat* als beratendes Gremium fungieren. Er besteht aus den Präsidenten und Vizepräsidenten der *EZB* sowie den Präsidenten aller 15 nationalen Zentralbanken der *Europäischen Union EU*.

Die Hauptaufgaben des *ESZB* bestehen in der Durchführung der Geldpolitik der *Europäischen Währungsunion EWU*, der Durchführung von Devisenmarkttransaktionen, der Haltung und Verwaltung der Gemeinschafts-Devisenreserven sowie in der Unterstützung eines reibungslos funktionierenden Zahlungsverkehrs. Für letzteres hat das *ESZB* ein eigenes *Clearingnetz* (TARGET = Trans-European Automated Real-Time Gross Settlement Express Transfer System) aufgebaut und den Geschäftsbanken zur Verfügung gestellt[113]. Es ist dem *ESZB* nicht erlaubt, Kredite an öffentliche Institutionen zu vergeben. Es kann jedoch z.B. zum Zweck der Marktpflege bei Wertpapieremissionen als Fiskalagent der öffentlichen Haushalte tätig werden. Wie früher die *Deutsche Bundesbank* ist auch die *EZB* auf das Ziel „Preisniveaustabilität" verpflichtet. Im Gegensatz zur *Deutschen Bundesbank*, die diesen Auftrag aus einem einfachen Gesetz ableitete, ist dieses Ziel der *EZB* auf Verfassungsebene – nämlich im *Vertrag von Maastricht* – festgeschrieben.[114]

1.3. Zentralbanksysteme im Vergleich

1.3.1 Die deutsche Zentralbank bis 1998

Mit dem Auftrag des *Artikels 88 GG* errichtete der Bund nach dem 2. Weltkrieg eine Währungs- und Notenbank als Bundesbank mit Sitz in Frankfurt, deren Aufbau, Aufga-

---

[112] Vgl. zur Bedeutung der Zentralbankunabhängigkeit für eine stabilitätsorientierte Geldpolitik Abschnitt VI.3.

[113] Vgl. zum Clearing Abschnitt III.1.2.2.

[114] Vgl. zu den Zielen und Aufgaben des ESZB auch Abschnitt VII.3.1.

ben und Befugnisse durch das *Gesetz über die Deutsche Bundesbank* vom 26.7.1957 geregelt waren. Seit dem 1.3.1948 nahm die *Bank deutscher Länder* als Körperschaft des öffentlichen Rechts für das Vereinigte Wirtschaftsgebiet (*Bi-Zone*) als Zentralbank mit Notenprivileg währungspolitische Befugnisse wahr, seit dem 1.11.1948 auch für die französische Zone und damit für das gesamte alte Bundesgebiet mit Ausnahme Berlins. Die *Deutsche Bundesbank* war aus einer Verschmelzung der *Landeszentralbanken* und der *Berliner Zentralbank* mit der *Bank deutscher Länder* hervorgegangen; damit war die *Bank deutscher Länder* zur *Deutschen Bundesbank* geworden.

Die *Deutsche Bundesbank* hatte drei Hauptorgane: den Zentralbankrat, das Direktorium und die Vorstände der Landeszentralbanken. Der institutionelle Aufbau der *Deutschen Bundesbank* ist in der oberen Hälfte der Abbildung 76 dargestellt.

Abbildung 76: Bankensystem in Deutschland: Monetäre Behörden, Kreditinstitute

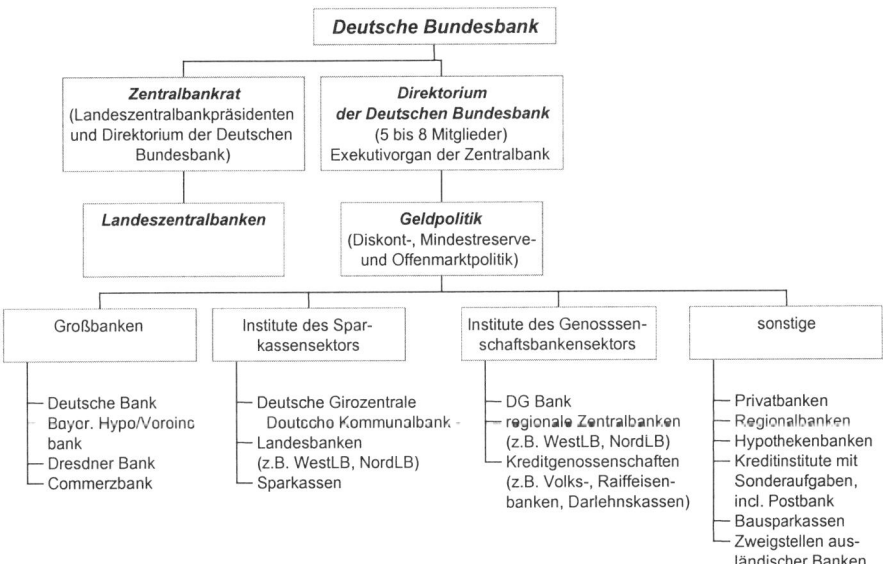

Mit dem Eintritt in die Europäische Währungsunion hat sich auch die Rolle bzw. die Aufgabe der *Deutschen Bundesbank* verändert. Sie ist nun „als Zentralbank der Bundesrepublik Deutschland integraler Bestandteil des *Europäischen Systems der Zentralbanken* (*ESZB*). Sie wirkt an der Erfüllung seiner Aufgaben mit dem vorrangigen Ziel mit, die Preis[niveau]stabilität des Euro zu gewährleisten und sorgt für die bankmäßige Abwicklung des Zahlungsverkehrs im Inland und mit dem Ausland".

1.3.2 Die US-amerikanische Zentralbank

In den USA gibt es keine einzelne Zentralbank, sondern historisch begründet das *Federal Reserve System*, formal vergleichbar der früheren *Bank deutscher Länder*, juristisch allerdings als Aktiengesellschaft konzipiert. Das *Federal Reserve System* besteht aus 12 *Federal Reserve Banks*, jeweils eine in 12 Distrikten des Landes, deren geld- und kreditpolitisch wichtigste die *Federal Reserve Bank of New York* ist. Die Geschäftsbanken der USA unterliegen nicht automatisch kreditpolitischen Maßnahmen des *Federal Reserve Systems*, sondern nur insoweit sie sich freiwillig diesem System anschließen; für diesen Fall haben sie aber auch die Möglichkeit, sich beim *Federal Reserve System* zu refinanzieren. Da die gesetzlichen Regelungen in den USA einer Bank kaum gestatten, über die Landesgrenze eines Bundesstaates hinaus in einen anderen Bundesstaat hinein – wohl aber ins Ausland – zu expandieren, sind die Geschäftsbanken regional fixiert.

Das *Federal Reserve System* hat mit dem *Board of Governors*, dem sieben vom Staatspräsidenten bestimmte und vom Senat bestätigte Mitglieder mit einer Amtszeit von je 14 Jahren angehören, ein Führungsorgan, das über die Geldpolitik bestimmt. Der *Board of Governors* legt den Diskontsatz und die Mindestreservesätze der Mitgliedsbanken fest. Das *Federal Reserve System* ist damit ähnlich unabhängig wie die *Europäische Zentralbank*, wenn es auch – wie früher die *Deutsche Bundesbank* – die wirtschaftspolitischen Ziele des Kongresses unterstützen soll. Die Mitglieder des *Board of Governors* sind zugleich auch Mitglieder des zwölfköpfigen *Federal Open Market Committee* (Agent des *FOMC: Federal Reserve Bank of New York*), das über die Offenmarktpolitik entscheidet; außerdem beraten sie den Kongreß über wirtschaftliche Probleme. Eine grobe Übersicht über das US-amerikanische Bankensystem gibt Abbildung 77:

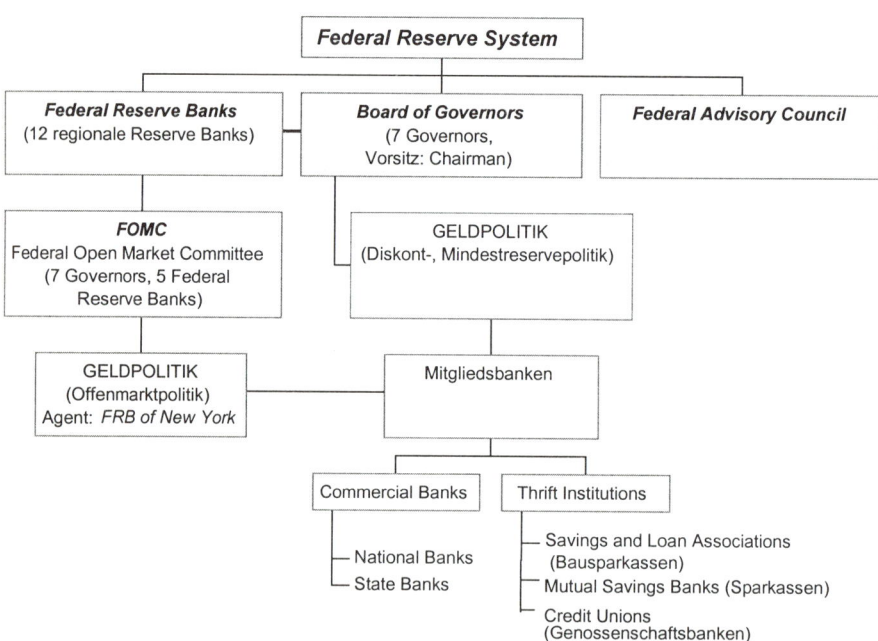

Abbildung 77: Bankensystem ihn den USA: Monetäre Behörden, Kreditinstitute

2. Die Struktur des europäischen Bankensystems

2.1 Geänderte Rahmenbedingungen durch die Europäische Währungsunion

Jahrelang bereiteten sich die Kreditinstitute Westeuropas auf die *Europäische Währungsunion EWU* vor. Die Einführung des Euro wird ihre Geschäftssparten des *wholesale- (Kreditvermittlung), consulting- (Anlageberatung)* und *investment-banking (Geldanlage)* wesentlich beeinflussen, doch insbesondere im *retail-banking (Kreditgeschäft und Zahlungsverkehr)* ergibt sich durch die einheitliche Währung eine völlig neue Qualität: Jede Bank eines Mitgliedslandes der *EWU* kann dann durch eine Bilanzverlängerung für einen Kunden in einem anderen Mitgliedsland Zahlungsmittel kreieren. In Deutschland verwendete Zahlungsmittel können in einem anderen Mitgliedsland der *EWU* geschaffen worden sein.

Für die Zeit ab dem 1. Januar 1993 hatte der *Rat der Europäischen Gemeinschaften* Richtlinien für die Kreditinstitute und Wertpapierfirmen über die *Eigenmittel* (mindestens 5 Mio. ECU ~ 10 Mio. DM), den *Solvabilitäts-Koeffizienten* (8 Prozent der risikobereinigten Aktiva und außerbilanzmäßigen Transaktionen als Eigenmittel) und die *Niederlassungsfreiheit* für Kreditinstitute innerhalb der EG nach dem *Heimatlandprinzip* erlassen; danach erfolgt die *Bankenaufsicht* durch das Kreditaufsichtsamt des Heimatlandes, die geldpolitische Unterwerfung durch die nationale Zentralbank des Gastlandes bleibt davon unberührt.

Bank-Niederlassungen benötigen kein eigenes *Dotationskapital*, noch unterliegen sie der Bankenaufsicht des Gastlandes. Das europäische Ziel des gemeinsamen Bankenmarktes ist damit noch anspruchsvoller als in den USA; dort ist *interstate-banking* untersagt.

Europaweite Bank-Präsenz ist nur großen Geschäftsbanken möglich. Zwar gibt es seit einiger Zeit sog. *Bankenclubs* (*EBIC, ABECOR, EUROPARTNERS*), doch richten sich diese vorwiegend auf die Vermittlung von Krediten, also das sog. *wholesale-banking*. Das Kundengeschäft mit Krediten (*retail-banking*) bleibt bei den örtlichen Banken. Für die europäische Entwicklung des internationalen Wirtschaftsverkehrs wird zunehmend auch die Beteiligungsberatung, das sog. *consulting banking*, sowie die Wertpapieranlage für Kunden, das sog. *investment-banking*, dringlicher.

Sehr viele Kreditinstitute waren auch vor Beginn der Währungsunion schon international tätig, doch konnten sie bis dahin keine außerhalb der nationalen Grenzen verwendeten Zahlungsmittel selbst schaffen. Die regionale Begrenzung des retail-banking hat sich durch die Gründung der *EWU* nun erheblich ausgeweitet.

Für die meisten Kunden der Kreditinstitute ist dies sicher ohne Belang; sie werden weiterhin eine Bank in ihrer unmittelbaren Nähe bevorzugen. Diese hat jedoch künftig attraktive Innovationen im Bankgeschäft auch im auswärtigen Mitgliedsland aufmerksam zu verfolgen und muß sie alsbald übernehmen, um keine Wettbewerbsnachteile gegenüber lokalen Rivalen zu erleiden; dies gilt für die technische Entwicklung einerseits wie auch für Disintermediationen und Securitizations andererseits. Für bestimmte Bereiche des retail-banking – Großkredite, Hypothekarkredite, Investitionskredite etc. – wird es zu einem verschärften internationalen Bankenwettbewerb in der *EWU* kommen.

2.2 Die Strategischen Bankengruppen in Europa

2.2.1 Die Marktanteile der Bankengruppen

Innerhalb des westeuropäischen Banksystems gibt es drei strategische Gruppen, die sich in ihrer Rechtsform wie auch ihrer Unternehmensphilosophie unterscheiden:

- *Geschäftsbanken*: gewöhnlich als Aktiengesellschaften organisiert, aber auch als Personengesellschaften.

- *Sparkassen*: öffentlich-rechtliche Institutionen als "Bank der Kommune". Ihre Marktgrenzen sind lokal begrenzt, und ihre Hauptquelle der Refinanzierung von Krediten sind Spareinlagen.

- *Genossenschaftsbanken*: als Genossenschaft organisiert, d.h. die Kunden sind über An-teilsscheine zugleich Eigentümer der Bank. Im 19. Jh. als Selbsthilfeorganisationen bei der Kreditbeschaffung im ländlichen Raum entstanden, basiert ihr Erfolg auf dem idiosynkratischen Wissen der Eigentümer über die Kreditwürdigkeit der Kunden. Genossenschaftsbanken sind daher gewöhnlich regional oder branchenspezifisch begrenzt.

Diese strategischen Bankengruppen spielen in den Mitgliedsländern der Europäischen Union EU eine unterschiedliche Rolle.

Bilanzvolumen der nationalen Bankengruppen in Mrd. ECU, 1997

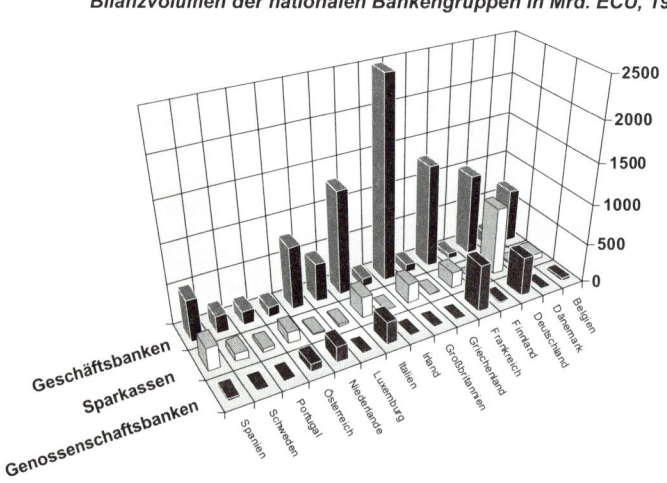

Quelle: Eigene Berechnungen nach Daten der Berichte der Europäischen Sparkassenvereinigung 1998, der Europäischen Genossenschaftsbanken 1998 und Allgemeinen Statistik der Europäischen Geschäftsbanken 1998.

Abbildung 78

Die Marktanteile innerhalb eines nationalen Bankenmarkts unterscheiden sich sehr stark. Insbesondere in Deutschland spielt der Sparkassensektor mit einem Marktanteil zwischen 30% und 40% eine erhebliche Rolle.

Der Genossenschaftssektor ist insbesondere in Frankreich, Deutschland, Italien und den Niederlanden und sehr stark vertreten.

Da im Jahr 2000 die französischen Sparkassen in Genossenschaftsbanken umgewandelt wurden, ist der Anteil der Genossenschaftsbanken am gesamten Bankenmarkt in Frankreich auf ungefähr 40% ausgedehnt worden. Allerdings ist es dort nun auch möglich, daß Genossenschaftsbanken mit Geschäftsbanken fusionieren, was in Deutschland nicht der Fall ist.

Abhängig von den *nationalen* Marktanteilen der Genossenschaftsbanken und der Sparkassen ergeben sich für die Geschäftsbanken unterschiedliche nationale Marktanteile. Wegen der starken Präsenz der Genossenschaftsbanken und Sparkassen in Deutschland und Österreich ist dort der nationale Marktanteil der Geschäftsbanken mit 30% bis 40% relativ gering.

Die *internationalen* Marktanteile innerhalb der strategischen Bankengruppen konzentrieren sich wegen der unterschiedlichen Ländergrößen bei Genossenschaftsbanken auf Frankreich, Deutschland, Italien und den Niederlanden, mit Abstand noch auf Österreich. Die internationalen Marktanteile der Sparkassen konzentrieren sich hauptsächlich auf Deutschland, mit erheblichem Abstand auf Großbritannien, Italien, Spanien und weiterhin Österreich. Der intraeuropäische Marktanteil des Bankensektors ist in Großbritannien am stärksten, gefolgt von Frankreich, Italien, Deutschland, den Niederlanden und Belgien.

2.2.2 Produktivität der strategischen Bankengruppen

Ein einfaches Maß für die Produktivität einer Bank ist die Quote "Bilanzvolumen/Beschäftigte" (*total assets/employees*), wie sie für die Mitgliedsländer der EU in Abbildung 79 dargestellt ist. Die höchste *staff-productivity* weisen dabei innerhalb der Gruppe der Geschäftsbanken Belgien, Österreich, die Niederlande, Großbritannien und Frankreich auf, mit Abstand gefolgt von Schweden, Deutschland, Irland und Finnland. Der Sparkassensektor ist innerhalb der EU am produktivsten in Griechenland (?), Belgien, den Niederlanden, Schweden und Frankreich. Innerhalb des Genossenschaftssektors sind Belgien, die Niederlande, Italien am produktivsten. Deutschland, z.B., nimmt innerhalb aller Bankengruppen allenfalls einen Mittelplatz ein.

Alle Bankengruppen, insbesondere deutsche, werden versuchen, die Produktivität durch Kostenreduktion und/oder Effizienzsteigerungen zu erhöhen.

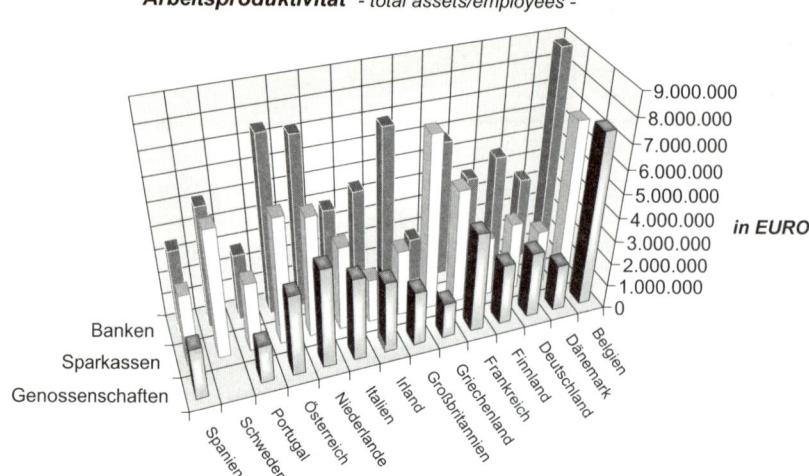

Arbeitsproduktivität *- total assets/employees -*

Quelle: Eigene Berechnungen nach Daten der Berichte der Europäischen Sparkassenvereinigung 1998, der Europäischen Genossenschaftsbanken 1998 und Allgemeinen Statistik der Europäischen Geschäftsbanken 1998.

Abbildung 79

Die deutschen Genossenschaftsbanken haben angekündigt, die Zahl ihrer selbständigen Institute von ungefähr 2222 (im Jahr 1999) auf 800 durch Zusammenschlüsse zu verringern. Da sich dadurch keine neuen Bankkunden gewinnen lassen, kann die Produktivität nur durch Stellenabbau gesteigert werden; dies muß nicht unbedingt kurzfristig erfolgreich sein, da dem Arbeitsgesetze entgegenstehen. Stellenabbau durch Konzentration kann in Westeuropa also nur ein mittel-/langfristiges Ziel sein.

2.2.3 Der Einfluß der Währungsunion auf den inter- und intraregionalen Bankenwettbewerb in der EU

Für europäische Banken ergeben sich drei mögliche Strategien, den veränderten Rahmenbedingungen in der EWU zu begegnen:

- eigener Aufbau eines europäischen Niederlassungsnetzes (*going it alone*),
- Kauf von Kreditinstituten in anderen Ländern (*acquisitions, merger*) und
- Kooperation (Bankenclubs).

Bankenzusammenschlüsse können in Form von *Kollusionen* (mit selbständig bleibenden Unternehmen) oder als *mergers* (gleichberechtigter Firmen) und *acquisitions* (Aufkauf von Unternehmen) erfolgen.

Kollusionen sind theoretisch eher bei kleineren Gruppen und auf geringer konzentrierten Märkten wahrscheinlich.[115] Allerdings sind diese Kollusionen nicht dauerhaft stabil. Ganz allgemein gelten als Gründe für mergers das

- Monopolisierungs-Motiv,
- Spekulations-Motiv (hinsichtlich der künftigen Profite),
- normales Geschäfts-Motiv (steuerliche Anreize, Alter des Eigentümers der übernommenen Firma, economies of scale).

Wesentlich – doch eigentlich nur nebenbei erwähnt – wird das *institutionelle Motiv*, die bankenaufsichtsrechtliche Beschränkung bei der Vergabe von Großkrediten an einzelne Bankkunden (in den USA: 10% des Eigenkapitals einer Bank) durch Unternehmenswachstum abzufedern.

Empirische Untersuchungen (39 Studien) über Bankenzusammenschlüsse in den USA ergaben, daß sich sowohl die Kosteneffizienz wie auch die Profitabilität durch mergers nicht verbesserten, was auch für die gesonderte Gruppe allein der *megamergers* gilt. Traditionelle Motive für mergers und acquisitions scheinen sich in der Realität eher nicht zu bestätigen. Diese amerikanischen Ergebnisse müssen natürlich nicht mit europäischen übereinstimmen, sie geben aber vielleicht einige Anhaltspunkte.

In einer Cluster-Analyse von US-Banken in 16 ausgewählten Märkten und deren Portfoliozusammensetzung in den Jahren 1978, 1981 und 1984 kristallisierten sich 6 *strategische Gruppen* heraus, deren Zusammensetzung relativ stabil blieb; diese *strategischen Gruppen* ergaben sich nicht nach Unternehmensgröße, sondern nach deren Portfolio-Zusammensetzung u.a. von

---

[115] Spieltheoretisch hat dies *Aiginger* für ein Superspiel (mit infiniten Wiederholungen) für n gleiche Spieler (gleiche horizontale Stückkosten) und dem Diskontfaktor δ (Inverse der Diskontrate) mit den restriktiven Spielregeln
- Kollusion (mit dem für alle gleichen dauerhaften Anteil am Monopolgewinn G/n) *oder*
- Defektion einer Firma (mit einmalig alleinigem Zuschlag des gesamten Monopolgewinns G und anschließendem Konkurrenzgewinn von Null)

skizziert. Kollusion ist dann vorteilhaft, wenn

$$G < (1 + \delta + \delta^2 + ...)G / n = \frac{1}{1-\delta} \cdot \frac{G}{n}$$

gilt; durch Umformung erhält man

$\delta > \dfrac{n-1}{n}$, wobei $\delta = e^{-it}$ mit i = Zinssatz und t = Zeit. Das bedeutet auch, daß Kollusionen

bei kleinem n, geringem i und/oder kurzer Dauer t am ehesten wahrscheinlich sind. Vgl. *Karl Aiginger,* Collusion, Concentration and Profits, in: *Karl Aiginger/Jorg Finsinger* (Hrsg.), Applied Industrial Organization, Dordrecht–Boston–London 1994, S. 153 f. Ist dagegen $\delta \sim 1$, so kann jedes Marktergebnis als Nash-Gleichgewicht angesehen werden. Vgl. *Alexis Jacquemin/Margaret E. Slade*, Cartels, Collusions, and Horizontal Merger, in: *Richard Schmalensee/Robert D. Willig* (Hrsg.), Handbook of Industrial Organization, Vol. I, Amsterdam–London–New York–Tokyo 1992, S. 442. Kollusionen bringen dann keinen zusätzlichen Vorteil.

- Termineinlagen,
- kommerziellen und industriellen Krediten
- Hypothekarkrediten und
- bonds.

Es sind also für die Leistungsfähigkeit von Banken nicht so sehr Effizienzunterschiede, als vielmehr die Zugehörigkeit zu einer *strategischen Gruppe* verantwortlich, innerhalb der dann auch Kollusionen wahrscheinlich werden. Synergieeffekte scheinen eher für Banken erzielbar zu sein, die im gleichen Marktsegment operieren.

2.3 Die Strategien der größten europäischen Banken

Die europäischen Banken legen unterschiedliche Schwerpunkte bei der Ausrichtung ihrer Geschäftsfähigkeit. Dies soll am Beispiel der 51 größten Banken in Europa – ohne einen Zuschnitt allein auf die *EWU* – vorgestellt werden. Die nach ihrem Bilanzvolumen geordneten Banken sind in Tabelle 18 zusammengefaßt.

In einer Faktorenanalyse wurden die Schlüsselzahlen aus den **Bilanzen** dieser 51 größten Banken auf deren Geschäftsausrichtung untersucht. In Abbildung 80 zeigen die Null-Achsen jeweils die Durchschnittswerte der Faktoren für die hier betrachtete Untersuchungsgruppe. Die Zahlen in Abbildung 80 beziehen sich auf die laufende Numerierung der Banken in Tabelle 18.

Tabelle 18: Die größten Banken Europas

	Geschäftsvolumen der Konzernbilanzen *europäischer Großbanken im Jahr 1999* in Mrd. Euro						
1.	Deutsche Bank	839.87	18.	Bayerische LB	281.23	35.	Royal Bank of Scotland	141.71
2.	BNP Paribas	698.63	19.	Rabobank	281.22	36.	San Paolo di Torino	140.22
3.	UBS	613.10	20.	Lloyds TSB	280.85	37.	Bank Austria	140.00
4.	HSBC Holdings plc	562.95	21.	LB Baden-Württemberg	257.04	38.	Banca di Roma	132.47
5.	HypoVereinsbank	503.26	22.	Caisse d´Epargne	248.75	39.	Groupe Credit Mutuel	129,l5
6.	ABN AMRO Holding	457.88	23.	DEXIA	244.64	40.	Landesbank SWH	115.15
7.	Credit Suisse Group	451.43	24.	DG Bank	243.22	41.	LB Hessen-Thüringen	114.72
8.	Crédit Agricole	439.39	25.	Banco Bilbao Vizcaya Argentaria	238.17	42.	Svenska Handelsbanken	107.43
9.	Société Générale	406.54	26.	KfW	196.64	43.	Abbey National plc	101.46
10.	Dresdner Bank	396.85	27.	Bankgesellschaft Berlin	193.79	44.	Swedbank Group	97.04
11.	West LB	393.75	28.	Banques Populaires	186.32	45.	Bank of Scotland (1999)	95.37
12.	Commerzbank	372.04	29.	Credit Lyonnais	172.94	46.	Den Danske Bank	94.28
13.	ING Bank	349.62	30.	Nord LB	171.25	47.	Standard Chartered	86.33
14.	Barclays	338.15	31.	UniCredito Italiano	168.93	48.	Banca Nazionale del Lavoro	84.95
15.	Fortis	329.12	32.	Halifax plc.	162.08	49.	Skandinaviska E. Banken	82.68
16.	NatWestGroup	296.20	33.	KBC Group	156.22	50.	Hamburgische LB	78.40
17.	Gruppo Intesa	294.10	34.	Banco Santander Central Hispano	154.12	51.	La Caixa Group	74.22

Quelle: Eigene Recherchen bei den europäischen Banken.

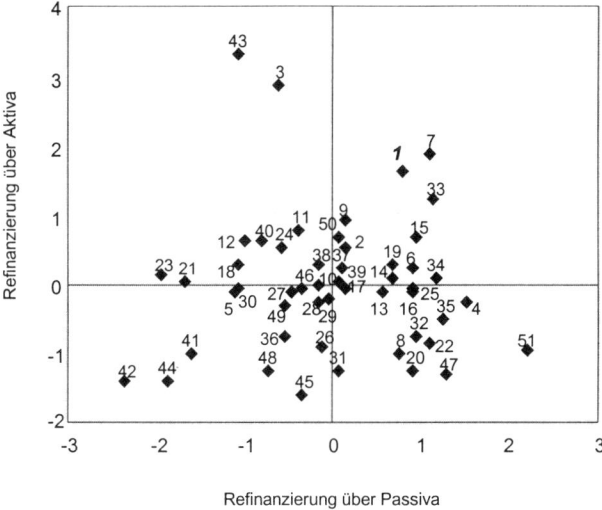

Refinanzierung über Passiva

Abbildung 80

Die Banken im oberen Segment der Abbildung 80 zeigen eine überdurchschnittliche Tendenz, ihre Kreditvergabe über Aktiva zu refinanzieren; z.B. *UBS* (#3) und *Abbey National* (#43). Im Prinzip refinanzieren die Banken dieses Segments ihre Kreditvergabe zu einem beträchtlichen Anteil über Positionen, die nicht direkt geldpolitisch beeinflußt werden.

Eine weiter Faktorenanalyse in Abbildung 81 mit Positionen der ***Gewinn- und Verlustrechnung*** der 51 größten europäischen Banken zeigt deren Ausrichtung auf das Provisions- und Zinsgeschäft. Die Zahlen in Abbildung 81 beziehen sich auf die laufende Numerierung in Tabelle 18.

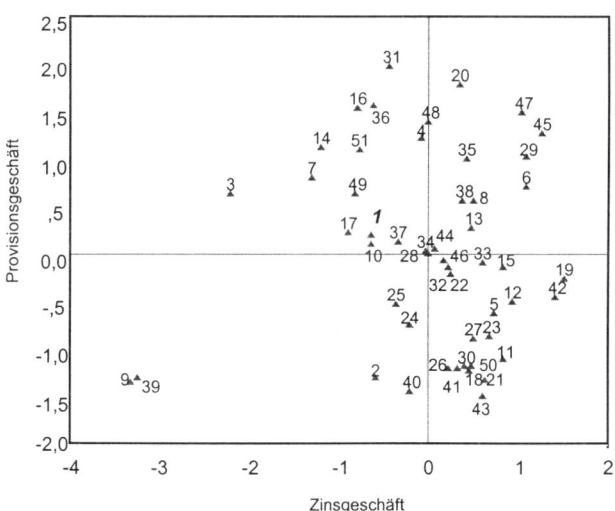

Zinsgeschäft

Abbildung 81

Einige Banken intensivieren ihr Beratungsgeschäft (*consulting banking*) gegenüber ihrer Kreditvergabe (*retail banking*). Geldpolitische Kontrolle wird aber nur über die Geldschöpfung, nicht jedoch über aktivische Kreditschöpfung oder eine Kreditvermittlung an der Börse (*consulting-banking* und *investment-banking*) erzielt.

Dies bedeutet, daß es – auch dann, wenn Aktiva von Geschäftsbankenbilanzen der Mindestreserve unterworfen werden – für die Geldpolitik immer schwieriger wird, mit einer Geld*mengen*politik ihre Aufgaben wahrzunehmen.

3. Die Struktur des deutschen Bankensystems

Wesentlich für das Erreichen der von einer Zentralbank angestrebten Ziele, insbesondere ihrer Zwischenziele, ist die Struktur des Bankensystems. Nur wenn eine Zentralbank mit ihren geldpolitischen Instrumenten die Kreditinstitute beeinflussen kann, wird ihre Geldpolitik erfolgreich sein.

3.1 Die deutschen Kreditinstitute

Als *Universalbanken*, die mit Ausnahme der Notenausgabe sämtliche Bankengeschäfte betreiben, gelten in Deutschland

- *Kreditbanken,*
- *Sparkassen,*
- *Genossenschaftsbanken;*

daneben gibt es noch Spezialbanken wie *Realkreditinstitute* (Hypothekenbanken), *Teilzahlungsbanken*, *Kreditinstitute mit Sonderaufgaben* (*Industriekreditbank* als privatrechtliches Institut und *Kreditanstalt für Wiederaufbau* sowie *Landwirtschaftliche Rentenbank* als öffentlich-rechtliche Institute) und die *Postbank*.

Zu den *Kreditbanken* zählen die Großbanken (*Deutsche Bank, HypoVereinsbank, Dresdner Bank, Commerzbank*), die Regionalbanken (*Bank für Gemeinwirtschaft, HypoVereinsbank*) sowie Privatbankiers, außerdem die Zweigstellen ausländischer Banken.

Die *Sparkassenorganisation* gliedert sich in die lokalen Sparkassen (Stadt- und Kreissparkassen), die *Landesbanken* (regionale Girozentralen) und die *Deutsche Kommunalbank/Deutsche Girozentrale* als Spitzenorganisation der Sparkassen. Die Sparkassen und ihre Girozentralen sind öffentlich-rechtliche Institutionen, für deren Verbindlichkeiten die Gemeinden und deren Verbände haften. Dem Aufsichtsrat der privatrechtlichen Kreditinstitute entspricht bei den Sparkassenorganisationen der Verwaltungsrat, dem die Gewährungsträger des Sparkassenwesens angehören.

Die Girozentralen in den einzelnen Bundesländern haben die Aufgabe, lokalen Sparkassen Refinanzierungshilfen anzubieten und auch Kredite zu übernehmen, deren Finanzierungsvolumen über die Kreditbeschaffungsmöglichkeit einer einzelnen Sparkasse hinausreicht. Mit ihrem *Verbundsystem* betreiben die Sparkassenorganisationen heute im Prinzip die gleichen Geschäfte wie die Kreditbanken.

Die *genossenschaftlichen Banken* sind ähnlich strukturiert wie die Sparkassen. Auch die Genossenschaftsbanken gliedern sich in Kreditgenossenschaften (Volks- und Raiffeisenbanken, Spar- und Darlehnskassen) auf örtlicher Ebene, genossenschaftliche Zentralbanken auf Landesebenen und die *Deutsche Genossenschaftsbank* auf Bundesebene, mit dem im Prinzip gleichen kreditwirtschaftlichen Aufgaben, wie sie der Sparkassenorganisation zugeordnet sind. Hinzu kommt bei den Kreditgenossenschaften ein Förderauftrag zu Gunsten der in der Regel mittelständischen Mitglieder.

3.2 Die Bilanzstruktur der Bankengruppen

Für die Effizienz geldpolitischer Maßnahmen ist es wichtig, ob ein monetäres Instrument überhaupt eine Bank tangiert oder nicht bzw. nur in unbedeutendem Maße. Deshalb sollen kurz die Bilanzstrukturen mit ihren geldpolitisch wichtigen Positionen angeführt werden.

Für die *4 Großbanken* ergibt sich dabei die Bilanzstruktur in Tabelle 19.

Tabelle 19: Großbanken

Großbanken im Juni 2000					
Aktiva	*in Mrd. Euro*	in % des Geschäftsvolumens	Passiva	*in Mrd. Euro*	in % des Geschäftsvolumens
Kassenbestand und Guthaben bei der *Deutschen Bundesbank*	*23,0*	*2,5*	Einlagen und aufgenommene Kredite von Kreditinstituten	*347,3*	*38,3*
Kredite an Kreditinstitute	*257,8*	*28,4*	Einlagen und aufgenommene Kredite von Nichtbanken	*288,0*	*31,7*
Kredite an Nichtbanken	*495,7*	*54,6*	Inhaberschuldverschreibungen	*144,3*	*15,9*
			Eigenkapital	*55,2*	*6,1*
sonstige Aktiva	*131,2*	*14,5*	sonstige Passiva	*72,9*	*8,0*
Summe:	*907,7*	*100,0*	Summe:	*907,7*	*100,0*

Quelle: Monatsbericht der *Deutschen Bundesbank*, 52. Jg. (2000), Heft 8.

Für die Großbanken wie auch für die übrigen Kreditinstitute sind beim Aktivgeschäft die Kredite an Nichtbanken wesentlichste Position. Auf der Passivseite sind die Einlagen von Kreditinstituten relativ hoch, was auf eine starke Verflechtung innerhalb des Kreditsektors hindeutet.

Bei den Sparkassen wird das Kreditangebot durch Spareinlagen abgesichert. Die Einleger der Sparkassen sind anders als bei Großbanken auch heute noch eher die „kleinen" Sparer.

Für die 564 *Sparkassen* gilt die in Tabelle 20 vorgestellte Bilanzstruktur.

Tabelle 20: Sparkassen

Sparkassen im Juni 2000					
Aktiva	*in Mrd. Euro*	in % des Geschäftsvolumens	Passiva	*in Mrd. Euro*	in % des Geschäftsvolumens
Kassenbestand und Guthaben bei der *Deutschen Bundesbank*	*16,3*	*1,8*	Einlagen und aufgenommene Kredite von Kreditinstituten	*214,7*	*23,3*
Kredite an Kreditinstitute	*213,8*	*23,2*	Einlagen und aufgenommene Kredite von Nichtbanken	*577,4*	*62,6*
Kredite an Nichtbanken	*656,0*	*71,1*	Inhaberschuldverschreibungen	*46,3*	*5,0*
			Eigenkapital	*39,7*	*4,3*
sonstige Aktiva	*35,7*	*3,9*	sonstige Passiva	*43,7*	*4,8*
Summe:	*921,8*	*100,0*	Summe:	*921,8*	*100,0*

Quelle: Monatsbericht der *Deutschen Bundesbank*, 52. Jg. (2000), Heft 8.

Auffällig für die *Girozentralen* (Landesbanken) der Sparkassen ist ihre gegenüber den lokalen Sparkassen wesentlich stärkere Verflechtung mit der Gesamtheit der Kreditinstitute; hier spiegelt sich die Refinanzierung der Sparkassen bei ihren Girozentralen wider. Dennoch sind auch die Kredite an Nichtbanken relativ hoch, da deren Kreditvergabe heute ähnlich wie bei den Großbanken erfolgt.

Allerdings refinanzieren sich die Girozentralen statt durch Termin- und Spareinlagen verstärkt durch Inhaberschuldverschreibungen (formlos übertragbare Schuldverschreibungen; der Besitzer gilt als Eigentümer). Dies erklärt auch den relativ niedrigen Kassenbestand und die niedrigen Einlagen bei der *Deutschen Bundesbank*.

Für die 13 regionalen *Girozentralen* der Sparkassen einschließlich der *Deutschen Girozentrale* zeigt sich die Bilanzstruktur in Tabelle 21.

Tabelle 21: Girozentralen

Girozentralen (incl. *Deutsche Girozentrale)* im Juni 2000					
Aktiva	*in Mrd. Euro*	in % des Geschäftsvolumens	Passiva	*in Mrd. Euro*	in % des Geschäftsvolumens
Kassenbestand und Guthaben bei der *Deutschen Bundesbank*	*2,8*	*0,2*	Einlagen und aufgenommene Kredite von Kreditinstituten	*427,8*	*36,3*
Kredite an Kreditinstitute	*568,3*	*48,3*	Einlagen und aufgenommene Kredite von Nichtbanken	*277,2*	*23,6*
Kredite an Nichtbanken	*525,0*	*44,6*	Inhaberschuldverschreibungen	*376,0*	*31,9*
			Eigenkapital	*45,5*	*3,9*
sonstige Aktiva	*81,4*	*6,9*	sonstige Passiva	*51,0*	*4,3*

Quelle: Monatsbericht der *Deutschen Bundesbank*, 52. Jg. (2000), Heft 8.

Die Bilanzstruktur der 1888 lokalen *Kreditgenossenschaften* ist ähnlich der der Sparkassen; sie ist in Tabelle 22 vorgestellt.

Tabelle 22: Kreditgenossenschaften

Kreditgenossenschaften im Juni 2000					
Aktiva	*in Mrd. Euro*	in % des Geschäftsvolumens	Passiva	*in Mrd. Euro*	in % des Geschäftsvolumens
Kassenbestand und Guthaben bei der *Deutschen Bundesbank*	*10,2*	*1,9*	Einlagen und aufgenommene Kredite von Kreditinstituten	*78,2*	*15,0*
Kredite an Kreditinstitute	*128,6*	*24,6*	Einlagen und aufgenommene Kredite von Nichtbanken	*369,5*	*70,6*
Kredite an Nichtbanken	*363,0*	*69,4*	Inhaberschuldverschreibungen	*29,7*	*5,7*
			Eigenkapital	*26,7*	*5,1*
sonstige Aktiva	*21,3*	*4,1*	sonstige Passiva	*19,0*	*3,6*
Summe:	*523,1*	*100,0*	Summe:	*523,1*	*100,0*

Quelle: Monatsbericht der *Deutschen Bundesbank*, 52. Jg. (2000), Heft 8.

Bei den 4 *genossenschaftlichen Zentralbanken* wird der Charakter einer Refinanzierungsinstitution noch deutlicher als bei den Girozentralen des Sparkassensystems. Auf der Aktivseite wie auf der Passivseite überwiegen die Geschäftsbeziehungen zu Kreditinstituten, hier also zu den angeschlossenen Kreditgenossenschaften. Die Girozentralen der Kreditgenossenschaften betreiben also in relativ geringem Umfang Geschäfte mit Nichtbanken und drängen nicht so sehr in den Geschäftsbereich der Großbanken, wie das etwa bei den Girozentralen der Sparkassen der Fall ist. Die Bilanzstruktur genossenschaftlicher Zentralbanken ist in Tabelle 23 dargestellt.

Tabelle 23: Genossenschaftliche Zentralbanken

Genossenschaftliche Zentralbanken (incl. *DG-Bank*) im Juni 2000					
Aktiva	*in Mrd. Euro*	in % des Geschäftsvolumens	Passiva	*in Mrd. Euro*	in % des Geschäftsvolumens
Kassenbestand und Guthaben bei der *Deutschen Bundesbank*	*0,9*	*0,3*	Einlagen und aufgenommene Kredite von Kreditinstituten	*119,8*	*55,6*
Kredite an Kreditinstitute	*136,6*	*63,4*	Einlagen und aufgenommene Kredite von Nichtbanken	*31,7*	*14,7*
Kredite an Nichtbanken	*63,2*	*29,3*	Inhaberschuldverschreibungen	*44,6*	*20,7*
			Eigenkapital	*8,9*	*4,1*
sonstige Aktiva	*15,1*	*7,0*	sonstige Passiva	*10,6*	*4,9*
Summe:	*215,6*	*100,0*	Summe:	*215,6*	*100,0*

Quelle: Monatsbericht der *Deutschen Bundesbank*, 52. Jg. (2000), Heft 8.

Die 31 *Realkreditinstitute* betreiben traditionell ein langfristiges Kreditgeschäft und refinanzieren sich durch langfristige Termineinlagen sowie Inhaberschuldverschreibungen. Ihre Bilanzstruktur ist in Tabelle 24 dargestellt.

Tabelle 24: Realkreditinstitute

Realkreditinstitute im Juni 2000					
Aktiva	*in Mrd. Euro*	in % des Geschäfts-volumens	Passiva	*in Mrd. Euro*	in % des Geschäfts-volumens
Kassenbestand und Guthaben bei der *Deutschen Bundesbank*	0,5	0,06	Einlagen und aufgenommene Kredite von Kreditinstituten	97,9	11,3
Kredite an Kreditinstitute	224,8	25,9	Einlagen und aufgenommene Kredite von Nichtbanken	140,6	16,2
Kredite an Nichtbanken	614,2	70,7	Inhaberschuldverschreibungen	590,1	68,0
			Eigenkapital	16,9	1,9
sonstige Aktiva	29,1	3,35	sonstige Passiva	23,1	2,6
Summe:	868,6	100,0	Summe:	868,6	100,0

Quelle: Monatsbericht der *Deutschen Bundesbank*, 52. Jg. (2000), Heft 8.

Kreditinstitute mit Sonderaufgaben sind relativ stark mit den übrigen Kreditinstituten verflochten, da sie in erster Linie Kredite vergeben, die dann als Einlagen bei anderen Instituten zu Zahlungszwecken gehalten werden. Die 13 Kreditinstitute mit Sonderaufgaben refinanzieren ihr Aktivgeschäft durch Termineinlagen und Inhaberschuldverschreibungen. Ihre Bilanzstruktur ist in Tabelle 25 dargestellt.

Tabelle 25: Kreditinstitute und Sonderaufgaben

Kreditinstitute mit Sonderaufgaben (incl. Postbank) im Juni 2000					
Aktiva	*in Mrd. Euro*	in % des Geschäfts-volumens	Passiva	*in Mrd. Euro*	in % des Geschäfts-volumens
Kassenbestand und Guthaben bei der *Deutschen Bundesbank*	0,6	0,1	Einlagen und aufgenommene Kredite von Kreditinstituten	117,0	26,5
Kredite an Kreditinstitute	229,7	52,1	Einlagen und aufgenommene Kredite von Nichtbanken	131,5	29,8
Kredite an Nichtbanken	172,3	39,1	Inhaberschuldverschreibungen	117,8	26,7
			Eigenkapital	13,3	3,0
sonstige Aktiva	38,5	8,7	sonstige Passiva	61,5	14,0
Summe:	441,1	100,0	Summe:	441,1	100,0

Quelle: Monatsbericht der *Deutschen Bundesbank*, 52. Jg. (2000), Heft 8.

Sieht man sich nun die Bilanzstruktur der einzelnen Bankengruppen auf ihre geldpoliti-sche Relevanz an, so fällt auf, daß

- *Offenmarktgeschäfte* vor allem mit *Kreditbanken* und *Girozentralen* durchgeführt werden können. Im Prinzip wären dazu auch Sparkassen in der Lage, doch wickeln diese Wertpapiergeschäfte überwiegend über ihre Girozentralen ab;
- *Mindestreservepolitik* jede einzelne Geschäftsbank unterschiedlich trifft, da die Struktur der Sicht-/Termin-/Spareinlagen bei allen Bankengruppen unterschiedlich ist.

Eine globale (gesamtwirtschaftliche) Geldpolitik ist daher immer auch eine *Banken-struktur-Politik*!

3.3 Entwicklung der Bankgeschäfte

Banken betreiben nicht allein das Kreditgeschäft (*retail-banking*), sie engagieren sich immer stärker auf die Kreditvermittlung (*wholesale-banking*) und die Anlageberatung (*consulting-banking*).

Sieht man sich einmal in Abbildung 82 die Entwicklung der *Gewinn- und Verlustrech-nung* deutscher Banken seit 1990 an, so fällt auf, daß zwar der Zinsüberschuß die bei weitem größte Ertragskomponente ist, der Provisionsüberschuß aber ein immer größeres Gewicht erhält.

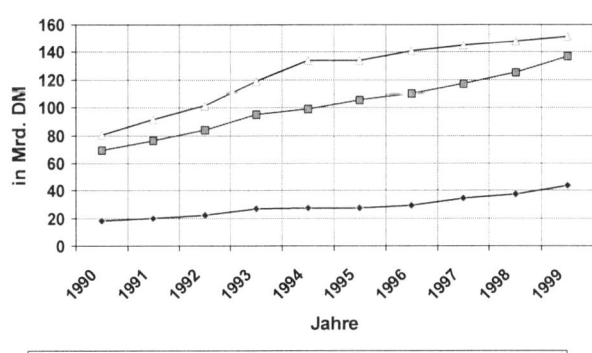

**Gewinn- und Verlustrechnung
der deutschen Kreditinstitute**

Quelle: Monatsberichte der Deutschen Bundesbank, 52. Jg. (2000), Heft 9, S. 72 f.

Abbildung 82

Geschäftsbanken kreieren also nicht allein auf Grund ihrer Kreditvergabe zusätzliches Geld, ihr Geschäftsfeld ist sehr viel umfangreicher. Dies ist bei den verschiedenen Ban-kengruppen unterschiedlich, da deren Klientel auch anders strukturiert ist. So gelten immer noch Sparkassen als die „Banken für jedermann", Kreditgenossenschaften als „lokale Banken des Mittelstands und Handwerks sowie der Landwirte" und die Groß-banken als „Banken der Industrie und Selbständigen". Allerdings beginnt sich dieses Image aufzuweichen.

Vergleicht man nun in Abbildung 83 Zins- und Provisionsüberschuß verschiedener Banken, so wird deutlich, daß insbesondere die *Großbanken* und *Privatbanken* einen wesentlichen Teil ihres Ertrages durch Geschäfte erzielen, die nicht der Geldpolitik unterworfen sind.

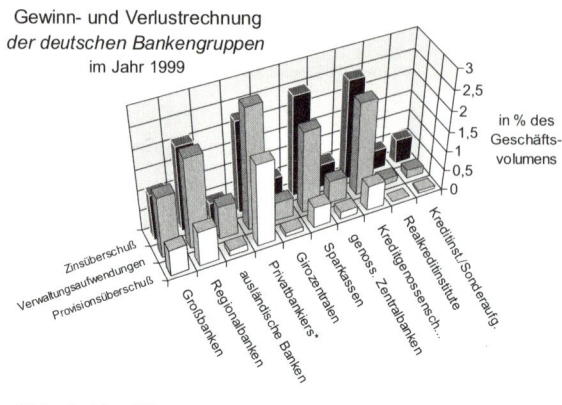

Gewinn- und Verlustrechnung
der deutschen Bankengruppen
im Jahr 1999

in % des Geschäftsvolumens

* Zahlen des Jahres 1998.
***Quelle**: Monatsberichte der Deutschen Bundesbank, 51. Jg. (1999), Nr. 8, S. 47 f.*

Abbildung 83

Es fällt auf, daß die Girozentralen des Sparkassensystems sowie die genossenschaftlichen Zentralbanken nur zu einem geringen Anteil ihres Geschäftsvolumens Zins- und Provisionserträge erzielen. Auch hier zeigt sich, daß diese Institute überwiegend eine andere Aufgabe – die der Clearingstelle ihrer Bankengruppe[116] – erfüllen. Allerdings gilt dies nicht für alle Girozentralen in gleicher Weise, einige haben ihr Geschäftsfeld ähnlich wie Großbanken angelegt.

3.4 Die Beteiligungen deutscher Großbanken

Die sechs größten deutschen Banken sind erwartungsgemäß überwiegend an anderen Kreditinstituten, Intermediären, Finanzierungs- und Leasing-Gesellschaften beteiligt. Ihre Beteiligungen erstrecken sich aber auch Vermögensverwaltungs- und Vermögensberatungs-Gesellschaften, die teilweise sogar Tochterinstitute der großen Banken sind. Beteiligungen an Unternehmen außerhalb des Kreditgewerbes dagegen sind relativ gering in ihrer Anzahl; allerdings ist diese Aussage etwas vordergründig, da die Banken über Beteiligungsgesellschaften an einer Reihe von Unternehmen in anderen Branchen beteiligt sind.

Es sei zu den Abbildungen 84 bis 89 darauf hingewiesen, daß sie nicht alle Beteiligungen enthalten. So sind insbesondere die Beteiligungen an Kreditinstituten, und hier insbesondere die an Intermediären und Finanzierungsgesellschaften, äußerst verkürzt aufgelistet. Mit diesen Tabellen soll nur ein Eindruck über die Verflechtungen von Geschäftsbanken mit anderen Wirtschaftsbereichen vermittelt werden.

---

[116] Vgl. zum Clearing Abschnitt III.1.2.2.

Abbildung 84: Deutsche Bank AG, Beteiligungen in Deutschland, in Prozentsätzen, 2000

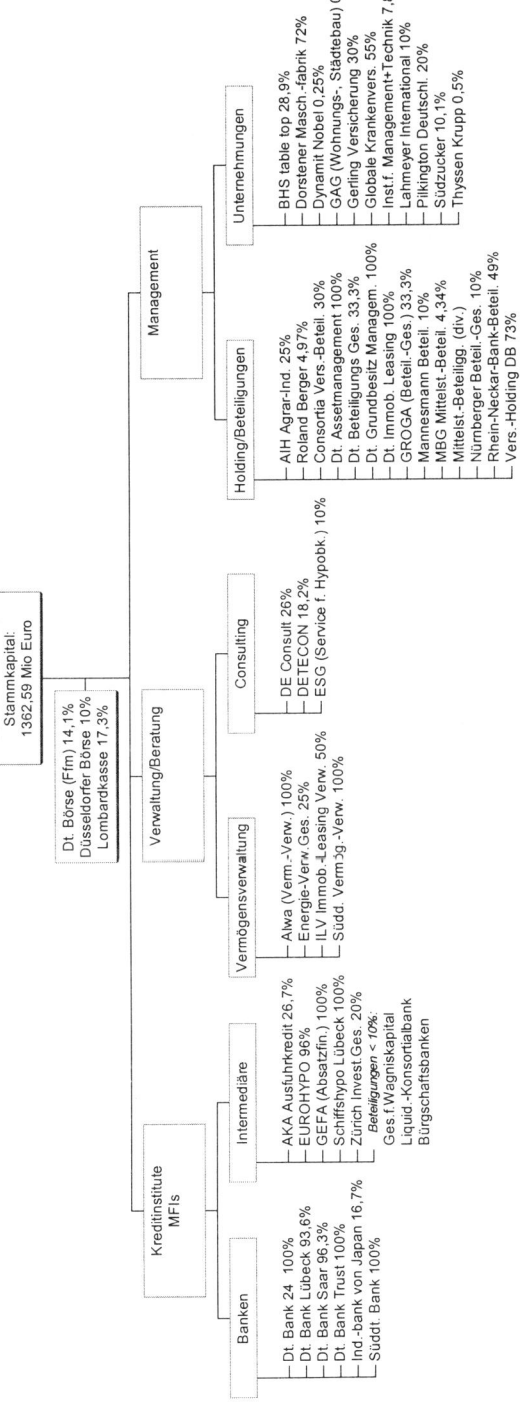

Quelle: Eigene Berechnungen nach Daten der *Commerzbank, Wer gehört zu wem,* 20. Aufl. 2000.

Abbildung 85: Bayerische Hypo/Vereinsbank, Beteiligungen in Deutschland, in Prozentsätzen, 2000

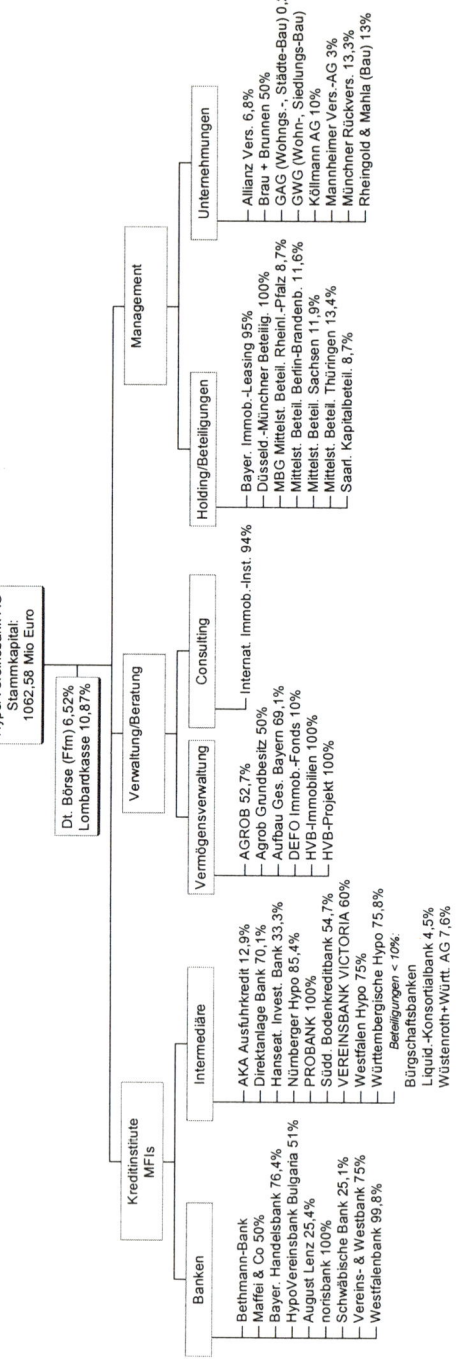

Quelle: Eigene Berechnungen nach Daten der *Commerzbank, Wer gehört zu wem,* 20. Aufl. 2000.

Abbildung 86: Dresdner Bank AG, Beteiligungen in Deutschland, in Prozentsätzen, 2000

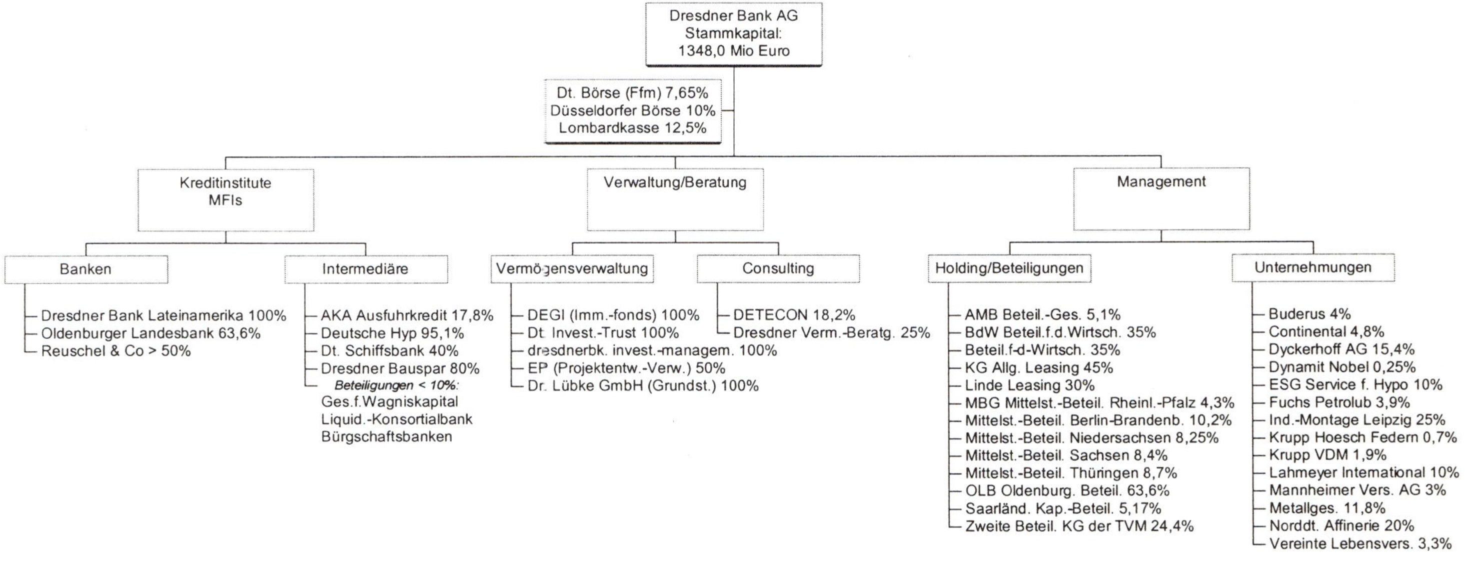

Dresdner Bank AG
Stammkapital:
1348,0 Mio Euro

Dt. Börse (Ffm) 7,65%
Düsseldorfer Börse 10%
Lombardkasse 12,5%

Kreditinstitute MFIs

Banken
- Dresdner Bank Lateinamerika 100%
- Oldenburger Landesbank 63,6%
- Reuschel & Co > 50%

Intermediäre
- AKA Ausfuhrkredit 17,8%
- Deutsche Hyp 95,1%
- Dt. Schiffsbank 40%
- Dresdner Bauspar 80%
- *Beteiligungen < 10%:*
  Ges.f.Wagniskapital
  Liquid.-Konsortialbank
  Bürgschaftsbanken

Verwaltung/Beratung

Vermögensverwaltung
- DEGI (Imm.-fonds) 100%
- Dt. Invest.-Trust 100%
- drasdnerbk. invest.-managem. 100%
- EP (Projektentw.-Verw.) 50%
- Dr. Lübke GmbH (Grundst.) 100%

Consulting
- DETECON 18,2%
- Dresdner Verm.-Beratg. 25%

Management

Holding/Beteiligungen
- AMB Beteil.-Ges. 5,1%
- BdW Beteil.f.d Wirtsch. 35%
- Beteil.f-d-Wirtsch. 35%
- KG Allg. Leasing 45%
- Linde Leasing 30%
- MBG Mittelst.-Beteil. Rheinl.-Pfalz 4,3%
- Mittelst.-Beteil. Berlin-Brandenb. 10,2%
- Mittelst.-Beteil. Niedersachsen 8,25%
- Mittelst.-Beteil. Sachsen 8,4%
- Mittelst.-Beteil. Thüringen 8,7%
- OLB Oldenburg. Beteil. 63,6%
- Saarländ. Kap.-Beteil. 5,17%
- Zweite Beteil. KG der TVM 24,4%

Unternehmungen
- Buderus 4%
- Continental 4,8%
- Dyckerhoff AG 15,4%
- Dynamit Nobel 0,25%
- ESG Service f. Hypo 10%
- Fuchs Petrolub 3,9%
- Ind.-Montage Leipzig 25%
- Krupp Hoesch Federn 0,7%
- Krupp VDM 1,9%
- Lahmeyer International 10%
- Mannheimer Vers. AG 3%
- Metallges. 11,8%
- Norddt. Affinerie 20%
- Vereinte Lebensvers. 3,3%

Quelle: Eigene Berechnungen nach Daten der *Commerzbank, Wer gehört zu wem,* 20. Aufl. 2000.

Abbildung 87: Commerzbank AG, Beteiligungen in Deutschland, in Prozentsätzen, 2000

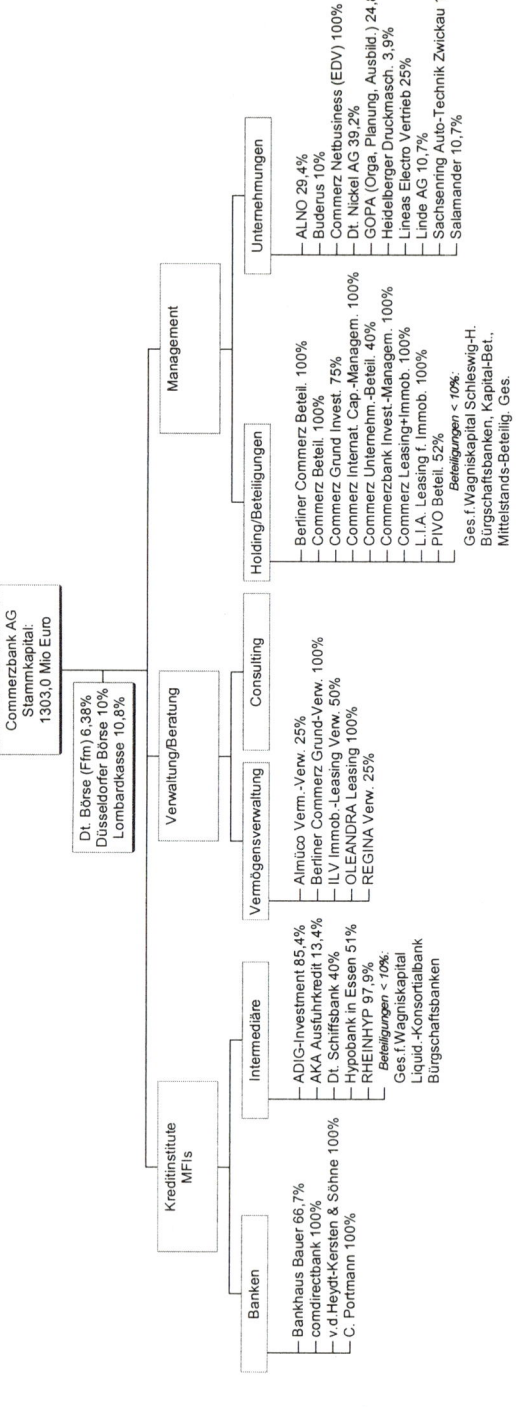

Quelle: Eigene Berechnungen nach Daten der *Commerzbank*, Wer gehört zu wem, 20. Aufl. 2000.

Abbildung 88: Westdeutsche Landesbank, Beteiligungen in Deutschland, in Prozentsätzen, 2000

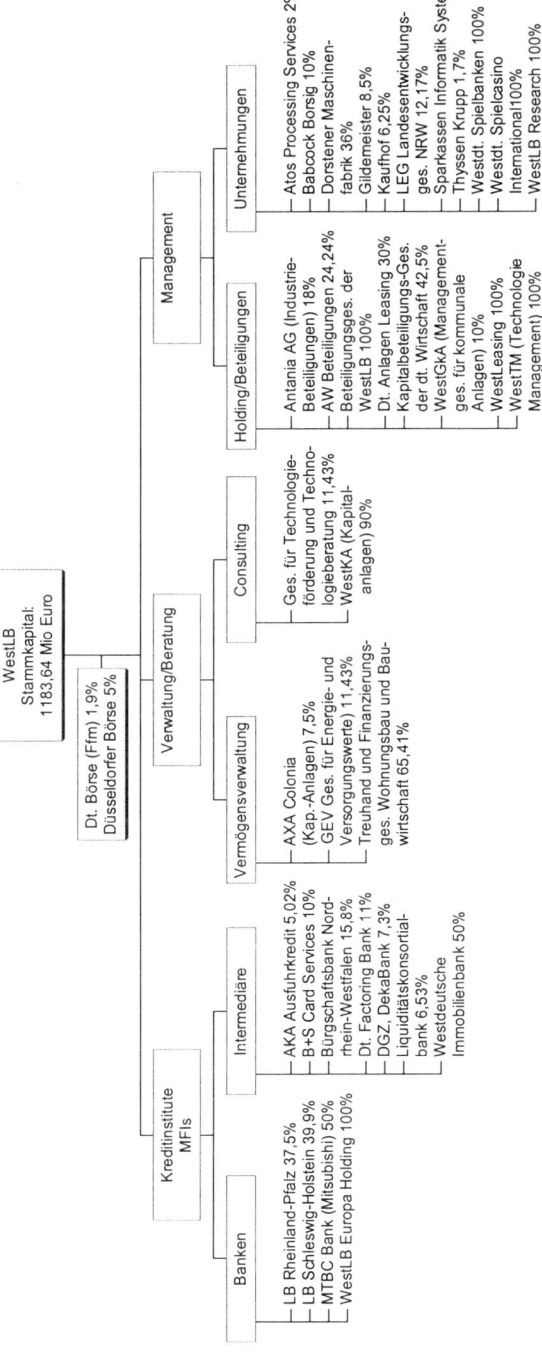

Quelle: Eigene Berechnungen nach Daten der *Commerzbank, Wer gehört zu wem,* 20. Aufl. 2000.

Abbildung 89: Deutsche Genossenschaftsbank, Beteiligungen in Deutschland, in Prozentsätzen, 2000

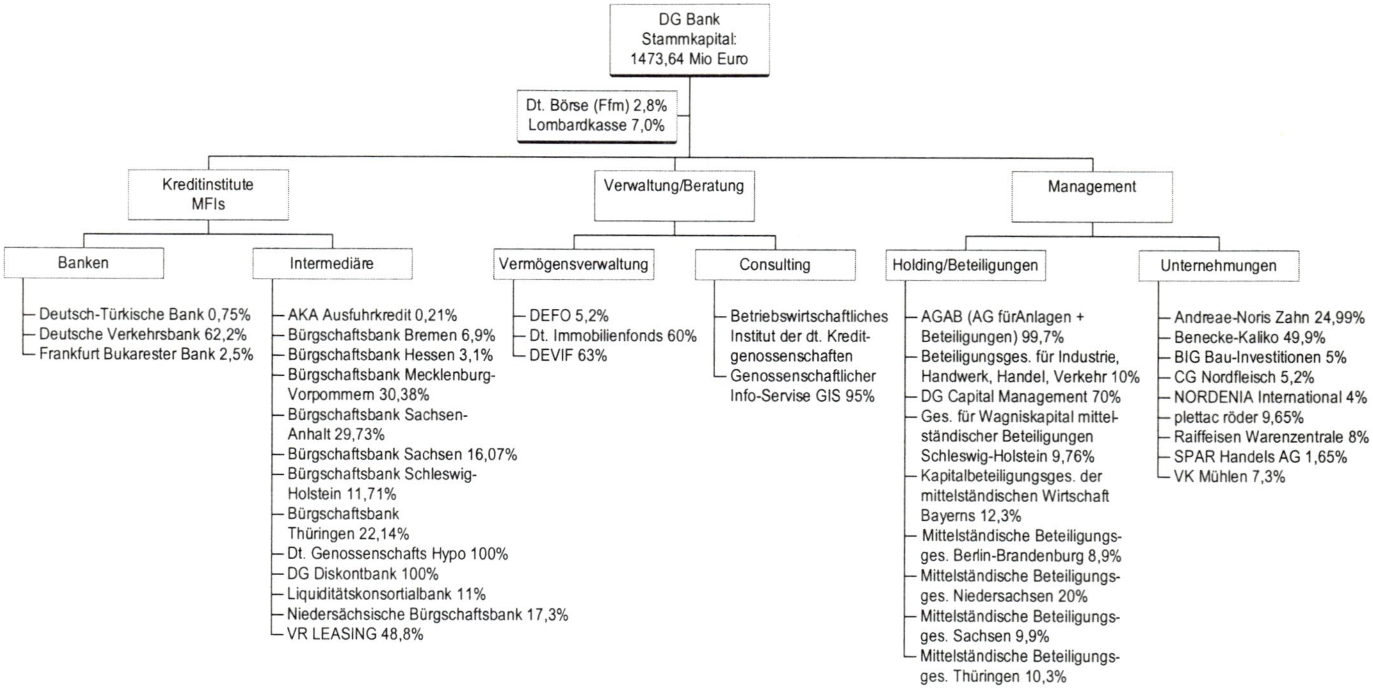

DG Bank
Stammkapital:
1473,64 Mio Euro

Dt. Börse (Ffm) 2,8%
Lombardkasse 7,0%

Kreditinstitute MFIs

Banken
- Deutsch-Türkische Bank 0,75%
- Deutsche Verkehrsbank 62,2%
- Frankfurt Bukarester Bank 2,5%

Intermediäre
- AKA Ausfuhrkredit 0,21%
- Bürgschaftsbank Bremen 6,9%
- Bürgschaftsbank Hessen 3,1%
- Bürgschaftsbank Mecklenburg-Vorpommern 30,38%
- Bürgschaftsbank Sachsen-Anhalt 29,73%
- Bürgschaftsbank Sachsen 16,07%
- Bürgschaftsbank Schleswig-Holstein 11,71%
- Bürgschaftsbank Thüringen 22,14%
- Dt. Genossenschafts Hypo 100%
- DG Diskontbank 100%
- Liquiditätskonsortialbank 11%
- Niedersächsische Bürgschaftsbank 17,3%
- VR LEASING 48,8%

Verwaltung/Beratung

Vermögensverwaltung
- DEFO 5,2%
- Dt. Immobilienfonds 60%
- DEVIF 63%

Consulting
- Betriebswirtschaftliches Institut der dt. Kreditgenossenschaften
- Genossenschaftlicher Info-Service GIS 95%

Management

Holding/Beteiligungen
- AGAB (AG für Anlagen + Beteiligungen) 99,7%
- Beteiligungsges. für Industrie, Handwerk, Handel, Verkehr 10%
- DG Capital Management 70%
- Ges. für Wagniskapital mittelständischer Beteiligungen Schleswig-Holstein 9,76%
- Kapitalbeteiligungsges. der mittelständischen Wirtschaft Bayerns 12,3%
- Mittelständische Beteiligungsges. Berlin-Brandenburg 8,9%
- Mittelständische Beteiligungsges. Niedersachsen 20%
- Mittelständische Beteiligungsges. Sachsen 9,9%
- Mittelständische Beteiligungsges. Thüringen 10,3%

Unternehmungen
- Andreae-Noris Zahn 24,99%
- Benecke-Kaliko 49,9%
- BIG Bau-Investitionen 5%
- CG Nordfleisch 5,2%
- NORDENIA International 4%
- plettac röder 9,65%
- Raiffeisen Warenzentrale 8%
- SPAR Handels AG 1,65%
- VK Mühlen 7,3%

4. Die internen und externen Finanzmärkte

Sehr viele Märkte des monetären Bereichs sind örtlich abstrakte Märkte; dies gilt vor allem für kurzfristige Geschäfte, also die Geldmärkte. Längerfristige Geschäfte werden mit Wertpapieren am Kapitalmarkt durchgeführt, bei denen an den Börsen als Marktort die Geschäfte abgewickelt werden. Beide Märkte werden im folgenden in ihrem gesamten Spektrum vorgestellt.

4.1 Interne Finanzmärkte

Unter internen Märkten werden hier Finanzmärkte eines Währungsraums verstanden; vor 1999 waren dies die „nationalen" Finanzmärkte.

4.1.1 Geldmarkt

In der Geldtheorie werden u.a. die Bestimmungsgründe der Geldnachfrage des Publikums und des Geldangebotes des Bankensystems untersucht (vgl. Kapitel III und IV); im weitesten Sinne konstituieren sie einen Markt für Geld. Üblicherweise wird aber nicht dieser Markt, sondern der Handel mit Zentralbankgeld als Geldmarkt bezeichnet, auf dem für Geschäftsbanken eine *Refinanzierungsmöglichkeit* zur Beschaffung von Zentralbankgeld besteht.

Unter Geldmarkt versteht man die Abwicklung von Geschäften von Kreditinstituten untereinander– teilweise auch mit der Zentralbank – deren Marktobjekt Zentralbankgeld darstellt. Teilnehmer am Geldmarkt sind die Zentralbank und die Geschäftsbanken. Beim Handel von Zentralbankgeld zwischen der Zentralbank und den Geschäftsbanken werden Geldmarktpapiere als Gegenleistung offeriert; diesen Handel betreibt die Zentralbank als Offenmarktpolitik, um die gesamte Geldmenge nach ihren geldpolitischen Zielen zu steuern. Der Handel von Zentralbankgeld zwischen den Geschäftsbanken erfolgt auf dem Kreditwege (Geldmarktkredite); dies ist der traditionelle *Geldmarkt*, wie er in Abbildung 90 vorgestellt ist. Auf ihm legen einige Geschäftsbanken vorübergehend nicht gebundenes Zentralbankgeld an. Diese Anlage erfolgt für kurze Fristen, um liquide zu bleiben und zugleich Zinserträge zu erwirtschaften (*Rentabilitätsaspekt*). Ein Bedarf an Geldmarktkrediten entsteht z.B. bei saisonal bedingten oder durch die Bankkundenstruktur verursachten Barabhebungen sowie Überweisungen, die zu einer Anspannung des Liquiditätsbedarfs einer Geschäftsbank führen. Der Markt für Geldmarktkredite sorgt dabei für eine optimale Verteilung der Zentralbankgeldmenge innerhalb des Geschäftsbankensystems.

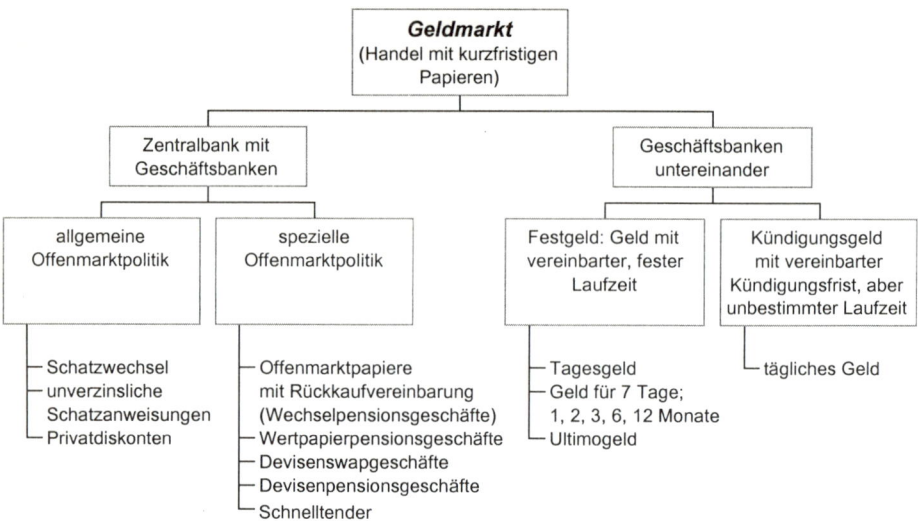

Abbildung 90: Der nationale Geldmarkt

Geldmarktkredite werden als *Festgeld* mit bei Vertragsabschluß vereinbarter, fester Laufzeit oder als *Kündigungsgeld* mit unbestimmter Laufzeit, jedoch vereinbarter Kündigungs*frist* vergeben; Laufzeiten für Festgeld und Kündigungsgeld sind 1 Tag, 7 Tage, 1 Monat, 2 Monate, 1 Quartal, 2 Quartale und 1 Jahr. Der Handel mit Geldmarktkrediten wird direkt (telephonisch oder fernschriftlich) zwischen den Geschäftsbanken abgewickelt. Ein Geldmarktkredit als Festgeld mit vereinbarter Laufzeit von einem Tag bezeichnet man als *Tagesgeld (day-to-day-money, overnight-money)*. Es hat sich allerdings eingebürgert, Tagesgeldkredite bei beiderseitigem Einverständnis der Marktpartner auch täglich wieder zu verlängern *(„tägliches Geld auf Abruf")*. Dies kommt den Bedingungen für einen Geldmarktkredit als Kündigungsgeld, also *täglichem Geld (call money)* sehr nahe, bei dem der Kredit frühestens einen Tag nach Vertragsabschluß gekündigt werden darf; *tägliches Geld* hat also eine Laufzeit von mindestens zwei Tagen.

Insbesondere benötigen Geschäftsbanken sehr kurzfristig Tagesgeld, um ihre Mindestreserveverpflichtungen erfüllen zu können. Dies kann deshalb erforderlich werden, weil Banken ja nur im Monatsdurchschnitt ihre Mindestreserveverpflichtung zu erfüllen haben und deshalb am Monatsende u.U. verstärkt Zentralbankgeld benötigen; der *„float"* – die Zeitspanne zwischen der Abbuchung des Zentralbankgeldbetrages auf dem Konto bei einer Landeszentralbank und der durch den Postverkehr verzögerten Gutschrift auf dem Konto des Empfängers – erhöht die Nachfrage nach Tagesgeld. Banken fragen dann bei anderen Geschäftsbanken zum Marktzinssatz (*Tagesgeldsatz*) Zentralbankgeld nach.

Ein Geldmarktkredit für eine Laufzeit über ein Monatsende (z.B. Liquiditätsanpassung auf Grund von Gehalts- und Steuerzahlungen) und über ein Jahresende (z.B. Liquiditätsanspannung auf Grund saisonal bedingter Barzahlungen und Überweisungen) wird auch als *Ultimogeld* bezeichnet.

Die Beschaffung von Zentralbankgeld kann aber auch durch den Verkauf von Offenmarktpapieren an die Zentralbank erfolgen. Offenmarkttitel sind daher in der Regel Geldmarktpapiere.

Die Inanspruchnahme der *Spitzenrefinanzierungsfazilität* durch eine Geschäftsbank bei der *Europäischen Zentralbank* erfolgt ebenfalls mit Geldmarktpapieren, indem Wertpapiere bei der Zentralbank für eine gewisse Zeit beliehen werden. Auf der gleichen Ebene liegen *Pensionsgeschäfte*, bei denen eine Geschäftsbank sich Zentralbankgeld durch die vorübergehende Überlassung von Wertpapieren – durchaus auch andere Geldmarktpapiere – bei einer anderen Geschäftsbank verschafft.

4.1.2 Kapitalmärkte

Auf dem Kapitalmarkt, der Wertpapierbörse, wird im Gegensatz zum Geldmarkt – auf dem kurzfristige Finanzierungsmittel gehandelt werden –, der Handel mit mittel- bis längerfristigen Finanzierungsmitteln durchgeführt und auch neue Titel emittiert. Dies gilt ebenfalls für die Unterbringung langfristiger Titel von Nichtbanken, wie etwa der öffentlichen Hand. Im weitesten Sinne wird auf ihm Geld für längerfristige Verschuldungen angeboten bzw. für die Bildung längerfristigen Geldvermögens nachgefragt. Er ist ein Teil des Kreditmarktes. Da es auf diesem Markt um die Beschaffung von Geld geht, sind in jedem Falle Geschäftsbanken Marktpartner.

Man unterscheidet einen *organisierten* und einen *nicht organisierten* Kapitalmarkt. Beim *organisierten Kapitalmarkt* werden an der Wertpapier-Börse Aktien und Anleihen angeboten und nachgefragt, entweder als Neuemission (Primärmarkt) oder aus Beständen (Sekundärmarkt). Insbesondere der Sekundärmarkt erfüllt vor allem für Geschäftsbanken die wichtige Funktion, ein Umsteigen vom Kapitalmarkt auf den Geldmarkt zu ermöglichen.

Auf dem *nicht organisierten Kapitalmarkt* werden längerfristige Darlehen, Beteiligungen und Hypotheken direkt zwischen Anbietern und Nachfragern von Finanzierungsmitteln gehandelt, oder aber indirekt unter Zwischenschaltung einer Geschäftsbank, so wie es in Abbildung 91 dargestellt ist.

Abbildung 91: Der nationale Kapitalmarkt

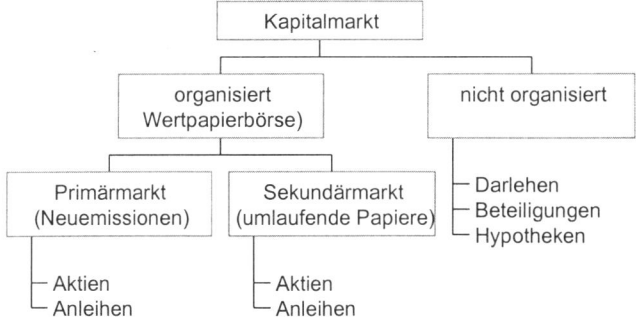

Im internationalen Kapitalverkehr erscheinen solche Anlagen am Kapitalmarkt zwischen In- und Ausländern als *Direktinvestitionen* und auch als öffentliche Kreditaufnahme; internationale Portfolio-Investitionen sind dagegen dem organisierten (internationalen) Kapitalmarkt zuzurechnen.

Aktien- und Anleiheemissionen unterliegen in der Bundesrepublik Deutschland einer Bonitätsprüfung der Emittenten. Die Börse ist nicht reglementiert, allerdings bestehen gewisse Möglichkeiten des *Außenwirtschaftsgesetzes*, in den internationalen Kapitalverkehr einzugreifen.

Auf dem Kapitalmarkt i.e.S. werden neben Aktien auch variable- und festverzinsliche Anleihen, wie beispielsweise Kommunalobligationen, Pfandbriefe, Industrieobligationen in Form von Gewinn-, Options- und Wandelobligationen, gehandelt; nicht dagegen Zwangsanleihen des Staates. Die Tilgung der Anleihen erfolgt regelmäßig am Ende der Laufzeit, aber auch in Teilabschnitten während der Laufzeit. Durch *Konversion* kann der Nominalzinssatz einer Anleihe durch Streckung der Laufzeit oder Änderung des Rückzahlkurses reduziert werden.

Die *Umlaufrendite* der Kapitalmarktpapiere wird entscheidend vom Zins auf dem Geldmarkt mit beeinflußt. Ein *Kapitalmarktgleichgewicht* besteht deshalb auch nur dann, wenn der Geldmarkt im Gleichgewicht ist. Geschäftsbanken mit freier Liquidität werden bei ihren Anlageüberlegungen die günstigste Rendite zu realisieren versuchen. Deshalb steht die Umlaufsrendite[117] von Kapitalmarktpapieren in Konkurrenz zum Zinsniveau auf dem Geldmarkt.

4.2 Externe Finanzmärkte

Externe Finanzmärkte sind internationale Märkte, im Gegensatz zu den internen Märkten, die früher national abgegrenzt waren.

4.2.1 Überblick: Märkte und Produkte

Bei internationalen Finanzmärkten handelt es sich um ausländische Geld- oder Kapitalmärkte, auf denen sich Wirtschaftssubjekte ebenfalls Kredite beschaffen können; sie können dort auch freie Liquidität anlegen. Man unterscheidet diese *internationalen Finanzmärkte* – wie in Abbildung 92 dargestellt – in den *klassischen* Geld- und Kapitalmarkt und den *Außengeldmarkt* sowie – weniger gebräuchlich – den *Außenkapitalmarkt*.

---

[117] Die Umlaufrendite beschreibt die Rendite festverzinslicher, im Umlauf befindlicher Wertpapiere. Sie liegt meist geringfügig über der Rendite neu ermittelter festverzinslicher Wertpapiere (Emissionsrendite).

Abbildung 92: Internationale Finanzmärkte

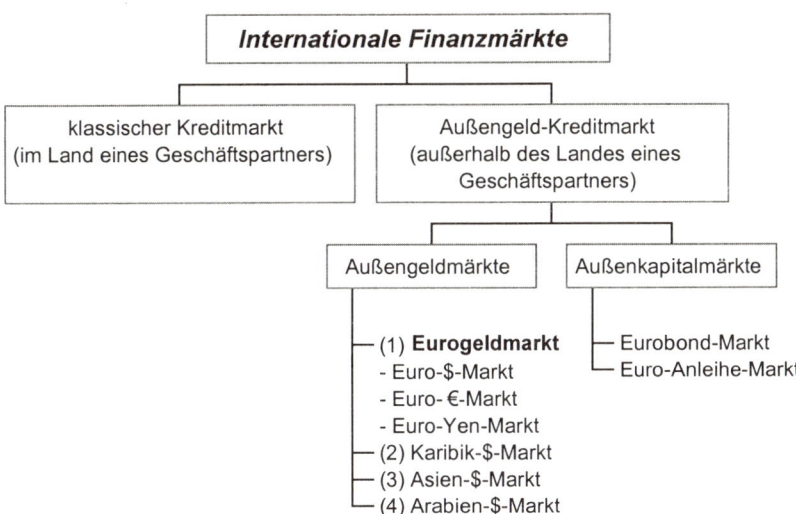

Der *klassische* internationale Kredit wird bei einer ausländischen Geschäftsbank in deren *Heimat*währung vergeben bzw. gewährt, ein *Außengeld-Kredit* dagegen bei einer in- oder ausländischen Geschäftsbank in einer *Dritt*währung. Der *klassische* internationale Kredit wie der *Außengeld*-Kredit unterscheiden sich bis auf Wechselkurswirkungen nicht von nationalen Krediten. Dem *Außengeld*-Markt wird jedoch – allerdings nicht unumstritten – eine gegenüber der nationalen Geldschöpfung zusätzliche Geldschöpfungsmöglichkeit zugeschrieben. Der ökonomisch bedeutendste internationale Finanzmarkt, auf dem Außengeld-Kredite vermittelt werden, ist der Euromarkt (≠ Markt für Euro!) mit ganz bestimmten Usancen und Konditionen.

Auf Außengeldmärkten wird meistens kurzfristiges Geld angeboten und längerfristig Geld nachgefragt, so daß für kreditgebende Banken ein Problem der Fristentransformation und für den Kreditnehmer das Problem von *Roll-over-Krediten* entsteht; dabei handelt es sich um die laufende Erneuerung des kurzfristigen Kredites bis zur beabsichtigten Laufzeit.

Der umfangreichste Eurogeldmarkt ist der *Eurodollarmarkt*, auf dem sowohl amerikanisches Geschäftsbankengeld (*Eurodollar*) wie auch auf US-$ lautende Geldmarktpapiere gehandelt werden. Eine Übersicht über den Eurodollarmarkt gibt Abbildung 93.

Abbildung 93: Der Eurodollarmarkt

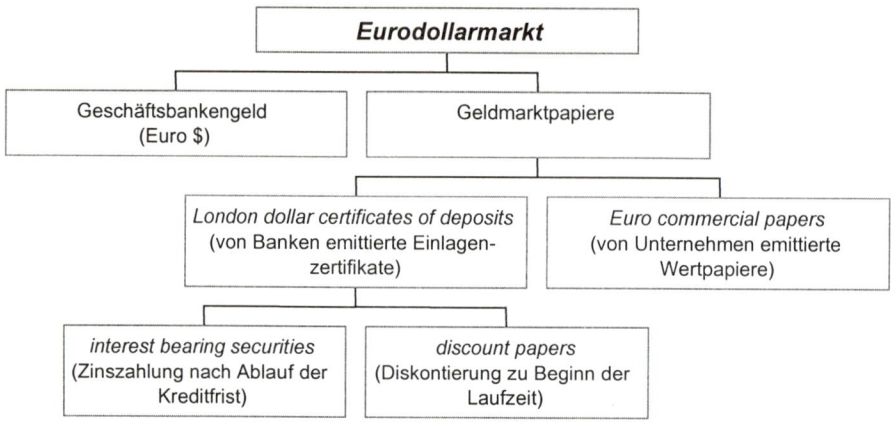

Außengeldmärkte sind inzwischen weltweit verzweigt. Als *Xenomärkte* sind sie finanzielles Niemandsland; sie sind privat verfaßte und exterritoriale Kreditmärkte, die der nationalen Kontrolle weitgehend entzogen sind. Für sie haben sich ganz bestimmte Marktorte, *Euromarktzentren*, mit ganz bestimmten Geschäftsusancen herausgebildet.

Ökonomisch bedeutend ist insbesondere der Euromarkt, auf dem neben *Eurodollar* – das sind Sichteinlagen bei einer amerikanischen Geschäftsbank im Besitz von Geschäftsbanken außerhalb der USA mit Sitz oder Filiale in Europa –, auch *Euro-€*, *Euro-Sterling*, *Euro-Schweizer Franken* und *Euro-Yen* gehandelt werden. Auf diesen Euromärkten werden kurzfristiges Geld (*Eurogeldmarkt*) und längerfristige Kredite (*Eurokapitalmarkt*) angeboten und nachgefragt, und zwar vorwiegend in ganz bestimmten *Marktzentren*, die in Abbildung 94 aufgelistet sind.

Abbildung 94: Euromarktzentren

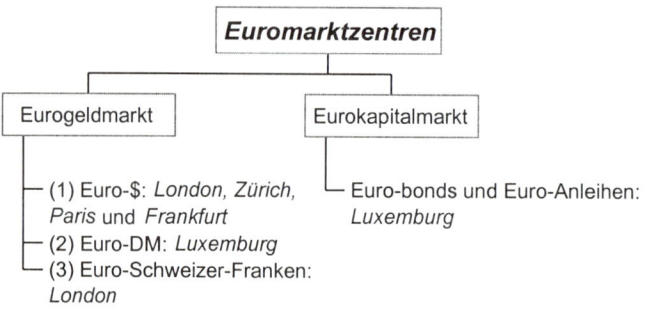

Neben dem *Eurogeldmarkt* gibt es noch den *Karibik-Dollarmarkt* (Bahamas, Cayman Inseln), den *Asien-Dollarmarkt* für Tagesgeld, genauer: tägliches Geld in Tokio, Hong Kong und Singapur sowie den *Arabien-Dollarmarkt* in Bahrain.

Es haben sich insbesondere aus steuerlichen Gründen und der Abstinenz von Zentralbankregulierungen in bestimmten Regionen sog. *Bankenfreihandelszonen* – bei amerikanischen Bankfilialen oder Tochtergesellschaften spricht man von *offshore centers* – in den Orten: Bahamas, Barbados, Bermuda, Cayman Inseln, Hong Kong, Libanon, Liberien, Niederländische Antillen, Panama, Singapur, Vanuta (früher: Neue Hebriden) und anderen Staaten British-Westindiens herausgebildet.

Da auf allen diesen *Xenomärkten* die Geschäfte telefonisch abgewickelt werden, wird eine Kette von Geschäften rund um die Uhr an sieben Tagen der Woche ermöglicht, und zwar auf der Achse London–New York–San Francisco–Tokio–Singapur–Bahrain–Luxemburg–London.

Der Euromarkt ist ein Teilmarkt der *Xenomärkte* mit dem *Eurogeld-* und dem *Eurokapitalmarkt*. Auf ihnen haben sich ganz bestimmte Usancen und Konditionen für Außengeldkredite, also die Kreditvergabe in einer Währung außerhalb des Emissionslandes, eingespielt. Kreditnehmer sind in erster Linie Staaten und Großunternehmen. Hauptmotiv für die Geschäfte am Eurodollarmarkt ist *hedging* und die *Zinsarbitrage*, da wegen der restriktiven Geldpolitik in den USA dort auf Grund der *regulation Q* ursprünglich praktisch keine Verzinsung der Sichteinlagen erfolgte. Aber auch der Zufluß von *hot money* – kurzfristiges Geld, das erwartete Devisenkursgewinne realisieren soll – bestimmt den Umfang an Eurodollars.

Teilnehmer am Euromarkt sind ca. 800 Banken höchster Bonität, teilweise waren es auch bis zu 25 Zentralbanken und seit 1974 auch Großunternehmen. Es werden nur hohe, runde Beträge von 500.000 US-$ bis 100 Mio. US-$ zu Standardlaufzeiten gehandelt. Es handelt sich dabei um *Tagesgeld* oder um *Kündigungsgeld*. Die Geschäfte werden telefonisch abgeschlossen mit nachträglich schriftlicher Bestätigung per Fernschreiber. Eine *Evidenzzentrale* besteht nicht, doch werden *Finanzkredite* an einzelne Länder zur Finanzierung von Zahlungsbilanzdefiziten häufig nur bei gleichzeitiger Kreditvergabe des *Internationalen Währungsfonds* vergeben, der zugleich die Erfüllung von Auflagen fordern kann.

Der Zinssatz am Eurodollarmarkt für 3 Monats-Geld wird fast unmittelbar durch den New Yorker Tagesgeldsatz bestimmt. Bei Ausleihungen am Eurodollarmarkt und an offshore-Zentren sind allerdings je nach spezifischen Länderrisiken bestimmte Aufschläge in Kauf zu nehmen. Der ausgehandelte Zins setzt sich dabei aus einem für allererste Bankadressen geltenden *Interbanksatz* und einem nach Risiko gestaffelten Aufschlag, dem sog. *spread*, zusammen. Der Interbanksatz für allererste Adressen bezieht sich auf die örtliche Währung, Fristigkeit sowie Laufzeit und wird für Dollarkredite in der Regel mit dem Euro-*LIBOR* (London Interbank Offered Rate) und für Euro-€ mit dem *EURIBOR* (Euro Interbank Offered Rate) angegeben; daneben werden auch *NIBOR* (New York Interbank Offered Rate), *BIBOR* (Bahrain Interbank Offered Rate), *FIBOR* (Frankfurt Interbank Offered Rate) und *SIBOR* (Singapore Interbank Offered Rate) benutzt. Der *spread* wird mit einem bestimmten Satz über den Interbankensatz angegeben.

Obgleich eine Tendenz zu Zinsfestschreibungen festzustellen ist, überwiegt die laufende Zinsanpassung. In diesem Falle trägt der Kreditnehmer insbesondere bei *roll-over-Krediten* das Zinsänderungsrisiko. Dies gilt auch für Euro-Anleihen mit variabler Verzinsung, den *floating-rate bonds*; für sie gilt eine *floating-rate-note*.

Für Kredite an Euromärkten gilt äußerste Terminstrenge. Es werden deshalb auch *cross default clauses* vereinbart, nach denen der gesamte Kredit zur Rückzahlung fällig wird, falls der Schuldner mit einer Teiltilgung in Verzug gerät. Umgekehrt versuchen Banken sich gegen ihr Liquiditätsrisiko bei der Beschaffung der Kreditwährung durch eine sog. *multicurrency-clause* oder *switch clause* abzusichern, nach der auch eine andere als die ursprünglich vereinbarte Währung bereitgestellt werden kann; manchmal werden sogar *escape-clauses* und *availability-clauses* vereinbart, nach denen ein Kreditgeber bei Mangel an gewünschter Währung den Kredit vorzeitig kündigen kann. Umgekehrt führt die Konkurrenz auf dem Eurodollarmarkt auch dazu, daß dem Kreditnehmer eine *Währungsoption* eingeräumt wird, nach der er sich nach Vertragsabschluß noch für eine ihm genehmere Währung entscheiden kann.

4.2.2 Geldschöpfung am Eurogeldmarkt

Aus der reinen Existenz der Eurogeldmärkte wird häufig geschlossen, daß sie das inländische Geld- und Kreditschöpfungspotential signifikant erhöhen könnten. Dabei wird vermutet, daß das Geldschöpfungspotential besonders hoch sei, weil auf Eurogeld keine Mindestreserven gehalten werden müssen. Zu beachten ist: Interbankverbindlichkeiten sind mindestreservefrei, aber Bankverbindlichkeiten gegenüber Banken im Ausland unterliegen der Mindestreserve. Eine Forderung nach einer Befreiung von Mindestreserven der Euro-Einlagen bei Banken im Ausland geht davon aus, daß internationale Banken (beliebig) zusätzliche Euro-Einlagen schaffen.

In Form von Euro-Sichteinlagen können Banken außerhalb des Euro-Raums keine Zahlungsmittel schaffen; dies wären Falsifikate. Angenommen der Kunde Nbk_1 einer Bank in Frankfurt am Main Bk_F überweist einen Betrag von 100 Euro auf sein Konto bei einer Bank in London Bk_L – d.h. in ein Land, das vorerst nicht an der *Europäischen Währungsunion* teilnimmt – so wird dieser Betrag durchaus als Euro-Einlage bei dieser Bank verbucht; jedoch nur in einem solchen Umfang, wie der Bank Bk_L auch Euro-Sichtforderungen zur Verfügung stehen.

Bk_F		Bk_L	
$Si(Nbk_1)$ - 100	$Si(Bk_F)$ + 100	$Si(Nbk_1)$ + 100	
$Si(Bk_L)$ + 100			

Die gesamte Mindestreserveverpflichtung bleibt dabei konstant: Zum einen ändert sich die Mindestreservebelastung der Bank Bk_F überhaupt nicht, da Bankverbindlichkeiten gegenüber Banken im Ausland der Mindestreserve unterliegen. Zum anderen unterliegt die Bank Bk_L nicht der Euro-Geldpolitik und hat daher für deren Einlagen auch keine Mindestreserven bei der *Europäischen Zentralbank* zu halten.

Es ist auch möglich, daß der Kunde Nbk_1 bei der Bank Bk_L einen Euro-Kredit aufnimmt; dann verfügt die Bank Bk_L zunächst über keine Euro-Forderung gegenüber der Bank Bk_F, und die Bank Bk_L hat offenbar eine Euro-Sichteinlage geschaffen. Sollte jedoch der Bankkunde Nbk_1 über diese Sichteinlage verfügen wollen, muß sich die Bank Bk_L erst bei einer Bank in der *EWU* oder aber auf dem Euro-Geldmarkt refinanzieren, d.h. Euro-Sichteinlagen beschaffen, so wie es gerade mit der Überweisung aus Frankfurt nach London demonstriert wurde. Verwendet werden dann Euro-Sichteinlagen, die in der *EWU* geschaffen wurden und dort der Mindestreserve unterliegen.

Die Bank in London Bk_L kann die ihr ursprünglich überwiesene Euro-Einlage auch an andere Banken in der *EWU* oder im Nicht-Euro-Ausland weiterverleihen. Dabei wird sie per Termin auf die Verwendung ihrer Euro-Sichtforderung gegenüber der Bank Bk_F verzichten und die Verwendung dieser Zahlungsmittel z.B. einer Bank Bk_{CH} in der Schweiz überlassen.

Bk_L			Bk_{CH}	
$Si(Bk_F)$ − 100	$Si(Nbk_1)$ − 100		$Si(Bk_F)$ + 100	$T(Bk_L)$ + 100
	$Si(Bk_{CH})$ + 100			
$T(Bk_{CH})$ + 100				

Eigentlich erwirbt die Bank Bk_{CH} dabei die Sichteinlage bei der Bank Bk_F ($\hat{=} Si(Bk_L)$) für einen bestimmten Termin und geht für diese Zeit eine Terminverbindlichkeit gegenüber der Bank Bk_L ein. Die Bank Bk_{CH} kann daraufhin die Verfügung über die Euro-Sichteinlagen bei der Bank Bk_F an andere Banken Bk_{xy} weiterverleihen, so daß Leihketten entstehen.

Untersucht man nun empirisch den Umfang an Euro-Einlagen, die auf dem Euro-Geldmarkt geschaffen wurden, ergibt sich natürlich eine statistisch gravierende Geldschöpfung:

$Si(Bk_L)$	+ 100
$Si(Bk_{CH})$	+ 100
$Si(Bk_{xy})$	+ 100
Σ	+ 300

Im gerade dargestellten Beispiel zeigt sich ein Geldschöpfungsmultiplikator von m = 3; tatsächlich hat sich aber die verfügbare Menge an Sichteinlagen nicht verdreifacht, es ist bei einer Zahlungsmittelmenge von 100 Euro geblieben. Der Geldschöpfungsmultiplikator m auf dem internationalen Euro-Geldmarkt zeigt also nur an, wie häufig der Betrag von 100 Euro zwischen den beteiligten Banken weiterverliehen wurde, bis die letzte Bank in der Leihkette diesen Betrag (per Termin) an ihren Kunden für Investitionen zur Verfügung stellen konnte.

In der Realität gelten Bankverbindlichkeiten mit einer Laufzeit bis zu 30 Tagen als Sichteinlagen. Dies führt dazu, daß statistisch sogar alle Bankverbindlichkeiten T in dieser Leihkette als Sichteinlagen gezählt werden. Dies darf jedoch nicht darüber hinwegtäuschen, daß – gleichgültig, wie auch immer gezählt wird – der verwendbare Umfang an Euro-Sichteinlagen unverändert 100 Euro beträgt.

Sollten die Euro-Einlagen bei Banken im Ausland nun von der dortigen Zentralbank der Mindestreserve unterworfen werden, so würde der bisher betrachtete Betrag von 100 Euro zwei Mal mit der Mindestreserve belastet, einmal in Frankfurt und das andere Mal in London, der Schweiz oder sonst auf der Welt. Erst dies führte zu einer Diskriminierung internationaler Bankgeschäfte.

Etwas anders stellt sich das Problem, wenn eine andere Bank in der *EWU*, die Bank B_D in Düsseldorf, z.B. von der Bank in London den Betrag von 100 Euro ausleiht.

Bk_L				Bk_D			
$Si(Bk_F)$	+ 100	$Si(Nbk_1)$	- 100	$Si(Bk_F)$	+ 100	$T(Bk_L)$	+ 100
	- 100	$Si(Bk_D)$	+ 100				
$T(Bk_D)$	+ 100						

Da Interbankverbindlichkeiten gegenüber Banken im Ausland der Mindestreserve unterliegen, müßte die Bank Bk_D für ihre Terminverbindlichkeit $T(Bk_L)$ gegenüber der Bank Bk_L (im Ausland) Mindestreserven halten; die Bank Bk_F muß dies für ihre Sichtverbindlichkeit $Si(Bk_L)$ (vgl. erste Bilanz) ebenfalls. Jetzt käme es zu einer doppelten Belastung, die jedoch in der Praxis dadurch ausgeräumt wurde, daß Banken Forderungen und Verbindlichkeiten gegenüber Banken im Ausland miteinander verrechnen können.

Banken sind hin und wieder der Meinung, daß es völlig unerheblich sei, ob Banken im Nicht-Euro-Ausland beliebig Euro-Einlagen *(Falsifikate)* schaffen, z.B. 200 Euro durch einfache Kreditgewährung an Bankkunden Nbk_2. Bei der Verwendung dieser Sichteinlagen im Ausland würden diese Zahlungsmittel bei Kunden Nbk_3 von Banken in Deutschland erscheinen und dort dann der Mindestreserve unterworfen werden.

Bk_L				Bk_F			
Kredit	+ 200	$Si(Nbk_2)$	+ 200	$Si(Bk_L)$	+ 200	$Si(Nbk_3)$	+ 200
			- 200				
		$Si(Bk_F)$	+ 200				

Dies ist jedoch nur dann richtig, wenn die Verwendung dieser Euro-Sichteinlagen über Konten bei Banken in der *EWU* erfolgt. Sofern die mindestreservefreie Euro-Geldschöpfung der Bank Bk_L zu Überweisungen an die Banken Bk_F in der *EWU* führt, wird diese dann – ohne eigene Kreditschöpfung – mit der Mindestreserve „bestraft". Eine beliebige Geldschöpfung in der *EWU* ist dann nicht möglich, es kommt allerdings zu einer Diskriminierung von Banken in der *EWU*. Und dennoch: Auch aus gesamtwirtschaftlicher Sicht wäre ein solches Verfahren völlig inakzeptabel, denn Euro-Zahlungen in Euro-Ländern wie Deutschland könnten dann auch direkt über Euro-Konten bei Banken im Nicht-Euro-Ausland, die nicht der Euro-Geldpolitik unterworfen sind, abgewickelt werden. Dies wäre *offshore-booking*, bei denen Zahlungen mit einer Währung, die außerhalb des zuständigen Währungsgebiets geschaffen wurden, durchgeführt werden. Inländische Geldpolitik würde durch solche Falsifikate ineffizient werden.

4.3 Das Problem der Internationalen Verschuldung

Internationale Verschuldung ist die *Netto-Schuldenposition* von Ländern gegenüber internationalen Geschäftsbanken. Auf internationalen Finanzmärkten werden von den Geschäftsbanken Kredite angeboten, die seit den 70er Jahren verstärkt in ganz bestimmten

Regionen und insbesondere auch von Staaten zur Finanzierung ihrer öffentlichen Budgets sowie ihrer Zahlungsbilanz nachgefragt werden. Dabei haben Euromarktzentren mit ganz bestimmten Konditionen und Usancen ein erhebliches Gewicht gewonnen.

Je umfangreicher das von den Geschäftsbanken angebotene Kreditvolumen war, desto größer wurde die Verschuldung der Kreditnehmer. Die Auslandsposition von Geschäftsbanken des Berichtsgebietes der *Bank für Internationalen Zahlungsausgleich BIZ (Bank for International Settlements BIS)* zeigen ein umfangreiches, regional gestreutes Verschuldungspotential von Kreditnehmern.

Bei den in Tabelle 26 vorgestellten Ländern mit der höchsten Auslandsverschuldung sollte zusätzlich beachtet werden, daß deren Bevölkerungszahl – und damit die Pro-Kopf-Verschuldung dieser Länder sowie deren Pro-Kopf-Einkommen – beträchtlich divergieren.

Tabelle 26: Internationale Verschuldung

		Forderungen in Mrd. US-$			
Nr.	Länder	Summe	< 1 Jahr	1 bis 2 Jahre	> 2 Jahre	nicht zuzuordnen
1.	Australien	96,2	50,3	2,8	16,5	26,6
2.	Südkorea	68,3	39,4	6,7	10,5	11,7
3.	Argentinien	65,4	34,6	5,0	20,0	9,8
4.	Brasilien	64,9	33,3	4,3	20,3	7,0
5.	VR China	62,2	20,2	4,0	18,9	19,1
6.	Mexiko	59,4	22,6	3,0	26,1	7,7
7.	Griechenland	55,2	19,6	2,6	17,8	15,7
8.	Portugal	49,2	24,4	1,1	9,9	13,8
9.	Rußland	45,6	10,4	3,8	29,8	1,6
10.	Indonesien	40,5	19,3	2,8	16,0	2,4
11.	Türkei	39,2	23,2	3,0	10,2	2,8
12.	Thailand	30,7	13,2	2,6	9,3	5,6
13.	Chile	22,4	8,3	3,1	10,6	0,4
14.	Taiwan	21,7	15,7	0,9	2,9	2,2
15.	Indien	21,0	7,8	2,2	9,2	1,8
16.	Südafrika	19,5	12,3	1,0	4,9	1,3
17.	Malaysia	18,1	7,4	1,3	7,4	2,0
18.	Saudi-Arabien	17,7	9,8	0,5	6,5	0,9
19.	Polen	17,1	6,6	1,2	7,3	2,0
20.	Philippinen	16,0	6,8	1,3	6,1	1,8

Tabellentitel: **Forderungen der Banken des Berichtsgebiets* der BIZ gegenüber nicht zum Berichtsgebiet gehörenden Ländern** *Ende März 2000*

* Berichtsgebiet: *Zehnergruppe* (Belgien, Deutschland, Italien, Frankreich, Großbritannien, Japan, Kanada, Niederlande, Schweden, USA)
und Luxemburg, Dänemark, Finnland, Irland, Österreich, Spanien, Bahamas, Bahrein, Hong Kong, Kaiman-Inseln, Singapur, Niederländische Antillen, *off-shore centers* in Panama

Quelle: *Bank für Internationalen Zahlungsausgleich*, Press Release, 4. August 2000.

Bei diesen internationalen Kapitalströmen spielt die internationale Zinsdifferenz für die Kreditverwender – nicht also auch für die Mittelherkunft der verleihenden Banken – eine eher untergeordnete Rolle; für die Verwendung ist das Kreditpotential wesentlich. Die internationale Zinsdifferenz spiegelt dagegen Anspannung und Liquidität internationaler Finanzmärkte wieder.

Eine weiter oben schon angesprochene Evidenzzentrale hat die Funktion, Informationen über eingegangene Risiken zu sammeln, um so, durch größere Transparenz, die anstehende Risken besser beurteilen zu können. Dabei handelt es sich für *Geschäftsbanken* insbesondere um das Risiko eines

- hohen Kreditvolumens
- Länderkredites.

Die Funktion einer *Evidenzzentrale für Millionenkredite* nehmen in Deutschland die *Landeszentralbanken* als Filialen der *Deutschen Bundesbank* (diese wiederum als Filiale der *Europäischen Zentralbank*) wahr. An sie haben alle Kreditinstitute in Deutschland, die der Bankenaufsicht unterliegen, nach § 14 *des Kreditwesengesetzes KWG* Kredite an einen einzelnen Kreditnehmer im Umfang von 1 Mio. DM und mehr zu melden.

Mit dem *Basler Konkordat* haben bereits 1975 die Notenbankpräsidenten der Zehnergruppe und der Schweiz Grundsätze über die Vorgehensweise vorgeschlagen, wie ausländische Stellen von Geschäftsbanken durch die beteiligten Notenbanken überwacht werden sollen. Inzwischen nimmt die *BIZ* die Funktion einer Evidenzzentrale für die internationale Kreditvergabe von Geschäftsbanken informell wahr. Im Jahre 1983 veranlaßte die weltweite Schuldenkrise die internationalen Geschäftsbanken zur Gründung einer eigenen Evidenzzentrale, dem *Institute of International Finance IFF*.

Literatur zum VIII. Kapitel

1. Abschnitt

Bagehot, Walter: Lombard Street (London 1873), Homewood, Ill. 1962.

Bonin, Konrad von: Zentralbanken zwischen funktioneller Unabhängigkeit und politischer Autonomie – dargestellt an der Bank von England, der Bank von Frankreich und der Deutschen Bundesbank, Baden-Baden 1979.

Bouveret, Andreas Michael: Die zentralen Lenkungsorgane der franz. Kreditwirtschaft – Struktur und Strukturwandel im Zentralbank- und Bankenaufsichtssystem Frankreichs, Würzburg 1979.

Bremeier, Eberhard: Strukturanalysen ausländischer Banksysteme – Schweiz, Frankfurt 1969.

Deutsche Bundesbank: Die Deutsche Bundesbank - Geldpolitische Aufgaben und Instrumente, Sonderdruck Nr. 7, Frankfurt a.M. 1995, S. 1-28.

Englert, Michael: Der Handlungsspielraum der amerikanischen Zentralbank im Regierungssystem der Vereinigten Staaten, Rheinfelden 1988.

Erhardt, Barbara: Geldmengenkonzepte in den EG-Staaten, Hamburg 1978.

Europäische Gemeinschaften (Währungsausschuß): Die Währungspolitik in den Ländern der Europäischen Wirtschaftsgemeinschaft, Luxemburg 1972.

Fox, Ursula: Das Bankwesen der europäischen Volksdemokratien, Wiesbaden 1967.

Hawtrey, Ralph G.: The Art of Central Banking, 2. Aufl., New York 1962.

Hew, Florian: Entwicklungstendenzen im amerikanischen Bankensystem – eine Untersuchung über die Entstehung, den gegenwärtigen Stand und die mögliche Entwicklung des amerikanischen Finanzsystems unter besonderer Berücksichtigung der Handelsbanken, Bern u.a.O. 1976.

Ketzel, Eberhart u.a.: Die Notenbank – Zentralbankpolitik und Weltwährungsorganisation, 2. Aufl., Stuttgart 1976.

Kindleberger, Charles P.: Manias, Panics, and Crashes – a history of financial crises, 3. Aufl., New York u.a.O. 1996.

Köhler, Claus: Geldwirtschaft, Bd. 1: Geldversorgung und Kreditpolitik, 2. Aufl., Berlin 1977, S. 372ff.

Könneker, Wilhelm: Die Deutsche Bundesbank, 2. Aufl., Frankfurt a.M. 1973.

Rittershausen, Heinrich: Die Zentralnotenbank – ein Handbuch ihrer Instrumente, ihrer Politik und ihrer Theorie, Frankfurt a.M. 1962.

Spindler, Joachim von/Becker, Willy/Starke, Otto-Ernst: Die Deutsche Bundesbank, 4. Aufl., Stuttgart u.a.O. 1973.

Stechow, Friedrich-Leopold von: Die Auflösung der Arbeitsteilung im englischen Bankensystem - dargestellt am Beispiel der Londoner Clearing Banks and Merchant Banks, Würzburg 1973.

Willms, Manfred: Monetäre Zwischenziele europäischer Zentralbanken, in: Wirtschaftsdienst, 58. Jg. (1978), S. 154ff.

2. Abschnitt

Borchert, Manfred: The EURO and the large banks' behaviour within the EMU – entrepreneurial strategies and monetary policy – in: *Banca Nazionale del Lavorno*, Quarterly Review No. 2, 1999.

EZB-Europäische Zentralbank: Possible Effects of EMU on the EU Banking Systems in the Medium to Long Term, Frankfurt a.M. 1999.

EZB-Europäische Zentralbank: Payment Systems in the European Union, Frankfurt a.M. 1999.

3. Abschnitt

Bundesministerium der Finanzen: Grundsatzfragen der Kreditwirtschaft - Bericht der Studienkommission, Bonn 1979.

Deutsche Bundesbank: Monatsberichte der Deutschen Bundesbank, 44. Jg., August 1992.

Flesch, Johann Rudolf: Struktur des Bankensystems und Geldpolitik, Göttingen 1978.

Frowen, Stephen F.: Inflationsbekämpfung in Großbritannien, in: *P. Bofinger* [u.a] (Hrsg.), Neuere Entwicklungen in der Geldtheorie und Geldpolitik – Implikationen für die europäische Währungsunion, Tübingen 1996, S. 225ff.

Gergen, Karl-Heinz: Die Bedeutung interner Verrechnungen für die Kreditkapazität einer Bank, Bern u.a.O. 1976.

Ketzel, Eberhart: Das Kreditwesen in der Bundesrepublik Deutschland – Institutionen und Märkte, Köln 1982.

Moesch, Irene/Simmert, Diethard B.: Banken – Struktur, Macht, Reformen, Köln 1976.

Monopolkommission: Mehr Wettbewerb ist möglich – Hauptgutachten 1974/75, 2. Aufl., Baden-Baden 1977.

Monopolkommission: Fortschreitende Konzentration bei Großunternehmen – Hauptgutachten 1976/77, Baden-Baden 1978.

Mülhaupt, Ludwig: Strukturwandlungen im westdeutschen Bankwesen, Wiesbaden 1971.

Prost, Gerhard: Das Kreditwesen in der Bundesrepublik Deutschland – Aufgaben, Organisation, Rechtsgrundlagen, Wiesbaden 1975.

Wittgen, Robert: Neuzeitliche Bankpolitik - Analysen und Meinungen aus der deutschen Kreditwirtschaft, Frankfurt a.M. 1974.

Wolf, Herbert: 30 Jahre Nachkriegsentwicklung im deutschen Bankwesen, Mainz 1980.

4. Abschnitt

Abs, Ludger: Die Verschuldungskrise Lateinamerikas, Wiesbaden 1988.

Aschinger, Franz E.: Das Währungssystem des Westens, 2. Aufl., Frankfurt a.M. 1973.

Benning, Bernhard: Notenbankpolitik und Kapitalmarkt, in: *G. Bruns* [u.a] (Hrsg.), Deutscher und internationaler Kapitalmarkt, Frankfurt 1970, S. 36ff.

Borchert, Manfred: International Indebtedness, London u.a.O. 1990.

Borchert, Manfred: Basic Issues in International Monetary Economics, Berlin 1988.

Brehmer, Ekhard: Struktur und Funktionsweise des Geldmarktes der Bundesrepublik Deutschland seit 1948 – zugleich eine theoretische Grundlage für Geldmärkte im allgemeinen, 2. Aufl., Tübingen 1964.

Bruns, Georg/Häuser, Karl (Hrsg.): Institutionen des deutschen Kapitalmarktes, Frankfurt a.M. 1982.

Fuchs, Herbert: Die Geldmarktabhängigkeit des Kapitalmarkts – eine theoretische und ökonometrische Untersuchung zum monetären Transmissionsprozeß in der Bundesrepublik Deutschland, Hamburg 1989.

Häselbarth, Volker: Der Geldmarkt der Bundesrepublik - eine experimentelle Untersuchung, Berlin 1970.

Herrmann, Armin: Die Geldmarktgeschäfte, 3. Aufl., Frankfurt a.M. 1986.

Issing, Otmar: Einführung in die Geldtheorie, 11. Aufl., München 1998.

Jander, Sigurd: Der Einfluß der Geldpolitik auf die Kapitalmarktentwicklung, Berlin 1986.

Schulz, Heino: Volkswirtschaftliche Aspekte des Eurodollarmarktes bei festen und flexiblen Wechselkursen – eine kritische Analyse seiner Auswirkung auf Zahlungsbilanz, Währungspolitik und Geldpolitik ausgewählter Länder, Münster 1976.

Wittgen, Robert/Eilenberger, Guido: Die Geldpolitik der Kreditinstitute – inländische und internationale Geldmärkte und Geldgeschäfte – Optimal- und Realbedingungen der Gelddisposition, 2. Aufl., Frankfurt a.M. 1984.

Woll, Artur: Allgemeine Volkswirtschaftslehre, 13. Aufl., München 2000.

IX. Künftige Herausforderungen der Geldpolitik

1. Bedeutung des Zahlungsverkehrs für die Geldpolitik

Aufgabe der Geldpolitik ist es, das Geldangebot so zu steuern, daß es den gesamtwirtschaftlichen Erfordernissen entspricht. Neben der Sicherung der Geldwertstabilität soll auch die Versorgung der Wirtschaft mit einer ausreichenden Liquidität sichergestellt werden. Um diese Aufgaben erfüllen zu können, muß die Zentralbank nicht nur die dafür notwendige Zahlungsmittelmenge kennen, sondern auch deren entsprechende Umlaufgeschwindigkeit.

Geschäftsbanken werden nicht immer einen geldpolitischen Impuls der Zentralbank in einen konjunkturpolitischen Impuls umsetzen, weil die Kreditnachfrage auf eine Variation des Kreditangebots nicht immer entsprechend reagiert[118]. Wenn geldpolitische Impulse nicht über den Bankensektor in den realwirtschaftlichen Bereich weitergegeben werden, ändert sich die Bankenliquidität. Die Geldpolitik der Zentralbank muß deshalb bei ihren Zwischenzielen nicht allein die monetäre Basis beachten, sondern darüber hinaus die Entwicklung der freien Liquiditätsreserven der Geschäftsbanken[119].

Aber auch institutionelle Arrangements im realwirtschaftlichen Bereich können die beabsichtigte Wirkung der Geldpolitik beeinträchtigen. Dafür sind Lieferantenkredite und ein geändertes Zahlungsverhalten der Nichtbanken verantwortlich, welche die Umlaufgeschwindigkeit des Geldes – vor allem im Konjunkturverlauf – beeinflussen. Zahlungen, die den gesamtwirtschaftlichen Umsätzen gegenüberstehen, können mit den Komponenten der Geldmenge M1, d.h. mit Bargeld und Sichteinlagen, abgewickelt werden. Seit einer Reihe von Jahren werden aber verstärkt Zahlungen auch über Kredit- und Scheckkarten durchgeführt, neuerdings auch über Computergeld. Im folgenden sollen daher neuere Entwicklungen im Zahlungsverkehr daraufhin untersucht werden, ob daraus neue Anforderungen an die Geldpolitik entstehen.

1.1 Traditionelle Instrumente des Zahlungsverkehrs

Eine wichtige Voraussetzung für die Steuerungsmöglichkeit einer Zentralbank ist die Abwicklung des Zahlungsverkehrs innerhalb ihres Einflußbereichs. Der Großteil des bargeldlosen Zahlungsverkehrs wird traditionell mit Überweisungen, Schecks und Lastschriften abgewickelt. In allen Fällen wird der Umsatz, den beispielsweise der Kunde (Nbk₁) dem Händler (Nbk₂) schuldet, über die entsprechenden Sichteinlagenkonten bei Geschäftsbanken gebucht. Unterstellt man, daß Nbk₁ und Nbk₂ ihre Konten bei unterschiedlichen Banken unterhalten, so erfolgt eine Verrechnung der Salden zwischen den Geschäftsbanken in Zentralbankgeld. Bei diesem *„switch nach der Bank"* bleibt der

---

[118] Aus monetaristischer Sicht sollte die Zentralbank eine solche Politik erst gar nicht durchzuführen versuchen, da Geldpolitik nach dieser Auffassung die Struktur der Wirtschaft nicht beeinflußt und deshalb allenfalls das Preisniveau unerwünscht tangiert (vgl. Abschnitt V.2.3).

[119] Vgl. zur Bedeutung freier Liquiditätsreserven für die Geldpolitik Abschnitt III.3.4.

gesamte nachfragewirksame Umsatz innerhalb der Einflußsphäre der Zentralbank, wie die folgende Darstellung der Zahlung von Nbk_1 an Nbk_2 zeigt.

Gbk_1		Gbk_2	
Si(Zbk) - 100	Si(Nbk_1) - 100	Si(Zbk) + 100	Si(Nbk_1) + 100

Zbk	
	Si(Gbk_1) - 100
	Si(Gbk_2) + 100

In diesem Fall wird der gesamte Umsatz in Höhe von 100 über das Clearing[120] bei der Zentralbank verrechnet. Aber auch wenn die Übertragung innerhalb einer Geschäftsbank abgewickelt würde, bliebe für den Umsatz eine Mindestreserveverpflichtung erhalten, die der Zentralbank eine Steuerungsmöglichkeit offenhält.

Anders kann sich der Zahlungsvorgang gestalten, wenn Wechsel benutzt werden. Handelswechsel werden vom Lieferanten üblicherweise nicht direkt seiner Bank zum Einzug vorgelegt, sondern an andere Handelspartner weitergegeben. So kann beispielsweise der ursprüngliche Zahlungsempfänger Nbk_2 einen Wechsel, den er von seinem Schuldner Nbk_1 erhalten hat, an seinen Gläubiger Nbk_3 weitergeben. Nbk_3 wiederum kann den Wechsel abermals weitergeben oder bei seiner Bank zum Einzug einreichen. Erst wenn der Wechsel bei einer Bank eingereicht wird, tritt der oben beschriebene Verrechnungsvorgang zwischen den Banken ein. Eine Gutschrift erfolgt auf dem Konto des Einreichenden (Nbk_3), die Belastung auf dem Konto des Wechselbezogenen (Nbk_1). Offensichtlich entspricht hier der Umsatz, der letztlich über den Bankensektor verrechnet wird, nicht mehr dem gesamtwirtschaftlich durchgeführten Volumen. Während innerhalb des Bankensystems lediglich eine Verrechnung von 100 erfolgt, ist der gesamte Umsatz, der mit diesem Geld abgewickelt wurde, um ein vielfaches – nämlich um die Anzahl der Weitergaben des Wechsels – höher. Diese Umsätze werden damit außerhalb des Einflußbereichs der Zentralbank abgewickelt. Als Folge verringert sich – bei gegebenem volkswirtschaftlichen Umsatzvolumen $Y = Y^r \cdot P$ – die benötigte Zahlungsmittelmenge M; entsprechend erhöht sich die Umlaufgeschwindigkeit u der Zahlungsmittelmenge – bezogen auf die tatsächlichen Umsätze: $M \downarrow \cdot u \uparrow = Y$.

1.2 Innovationen im Zahlungsverkehr

1.2.1 Kreditkarten

Ähnliche Effekte wie bei Wechseln treten auf, wenn vermehrt Kreditkarten zur Zahlung von Umsätzen genutzt werden. Der Zahlungsvorgang wird nun nicht mehr direkt zwischen den beteiligten Akteuren abgewickelt, sondern erfolgt unter Einschaltung eines Intermediärs, hier: der Kreditkartengesellschaft (KKG). Kreditkartengesellschaften gewähren einerseits einen Kredit in Höhe des jeweiligen Kaufpreises an den Karteninha-

---

[120] Vgl. zum Clearing Abschnitt III.1.2.2.

ber; auf der anderen Seite treten sie gegenüber ihren Vertragspartnern als *Factoring*-Unternehmen auf, indem sie die Forderungen ihrer Vertragspartner gegen die Karteninhaber unter Abzug einer Inkassoprämie übernehmen. Durch die Inanspruchnahme einer KKG verändert sich der Zahlungsvorgang zunächst nicht. Wieder wird der zu zahlende Betrag dem Konto des Karteninhabers belastet und dem des Vertragsunternehmens gutgeschrieben.

Problematisch für die Geldpolitik wird die Zahlung mit Kreditkarten erst dann, wenn die KKG Forderungen und Verbindlichkeiten ihrer Kunden und Vertragspartner innerhalb interner Buchungen verrechnet. Das wird in erster Linie dann der Fall sein, wenn der Kunde (Nbk_1) bei seinem Lieferanten (Nbk_2) mit einer Kreditkarte der Gesellschaft KKG bezahlt (1) und dieser Lieferant (Nbk_2) beim Kauf seiner Produkte beim Zulieferer (Nbk_3) ebenfalls eine Karte der Firma KKG benutzt (2). Dann ergeben sich innerhalb der Kreditkartengesellschaft KKG folgende Buchungen:

Forderungen	KKG	Verbindlichkeiten	
(1) Nbk_1	-100		
(1) Nbk_2	$+100$		
(2) Nbk_3	$+100$		
(2) Nbk_3	-100	(2) Nbk_3	$+100$

Werden Forderungen und Verbindlichkeiten verrechnet, ergibt sich – wie beim Einsatz eines Wechsels – der Effekt, daß letztendlich nur 100 von Nbk_1 über die KKG an Nbk_3 transferiert werden, während insgesamt Umsätze in Höhe von 200 durchgeführt wurden. Durch die Verrechnung der Salden bei der Kreditkartengesellschaft findet hier – ebenso wie bei der Indossierung von Handelswechseln – ein *„switch vor der Bank"* statt.

Betrachtet man die Gesamtheit der Kreditkartengesellschaften, erscheint auch eine interne Verrechnung von Forderungen und Verbindlichkeiten der Kreditkartengesellschaften untereinander möglich. Die Kartengesellschaften bilden dann eine zusätzliche Stufe des Zahlungsverkehrs: Sie verrechnen ihre Restsalden über Konten bei Geschäftsbanken und benötigen dabei kein Zentralbankgeld, während erst auf der nächsten Stufe die Geschäftsbanken ihre eigenen Salden über die Zentralbank verrechnen und dabei entsprechend Zentralbankgeld benötigen. Tritt der beschriebene Fall in nennenswertem Umfang auf, so werden größere Umsätze außerhalb des Einflußbereichs der Zentralbank durchgeführt und die Steuerungsmöglichkeiten der Zentralbank werden – wenn sie nicht auf diese Entwicklung mit einer Anpassung ihres Instrumentariums reagiert – geringer.

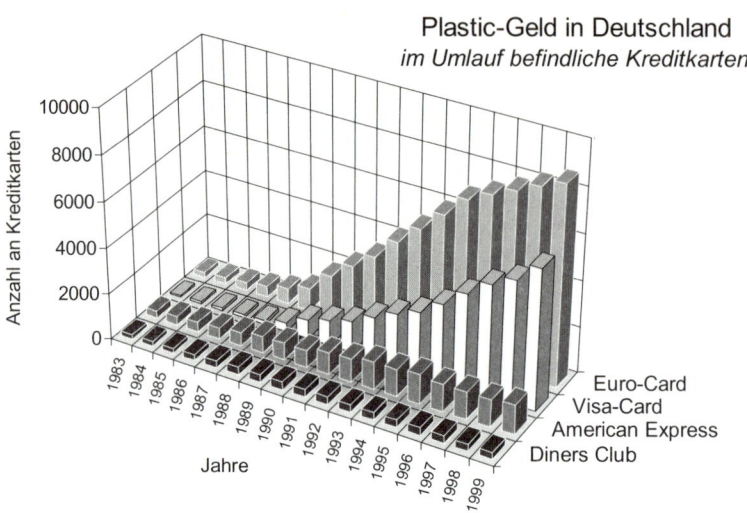

Plastic-Geld in Deutschland
im Umlauf befindliche Kreditkarten

Quelle: *ORDINA* (Deutschland) GmbH, Frankfurt/M. 1991; *imu*, Nr. 920916; *Westfälische Nachrichten*, 10.4.1996; *Gesellschaft für Zahlungssysteme*; *PaySys*.

Abbildung 95

Die vermehrte Verwendung von Kreditkarten – dargestellt in Abbildung 95 für Deutschland – führt tendenziell auch dazu, daß weniger Bargeld zur Abwicklung von Handelsumsätzen innerhalb der Volkswirtschaft verwendet wird. Dadurch steigt die Umlaufgeschwindigkeit des Bargelds bezogen auf das gesamte Transaktionsvolumen. Gleiches gilt für die Sichteinlagen; aufgrund der technischen Ausgestaltung des Einzugs der fälligen Beträge vom Konto des Karteninhabers wird es auch für private Haushalte möglich, ein effizienteres *cash-management* zu realisieren. Wie bei der Herleitung der postkeynesianischen Transaktionskassenhaltung gezeigt worden war (vgl. Abschnitt IV.3.1), lassen sich die nicht für Zahlungszwecke benötigten Sichteinlagen in verzinsliche Einlagen transferieren. Da Kreditkartengesellschaften den Gegenwert der durchgeführten Käufe innerhalb einer Periode sammeln, um den Gesamtbetrag in einer Summe dem Konto des Karteninhabers anzulasten, kann der Kreditkarteninhaber in der Zwischenzeit seine Sichteinlagen zinsbringend anlegen. Zum regelmäßig wiederkehrenden Einzugstermin der Kartengesellschaft kann er dann für eine entsprechende Deckung auf seinem Sichteinlagenkonto sorgen. Daraus folgt, daß auf Grund dieser Dispositionsmöglichkeit die Umlaufgeschwindigkeit der Sichteinlagen steigen kann, da im Durchschnitt weniger Bestände auf den entsprechenden Konten gehalten werden müssen – bei gleichbleibenden gesamtwirtschaftlichen Umsätzen.

1.2.2 Point-of-Sale-Terminals und Prepaid-Cards

Neben Überweisungen, Schecks und Kreditkarten wurden seit einiger Zeit eine Reihe weiterer Instrumente entwickelt, um die Abwicklung des Zahlungsverkehrs zu verbessern. In erster Linie geht es bei diesen Innovationen um die Nutzung neuer Medien und Technologien. Im Vordergrund stehen dabei die Kommunikationsmöglichkeiten, die durch Datennetze unterschiedlicher Art entstehen. Von diesen Innovationen sollen zunächst die Point-of-Sale-Terminals und prepaid-cards dargestellt und auf mögliche Auswirkungen für die Geldpolitik hin untersucht werden. Im folgenden Abschnitt 1.2.3 steht das sogenannte e-cash im Zentrum der Analyse.

Point-of-Sale-Terminals dienen dazu, im jeweiligen Geschäft, in dem private Haushalte einkaufen, bargeldlos zu zahlen. Im technisch einfachsten Fall wird am PoS-Terminal mit Hilfe einer Scheckkarte und einer Geheimnummer eine Abbuchung vom Sichteinlagenkonto des Kunden ausgelöst, die ein Äquivalent zur traditionellen Lastschrift darstellt. Die Verrechnung der Salden erfolgt über den Bankensektor, das Clearing[121] über die Zentralbank. Da hier kein *„switch vor der Bank"* (vgl. Abschnitt 1.2.1) stattfindet, ist die Einführung von derartigen PoS-Terminals in den Geschäften geldpolitisch wenig interessant.

In der EU werden POS-Terminals von den Nichtbanken relativ unterschiedlich genutzt, wie Abbildung 96 zeigt.

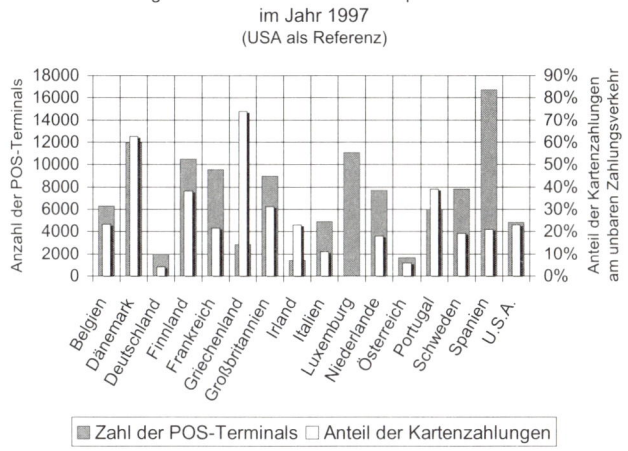

Zahlungsverkehrsstruktur in der Europäischen Union
im Jahr 1997
(USA als Referenz)

Quelle: Monatsbericht der *Deutschen Bundesbank*, Juni 1999, S. 43.

Abbildung 96

Die meisten POS-Terminals stehen in Spanien und Dänemark, die wenigsten in Irland, Österreich und Deutschland. Der Anteil der Kartenzahlungen am gesamten unbaren Zahlungsverkehr ist in Griechenland am höchsten; gefolgt von Dänemark, am niedrigsten ist er in Deutschland.

Die Anzahl an Karten pro 100 Einwohner ist innerhalb Europas in Luxemburg und Großbritannien am höchsten wie Abbildung 97 zeigt.

---

[121] Vgl. zum Clearing Abschnitt III.1.2.2.

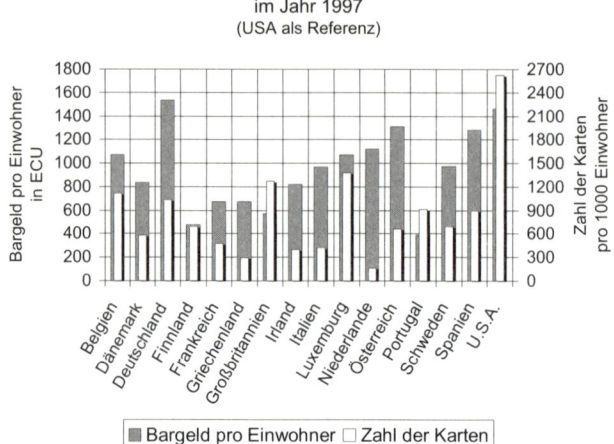

Zahlungsverkehrsstruktur in der Europäischen Union
im Jahr 1997
(USA als Referenz)

Quelle: Monatsbericht der Deutschen Bundesbank, Juni 1999, S. 43.

Abbildung 97

Da neben den Niederländern insbesondere Griechen kaum Karten zu Zahlungen verwenden, kann man daraus schließen, daß in Griechenland vorwiegend Käufe in bar abgewickelt werden.

Die technische Ausgestaltung dieser Terminals könnte durch eine direkte Übertragung von Zahlungsmitteln stattfinden. Voraussetzung dafür ist die Einführung von sogenannten *prepaid-cards* bzw. *debit-cards*. Hierbei wird – im Gegensatz zur Kreditkarte – die Abbuchung vom Konto des Kunden schon vor dem Kauf einer Ware vorgenommen. Der vom Konto abgebuchte Betrag wird auf einer Karte mit Magnetstreifen oder mit Microchip zwischengespeichert; das Zahlungsmittel ist hier nur noch in Form von verschlüsselten Daten vorhanden. Bei Verwendung solcher *prepaid-cards* wird am PoS-Terminal eine direkte Übertragung dieser Daten auf das Konto des Empfängers vorgenommen: Der Bestand an Zahlungsmitteln auf der Karte sinkt, der auf dem Bankkonto des Empfängers steigt. Dieser Zahlungsvorgang entspricht im wesentlichen dem bei der Verwendung von Bargeld.

Solche chip-Karten werden künftig auch zu Zahlungen im Internet verwendet werden können. Es ist sogar zu erwarten, daß Kartenleser sehr bald zur Standardausrüstung von PCs gehören werden.

Prepaid cards *(SmartCards)* werden aber auch von Nichtbanken angeboten, z.B. als Telefonkarten. Diese waren bisher nur zu Zahlungen bei der emittierenden Institution verwendbar. Geht man aber dazu über, prepaid cards als *e-purses* auch zu Güterkäufen bei anderen Unternehmen einzusetzen, wird damit ein Zahlungsmittel von Institutionen emittiert, die nicht der Kreditaufsicht unterliegen.

Im Jahr 1995 wurde erstmals in Südengland mit der *Mondex-Karte* auch der Einsatz von debit cards erprobt, der eine direkte Übertragung von elektronischem Geld von einer Karte auf eine andere zuläßt. Diese *e-purses* wirken wie die Verwendung von Bargeld; allerdings emittiert von einer Geschäftsbank und nicht von der Zentralbank. Einerseits wird dadurch wieder ein *„switch vor der Bank"* möglich, andererseits wäre aber auch die Emission von *e-purses* durch Nichtbanken möglich. Der letztlich dann wieder über den Geschäftsbankensektor verrechnete Betrag ist geringer als der tatsächlich realisierte Umsatz. Zusätzlich zum Problem einer steigenden Umlaufgeschwindigkeit existiert hier noch das der Datensicherheit. Wenn es nicht gelingt, die Daten bzw. Impulse auf den *prepaid-cards* fälschungssicher zu gestalten, ist die Gefahr von Falsifikaten hoch – höher wahrscheinlich als bei vergleichbaren Banknoten.

1.2.3 Elektronisches Geld

1.2.3.1 E-Geld-Systeme und ihre Funktionsweise

Die letzte Stufe der Zahlungsverkehrsinnovationen stellen diejenigen Produkte dar, die sich das Internet zu Nutze machen. Als Medium zur schnellen Übermittlung von Daten bieten diese Netze auch die Möglichkeit, das sogenannte *homebanking* kostengünstig durchzuführen. Dabei werden z.B. Überweisungsaufträge verschlüsselt vom heimischen PC an den Rechner der kontoführenden Bank übermittelt. Das homebanking verändert allenfalls die Kosten des Zahlungsverkehrs – sowohl für den Kontoinhaber als auch für die Bank –; die geldpolitisch relevante Abwicklung des Zahlungsverkehrs bleibt unverändert.

Besonderes Interesse weckte das *cybermoney*. Die übliche Zahlungsweise bei Bestellungen im Internet erfolgt über eine Kreditkarte. Dazu ist die Übertragung der Kreditkartennummer im Netz notwendig. Diese Übertragung ist mit Risiken verbunden, da die Kartennummer möglicherweise auch von unbefugten Dritten entziffert werden kann - mit den entsprechenden Mißbrauchsmöglichkeiten. Bis zum Herst 1998 gab es im wesentlichen zwei Anbieter von *cybermoney* im Internet: *DigiCash* (ging im Herbst 1998 bankrott) und *CyberCash*. Beide versuchten die Abwicklung des Zahlungsverkehrs im Internet sicherer zu gestalten. Die dazu angebotenen Leistungen unterschieden sich allerdings in wesentlichen Punkten.

CyberCash bietet seinen Kunden lediglich eine größere Sicherheit vor Kreditkartenmißbrauch. Deshalb bietet *CyberCash* die Möglichkeit, die Kartennummer ausschließlich bei *CyberCash* zu hinterlegen und nicht an den Verkäufer zu übermitteln. *CyberCash* setzt sich damit als technische Abwicklungsstelle zwischen den Kreditkarteninhaber, die Kreditkartengesellschaft und das Partnerunternehmen der Kartengesellschaft, bei dem der Kunde einkauft. Letztlich aber erfolgt bei *CyberCash* lediglich eine Kreditkartenzahlung.

Ein anderes Vorgehen zur Sicherung der Zahlungen bot *DigiCash* mit dem Produkt *e-cash* an. Hier wurden elektronische Noten und Münzen kreiert, die dann zwischen Zahler und Empfänger bzw. deren Computern transferiert wurden. Um an diesem Verfahren teilnehmen zu können, mußte der Kunde ein e-cash-Konto bei einer Bank einrichten. Eine Einzahlung auf dieses Konto erfolgte vom Sichteinlagenkonto des jeweiligen Kunden, so daß bei der Geschäftsbank lediglich ein Passivtausch stattfand.

Gbk	
Si	- 100
e-cash	+ 100

Dieses e-cash-Guthaben konnte der Kunde auf seinen eigenen PC transferieren, um von dort aus entsprechende Zahlungen bei Geschäften vornehmen zu können. Zahlungen in e-cash konnten allerdings nur an solche Marktteilnehmer geleistet werden, die ebenfalls Vertragspartner von *DigiCash* waren und entsprechend auch ein e-cash-Konto besaßen. Der Zahlungsvorgang war ähnlich wie bei einer prepaid-card. Auch hier wird der entsprechende Betrag vor dem Kauf vom Konto abgehoben. Speichermedium ist allerdings keine Karte, sondern ein PC. Auch beim e-cash gibt es aufwendige technische Verfahren, um die elektronischen Impulse fälschungssicher zu machen. Ist dazu eine Verrechnung über eine Geschäftsbank zwingend notwendig, so wird die Zahlung letztlich vollständig über den Geschäftsbankensektor abgewickelt. Aus Sicht der Geldpolitik wäre es hier zunächst nur notwendig, auch die e-cash-Konten bei Geschäftsbanken der Mindestreservepflicht zu unterwerfen.

Allerdings besteht auch hier ein Potential für einen „*switch vor der Bank*" (vgl. Abschnitt 1.2.1), wenn es technisch möglich wird, das elektronische Geld ohne ein Zwischenschalten von Banken zu transferieren. Ein noch größeres Problem tritt auf, wenn E-Geld nicht ausschließlich von Banken emittiert wird, sondern beispielsweise Softwareunternehmen in den Markt eintreten und eigenes Geld *(virtuelles Geld)* ohne Deckung einer realen Währung (wie es *DigiCash* in einem Pilotprojekt mit *CyberBucks* erprobte) kreieren. Damit würde *cybermoney,* ähnlich wie das heute schon im Rahmen sogenannter *Barter-Clubs* der Fall ist, zu einer Verrechnungseinheit außerhalb des Einflußbereichs der Zentralbank. Bei einem entsprechenden Volumen von Transaktionen, die in einem solchen Verrechnungsnetz durchgeführt würden, könnte die gesamte Steuerung der Geldmenge hinfällig werden. *Cybermoney* tritt dann in Konkurrenz zum bereits existierenden Geld - eine moderne Variante der Entnationalisierung des Geldes, das von *F.A. von Hayek* diskutiert wurde.

Ein solches System könnte funktionieren, wie es eben freiem Wettbewerb zugeschrieben wird. Aber es birgt auch Gefahren, weil es - anders als eine Zentralbank - am Profitstreben orientiert ist und auch bankrott gehen kann – wie das Scheitern des Digi-Cash-Systems im Herbst 1998 beweist. Aber selbst dann, wenn *cyber-money* nicht durch digitale Impulse im *Internet* als Währungseinheiten ausgelegt ist, sondern z.B. durch reales Geld bei einer Bank fundiert wird, ist es geldpolitisch höchst fragwürdig!

Im *cyber space* kann (funktionales und regionales) *offshore-booking* (vgl. Abschnitt VIII.4.2.2) durchgeführt werden. Dies bedeutet, daß Lieferungen innerhalb eines Währungsgebiets durch Zahlungsmittel beglichen werden können, die außerhalb des Währungsgebiets geschaffen und/oder gebucht werden. Lieferungen von Waren und Leistungen innerhalb eines Währungsgebiets stehen somit nicht mehr der Geldmenge dieses Währungsgebiets gegenüber und machen somit jede Geldpolitik ineffizient. Eine Besteuerung der durchgeführten Lieferungen wäre zwar theoretisch noch möglich, aber auch nur dann, wenn das verwendete *cybermoney* nicht anonym verwendet wird.

Für eine geldpolitische Beurteilung ist insbesondere die existentielle Grundlage der neu geschaffenen Zahlungsmittel wichtig, also die Frage danach, ob dem *E-Geld* reales Geld (*real cash*: Bargeld und Buchgeld) oder aber *virtuelles Geld* (Kunstgeld) zu Grunde liegt. Tabelle 27 systematisiert die bestehenden Systeme und das Digi-Cash-System:

Tabelle 27: E-Geld Systeme

Existenz-Grundlage \ Emittent	*Geschäftsbank*	*Nichtbank*
reale Währung	· *elektronische Geldbörse* (*purse card*) (*ec*-Chipkarte) · *DigiCash* · *Deutsche Bank/DigiCash* · *CyberCash* · *Mondex*-System	· Telefonkarten · *elektronische Geldbörse* · dänisches *Danmont*-System
virtuelle Währung	· (*Mondex*-System)	· Tauschringe (*barter clubs*) *LETS* (Local Exchange Trading System) · *CyberBucks* (*digital cash*)

Quelle: In Anlehnung an *Godschalk, H.*, E-Cash - die Revolution bleibt (noch) aus -, 7.11.1995, S. 3.

Aus gesamtwirtschaftlicher Sicht ergeben sich daraus einige Essentials als conditio sine qua non für die Zulassung von elektronischem Geld:

(a) der Emittent von *E-Geld* muß *erkennbar* bleiben, um als *obligor of last resort* haftbar gemacht werden zu können,

(b) der Emittent von *E-Geld* muß ein *Kreditinstitut* sein, um zur Einlagensicherung durch staatliche Aufsichtsorgane *(supervisory authority)* überwacht werden zu können,

(c) *E-Geld* muß mit der Zahlung *unmittelbar zurück zu einer Bank* gelangen, um einen *switch vor der Bank* zu vermeiden, und

(d) *E-Geld* muß in einer nationalen Währung und darf *nur innerhalb des betreffenden Währungsgebiets* verwendet werden, um regionales und funktionales *offshorebooking* zu vermeiden.

Die *Europäische Zentralbank* fordert daher, daß

- Emittenten von E-Geld der Bankenaufsicht unterliegen,
- solide transparente Rechtsvereinbarungen sowie technische Sicherheit geschaffen werden und
- die Möglichkeit des Rücktauschs von E-Geld in Zentralbankgeld gewährleistet wird.

In Deutschland wurde seit Inkrafttreten der 6. KWG-Novelle am 1. Januar 1998 insbesondere die erstgenannte Forderung erfüllt. In § 1 Abs. 1 Satz 2 Nr.11 und 12 KWG (6. Novelle) der Katalog der Bankgeschäfte um „die Ausgabe vorausgezahlter Karten zu Zahlungszwecken, es sei denn, der Kartenemittent ist auch der Leistungserbringer, der die Zahlungen aus der Karte erhält (Geldkartengeschäft), und die Schaffung und die Verwaltung von Zahlungseinheiten in Rechnernetzen (Netzgeldgeschäfte)" erweitert. Damit werden Betreiber des Geldkarten- und Netzgeldgeschäfts als Kreditinstitut definiert und gleichzeitig der Bankenaufsicht unterworten.

1.2.3.2 Ein Beispiel: e-cash im DigiCash-System

(a) Einfache Verwendung von e-cash
E-cash kann wie Banknoten vom Girokonto eines Bankkunden abgerufen werden. Es kann in Form digitaler Münzen auf der Festplatte der PCs von Bankkunden gespeichert werden.

Diese digitalen Münzen enthalten Informationen wie bei biologischen Genen auf einer DNA (*strings*), und jede DNA entspricht einer unterschiedlichen Münze, die alle eine Denomination (Währung) und einen Wert enthalten.
Bei jeder Verwendung digitaler Münzen werden diese automatisch zur Empfängerbank gesendet, die diese auf ihre Akzeptabilität überprüft.

Um sicherzustellen, daß jede digitale Münze nur einmal verwendet wird, verzeichnet die Bank die Seriennummer jeder digitalen Münze in ihrer Datei (*spent coin data-base*). Ist eine Münze bereits zuvor verwendet worden, findet die Bank dadurch unmittelbar heraus, ob jemand die digitale Münze mehr als einmal verwenden möchte. In diesem Fall informiert die Bank den Empfänger, daß er eine wertlose Kopie erhalten hat.[122]

(b) Person-to-person-cash
Geldverwender können eingehende digitale Münzen auch auf der Festplatte ihres PC speichern. In diesem Falle werden digitale Münzen nach der Überprüfung durch die Hausbank direkt zum PC des Bankkunden zurücküberwiesen.

(c) Schutz der privacy
Eine Bank kann ihrem Kunden digitale Blanco-Münzen zur Verfügung stellen, die erst noch mit einem speziellen digitalen Stempel durch die Bank validiert werden müssen. In diesem Fall kreiert der PC des Bankkunden mit einer Blanco-Münze zunächst eine digitale Münze mit eigener Seriennummer. Anschließend wird diese Münze in einem speziellen digitalen Couvert versteckt und zur Hausbank gesendet. Diese belastet das Sichtkonto des Bankkunden mit dem gewünschten Betrag (1 DM) und validiert das Couvert mit einem speziellen „Wert 1 DM" eingehämmerten Stempel, bevor die Bank das Couvert an ihren Kunden zurückgibt (vgl. Abbildung 98).

---

[122] Vgl. dazu ausführlich *Godschalk* (1999).

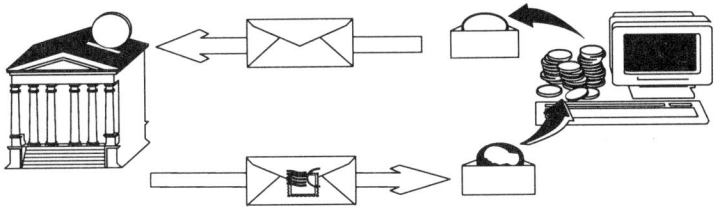

Abbildung 98: Der Zahlungsvorgang mit e-cash

Wie beim Poststempel läßt dieser *„blinde Unterschrift"*-Mechanismus die validierende Signatur durch das Couvert auf die digitale Münze durchscheinen. Wenn der PC des Bankkunden das Couvert entfernt, enthält es eine digitale Münze eigener Herstellung und Wahl, validiert durch den digitalen Stempel der Bank.

Wird diese digitale Münze verwendet, muß die Bank sie akzeptieren, da sie ihren Stempel trägt. Jedoch ist die Bank nun nicht mehr in der Lage, den eigentlichen Emittenten der Münze zu identifizieren.

(d) Bilanzierung von e-cash
E-cash wird auf gesonderten Sichtkonten gebucht. Mit der Zahlung eines Bankkunden erhöhen sich die *e-cash*-Verbindlichkeiten der Bank, bei Zahlungseingang reduzieren sie sich in dem Zeitpunkt, zu dem die Zahlung auf dem traditionellen Sichtkonto des Bankkunden gutgeschrieben wird.

1.3 Bedeutung von Clearing-Systemen

Zum gesamtwirtschaftlichen Zahlungsverkehr zählen auch *Clearing*-Systeme[123] von Banken und Industrie-Unternehmen, die betriebswirtschaftlich sehr effizient sind, geldpolitisch aber zu erheblichen Problemen führen können.

Um den europäischen Massenzahlungsverkehr schneller und kostengünstiger abwickeln zu können, haben die Banken inzwischen für grenzüberschreitende Überweisungen ein Clearing-System entwickelt: Im Sparkassensektor wurde *S-Interpay*, im Genossenschaftsbankensektor *Tipa-Net* gegründet. Daneben gibt es eine Vernetzung der nationalen *ACH* (Automated Clearing Houses), in Deutschland nimmt diese Funktion des ACH die im Januar 1995 gegründete *Bank für Zahlungsservice (BZS)* wahr. Für den Großzahlungsverkehr innerhalb der Europäischen Währungsunion existiert das System *TARGET (Trans-European Automated Real-Time Gross Settlement Express Transfer System)*, das aus jeweils einem Echtzeitbruttosystem pro Land besteht und einem zentralen Element, dem *Interlinking*.

Dazu gehört aber auch das *Industrie-Clearing*, durch das Großunternehmungen und insbesondere multinationale Unternehmen bankähnliche Funktionen im Abrechnungsverkehr übernehmen; statistisch führt dies zu einem Wegfall von mit Geld bewegten Um-

---

[123] Vgl. zum Clearing auch Abschnitt III.1.2.2.

sätzen. Schließlich kann auch ein geändertes Investitions- und Konsumverhalten der privaten Nichtbanken die geldpolitischen Intentionen obsolet werden lassen. Dies führt dazu, daß *time lags* bei der Wirkung geldpolitischer Impulse entstehen.

2. Bedeutung von (sekundären) Finanzintermediären für die Geldpolitik

2.1 Finanzintermediäre im monetären Kreislauf

Bei der Behandlung von Bankengruppen war darauf hingewiesen worden, daß eine Reihe von Kreditinstituten geldpolitisch nicht direkt beeinflußt werden können. So waren in Deutschland z.B. die *Realkreditinstitute, Kreditinstitute mit Sonderaufgaben (Kreditanstalt für Wiederaufbau, Landwirtschaftliche Rentenbank, Industriekreditbank, Deutsche Ausgleichsbank)* und *Teilzahlungsbanken* zwar seit 1985 der Mindestreservepflicht unterworfen, ihre Verbindlichkeiten waren jedoch mindestreservefrei. Zusammen mit privaten und öffentlichen *Bausparkassen, Individual-* und *Sozialversicherungen* sowie *Investmentfonds* werden diese Finanzinstitutionen als *Finanzintermediäre* bezeichnet. Dieser Begriff resultiert aus ihrer Vermittlerfunktion zwischen Wirtschaftseinheiten mit einem Budgetüberschuß (Anlagebedarf) und Wirtschaftseinheiten mit einem Budgetdefizit (Finanzierungsbedarf). In der *Europäischen Währungsunion* unterliegen *Geldmarktfonds* und *Bausparkassen* seit 1999 der Mindestreservepflicht.

Aus juristischer Sicht wurde in Deutschland eine Trennung der verschiedenen Akteure am Finanzmarkt im *Gesetz über das Kreditwesen* (KWG) vorgenommen. Da in der *EWU* die Kreditaufsicht weiterhin dem nationalen Recht untersteht, gilt das KWG auch weiterhin für in Deutschland ansässige Kreditinstitute. Gemäß § 1 Abs. 1 KWG sind Kreditinstitute Unternehmen, welche Bankgeschäfte abwickeln und somit einer bankaufsichtsrechtlichen Genehmigungspflicht unterliegen. Zu den Bankgeschäften zählen das Einlage-, das Depot-, das Investment-, das Darlehenerwerbs-, das Garantie- und das Girogeschäft. Wie bereits erwähnt zählen seit der 6. KWG-Novelle auch das Geldkartengeschäft und das Netzgeldgeschäft zu den Bankgeschäften. Von der Klassifizierung als Kreditinstitute wurden explizit einige öffentlich-rechtliche Unternehmen *(Deutsche Bundesbank, Kreditanstalt für Wiederaufbau),* Versicherungsunternehmen sowie Finanzorganisationen mit wohnungspolitischen Aufgaben ausgenommen. Sie sind keine Kreditinstitute im Sinne des KWG und entziehen sich der Bankenaufsicht und damit teilweise auch der geldpolitischen Einflußnahme.

In Deutschland werden Finanzintermediäre üblicherweise folgendermaßen systematisiert (vgl. Abbildung 99):

Abbildung 99:

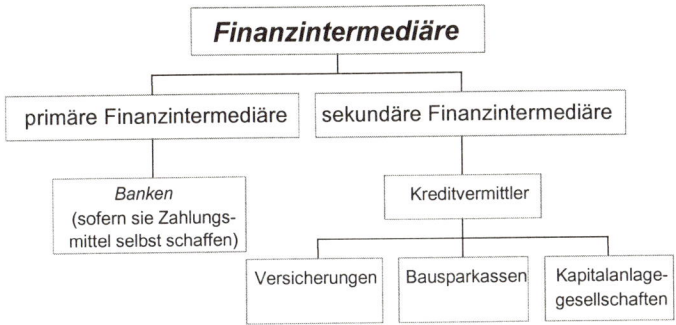

Die legalistische Trennung von Kreditinstituten und Finanzintermediären hat die *Europäische Zentralbank* durch ihr Konzept der Montären Finanzinstitute (MFI) vermieden. Sie definiert die MFI nach ihrer Funktion: Zu den MFIs zählen Banken (einschl. Bausparkassen), Geldmarktfonds sowie die *Europäische Zentralbank* und die Zentralbanken des Eurosystems.

Aus funktionaler Sicht sind die Möglichkeiten der Geld- und Kreditschöpfung für eine Abgrenzung der Finanzintermediäre von den Kreditinstituten entscheidend. In der Bundesrepublik besteht ein einstufiges Mischgeldsystem, wobei das *Europäische System der Zentralbanken* das Monopol zur Ausgabe von Zentralbankgeld hat. Daneben können die Geschäftsbanken Giralgeld schaffen, indem sie u.a. dem Nichtbankensektor Kredite zur Verfügung stellen, deren Gutschrift in Form von Sichteinlagen erfolgt. Auch Finanzintermediäre vergeben Kredite an Nichtbanken, d.h. sie überlassen dem Kreditnehmer für einen bestimmten Zeitraum und einen entsprechenden Zinssatz Zahlungsmittel. Allerdings können Finanzintermediäre nicht selbst auch Geld in Form von Zahlungsmitteln kreieren.

Um in den Besitz von Zahlungsmitteln zu gelangen, bieten Finanzintermediäre Forderungen gegen sich selbst an. Die Art der Refinanzierung ist abhängig von den institutionellen Besonderheiten der jeweiligen Institute (z.B. Bauspareinlagen, Investmentanteile, Inhaberschuldverschreibungen). In der Regel bezahlen die Nichtbanken diese Forderungstitel mit Bargeld oder Sichteinlagen, wodurch zunächst eine Reduzierung des Zahlungsmittelbestandes im Nichtbankensektor erfolgt. Der Sichteinlagenbestand im Bankensektor (ohne Finanzintermediäre) bleibt dennoch unverändert, da lediglich der Gläubiger der Einlagen wechselt. Verwenden die Finanzintermediäre die liquiden Mittel zur Gewährung von Darlehen an Nichtbanken, so erhöht sich der Zahlungsmittelbestand im Nichtbankensektor wieder auf das ursprüngliche Niveau. Dies bedeutet eine einfache Kreditvermittlung durch den Finanzintermediär, eine Geldschöpfung findet dagegen nicht statt. Sofern Finanzintermediäre zur Erfüllung ihrer Verbindlichkeiten Reserven (*working balances*, vgl. Abschnitt III.2.2.2.3.2) halten, kann die Zwischenschaltung des Intermediärs sogar zu einer Geldvernichtung im Nichtbankensektor führen.

Finanzintermediäre tragen auf Grund ihrer Vermittlungsfunktion am Kreditmarkt zu einer Verbesserung der Kapitalversorgung und somit zu einer Erhöhung der Kapitalmarkteffizienz bei.

Der monetäre Kreislauf kann jedoch von Finanzintermediären durch die Mobilisierung von Geldhorten und die damit verbundene Veränderung der Umlaufgeschwindigkeit des Geldes beeinflußt werden. Ruhende Bestände an Bargeld im Portefeuille der Nichtbanken stellen „idle money" dar. Wird dieses Geld durch Einlagen bei den Finanzintermediären substituiert und gelangt es in die Hände von Investoren, dann wird das „idle money" reaktiviert. Eine Mobilisierung von Geldhorten durch Finanzintermediäre ist durch Zinsanreize sowie attraktive Anlagealternativen möglich.

Gemäß der These der Zinsüber- bzw. -unterbietung wird davon ausgegangen, daß Intermediäre die Habenzinsen der Geschäftsbanken überbieten und Sollzinsen unterbieten. Für den Nichtbankensektor erhöhen sich dadurch die Opportunitätskosten ihrer vorübergehenden Kassenhaltung in Form von entgangenen Zinseinnahmen. Sie werden bestrebt sein, überflüssige Kassenbestände abzubauen und zinsbringend anzulegen.

Die Sichteinlagen der Nichtbanken (z.B. private Haushalte) sind dann über die Zwischenschaltung von Geschäftsbanken an andere Nichtbanken (z.B. Investoren) übergegangen. Bei kurzfristig gleichbleibender Geldmenge kann sich dabei die Investitionstätigkeit und das Volkseinkommen erhöhen; die Umlaufgeschwindigkeit des Geldes steigt dabei, wie der nachfolgende Geschäftsvorfall belegt:

private Haushalte (Nbk$_1$)		Geschäftsbanken (Gbk)	
Si(Gbk) - 100			Si(Nbk$_1$) - 100
Si(FI) + 100			Si(FI) + 100
			Si(FI) - 100
			Si(Nbk$_2$) + 100

Finanzintermediäre (FI)		Investor (Nbk$_2$)	
Si(Gbk) + 100	Si(Nbk$_1$) + 100		
Si(Gbk) - 100		Si(Gbk) + 100	Verb.(FI) + 100
Ford.(Nbk$_2$)+ 100			

Ähnlich wirkt der Substitutionseffekt: Nichtbanken betrachten Anlagen bei Finanzintermediären als engere Geldsubstitute, als alternative Anlageformen im traditionellen Bankensektor (near money). Dadurch sinkt der Bedarf an Bar- und Giralgeld, da sich für den einzelnen eine zusätzliche Liquidisierungsmöglichkeit ergibt. Ob Nichtbanken allerdings tatsächlich den Liquiditätsgrad ihrer Forderungen an Finanzintermediären höher einschätzen als den gegenüber Kreditinstituten, hängt von der Ausgestaltung der Anlagealternativen ab.

Einen Sonderfall der Finanzintermediäre stellen Versicherungsunternehmen dar, da diese im Versicherungsaufsichtsgesetz (VAG) dazu verpflichtet werden, weder Kredite aufzunehmen, noch Sichteinlagen auf der Passivseite zu halten. Sie refinanzieren sich allein aus Zuflüssen im Rahmen der Versicherungsverträge. Durch diese strikte Arbeitsteilung zwischen Banken und Versicherungen soll vermieden werden, daß Versicherungen, die bereits ein hohes potentielles Risiko durch die Ungewißheit des Schadenseintritts tragen, mit zusätzlichen Finanzierungsrisiken belastet werden. Gleichzeitig wird durch diese funktionale Trennung auch ein direkter Preis-(Zins-)Wettbewerb verhindert.

Trotzdem können Versicherungen dann zu einer Ausweitung des Kreditangebots beitragen, wenn ein Teil der bei ihnen angelegten Kapitalbeträge im Rahmen eines neuen Versicherungsgeschäfts zurückfließen *(Rückstromeffekt)*. Erhält z.B. ein Industrieunternehmen ein Schuldscheindarlehen von einer Versicherung und verpflichtet sich im Gegenzug zum Abschluß einer Sachversicherung für die zu finanzierende Investition, so könnten in diesem Fall die Versicherungsbeiträge als neues Darlehen an einen weiteren Kreditnachfrager verliehen werden *(Multiplikatoreffekt)*. Geht man allerdings von realistischen Größenordnungen der Versicherungsbeiträge im Verhältnis zu den Kreditvolumina aus, so erscheint dieser Effekt eher marginal.

2.2 Das Problem der Disintermediation

Kapitalanleger können Unternehmen auch direkt Kapital zur Verfügung stellen, ohne daß Banken das Kapital als Einlagen aktivieren und auf eigenes Risiko wieder verleihen. Diese Entwicklung der Substitution der traditionellen Kreditvergabe durch die *Direktkreditvergabe* wird als *Disintermediation* bezeichnet. Bei vollständiger Disintermediation treten Kapitalanbieter (z.B. Versicherungen) und Kapitalnachfrager (z.B. Unternehmen) unmittelbar miteinander in Kontakt, bei teilweiser Disintermediation übernehmen Banken bzw. Finanzintermediäre eine Maklerrolle, indem sie Schuldtitel am Markt plazieren und gegen Gebühren handeln.

Ursprünglich war die Strategie sekundärer Finanzintermediäre auf ein ganz bestimmtes Ziel ausgerichtet; so z.B. bei Versicherungen die Übernahme von Risiken und den damit verbundenen, zeitlich nicht bestimmten Auszahlungen. Finanzintermediäre hielten für diesen Zweck ein Portefeuille vor.

Inzwischen sind die Ziele sekundärer Finanzintermediäre auf sämtliche rentable Dienstleistungen im monetären Bereich ausgedehnt worden: Anlageberatung *(consulting-banking)*, Wertpapier-Anlage *(investment-banking)*, Kreditbeschaffung *(Disintermediation)* etc. Damit einher geht eine zunehmende Umverteilung der Geldvermögensbildung von den Geschäftsbanken hin zu sekundären Finanzintermediären, insbesondere zu Versicherungen, Geldmarktfonds und Kapitalanlagegesellschaften. Die Transformationsfunktion der Banken nimmt damit tendenziell ab.

Durch Disintermediation werden Finanzströme zur Kreditfinanzierung aus dem Geschäftsbankensektor ausgelagert; Kredite werden dabei von sekundären Finanzintermediären vergeben. So wurden in den 80er Jahren vermehrt festverzinsliche Wertpapiere und Geldvermögen insbesondere von Versicherungen erworben.

Bei der gegenwärtigen Mindestreservekonzeption des *ESZB* mit gleichen Mindestreservesätzen auf alle reservepflichtigen Einlagen kann bei zunächst ausgeschöpftem Geld- und Kreditschöpfungsspielraum eine Geschäftsbank nur durch Umschichtungen von reservepflichtigen in nicht-reservepflichtige Einlagen zusätzlich Kredite zur Verfügung stellen. Diese Bank könnte ihr Kreditangebot noch ausdehnen, indem sie ihre Kunden dazu anregt, nicht (dringend) benötigte Sichteinlagen *(idle money)* statt in mindestreservepflichtige Termineinlagen besser in nicht-mindestreservepflichtige Einlagen oder Inhaberschuldverschreibungen anzulegen.

Genau dies tun sekundäre Finanzintermediäre, wie das folgende Beispiel zeigt:

	Gbk		FI		Nbk_1	
	$Si(Nbk_1) - 100$	$Si(Gbk) + 100$	$ISV(Nbk_1)+100$	$Si(Gbk) - 100$	
(1)	$Si(FI) + 100$			$ISV(FI) + 100$	
(2)	$Si(FI) - 100$	$Si(Gbk) - 100$			
	$Si(Nbk_2) + 100$	$Kr(Nbk_2)+ 100$			

Eine Nichtbank Nbk_1 überweist 100 Geldeinheiten von ihrem Sichtkonto bei der Bank Gbk an einen Finanzintermediär FI (1), der anschließend einer Nichtbank Nbk_2 einen Kredit einräumt (2); als Gegenleistung offeriert der Finanzintermediär der Nichtbank Nbk_1 eine Inhaberschuldverschreibung ISV. Indem Derivate der sekundären Finanzintermediäre den Zugang zu disintermediären Krediten erleichtern, sinkt die Kreditvergabe der Geschäftsbanken.

Der sekundäre Finanzintermediär hat nichts anderes getan als es einer Geschäftsbank auch möglich ist. Indem Finanzintermediäre generell revolvierend auch kurzfristige Inhaberschuldverschreibungen am Markt offerieren, können Anleger die von ihnen zur Verfügung gestellten Mittel quasi wie bei Sichteinlagen (fast) unmittelbar auch wieder zurückfordern. Für sie sind solche Anlagemöglichkeiten daher sehr viel attraktiver als Sichteinlagen oder auch Termineinlagen, deren Rendite – nicht aber auch Festlegungsfrist – der von Geldmarktpapieren angepaßt ist. Neben höheren Renditen wünschen Kapitalanleger oftmals insbesondere eine unmittelbare Verfügbarkeit ihrer Liquidität.

Um ihren Kunden eine jederzeitige Verfügbarkeit der Einlagen zu gewährleisten, können sekundäre Finanzintermediäre auch in einem (durch Erfahrung mit dem Einlagen-Abzugsverhalten ihrer Kunden) bestimmten Umfang kurzfristige Inhaberschuldverschreibungen am Markt offerieren (3):

	FI			
(1)	$Si(Gbk)$	$+ 100$	$ISV(Nbk_1)$	$+ 100$
		$- 100$		
(2)	$Kr(Nbk_2)$	$+ 100$		
(3)	$Si(Gbk)$	$+ 20$	ISV	$+ 20$

Im Aktivgeschäft ist es sowohl primären wie auch sekundären Finanzintermediären darüber hinaus möglich, gewährte Kredite an Nichtbanken (Nbk_2) zu verbriefen und diese Wertpapiere am Markt handelbar zu gestalten *(securitization)*. Die Finanzintermediäre verlagern ihre Risiken damit auf den Wertpapiermarkt, ihre Rendite gleichzeitig vom Zins- auf das Provisionsgeschäft.

Besondere Ausgestaltungsformen dieser securitization ist im Euro-Emissionsmarkt das *underwriting,* bei dem Geschäftsbanken eine Übernahmezusage für den Fall abgeben, daß die emittierten Wertpapiere am Markt nicht abgesetzt werden können.

Dies gilt ebenso für die *note-issurance-facilities* NIFs. Im Falle einer Übernahme der emittierten Wertpapiere durch primäre Finanzintermediäre ergäbe sich natürlich eine Verringerung an Disintermediation.

Literatur zum IX. Kapitel

1. Abschnitt

Albers, Norman: Electronic fund transfers und die Geldpolitik, in: Zeitschrift für das gesamte Kreditwesen, 41. Jg. (1988), S. 366-372.

Borchert, Manfred: Cyber-Money – eine neue Währung?, in: Die Sparkasse, 113. Jg. (1996), S. 41-43.

Braasch, Bernd/Hesse, Helmut: Innovationen im Zahlungsverkehr und ihre Auswirkungen auf die Geldpolitik, in: *M. Bodin* (Hrsg.), Banken in gesamtwirtschaftlicher Verantwortung, Stuttgart 1994, S. 40-63.

CyberCash: What is CyberCash?, in: http:/www.cybercash.com/cybercash/info/

Deutsche Bundesbank: Geschäftsbericht 1995, Frankfurt a.M. 1995, S. 122-127.

Dickertmann, D./Lehmann, M. (Hrsg.): Das Kartengeschäft in Deutschland, Dokumentation Nr. 14 des Schwerpunktes Finanzwissenschaft/Betriebliche Steuerlehre, Universität Trier 1997.

Digi Cash: ecash home page, in: http://www.digicash.com/ecash/ecash-home.html.

EZB-Europäische Zentralbank: Report on Electronic Money, Frankfurt 1998.

EZB-Europäische Zentralbank: Payment Systems in the European Union, Frankfurt a.M. 1999.

Godschalk, Hugo: Computergeld – Entwicklungen und ordnungspolitische Probleme des elektronischen Zahlungsverkehrs, Frankfurt a.M. 1983.

Godschalk, Hugo: E-Geld aus Sicht der Regulatoren – eine kritische Würdigung der 6.KWG Novelle, in: *M. Erlei* [u.a.] (Hrsg.), Beiträge zur angewandten Wirtschaftstheorie – Manfred Borchert zum 60. Geburtstag, Regensburg 1999, S. 225-276.

Herz, Bernhard: Geldpolitik bei finanziellen Innovationen, in: Zeitschrift für das gesamte Kreditwesen, 38. Jg. (1985), S. 607-610.

Link, Hans-Ulrich: Finanzinnovationen und Geldtheorie, Wiesbaden 1992, S. 4-11.

MacInFokus: Network Payment Systems, in: http://www.mif.se/NetCash.html.

Wings, Heinz: Cyber-Banking – Bankgeschäfte mit Chips und Multimedia, in: Bank-Magazin, (1995), S. 8-12.

2. Abschnitt

Borchert, Manfred: Mindestreservekonzeptionen, in: *H. Schierenbeck* (Hrsg.), Bank- und Versicherungslexikon, 2. Aufl., München u.a.O. 1994, S. 492ff.

Feeney, Paul W.: Securitization – Redefining the Bank, New York u.a.O. 1995.

Franke, Hans-Herrmann: Der Einfluß von Finanzinnovationen auf die Effizienz der Geldangebotskontrolle und des geldpolitischen Instrumentariums, in: Kredit und Kapital, Beiheft 10, Berlin 1988, S. 263-276.

Paul, Stefan: Bankenintermediation und Verbriefung – neue Chancen und Risiken für Kreditinstitute durch Asset Backed Securities?, Wiesbaden 1994.

Polleit, Thorsten: Finanzierung, Disintermediation und Geldpolitik – Formen der einzelwirtschaftlichen Fianzierung in der Bundesrepublik Deutschland und ihre Auswirkungen auf die Geldpolitik der Deutschen Bundesbank, Münster 1995.

Schanz, Gerhard: Wäre die Einbeziehung der Versicherungswirtschaft in die Mindestreservepolitik kredittheoretisch gerechtfertigt?, in: Kredit und Kapital, 14. Jg. (1981), S. 52-73.

Schirmer, Ulrich: Der Einfluß paramonetärer Institutionen auf die Vermögensbildung, das Kreditangebot und die Geldpolitik, Berlin 1971.

Schwebler, Robert: Geldpolitik und Finanzintermediäre – dargestellt am Beispiel der Versicherungswirtschaft, in: Kredit und Kapital, Beiheft 10, Berlin 1988, S. 241-262.

Walmsley, Julian: The New Financial Instruments – an investors guide, New York u.a.O. 1988.

Stichwortverzeichnis

Europäische Union,
– drei Säulen 17
Europäische Währungsunion
– Drei-Stufen-Plan 17
– Geldpolitik 246 ff.
– Geschichte 16 ff.
Europäische Zentralbank s. ESZB,
Europäische Zentralbank
Europäisches System der Zentralbanken
s. ESZB
Europäisches Währungssystem 16
EUROPARTNERS 281
European Currency Unit 3, 10, 16
Evaluation 243
Evidenzzentrale 307
Exchange-rate-channel s. Wechselkurs-
Kanal
Executive Board s. ESZB, Direktorium

Falliment 69
Falsifikat 310
Fazilitäten
– ständige 249 f.
Federal Open Market Commitee 280
Federal Reserve System 279 f.
– Aufbau 280
Feed-back-Effekte 178, 182, 234
Feinsteuerung 255 f.
– ESZB 248
Festgeld 302
Festzinstender s. Mengentender
Fiat assets 159
Fiat money 121, 176
Fiduziäres Geld 57
Finanzausgleich in Europa 225 ff.
Finanzintermediäre 243 f., 326 ff.
Finanzkredit 307
Finanzmärkte 36
– externe 304 ff.
– internationale s. externe
Finanzmärkte
–interne 301 ff.
– nationale s. interne Finanzmärkte
Fisher-Effekt 40
Fishersche Verkehrsgleichung 112 f., 139,
201
Fixing 7
Float 55
Floating-rate-bonds 307
Forward rate of exchange
s. Devisenterminkurs
Free-rider-Verhalten
s. Schwarzfahrerverhalten

Friedman-Plan 180
Friemansches Helikoptergeld 176
Fristentransformation 34, 89
Fullartonsches Rückströmungsprinzip 58
Fully indexed economy 198
Fungibilität 1
Funktionsspaltung des Geldes 29
Funktionswerttheorie 25
Geld
– Definition 21
– Schaffung 67 ff.
– tägliches 302
Geldangebot
– und freie Liquiditätsreserven 88 ff.
– und Geschäftsbankenverhalten 91 ff.
– und Nichtbankenverhalten 79 f.
– und Refinanzierung der Banken 79
Geldangebotstheorie 47 ff., 234
– Erweiterung der mechanistischen
75 ff.
– Kritik an der mechanistischen 77 ff.
– mechanistische 67 ff.
Geldanlage 281, 288, 329
Geldarten 48 ff.
Geldbasis 47
– bereinigte 51, 237
– Definition 50
– erweiterte 237
– korrigierte 51
Geldbasiskonzept der Geldschöpfung 71
Gelddevisenwährung 2
Geldfunktionen 27 ff.
– Definition 27
– Recheneinheitsfunktion 26, 28 f.
– Tauschmittelfunktion 26, 28
– Wertaufbewahrungsfunktion 22
– Wertaufbewahrungsmittel 27, 29
Geldhaltungssektor 59
Geldillusion 111, 114
Geldkapital 56
Geldkredit 33
Geldmarkt 36, 301 ff.
– Definitionen 58 ff.
– Divisia-M3 65 ff.
– Einordnung der Definitionen 63
– und Zinssatz 240
Geldmengenpolitik 239 f., 243
Geldmengensteuerung 244 ff.
Geldmengenziel des ESZB 247
Geldnachfrage 21, 111 ff., 234
– Einkommenselastizität der 139, 144 f.
– keynesianische 116 ff.
– klassische 114 f.
– monetaristische 138 ff.

Golddevisen 4
- Standard s. Goldstandard
- Währung 2, 4, 13
Goldene Bankregel 89
Goldene Bremse der Kreditmaschine" bzw.
der Geldproduktion 3, 6, 26
Goldkern 4
- Währung 2, 4
Goldmarkt 6 f.
Goldmechanismus 4 ff., 25, 27
Goldparität 5
Goldpreis 6
Goldpunkt
- oberer 5, 27
- unterer 5, 27
Goldschatz s. Goldkern
Goldstandard 2, 58
Goldswap 7
Goldumlaufswährung s. reine
Goldwährung
Goldwährung
- reine 2, 3 ff.
Goldwährungsmechanismus
s. Goldmechanismus
Good will 49
Governing Council s. ESZB, EZB-Rat
Grenzleistungsfähigkeit des Kapitals 40
Grenzleistungsfähigkeit neuen Realkapitals
175
Grenznutzentheorie 38
Grenzproduktivitätstheorie 38, 38 ff.
Greshamsches Gesetz 8
Grobsteuerung
- ESZB 248
Großbanken
- in der Europäischen Union 286 ff.
- in Deutschland 289, 294 ff.

Handelsvolumen 140
Hart-Kaldor-Tinbergen-Plan 9
Hauptrefinanzierung, ESZB 252 ff.
Hedging 307
Hereinnahme verzinslicher Termineinlagen
252
Hicks-Hansen-Modell 149 ff.
High powered money, s. Geldbasis
Homebanking 321
Horten
- Definition 35
Hortungskurve 191 f.
Hot money 307
Household-centric 241

Idle money 102, 233, 328, 330
Indexierung 29
Indexwährung 198
Indikator 235 ff.
- Diagnosefunktion 235
- exakter s. quantitativer Indikator
- klassifikatorischer 235
- quantitativer 235
- richtungsgebundener
s. klassifikatorischer Indikator
Indikatorenprofil 235 f.
Inflation 197 ff.
- als monetäres Phänomen 199 ff
- angebotsinduziert 206 f.
- außenwirtschaftlich induziert 207 ff.
- bei variierender Kapazität 210
- Definition 197 ff.
- in Europa 224 ff.
- Kosten der 29, 197 ff.
- staatsausgabeninduziert 205 ff.
- Targeting 244 ff.
- Ursachen der 199 ff.
- Ziel 244, 247
Inflationserwartungen 238
Inflationssteuerung s. Inflation targeting
Information
- asymmetrische 243
Informationskosten 243
Innengeld s. Innenvermögen
Innenvermögen 172 ff., 179
Inside lag s. lag, inside
Inside-money s. Innenvermögen
Instrumente der Geldpolitik
- außenwirtschaftliche 262 ff.
- ESZB 249 ff.
- Hauptrefinanzierungsinstrument 252
- Mindestreservepolitik 259 ff.
- Refinanzierungsinstrumente,
Überblick 256 ff.
Integration
- monetäre in Europa 16 f.
Interbankenforderungen 72
Interbankenverbindlichkeiten 72
Interbanksatz 307
Intermediate lag s. lag, intermediate
Internationaler Währungsfond 276, 307
Interner Zins 40
Interstate-banking 281
Intervalutarischer Geldwert 27
Intervention
- am Devisenmarkt 264 f.
Interventionspflicht 264
Interventionspolitik 249
Interventionspunkt 264

Namensverzeichnis

Abkürzungsverzeichnis

ABS-Gesellschaft	Asset-Back-Security-Gesellschaft
ACH	Automated Clearing Houses
BBankG	Bundesbankgesetz
BdL	Bank deutscher Länder
BIBOR	Bahrain Interbank Offered Rate
BIP	Bruttoinlandsprodukt
BIZ	Bank für Internationalen Zahlungsausgleich
BZS	Bank für Zahlungsservice
DDR	Deutsche Demokratische Republik
DM	Deutsche Mark
ECU	European Currency Unit
EFWZ	Europäischer Fonds für Währungspolitische Zusammenarbeit
EG	Europäische Gemeinschaft
Eonia	Euro Over Nigth Index Average
ESZB	Europäisches System der Zentralbanken
EU	Europäische Union
EURIBOR	Euro Interbank Offered Rate
EWI	Europäisches Währungsinstitut
EWR	Europäischer Wirtschaftsraum
EWS	Europäisches Währungssystem
EWU	Europäische Währungsunion
EZB	Europäische Zentralbank
FAF	Finanzausgleichsfunktion
FI	Finanzintermediäre
FIBOR	Frankfurt Interbank Offered Rate
FOMC	Federal Open Market Commitee
FRB	Federal Reserve Bank
FRS	Federal Reserve System
GASP	Gemeinsame Außen- und Sicherheitspolitik
IFF	Institute of International Finance
ISV	Inhaberschuldverschreibungen
IMF	Internationaler Währungsfond
KfW	Kreditanstalt für Wiederaufbau
KKG	Kreditkartengesellschaft
KWG	Kreditwesengesetz
KWG	Gesetz über das Kreditwesen
LEFTS	Local Exchange Trading System
LIBOR	London Inter Bank Offered Rate
MDN	Mark der Deutschen Notenbank
NIBOR	New York Interbank Offered Rate
NIF	Note-issurance-facility
OMP	Offenmarktpolitik
PoS	Point-of-Sale
RM	Reichsmark
SIBOR	Singapore Interbank Offered Rate
SZR	Sonderziehungsrechte
TARGET	Trans-European Automated Real-Time Gross Settlement Express Transfer System
VAG	Versicherungsaufsichtsgesetz

Symbolverzeichnis

δ	Diskontierungsfaktor
λ	Korrelationskoeffizient
σ	Standardabweichung/Risikograd
η^i_L	Zinselastizität der Geldnachfrage
η^i_L	Einkommenselastizität der Geldnachfrage
a_{ij}	Produktionskoeffizient
A	Ausgaben
A^h	Autonome heimische Nachfrage
A_{St}	Staatsausgaben
A^A	Arbeitsangebot
A^N	Arbeitsnachfrage
AD	Gesamtwirtschaftliche Nachfrage
AS	Gesamtwirtschaftliches Angebot
ALQ	Arbeitslosenquote
ALQ^*	Natürliche Arbeitslosenquote
b	(realer) WP-Bestand/Wertpapiere
b^A	Angebot auf dem WP-Markt
b^N	Nachfrage auf dem WP-Markt
Bev	Anzahl der Bevölkerung in den Mitgliedsländern
B	Geldbasis
B^{Gbk}	Zentralbankgeld in der Hand von Banken
B^{Nbk}	Zentralbankgeld in der Hand von Nichtbanken
B^h	Heimische Komponente des Zentralbankgeldes
B_k	Korrigierte Geldbasis
Bk	Bank
BG	Bargeld
BG_{Nbk}	Bargeld in der Hand von Nichtbanken
BS	Besicherungswert des Kredits
BP	Bruttoproduktion
c	Bargeldquote, working balance-Quote
C	Konsum
Cov	Kovarianz
d	Diskontsatz
$DivM3$	Divisia-M3
D	Devisen(menge)
D^A	Devisenangebot
D^N	Devisennachfrage
e	Equities/Realkapital/Aktien
E	Erträge/Einkommen
$E(\,)$	Erwartungswert
EL	Einlagen
EL_{St}	Einlagen des Staates
EL_{Pr}	Einlagen Privater
EL_A	Ausländische Einlagen
Ex	Exportwert in ausländischer Währung
G	Gewinn
Gbk	Geschäftsbank
GG	Gleichgewicht

GM_i	(inländische) Geldmarktpapiere
GNÜ	Geldnachfrageüberschuß
H	Hortungskurve
HK	Humankapital
HV	Reales Handelsvolumen
i	(nominaler) (inländischer) Zinssatz
i_a	Ausländischer Zinssatz
i_b	Bondrendite (bond-Ertragsrate)/Rendite festverzinslicher WP
i_D	Refinanzierungszins
i_e	Aktienrendite (equity-Ertragsrate)
i^{eff}	Effektivzins
i_{GM}	Geldmarktzins
i_H	Habenzins
i_I	Grenzleistungsfähigkeit neuen Realkapitals
i_T	Termineinlagenzins
i_K	Bargeldzins
i_{RK}	Rendite bestehenden Realkapitals (supply price of capital)
i^n	Nominalzins
i_{OM}	Ertragssatz der Offenmarktpapiere
i^r	Realer Zinssatz
i_S	Sollzins
i_{Sp}	Spareinlagenzins
i_{TG}	Tagesgeldsatz
I	Investitionsvolumen
Im	Importwert in inländischer Währung
im	Importneigung
K	Kasse/Bargeldumlauf
K_{No}	Banknotenumlauf
K_{SM}	Scheidemünzen und Münzgeld
$\varnothing K$	Durchschnittlicher Kassenbestand
k	Kassenhaltungskoeffizient
RK	Kapitalstock/Realkapital
KEx	Kapitalexport
KI	Kreditinstitute
KIm	Kapitalimport
Ko	Kosten(funktion)
KP	Kaufkraftparität
Kr	Kreditaufnahme, -volumen
Kr_{Bk}	Kredite an Banken
Kr_{St}	Kredite an öffentliche Haushalte
ΔKr	Veränderung der gesamtwirtschaftlichen Kreditmenge/Kreditschöpfungsspielraum
ΔKr	Kreditschöpfungsspielraum
Kr^A	Kreditangebot(skurve)
Kr^N	Kreditnachfrage(kurve)
kv	Parameter des kurzfristigen Kapitalverkehrs
KV	Kapitalverkehr
l	Nominallohn
L	(Nominelle) Geldnachfrage
L^r	Reale Geldnachfrage
L_S	Spekulationskasse
L_T	Transaktionskasse
L_V	Vorsichtskasse
LQ	Freie Liquiditätsreserven

LV	Lombardverbindlichkeiten
m	(Buch-)Geldschöpfungsmultiplikator
M	Geld(angebot)/Geldmenge
$\hat{m}$	Wachstumsrate der nominellen Geldmenge
M^{pot}	Geldschöpfungspotential
M^r	Realkasse/reale Geldmenge
MR	Mindestreserve
MRS	Mindestreservesoll
MFI	Monetäre Finanzierungsinstitute
n	Anzahl, Dauer
N	Nachfrage
Nbk	Nichtbank
P	Preisniveau
P^e	Erwartetes Preisniveau
$\hat{p}$	Inflationsrate
$\hat{p}^{\,e}$	Inflationserwartungen/erwartete Inflationsrate
P_a	Ausländischer Preis
P	(Inländischer) Preis
P_b oder P_{WP}	Wertpapierkurs
P_e	Aktienkurs
PK_k	Kurzfristige Phillipskurve
PK_l	Langfristige Phillipskurve
PP	Produktionspotential
Präf	Präferenzen
q	Tobin-q
R	Währungsreserven
ΔR	Veränderung der Währungsreserven
r^2	Bestimmtheitsmaß
r	Mindestreservesatz
r_{RF}	Mindestreservesatz für passivische Refinanzierungsquellen RF
r_{Si}	Mindestreservesatz für Sichteinlagen
r_{Sp}	Mindestreservesatz für Spareinlagen
r_T	Mindestreservesatz für Termineinlagen
s	Sparquote
S	Sparvolumen
SA	Sonstige Aktiva
SP	Sonstige Passiva
Si	Sichteinlagen
Si_B	Bodensatz an Sichteinlagen
$Si_{Pr,Zbk}$	Sichteinlagen Privater bei der Zentralbank
Sp	Spareinlagen
Sp_g	Spareinlagen mit gesetzlicher Kündigungsfrist
Sp_v	Spareinlagen mit vereinbarter Kündigungsfrist
t	Steuersatz
T	Termineinlagen
TK	Totalkosten
U	Nutzen
Unt	Unternehmen
ÜR	Überschußreserve
u_{HV}	Umlaufgeschwindigkeit des Geldes bezogen auf das reale Handelsvolumen
u	Einkommenskreislaufgeschwindigkeit des Geldes

v	Variable Kosten
V	Realer Vermögen(swert)/Vermögensbestand
V_b	(Vermögens)wert eines Bonds
V_K	(Vermögens)wert eines Konsols
w	Nomineller Wechselkurs
WB	Working balances
w_K	Nomineller Devisenkassakurs
WP	Wertpapiere
WP	Realer Wertpapierbestand
WP^A	Wertpapierangebot
WP^N	Wertpapiernachfrage
w_T	Nomineller Devisenterminkurs
W( )	Wahrscheinlichkeit
X	Güter(menge)/Realproduktion
X^N	Güternachfrage
Y	Nominales (inländisches) (Volks-)Einkommen/laufendes Einkommen
Y*	(inländisches) Vollbeschäftigungseinkommen
Y_a	Ausländisches Volkseinkommen
Y^A	Güterangebot
Y_a^r	Reales Volkseinkommen im Ausland
Y^{ext}	Außenwirtschaftlich bestimmtes Volkseinkommen
Y^h	Inländische Absorption
Y^{int}	Binnenwirtschaftlich determiniertes Volkseinkommen
Y^N	Güternachfrage
Y_p^r	Permanentes Einkommen
Zbk	Zentralbank